Editar e traduzir

Roger Chartier

Editar e traduzir

Mobilidade e materialidade dos textos (séculos XVI-XVIII)

Tradução
Mariana Echalar

Título original: *Éditer et traduire:*
Mobilité et matérialité des textes (XVIe-XVIIIe siècle)

© 2021 Seuil/Gallimard
© 2022 Editora Unesp

Direitos de publicação reservados à:
Fundação Editora da Unesp (FEU)
Praça da Sé, 108
01001-900 – São Paulo – SP
Tel.: (0xx11) 3242-7171
Fax: (0xx11) 3242-7172
www.editoraunesp.com.br
www.livrariaunesp.com.br
atendimento.editora@unesp.br

Dados Internacionais de Catalogação na Publicação (CIP) de acordo com ISBD
Elaborado por Vagner Rodolfo da Silva – CRB-8/9410

C486e Chartier, Roger

     Editar e traduzir: mobilidade e materialidade dos textos (séculos
     XVI-XVIII) / Roger Chartier; traduzido por Mariana Echalar. –
     São Paulo: Editora Unesp, 2022.

     Tradução de: *Éditer et traduire: Mobilité et matérialité des textes*
     (XVIe-XVIIIe siècle)
     Inclui bibliografia.
     ISBN: 978-65-5711-145-1

     1. Literatura. 2. Tradução. I. Echalar, Mariana. II. Título.

                CDD 800
2022-2163   CDU 8

Editora afiliada:

Asociación de Editoriales Universitarias
de América Latina y el Caribe

Associação Brasileira de
Editoras Universitárias

Sumário

"Livro. Seja qual for, será sempre muito longo."

Gustave Flaubert, *Dicionário das ideias feitas*

Agradecimentos

Os oito capítulos deste livro foram originalmente conferências apresentadas no Collège de France para a minha disciplina "Écrit et cultures dans l'Europe moderne", na universidade da Pensilvânia, no âmbito do seminário dedicado à materialidade dos textos, e, especificamente no caso do Capítulo 1, como comunicação num colóquio organizado em 2019 pelas universidades de Brasília e São Paulo. A migração do oral para o escrito constitui um exemplo de mobilidade dos textos, que é um dos temas principais deste livro. Agradeço aos colegas e estudantes que assistiram a essas conferências as críticas e sugestões. Meu agradecimento também a Anne Lecomte pelo rigor e cuidado no trabalho de edição. As preciosas contribuições de todos mostram que um livro é sempre resultado de múltiplas colaborações, e que essa constatação não vale apenas para as obras do passado analisadas nestas páginas.

Introdução
Editar e traduzir

Como entender a relação entre a obra e o texto? As obras parecem desafiar o tempo e permanecer sempre iguais a si mesmas: *Don Quijote* é *Don Quijote* desde 1605 até hoje. No entanto, elas foram e ainda são lidas, ouvidas e compreendidas de numerosas e diversas maneiras. Disseminadas em inúmeros textos, migraram entre voz e escrita, entre gêneros e línguas, entre modos de publicação e edição. Mudando a letra, a apresentação ou o status da obra, a mobilidade do texto está relacionada às diversas propriedades do discurso, a começar pelo regime de atribuição de autoria, que pode preferir o nome do autor ou o anonimato.[1] Quando um nome próprio figura numa página de rosto, ele pode indicar a identidade de quem escreveu a obra, mas também pode escondê-la sob um pseudônimo ou um nome emprestado. *Clélie*, atribuída ao senhor (e não à senhorita) de Scudéry,[2] e *Oráculo manual y arte de prudencia*, publicado em

---

1 Lodovica Braida, *L'autore assente: l'anonimato nell'editoria italiana del Settecento*, Bari-Roma: Laterza, 2019.

2 *Clélie, histoire romaine* (dédiée à Mademoiselle de Longueville, par Mr de Scudéry, Gouverneur de Nostre Dame de la Garde), Paris: Augustin Courbé, 1654.

nome de Lorenzo (e não de Baltasar) Gracián,[3] são exemplos desse tipo de dissimulação.

As variações do texto também fazem parte dessa mobilidade. De maior ou menor importância, podem resultar de revisões decididas pelo escritor (por exemplo, as edições de 1580, 1582, 1588 e a edição póstuma, de 1595, dos *Essais* de Montaigne),[4] de correções introduzidas pelos editores em edições sucessivas (por exemplo, entre as edições de 1537 e 1580 da tradução francesa de *Cortegiano*, de Castiglione)[5] ou ainda da diversidade do estado e das origens do texto impresso (pense-se nos três *Hamlet* das duas edições in-quarto de 1603 e 1604 e do Fólio de 1623).[6]

As mudanças de forma de publicação são outra razão de mobilidade da obra. Entendida no sentido dado por Margreta de Grazia e Peter Stallybrass, a noção de "materialidade do texto" lembra que a produção, não somente dos livros, mas também dos textos em si, é um processo que, para além do ato de escrever, implica diferentes momentos, diferentes técnicas e diferentes intervenções: a dos copistas, a dos censores, a dos editores, a dos impressores, a dos revisores e a dos tipógrafos.[7] As modalidades de inscrição dos textos, o formato

3 *Oráculo manual y arte de prudencia: sacada de los aforismos que se discurren en las obras de Lorenço Gracián*, Huesca: Juan Nogues, 1647.

4 "Montaigne à l'œuvre", *Les Bibliothèques Virtuelles Humanistes*, 2 maio 2019; disponível em: <bvh.hypotheses.org/4844>; acesso em: nov. 2020. Cf. também o site do projeto Monloe (Montaigne à l'Œuvre): <montaigne.univ-tours.fr>.

5 *Les quatre livres du Courtisan du Conte Baltazar de Castillon* (reduyct de langue ytalicque en françois), [Lyon,] 1537; e *Le parfait courtisan du comte Baltasar Castillonois* (Es deux langues, respondans par deux colonnes, l'une à l'autre, pour ceux qui veulent avoir l'intelligence de l'une d'icelles, de la traduction de Gabriel Chapuis Tourangeau), Paris: Nicolas Bonfons, 1585.

6 Paul Bertram e Bernice W. Kliman (orgs.), *The Three-Text Hamlet: Parallel Texts of the First and Second Quartos and First Folio*, Nova York: AMS, 1991.

7 Margreta de Grazia e Peter Stallybrass, "The Materiality of the Shakespearean Text", *Shakespeare Quarterly*, v.44, n.3, 1993, p.255-83; tradução

do livro, a paginação, a ilustração, as escolhas gráficas, a pontuação são elementos materiais e visuais que contribuem para as diversas significações de uma "mesma" obra. É estreita, portanto, a relação entre a materialidade do texto e a mobilidade da obra.

Na França do século XVII, as edições das peças de teatro (publicadas logo após as representações e muito frequentemente no pequeno formato in-doze) e as coletâneas que reúnem as obras de um mesmo dramaturgo dão status muito diferentes ao "mesmo" texto.[8] Pode-se dizer o mesmo dos títulos que migram das edições parisienses para o catálogo de livros vendidos de porta em porta que editores de Lyon, Rouen ou Troyes destinam a um público mais popular que o das livrarias.[9] Em toda a Europa, as edições dos "chapbooks",[10] dos "pliegos de cordel" ou dos livros da "bibliothèque bleue" mostram, como afirma Donald Francis McKenzie, que "novos leitores criam novos textos com novas significações produzidas por novas formas".[11]

parcial para o francês de Delphine Lemonnier e François Laroque: "La matérialité du texte shakespearien", *Genesis*, n.7, 1995, p.9-27.

8   Um estudo pioneiro sobre os efeitos de mutações semelhantes encontra-se em Donald Francis McKenzie, "Typography and Meaning. The Case of William Congreve" [1981], in Peter McDonald e Michael F. Suarez (orgs.), *Making Meaning: "Printers of the Mind" and Other Essays*, Amherst/Boston: University of Massachusetts Press, 2002, p.198-236.

9   Henri-Jean Martin, "Culture écrite et culture orale, culture savante et culture populaire dans la France d'Ancien Régime", *Journal des Savants*, n.3-4, 1975, p.225-82, reproduzido in Henri-Jean Martin, *Le livre français sous l'Ancien Régime*, Paris: Promodis, 1987, p.149-86.

10 Joad Raymond (org.), *The Oxford History of Popular Print Culture*, t.1: *Cheap Print in Britain and Ireland to 1660*, Oxford: Oxford University Press, 2011.

11 Donald Francis McKenzie, *La bibliographie et la sociologie des textes*, trad. Marc Amfreville, Paris: Le Cercle de la Librairie, 1991, p.53. Edição em inglês: *Bibliography and the Sociology of Texts*, Londres: The British Library, 1986, p.20.

A mobilidade das obras também é produto da migração entre os gêneros textuais. Da mesma forma que as crônicas históricas, as narrativas em prosa eram objeto de adaptações teatrais. As adaptações de *Don Quijote* foram numerosas. A peça perdida de Fletcher e Shakespeare na Inglaterra, as de Pichou e Guérin de Bouscal na França, e a de António José da Silva, em Portugal, acrescentaram à mutação de gênero uma mutação de língua.[12] No caso da Inglaterra e da França, as peças escritas para o palco se aproveitaram das traduções já publicadas da história escrita por Cervantes; no caso de Portugal, a peça de António José da Silva é, por assim dizer, a primeira "tradução" de uma obra que só foi realmente traduzida sessenta anos depois.

Como atestam diversas obras recentes, hoje a tradução e seu contrário, o intraduzível, são temas essenciais da história da filosofia e da literatura,[13] da sociologia[14] e da história cultural.[15] Os motivos de

---

12 Roger Chartier, *Cardenio entre Cervantès et Shakespeare: histoire d'une pièce perdue*, Paris: Gallimard, 2011, e "Du livre à la scène", in *La main de l'auteur et l'esprit de l'imprimeur*, Paris: Gallimard, 2015, p.169-99.

13 Barbara Cassin (org.), *Vocabulaire européen des philosophies: dictionnaire des intraduisibles*, Paris: Seuil, 2004 (e a resenha de Pascal Engel, "Le mythe de l'intraduisible", *En Attendant Nadeau: Journal de la Littérature, des Idées et des Arts*, número especial "Traduction", n.1, 2017, p.3-7); *The Oxford History of Literary Translation in English*, Oxford: Oxford University Press, 2005-2010, 5 v.; Yves Chevrel e Jean-Yves Masson (orgs.), *Histoire des traductions en langue française*, Lagrasse: Verdier, 2012-2019, 4 v.

14 Gisèle Sapiro (org.), *Translatio: le marché de la traduction en France à l'heure de la mondialisation*, Paris: CNRS Éditions, 2008, e *Traduire la littérature et les sciences humaines: conditions et obstacles*, Paris: Ministère de la Culture et de la Communication, 2012.

15 Peter Burke e R. Po-chia Hsia (orgs.), *Cultural Translation in Early Modern Europe*, Cambridge/Nova York: Cambridge University Press, 2007; Karen Newman e Jane Tylus (orgs.), *Early Modern Cultures of Translation*, Filadélfia: University of Pennsylvania Press, 2007; José Maria Pérez Fernández e Edward Wilson-Lee (orgs.), *Translation and the Book Trade in*

tamanho interesse são tanto históricos como metodológicos. O estudo da tradução, que foi uma das primeiras modalidades de profissionalização do ato de escrever, é um instrumento fundamental tanto da geografia literária quanto das histórias relacionadas. Permite desfazer as ilusões anacrônicas que se esquecem das enormes diferenças que existem entre as línguas traduzidas e as línguas tradutoras. Nos três séculos da primeira modernidade, havia um profundo desequilíbrio entre as obras italianas e espanholas, que rapidamente se tornavam conhecidas em toda a Europa, a começar pela Inglaterra, e as obras inglesas, que permaneciam desconhecidas ou quase inteiramente desconhecidas no continente. *Don Quijote* foi traduzido em inglês em 1612. *Hamlet* foi traduzido em espanhol somente em 1798. Os encontros de Shakespeare e Cervantes, aos quais dedicamos um capítulo, não foram nem um pouco recíprocos. Se a Inglaterra foi *"quixoted"*, para usarmos o neologismo criado nas guerras civis de meados do século XVII, a Espanha não se tornou inglesa, salvo na guerra e, eventualmente, nos tempos das trevas e das grandes viagens. Na primeira modernidade, as translações das normas culturais e dos modelos estéticos propostos à imitação seguiam os caminhos que levavam do Sul para o Norte.

O estudo das traduções pode ser realizado em várias escalas. Aqui privilegiamos as escalas relacionadas às palavras e aos fragmentos. Como a *"sprezzatura"* e seu contrário, a *"affettazione"*, nas traduções castelhana, francesa, inglesa e latina do *Cortegiano* no século XVI. Como os primeiros versos do monólogo de Hamlet nas traduções francesas e espanholas do século XVIII, de Voltaire e Moratín. Como, logo no primeiro capítulo, a palavra que Aristóteles utiliza para designar o que é essencial na retórica. Em cada caso,

---

Early Modern Europe, Cambridge/Nova York: New York University Press, 2014, e o número especial "Translation and Print Culture in Early Modern Europe", *Renaissance Studies*, v.29, n.1, 2015.

as escolhas dos tradutores, examinadas em pequeníssima escala, indicam as relações entre os recursos lexicais à sua disposição, suas preferências estéticas, ou filosóficas, e sua compreensão do texto. Na primeira modernidade, assim como na época contemporânea, a tradução é pensada como uma prática que deve tornar o outro compreensível. Essa é a condição da "prova do estrangeiro".[16] Para Paul Ricœur, que reivindica essa expressão de Antoine Berman, a tradução estabelece uma equivalência entre os enunciados, não uma perfeita coincidência. Consequentemente, trata-se de uma "hospitalidade linguística" que acolhe o outro e ao mesmo tempo aceita "a diferença insuperável entre o próprio e o estrangeiro".[17] Paradoxalmente, a tradução é uma prova do intraduzível. Ela não nega a diferença, não a faz desaparecer. Ela a reconhece e faz conhecer: "o intraduzível terminante é revelado e até mesmo engendrado pela tradução".[18] Donde a importância decisiva das traduções e dos tradutores nos encontros com os povos dos novos mundos e nas tentativas de cristianização. Essa hospitalidade, porém, não exclui em absoluto a violência do governo e da justiça colonial, que privam os colonizados de sua própria língua e lhes impõem a do Império.[19]

Os processos de tradução não se limitam à passagem de um texto de uma língua para outra. Eles envolvem também obras cuja língua não mudou, mas que se transformaram pelo modo de publicação. É nesse sentido que a edição é considerada, neste livro, uma modalidade de "tradução". Dando às "mesmas" obras, numa mesma língua, textos que diferem em sua literalidade e materialidade, as sucessivas edições produzem novos públicos, usos e sentidos. Como

---

16 Antoine Berman, *L'épreuve de l'étranger: culture et traduction dans l'Allemagne romantique*, Paris: Gallimard, 1984.

17 Paul Ricœur, *Sur la traduction*, Paris: Les Belles Lettres, 2016, p.10 e 29.

18 Ibid., p.42.

19 Tiphaine Samoyault, *Traduction et violence*, Paris: Seuil, 2020, em especial cap.4, "La double violence", p.61-90.

mostra *Le festin de pierre*, de Molière, visto a partir das últimas palavras de Sganarello, e também da peça, censura e autocensura podem explicar essa instabilidade do texto impresso ou encenado. No caso dos poemas e das peças de Shakespeare, dos quais acompanhamos as sete vidas entre os séculos XVI e XVIII, essa diversidade se organiza a partir de duas tensões fundamentais. A primeira tensão distingue a publicação da obra integral de seu desmembramento. No Renascimento, a leitura visava a extrair das obras os "lugares--comuns" que elas enunciavam e que se constituíam como verdades universais, que depois eram compiladas em cadernos manuscritos e coletâneas impressas. No século XVIII, a fragmentação dos textos mudou de significado: ela tinha em mira versos e trechos que se revelavam como "belezas" nas quais se manifestava a genialidade singular e incomparável do autor. A segunda tensão opõe a circulação das edições de cada peça ou poema de Shakespeare, impressos em frágeis in-quartos e frequentemente encadernados com obras de outros autores, e sua compilação naqueles monumentos que são os quatro Fólios do século XVII e as *Works* em vários volumes no século seguinte.

Edição e tradução são os dois fios que se entrelaçam na metáfora da qual trataremos no último capítulo. No enunciado cristão, a metáfora designa a vida após a morte como uma edição definitiva, traduzida e corrigida por Deus. Sua língua é perfeita e seu texto não comporta *errata*. Secularizada, a mesma metáfora fala da teoria das edições humanas, tão cara ao Brás Cubas de Machado de Assis, não necessariamente com um desfecho feliz. Tanto na primeira como na segunda formulação, a metáfora associa edição como tradução e tradução como edição. Essa mesma associação constitui a trama dos estudos de casos que compõem este livro.

Iniciamos com um capítulo ditado pela urgência dos tempos. Editar e traduzir, mas também escrever e ler são práticas que estão sempre inseridas em momentos particulares. Podem ser estimuladas

ou coibidas, desvirtuadas por falsificações ou a serviço da verdade.
Hoje, contar a história dessas práticas não pode omitir essa realidade, num momento em que é grande, em todas as partes do mundo,
a vontade de reescrever o passado para justificar as crueldades do
presente. A memória é alvo dessas tentativas que nos impõem representações manipuladas e mentirosas do que já passou. A própria
história é ameaçada quando a sua capacidade de produzir conhecimento verdadeiro é desrespeitada ou negada. Os laços antigos
entre o uso da razão e a deliberação cívica, entre o saber e a política,
são brutalmente desfeitos. O perigo é grande quando a exigência
de verdade é desafiada, traída ou ignorada. A responsabilidade da
história é a de opor a esse perigo o dizer a verdade que a operação do
conhecimento, submetida ao exercício da crítica, estabelece. É por aí
que devemos começar.

Capítulo 1

Dizer a verdade
Retórica, fábula, história

Dizer a verdade. Nenhum historiador pode fugir à injunção, sobretudo num momento em que proliferam as *"fake news"*, as falsificações do passado e as crenças nas teorias mais absurdas. Refletir sobre as condições de possibilidade da verdade é uma obrigação prévia a qualquer investigação do passado.

A vontade de verdade

Em *A ordem do discurso*, Michel Foucault propõe uma primeira formulação dessa vontade de verdade, cuja ênfase recai sobre a tensão entre a verdade como propriedade do discurso e a verdade como conhecimento.[1] A "vontade de verdade" é um dos três "procedimentos de exclusão" que restringem a proliferação dos discursos. É talvez o mais fundamental, porque é ele que justifica os dois outros: a censura dos discursos proibidos e a rejeição do discurso dos

---

1 Michel Foucault, *L'ordre du discours* [aula inaugural no Collège de France em 2 de dezembro de 1970], Paris: Gallimard, 1971.

loucos. A vontade de verdade é, portanto, uma "prodigiosa máquina de excluir":

> Todos aqueles que, de ponta a ponta da nossa história, tentaram contornar essa vontade de verdade e colocá-la em questão contra a verdade, justamente onde a verdade busca justificar o proibido e definir a loucura, todos, de Nietzsche a Artaud e Bataille, devem nos servir agora com sinais, presunçosos talvez, para o nosso trabalho de todos os dias.[2]

A vontade de verdade, "estribada num suporte e numa distribuição institucional, tende a exercer sobre os demais discursos uma espécie de pressão e um poder de coerção". Essa coerção se impôs na literatura, que "há séculos teve de procurar apoio no natural, no verossímil, na sinceridade", na ciência, que é o "discurso verdadeiro", mas também nas práticas econômicas e no sistema penal.[3]

Foucault designa como "a grande divisão platônica" o rompimento decisivo que desloca o lugar da verdade do "ato ritualizado, eficaz e justo de enunciação para o próprio enunciado: para o seu sentido, a sua forma, a sua relação com a sua referência".[4] Esse deslocamento é aquele descrito por Marcel Detienne em *Os mestres da verdade na Grécia arcaica*, quando o discurso inspirado do poeta, do adivinho ou do rei, os quais têm acesso ao além, ao invisível, ao eterno, é substituído pela "verdade" contida no próprio discurso.[5]

---

2 Ibid., p.22-3.
3 Ibid., p.20.
4 Ibid., p.17.
5 Marcel Detienne, *Les maîtres de vérité dans la Grèce archaïque*, Paris: François Maspero, 1967. Num prefácio acrescentado na reedição do livro, em 2006, Marcel Detienne ironiza esse parentesco: "Em 1970, em *A ordem do discurso*, 'aula inaugural no Collège de France', Foucault descobriu na Grécia arcaica o lugar de partilha que rege nossa 'vontade de saber' e, mais

Jean-Pierre Vernant, numa resenha do livro de Detienne, descreve essa substituição da seguinte maneira:

> Trata-se de saber como o personagem do filósofo constituiu-se rompendo e ao mesmo tempo continuando a tradição dos mestres da verdade, como sucedeu ao discurso mágico-religioso, dotado de eficácia, baseado no real, um outro tipo de discurso, de caráter profano, engajado no diálogo e na argumentação contraditória, visando não mais a inserir-se no ser, mas a agir sobre o espírito de outrem.[6]

Marcel Detienne designa esse deslocamento como a substituição do "discurso mágico-religioso", inseparável dos comportamentos e dos valores simbólicos, pelo "discurso-diálogo" laicizado:

> Com o surgimento da *pólis*, o discurso-diálogo vem em primeiro lugar. Ele é a "ferramenta política" por excelência, o instrumento privilegiado das relações sociais. É pelo discurso que os homens atuam nas assembleias, comandam, exercem seu domínio sobre o outro. O discurso não se encontra mais preso numa rede simbólico--religiosa, adquire autonomia, constitui seu próprio mundo no jogo do diálogo que define uma espécie de espaço, um campo delimitado onde os dois discursos se enfrentam. Por sua função política, o *logos* se torna uma realidade autônoma, submetida às suas próprias leis.[7]

---

precisamente, essa 'vontade de verdade'. Verossimilmente, referia-se à paisagem da verdade que delineei em minha pesquisa" (Marcel Detienne, "En ouverture: retour sur la bouche de la Vérité", in *Les maîtres de vérité dans la Grèce archaïque*, Paris: Le Livre de Poche, 2006, p.13).

6 Jean-Pierre Vernant, "Detienne (Marcel), *Les maîtres de vérité dans la Grèce archaïque*" [resenha], *Archives de Sociologie des Religions*, n.28, 1969, p.194-6, aqui p.195.

7 Marcel Detienne, *Les maîtres de vérité dans la Grèce archaïque*, op. cit., p.181-2.

Em consequência, a "verdade" está intimamente ligada aos usos da linguagem. Abrem-se duas vias então: a das seitas filosóficas que têm o *logos* como meio de conhecimento do Ser eterno, e a dos sofistas, que, como diz Vernant, consideram a retórica "uma simples ferramenta de persuasão, uma imitação ilusória do real, uma bela mentira, uma maneira de enganar o outro".[8] Nesse caso, a verdade é de fato uma propriedade do discurso que não exige de modo algum o enunciado adequado do que é ou do que foi. Foucault constata: "É como se, a partir da grande divisão platônica, a vontade de verdade tivesse sua própria história, que não é a das verdades coercivas".[9]

Em sua aula inaugural, Foucault se depara com essas "verdades coercivas" quando reconhece sua dívida para com "o trabalho dos historiadores das ciências, sobretudo de Canguilhem". A ciência, definida como "um conjunto ao mesmo tempo coerente e transformável de modelos teóricos e instrumentos conceituais", instala-se nas duas histórias que ele distingue: a da vontade de verdade e a dos discursos verdadeiros.[10] Na tradição da epistemologia histórica, identificar a historicidade dos conceitos e dos instrumentos que produzem os saberes sobre o mundo natural ou sobre a criatura humana não impede o reconhecimento de sua capacidade de produzir conhecimento racional sobre seus objetos. Esse é o sentido da diferenciação de "ideologia científica" e "ciência" proposta por Georges Canguilhem em seu livro fundamental *Ideologia e racionalidade nas ciências da vida*.[11] As falsas ciências, isto é, "as formações discursivas com pretensão a teoria, as representações mais ou menos coerentes das relações entre fenômenos, os eixos relativamente duradouros dos comentários acerca da experiência vivida, em resumo,

---

8 Jean-Pierre Vernant, "Detienne (Marcel)", op. cit., p.196.

9 Michel Foucault, *L'ordre du discours*, op. cit., p.17.

10 Ibid., p.73-4.

11 Georges Canguilhem, *Idéologie et rationalité dans l'histoire des sciences de la vie* [1977], 2. ed. rev., Paris: Vrin, 2009.

esses pseudossaberes cuja irrealidade aparece pelo fato e em virtude do fato de que uma ciência se institui fundamentalmente na crítica a eles",[12] pertencem, na linguagem foucaultiana, à história da vontade de verdade. As ideologias científicas são também "não ciências" que pretendem dizer a verdade: "uma ideologia científica encontra finalidade quando o lugar que ela ocupava na enciclopédia do saber é investido por uma disciplina que prova, operativamente, a validade de suas normas de cientificidade. Nesse momento, certo domínio de não ciência é determinado por exclusão".[13]

Mas isso não faz da ciência o conhecimento do Ser eterno:

a veracidade ou o dizer a verdade da ciência não consiste na reprodução fiel de uma verdade inscrita desde sempre nas coisas ou no intelecto. A verdade é o dito do dizer científico. Como reconhecê-la? Pelo fato de que ela nunca é dita de primeira. A ciência é um discurso padronizado por seu processo de retificação crítica.[14]

Se todo historiador das ciências "é necessariamente um cronista da verdade",[15] se a história de cada ciência é a história da "purificação elaborada das *normas de verificação*", disso decorre, segundo Canguilhem, que "o que Gaston Bachelard distinguia como história caducada das ciências e história sancionada das ciências deve ser separado e entrelaçado ao mesmo tempo. A sanção da verdade ou da objetividade traz em si mesma a condenação do caducado".[16]

A mesma perspectiva caracteriza os *"science studies"*, cujo relativismo metodológico não deve ser entendido como um relativismo

---

12 Ibid., p.41.
13 Ibid., p.47.
14 Ibid., p.24-5.
15 Ibid., p.25. Canguilhem cita Gaston Bachelard, *Le matérialisme rationnel*, Paris: PUF, 1953, p.86.
16 Ibid., p.54.

cético. A diferença é afirmada energicamente tanto por David Bloor[17] como por Steven Shapin.[18] Estudar as controvérsias científicas considerando igualmente plausíveis e racionais os argumentos apresentados pelos adversários, mesmo os que não são validados pela ciência moderna, não é ignorar a eficiência desigual de cada um na relação cognitiva e instrumental com o real.[19] Michel de Certeau atribui a mesma capacidade de produzir enunciados "científicos" à história, se entendemos "científico" como "a possibilidade de estabelecer um conjunto de *regras* que permitem 'controlar' *operações* proporcionais à *produção* de objetos determinados".[20] São essas operações e regras próprias que nos permitem refutar a suspeita de relativismo, ou ceticismo, que nasce com a constatação de que escrever a história mobiliza tropos retóricos e fórmulas narrativas compartilhados com narrativas de ficção.

Retórica e prova

Essa constatação levou à reflexão sobre a relação entre retórica e verdade. Carlo Ginzburg caracterizou a virada linguística que seduziu certos historiadores a partir dos anos 1970 como a identificação da história com a retórica dos sofistas:

---

17 François Briatte, "Entretien avec David Bloor", *Tracés*, n.12, 2007, p.215-28.

18 Bernardo J. Oliveira, "Uma conversa com Steven Shapin", *Revista da SBHC*, v.2, n.2, 2004, p.158-62.

19 Dominique Pestre, "Shapin (Steve) et Schaffer (Simon), *Leviathan and the Air-Pump: Hobbes, Boyle, and the Experimental Life*" [resenha], *Revue d'Histoire des Sciences*, v.48, n.1, 1990, p.109-16.

20 Michel de Certeau, *L'écriture de l'histoire*, Paris: Gallimard, 1984 [1975], p.64, nota 5.

a historiografia, assim como a retórica, tem como único propósito convencer, seu objetivo é a eficácia e não a verdade; mais ou menos à maneira do romance, a obra historiográfica constrói um mundo textual autônomo que não tem nenhuma relação com a realidade extratextual à qual ele se refere; os textos historiográficos, assim como as obras de ficção, são autorreferenciais, porque ambos compartilham de uma mesma dimensão retórica.[21]

Para Ginzburg, a matriz moderna dessas afirmações reside em duas ideias fundamentais de Nietzsche no ensaio *Sobre a verdade e a mentira no sentido extramoral*, publicado postumamente.[22] A primeira considera que a linguagem é intrinsecamente poética e, em consequência, é incapaz de designar o real. A segunda afirma que a verdade é:

uma multidão movente de metáforas, metonímias, antropomorfismos, enfim, uma soma de relações humanas que foram realçadas, transpostas e ornamentadas pela poesia e pela retórica e que, após um longo uso, aparecem estabelecidas, canônicas e impositivas aos olhos do povo: essas verdades são ilusões das quais nos esquecemos que são ilusões, metáforas surradas que perderam sua força sensível, moedas cuja efígie se gastou e não possuem mais valor como tais, mas simplesmente como metal.[23]

Sob tal perspectiva, a retórica somente pode ser autorreferencial. Trata-se de uma técnica de persuasão que reduz a verdade a um

---

21 Carlo Ginzburg, *Rapports de force: histoire, rhétorique, preuve*, Paris: Gallimard/Seuil/Éditions de l'EHESS, 2003 [1999], p.43-4.

22 Friedrich Nietzsche, "Vérité et mensonge au sens extra-moral" [trad. Michel Haar e Marc de Launay], in *Écrits posthumes 1870-1873: œuvres philosophiques complètes*, Paris: Gallimard, 1975, t.I, v.2, p.277-90.

23 Apud Carlo Ginzburg, *Rapports de force*, op. cit., p.20.

conjunto de procedimentos cuja finalidade é incitar emoções. A história da retórica começa com os sofistas, criticados por Sócrates no *Górgias*:

> chamo a semelhante prática adulação e a considero feia, porque visa ao agradável sem se preocupar com o melhor. E digo que ela não é uma arte, mas um empirismo, porque, para oferecer as coisas que oferece, não tem razão fundada no que é da natureza delas e, por conseguinte, não pode atribuí-las cada uma a sua causa. Ora, de minha parte, não dou o nome de arte a uma prática que carece de razão. (*Górgias*, 465a)[24]

Os sofistas, que, segundo Sócrates, ensinam a retórica "de tal modo que, sobre todos os assuntos, se possa obter a concordância de uma assembleia numerosa sem instruí-la, mas persuadindo-a" (*Górgias*, 458e),[25] tiveram muitos herdeiros na primeira modernidade.

Os Filósofos apontaram os perigos das habilidades retóricas, opondo a reflexão racional permitida pela circulação do texto escrito aos perigosos entusiasmos suscitados pelas palavras persuasivas. Para Condorcet, foi a imprensa que permitiu que as paixões suscitadas pelas argumentações retóricas fossem substituídas pela evidência das demonstrações fundadas na razão. Com a invenção de Gutenberg:

> estabeleceu-se uma nova espécie de tribuna da qual se transmitem impressões menos vivas, porém mais profundas; da qual se exerce um império menos tirânico sobre as paixões, porém obtendo-se sobre a razão um poder mais sólido e mais duradouro; da qual as

---

24 Platão, *Protagoras, Gorgias, Ménon*, texto estabelecido e traduzido por Alfred Croiset, Paris: Gallimard, 1984, p.87-8.

25 Ibid., p.80.

vantagens são todas da verdade, visto que a arte só perdeu meios de seduzir quando ganhou meios de esclarecer.[26]

Assim, "a instrução que cada homem pode receber pelos livros no silêncio e na solidão"[27] possibilita que a frieza do raciocínio, do exame crítico e do juízo esclarecido se oponha às ciladas armadas pelos discursos. Para Kant, o uso público da razão por indivíduos privados se funda na circulação do texto escrito, e não na escuta da palavra viva, das conversas ou do debate coletivo: "Entendo por uso público da nossa própria razão aquele que fazemos como alguém instruído perante o conjunto do público letrado".[28] "Como alguém instruído", isto é, como membro da "sociedade civil universal"; "perante o conjunto do público letrado", isto é, perante um público que não se define por um pertencimento a uma "família" social em particular, reunida sob uma palavra de autoridade ou sociabilidade. Para Kant, assim como para Condorcet, o raciocínio propiciado pela troca dos textos escritos, e somente ele, protege os indivíduos da sedução enganadora do discurso.

À definição sofística e nietzschiana da retórica, recuperada pelos pensadores da pós-modernidade (Paul de Man, Barthes, Derrida), Ginzburg opõe a de Aristóteles: "a concepção da prova como núcleo racional da retórica, defendida por Aristóteles, opõe--se de maneira muito clara à concepção autorreferencial da retórica que vigora nos dias atuais, reafirmando a incompatibilidade entre

26 Condorcet, *Esquisse d'un tableau historique des progrès de l'esprit humain* [1795], Paris: Garnier Flammarion, 1988, p.188.
27 Ibid., p.190.
28 Emmanuel Kant, "Réponse à la question: Qu'est-ce que les Lumières?" [1784], in *La philosophie de l'histoire (opuscules)*, Paris: Denoël-Gonthier, 1983, p.46-55, aqui p.48.

retórica e prova".[29] Essa leitura da *Retórica* aristotélica sublinha uma dupla negação:

> Em tom categórico, Aristóteles rejeita tanto a posição dos sofistas, que viam a retórica como mera arte de convencer por intermédio da emoção, quanto a posição de Platão, que a condena no *Górgias* exatamente por essa razão. Contra essas duas teses, Aristóteles identifica um núcleo racional na retórica: a prova ou, mais precisamente, as provas.[30]

No início do Livro I da *Retórica*, Aristóteles declara: "Até hoje, os que compilavam as *Técnicas dos discursos* forneceram apenas uma pequena parte delas; pois somente as provas são técnicas; todo o resto é acessório" (*Retórica*, 1354).[31] O texto, da maneira como Ginzburg o cita na edição italiana de seu livro, é diferente, porque evita o adjetivo "técnicas": "apenas as provas são elemento constitutivo, todos os outros elementos são acessórios".[32] A diferença é importante, porque, na sequência, Aristóteles introduz uma distinção fundamental entre provas "técnicas", que são recursos próprios da arte do

---

29 Carlo Ginzburg, *Rapports de force*, op. cit., p.63.

30 Ibid., p.44.

31 Aristóteles, *Rhétorique I et II*, texto estabelecido e traduzido por Médéric Dufour, Paris: Gallimard, 2004 [1991], p.16-7 ["Jusqu'aujourd'hui ceux qui compilaient les *Techniques des discours* n'en ont fourni qu'une petite partie; car seules les preuves sont techniques; tout le reste n'est qu'accessoires"].

32 Carlo Ginzburg, *Rapporti di forza: Storia, retorica, prova*, Milão: Feltrinelli, 2000, p.52: "le prove soltanto sono un elemento costitutivo, tutti gli altri elementi sono accessori". Carlo Ginzburg indica em nota: "Uso, modificandola in alcuni punti sostanziali, la traduzione di A. Plebe" (Aristóteles, *Opera*, Bari: G. Giannantoni, 1973, v.X, p.3). Silvia Gastaldi, de sua parte, traduz *pisteis* por "*mezzi di persuasione*", in Aristóteles, *Retorica*, introdução, tradução e notas de Silvia Gastaldi, Roma: Carocci, 2014, p.41.

discurso, e provas "não técnicas", que lançam mão de documentos que são anteriores ao discurso e podem confirmar os fatos:

> Entre as provas, umas são extratécnicas e outras são técnicas: entendo por provas extratécnicas as que não são fornecidas por nossos recursos pessoais, mas são previamente dadas, por exemplo, testemunhos, confissões sob tortura, escritos e outras coisas do gênero; por provas técnicas entendo as que podem ser fornecidas pelo método e por nossos recursos pessoais; consequentemente, devemos utilizar as primeiras, mas inventar as segundas. (*Retórica*, 1355b)[33]

Aristóteles analisa as provas "extratécnicas", que independem da arte do discurso, na última parte do Livro I: "Estas são características dos discursos judiciais. Há cinco tipos: textos de lei, deposições de testemunhas, convenções, declarações sob tortura, juramento das partes" (*Retórica*, 1375a).[34]

A palavra grega que Méderic Dufour traduz por "*preuves techniques*" e Carlo Ginzburg por "*prove*" é *pisteis*. Essa tradução não consegue disfarçar o fato de que "o nosso conceito de 'prova' é muito diferente do de Aristóteles", como observa Ginzburg,[35] porque o que Aristóteles designa é todo o conjunto de "provas" produzidas pelas figuras do discurso, a saber, os exemplos e os entimemas (silogismos cuja premissa não é enunciada porque é evidente), e as provas embasadas na referência a documentos externos ao próprio discurso. Todavia, o emprego da palavra, que não faz a diferença que fazem "*proof*" e "*evidence*" em inglês (que, para Ginzburg, é talvez aquela designada pela distinção aristotélica entre "provas técnicas"

---

33 Aristóteles, *Rhétorique*, op. cit., p.22.
34 Ibid., p.89.
35 Carlo Ginzburg, *Rapports de force*, op. cit., p.44.

e "provas extratécnicas"),[36] nos obrigam a atribuir um papel central às "provas não técnicas", que são as que nos permitem rejeitar a concepção puramente autorreferencial da retórica. Mas se a tradução não opta pela palavra "prova" para traduzir *pisteis*, a ênfase se desloca para os dispositivos de persuasão internos do discurso. Em inglês, a tradução de J. H. Freese da *Retórica*, publicada em 1926, opta por "*proofs*".[37] A tradução estabelecida por W. Rhys Roberts, publicada dois anos antes, preferiu "*modes of persuasion*".[38] Uma nota esclarecia que *pistis* "também pode ser traduzido por 'crença', 'fé', 'confiança' ou 'crédito'".[39] Em 1991, George Kennedy manteve a palavra grega.[40] Explica que:

---

36 Ibid., p.11, "Nota lexical". Numa "Nota all'edizione italiana", Ginzburg diz: "la distinzione tra prove 'tecniche' e 'non tecniche', che in sostanza corrisponde a quella tra *proof* e *evidence*, venne introdotta da Aristotele nella *Retorica* per reagire all'indeterminatezza della parola *pistis* (prova)" (id.).

37 Aristóteles, *Art of Rhetoric*, trad. J. H. Freese, Cambridge: Harvard University Press, 1926, Loeb Classic Library 193, v.22, p.3: "Proofs are the only things in it [the *Art of Rhetoric*] that come within the province of art; everything else is merely accessory". Cf. a tradução de J. H. Freese disponível em: <www.perseus.tufts.edu/>. Acesso em: jan. 2021.

38 Cf. a tradução de W. Rhys Roberts (1924) disponível em: <classics.mit.edu>; acesso em: jan. 2021. Essa mesma tradução foi republicada em Aristóteles, *Poetics and Rhetoric*, ed. Eugene Garver, Nova York: Barnes and Noble, 2005, aqui p.95: "The modes of persuasion are the only true constituents of the art: everything else is merely accessory".

39 Ibid., p.96: "*Pistis* can be also translated as 'belief', 'faith', 'trust', or 'credit'".

40 Aristóteles, *On Rhetoric: A Theory of Civic Discourse*, ed. George A. Kennedy, Oxford/Nova York: Oxford University Press, 1991, p.30: "As things are now, those who have composed *Arts of Speech* have worked on a small part of subject: for only the *pisteis* are artistic (other things are supplementary)".

pistis (plural *pisteis*) possui sentidos diferentes em contextos diferentes: prova, meios de persuasão, crença etc. Aristóteles faz distinção entre as *"pisteis"* que dependem da arte e aquelas que independem dela, e separa as primeiras entre meios de persuasão baseados no caráter, na argumentação lógica e na incitação das emoções.[41]

Na tradução mais recente em inglês da *Retórica*, C. D. C. Reeve opta por *"means of persuasion"*, porque "podem adquirir a forma de um argumento, mas não necessariamente (uma evidência pode convencer), constituem na melhor das hipóteses uma demonstração, mas também uma indução, e produzem convicção".[42]

Em português, Edson Bini traduz *pisteis* por *"meios de persuasão"*. Justifica a decisão referindo-se implicitamente à definição exclusivamente judicial de Aristóteles das "provas extratécnicas":

contemplamos aqui e na sequência o sentido lato e genérico da palavra, e não o estrito e específico de prova judicial, uma vez que Aristóteles distingue (e, até uma certa medida, privilegia) uma retórica pública, política, além da retórica judiciária; de resto, o sentido lato não exclui, mas inclui o sentido estrito.[43]

---

41 Ibid., p.30, nota 9: *"Pistis* (pl. *pisteis*) has a number of different meanings in different contexts: 'proof, means of persuasion, belief' etc. In 1.2.2-3, Aristotle distinguishes between artistic and non artistic '*pisteis*', and divides the former into the means of persuasion based on character, logical argument and arousing emotion".

42 Aristóteles, *Rhetoric*, traduzido e editado por C. D. C. Reeve, Indianápolis: Hackett, 2018, p.2: "only the means of persuasion are within the province of craft; the other are appendages"; e p.159, nota 8: "All in all, 'means of persuasion' seems like a good translation: for these can take the form of argument, but need not (a piece of evidence persuades us of something), are at their best demonstrative, but can be inductive, and are productive of conviction".

43 Aristóteles, *Retórica*, tradução e notas de Edson Bini, São Paulo: Edipro, 2013, p.9, nota 1.

Numa outra tradução em português, os três tradutores, Manuel Alexandre Júnior, Paulo Farmhouse Alberto e Abel do Nascimento Pena, traduzem a primeira ocorrência da palavra *pisteis* por *"argumentos retóricos"*. Mas, em nota, indicam:

O termo *"pistis"* difere em sentido conforme o contexto: fé, meio de persuasão, prova. Em Aristóteles, significa normalmente "prova", "prova lógica", "argumentação", "argumento lógico" ou "argumento retórico". A partir daqui, traduzimo-lo simplesmente por "prova". Aristóteles distingue duas categorias de prova – artísticas e não artísticas – e classifica as primeiras em três espécies: prova ética, prova lógica e prova emocional ou patética.[44]

François Hartog, de sua parte, propõe uma alternativa à tradução francesa por *"preuve"*: "Aristóteles diz '*pisteis*', que seria talvez mais adequado traduzir por razões probantes, visto que não estamos no domínio do silogismo, mas do entimema (silogismo inferior próprio da retórica)".[45] Recordando que *pistis* significa também "convicção",[46] Hartog conclui: *"Pistis*: trata-se de convicção, segundo as

---

44   Aristóteles, *Obras completas: Retórica*, tradução e notas de Manuel Alexandre Júnior, Paulo Farmhouse Alberto e Abel do Nascimento Pena, Lisboa: Centro de Filosofia da Universidade de Lisboa/ Imprensa Nacional/ Casa da Moeda, 2005, v.8, t.1, p.90, nota 8.

45   François Hartog, *Croire en l'histoire*, Paris: Flammarion, 2013, p.138, nota 1 ["Aristote dit '*pisteis*' qu'il vaudrait peut-être mieux traduire par raisons probantes, puisqu'on n'est pas dans le domaine du syllogisme, mais de l'enthymème (syllogisme inférieur propre à la rhétorique)"].

46   Em *Les maîtres de vérité dans la Grèce archaïque*, Marcel Detienne lembra que, no pensamento religioso dos adivinhos e poetas inspirados, a *Pistis* é "a confiança de um homem em um deus ou na palavra de um deus; é a confiança nas Musas, a fé no oráculo, mas a noção de *Pistis* também está ligada ao juramento" (ibid., p.126); ela é "a fé no Ser, a aquiescência a uma força superior da qual o homem recebe as revelações" (ibid., p.219).

traduções usuais, ou de prova? Algo como uma razão probante que acarreta íntima convicção. Em todo caso, estamos nitidamente no campo do juiz e das 'provas' que lhe permitem formar uma convicção".[47]

As traduções antigas da *Retórica* atestam as diferentes escolhas para a primeira ocorrência de *pisteis*. Uma tradução latina de 1588 opta por *"fides"* ("fé"), que é também a palavra escolhida por duas traduções italianas de 1548 e 1549.[48] Duas traduções francesas do século XVII, fiéis à de Robert Estienne, de 1539,[49] optam pelo termo *"preuve"*.[50] Mais tarde, em 1669, Baudouin de la Neufville distingue "dois tipos de prova": as "artificiais" e as "sem artifício", por exemplo, "os testemunhos, as confissões provocadas pela pergunta, os

47 François Hartog, *Croire en l'histoire*, op. cit., p.140 [*"Pistis*: s'agit-il de conviction, selon les traductions habituelles, ou bien de preuve? Quelque chose comme une raison probante entraînant l'intime conviction. On est, en tout cas, nettement du côté du juge et des 'preuves' qui lui permettent de se forger une conviction"].

48 Antonio Riccoboni, *Aristoteles Artis Rhetoricæ*, Frankfurt: André Wechel, 1588, p.2: *"Fides enim artificiosa est solum"*; *Tradottione Antica de la* Retorica *de Aristotile*, Pádua: G. Fabriano, 1548: "la principale e artificiosa opera de la ditta arte è di far fede"; *Retorica e poetica d'Aristotile*, Florença: Lorenzo Torrentino, 1549, p.2: "l'acquistari fede per via degli argomenti è proprio di questa arte".

49 *La Rhétorique d'Aristote* (Les deux premiers livres traduits du Grec en François par le Sieur Robert Estienne), Paris: Robert Estienne, 1530, fol. A1 v°: "Or est-il que ceux qui ont cy devant composé des Rhétoriques, n'ont fait qu'une petite portion de cet Art. Car il n'y a que les Preuves qui soient artificielles: mais les autres choses ne tiennent lieu que d'accessoires".

50 *La Rhétorique d'Aristote en Français* [trad. François Cassandre], Paris: Louis Chamhoudry, 1654, p.2: "toute l'adresse de cet art est renfermée dans la Preuve"; e *La rhétorique royale d'Aristote*, trad. Baudouin de la Neufville, Paris: Boutonne, 1669, p.3: "pour faire bonne preuve il faut avoir recours au moyen que l'art nous fournit".

escritos, as assinaturas e outras coisas semelhantes"[51]. Uma tradução inglesa do fim do século XVII não emprega nem "prova" nem "fé", mas associa *"credit"*, *"belief"* e *"persuasion"*, relacionando dessa forma meios e efeitos.[52]

Nos debates contemporâneos, o que está em jogo nessas diferenças de tradução é o papel conferido às "provas extratécnicas" na retórica – e não apenas na de Aristóteles. Afinal, elas constituem o "núcleo racional", a modalidade de prova mais fundamental do ponto de vista do saber e da verdade, ou são apenas acessórios em relação aos outros regimes de prova (ética, lógica, patética) da arte retórica?

A refutação da visão que considera a retórica uma técnica de persuasão na qual o exame das provas extratécnicas cumprem apenas um papel marginal pode se apoiar no *Institutio oratoria*, de Quintiliano. No Livro V, *"De probationibus inartificialis"*, Quintiliano enumera as provas que são produzidas não pelo discurso, mas por documentos anteriores ou exteriores a ele. Ele distingue seis tipos: *"De prejudiciis"* (precedentes judiciais), *"De rumore & fama"* (rumores públicos), *"De tormenti"* (declarações obtidas sob tortura), *"De tabulis"* (contratos escritos em tabuinhas), *"De jure jurando"* (juramentos) e *"De testibus"* (testemunhos).[53] Como sublinhou Carlo Ginzburg, o *Institutio oratoria* de Quintiliano, que recupera as distinções de Aristóteles provavelmente sem nem sequer o ter lido,

---

51 *La Rhétorique royale d'Aristote*, op. cit., p.13: "il faut savoir que pour persuader nous devons nous servir de deux sortes de preuves dont l'une est appelée artificielle et l'autre sans artifice".

52 *Aristotle's Rhetoric. Or the True Grounds and Principles of Oratory: Shewing the Right Art of Pleading and Speaking in Full Assemblies and Courts of Judicature*, Londres: Randal Taylor, 1686, p.2: "only Art prevails to gain Credit and Belief by Persuasion".

53 Quintiliano, *Institutiorum oratorium Libri XII*, Veneza: Alde Manuce, 1522, p.78-81. Cf. Quintiliano, *Institution oratoire Libri IV et V*, texto estabelecido e traduzido por Jean Cousin, Paris: Les Belles Lettres, 1976, livro V, p.1-7.

foi uma referência fundamental no Renascimento para os textos que estabeleceram uma ligação entre a forma retórica dos discursos e a busca de provas históricas. Ginzburg lembra que Lorenzo Valla, que demonstrou que a Doação de Constantino ao papa Silvestre era falsa, possuía dois manuscritos antigos do livro de Quintiliano e comentou um deles.[54] Seu discurso, que utilizava as formas e as fórmulas da arte retórica (por exemplo, o gênero da *"declamatio"* ou a criação de diálogos imaginários), utilizou as "provas inartificiais" mencionadas por Quintiliano para pôr em evidência os anacronismos históricos e linguísticos da suposta doação. A presença da palavra *"satrapis"* era a prova para Valla da inautenticidade do documento. Carlo Ginzburg vê isso como um ato fundador:

esse recurso aos anacronismos lexicais como instrumento de análise histórica representa uma virada intelectual de importância considerável: leva a Mabillon e Montfaucon, dois eruditos da congregação beneditina de Saint-Maur que Marc Bloch considera os fundadores da profissão de historiador no sentido moderno do termo.[55]

É esboçada assim uma genealogia que não é mais a da retórica autorreferencial, que vai dos sofistas aos pós-modernos, passando por Nietzsche, mas a que associa discurso retórico e prova histórica. Essa associação continua a valer quando passamos das figuras da retórica aos processos narrativos da história? Provavelmente, mas não necessariamente em continuidade com a linhagem aristotélica. François Hartog sublinha que, na *Retórica*, as investigações de tipo histórico (sobre as constituições e as leis, as guerras ou as rendas das cidades) tinham como único objetivo fornecer exemplos ou

---

54 Carlo Ginzburg, *Rapports de force*, op. cit., p.62-3.

55 Ibid., p.64-5.

premissas aos entimemas.[56] Estes são recursos de argumentação de tipo deliberativo e, por isso, pertencem à política, não à retórica:

As relações de viagens são manifestamente úteis para a legislação (por meio delas pode-se adquirir entendimento das leis dos diversos povos), do mesmo modo que as pesquisas daqueles que escrevem sobre as ações humanas são úteis para as deliberações políticas; mas todas essas pesquisas são do âmbito da política, não da retórica. (*Retórica* 1360a)[57]

Na tipologia aristotélica dos três gêneros oratórios (deliberativo, judicial e epidíctico), "a história como tal não tem lugar. Ela não tem um lugar próprio".[58] Isso não acontece no discurso moderno. Consequentemente, a pergunta fundamental diz respeito à compatibilidade, ou melhor, à indissociabilidade entre o pertencimento da escrita histórica, seja qual for, à classe das narrativas e sua capacidade de produzir um conhecimento considerado verdadeiro porque se submete às operações específicas e aos critérios de prova da disciplina. Nesse sentido, a força crítica da história não se limita a desmascarar as falsificações e as imposturas. Ela pode e deve submeter as construções explicativas das realidades passadas às categorias de validação que possibilitam a distinção entre as interpretações admissíveis e as não admissíveis, sem rejeitar, no entanto, a possível pluralidade das interpretações cientificamente aceitáveis.

Essas questões acerca do status epistemológico da história adquiriram uma importância enorme nessa nossa época ameaçada pelo poder sedutor de histórias imaginárias, cujo objetivo é justificar

56 François Hartog, *Croire en l'histoire*, op. cit., p.141-2.
57 Aristóteles, *Rhétorique*, op. cit., p.36.
58 François Hartog, *Croire en l'histoire*, op. cit., p.145.

identidades e ideologias. Nesse contexto, é tarefa fundamental refletirmos sobre as condições que nos permitem ver os discursos históricos como representações adequadas do passado que foi e não é mais. Ela é possível quando a história trilha seu caminho entre o relativismo cético e o positivismo ingênuo, como sugere Carlo Ginzburg:

> As fontes não são nem janelas escancaradas, como acreditam os positivistas, nem muros que impedem o caminho, como sustentam os céticos: na verdade, elas devem ser comparadas a vidros deformantes. A análise das distorções específicas de cada fonte já implica um elemento construtivo. Mas a construção não é incompatível com a prova; a projeção do desejo, sem a qual ninguém se dedicaria à pesquisa, não é incompatível com os desmentidos impostos pelo princípio da realidade. O conhecimento é possível, mesmo no campo da história.[59]

Crônicas e "histórias"

Todavia, o conhecimento histórico tem de conviver com outras verdades sobre o passado: as verdades propostas pelas fábulas. A noção de "energia", que tem um papel fundamental na perspectiva analítica do *"New Historicism"*, pode nos ajudar a compreender como certas obras de ficção criaram representações coletivas muito mais poderosas que os escritos dos historiadores.[60] O teatro nos séculos XVI e XVII e o romance nos séculos XIX e XX se apropriaram do passado, deslocando personagens e acontecimentos

59 Carlo Ginzburg, *Rapports de force*, op. cit., p.34.
60 Steven Greenblatt, *Shakespearean Negotiations: The Circulation of Social Energy in Renaissance England*, Berkeley: University of California Press, 1988, p.1-20.

históricos para o registro da ficção e levando para os palcos e para as páginas dos livros situações que foram reais, ou eram apresentadas como reais. Quando as obras são habitadas por uma força particular, elas adquirem a capacidade de "produzir, formar e organizar uma experiência coletiva que é ao mesmo tempo física e mental".[61] Uma dessas experiências é o encontro com o passado.

À guisa de exemplo, tomemos as peças históricas de Shakespeare. Em 1623, quando John Heminge e Henry Condell (que, como Shakespeare, foram atores da companhia real, a King's Men) reuniram pela primeira vez trinta e seis peças do dramaturgo num suntuoso in-fólio, eles decidiram separá-las em três gêneros: "comedies", "histories" e "tragedies". A primeira e a terceira categorias eram fiéis aos gêneros da poética aristotélica, mas a segunda introduzia um gênero novo. Na categoria das "histories", eles reuniram dez obras que, seguindo a ordem cronológica dos reinados, apresentavam a história da Inglaterra desde o rei João até Henrique VIII e excluíram outras: as "histórias" dos heróis romanos e as dos príncipes dinamarqueses e escoceses, que foram incluídas na categoria das "tragedies". Assim, os editores transformaram em história contínua da monarquia e da nação inglesas, indissociavelmente ligadas, peças que foram escritas em ordem diferente daquela dos reinados.[62] Eles fizeram com essas peças uma narração dramática, organizada de acordo com a ordem cronológica apresentada pelos cronistas (Edward Hall, John Stow, Richard Grafton e, sobretudo, Raphael Holinshed) que forneceram a Shakespeare a matéria histórica para as suas "histórias". Antes da

---

61 Ibid., p.6: "to produce, shape, and organize collective physical and mental experience".

62 As peças que compõem a primeira "tetralogia" histórica, a saber, as três partes de *Henry VI* e *Richard III*, foram escritas (em parte em colaboração) e encenadas provavelmente entre 1591 e 1593; já as peças dedicadas aos reinados anteriores (*Richard II*, as duas partes de *Henry IV* e *Henry V*) foram escritas e encenadas provavelmente entre 1595 e 1600.

publicação do Fólio, as *"histories"* (ao menos algumas)[63] contavam entre as peças mais representadas e impressas de Shakespeare. Elas criaram para seus leitores e espectadores representações e experiências do passado nacional muito mais fortes que as produzidas pelo relato das crônicas.

A história que elas põem em cena é uma história que tolera os anacronismos, uma história regida por cronologias teatrais, diferentes da cronologia dos acontecimentos tal como eles se sucederam. A história das *"histories"* propõe representações ambíguas do passado à imaginação e à memória dos espectadores. Por exemplo, ao escrever sobre a rebelião de Jack Cade e dos artesãos do Kent, tal como ela parece na Segunda Parte de *Henry VI*, Shakespeare reinterpreta a revolta e atribui aos rebeldes de 1450 a linguagem milenarista e igualitária e as ações violentas – que destroem todas as formas de cultura escrita e todos que a encarnam – que os cronistas haviam associado, com menos radicalidade, à revolta de Tyler e Straw em 1381. O resultado é uma representação ambivalente da revolta de 1450, que recapitula as aspirações e ações das revoltas populares, mas ao mesmo tempo ridiculariza o líder dos rebeldes. Homem cruel e manipulável, Jack Cade tenta instaurar um mundo do avesso, carnavalesco, sem escrita, sem moeda, sem diferenças, que vira motivo de escárnio para seus próprios auxiliares. A representação é contraditória, instável, aberta à pluralidade das interpretações.[64]

---

63 Antes do Fólio de 1623 houve seis edições in-quarto de *Richard III*, seis da Primeira Parte de *Henry IV* e cinco de *Richard II*.

64 Shakespeare, *Histoires: la deuxième partie d'Henry VI, avec la mort du bon duc Humphrey – The Second Part of Henry the Sixth, with The Death of the Good Duke Humphrey*, ed. Jean-Michel Déprats e Gisèle Venet, Paris: Gallimard, 2008, "Bibliothèque de la Pléiade", p.225-483, aqui ato IV, cena II, p.400-17. Cf. Roger Chartier, "Jack Cade, the Skin of a Dead Lamb, and the Hatred for Writing", *Shakespeare Studies*, v.34, 2006, p.77-89.

O tempo das *"histories"* dramáticas não é ou não é apenas o tempo dos acontecimentos, das decisões, das derrotas, dos desejos e dos conflitos. É também o tempo da Fortuna, que faz inevitavelmente a queda suceder ao triunfo, a miséria à glória. O triste destino do duque de Buckingham, do cardeal Wolsey e da rainha Catarina em *Henry VIII* mostram, três vezes, as ilusões daqueles e daquelas que acreditaram poder submeter a história às suas vontades. Eles são vítimas do movimento inexorável da roda que os leva ao topo das honrarias para então lançá-los na desgraça, que eles aceitam na paz e no perdão.[65] Há ainda um terceiro tempo nas *"histories"*: o dos desígnios de Deus. Os homens não podem nem devem decifrá-los, exceto quando são investidos de uma palavra da qual são apenas os intérpretes. É o caso dos profetas inspirados que anunciam um desastre, como o bispo de Carlisle em *Richard II*,[66] ou uma era dourada, como Thomas Cranmer em *Henry VIII*.[67] Com exceção desses momentos excepcionais, o significado do que virá permanece obscuro para os mortais, sejam príncipes ou camponeses. A força perpetuada das *"histories"* shakespearianas vem da capacidade de mostrar as incertezas dos tempos, as contradições dos indivíduos

---

65 Shakespeare, *Histoires: la célèbre histoire de la vie du roi Henry VIII – The Famous History of the Life of King Henry the Eighth*, ed. Jean-Michel Déprats e Gisèle Venet, Paris: Gallimard, 2008, "Bibliothèque de la Pléiade", t.II, p.975-1227. Cf. as últimas palavras de Buckingham, ato II, cena I, p.1046-50, do cardeal Wolsey, ato III, cena II, p.1144-7, e da rainha Catarina, ato IV, cena II, p.1172-5.

66 Shakespeare, *Histoires: la tragédie du roi Richard II – The Tragedy of King Richard the Second*, ed. Jean-Michel Déprats e Gisèle Venet, Paris: Gallimard, 2008, "Bibliothèque de la Pléiade", t.II, p.1-215. Sobre a profecia do bispo de Carlisle, cf. ato IV, cena I, p.152-5.

67 Shakespeare, *Histoires: la célèbre histoire de la vie du roi Henry VIII – The Famous History of the Life of King Henry the Eighth*, op. cit., t.II, ato V, cena V, p.1222-5.

e a impossibilidade de dar um sentido único, inequívoco, aos acontecimentos.

O romance, a sociedade e os indivíduos

No século XIX é a vez do romance se apropriar do passado. Ele faz isso por uma nova ordem do discurso, marcada pela invenção da "literatura", tal como a entendemos hoje. A partir da segunda metade do século XVIII, a palavra se afasta do sentido que no século anterior a associava à erudição. No *Dictionnaire* de Furetière, de 1690, o termo era definido da seguinte maneira: "Literatura, conhecimento profundo das letras. Scaliger, Lipse & outros críticos modernos eram homens de grande *literatura*, de admirável erudição".[68] Mesmo quando literatura é sinônimo de "belas-letras", como no *Dictionnaire* de Richelet (1680), a definição do termo não faz distinção entre criações estéticas e obras de saber: "As belas-letras são o conhecimento dos Oradores, dos Poetas e dos Historiadores".[69] Apenas no século XVIII houve distinção. Em 1762, embora mantenha a definição de "Literatura" como erudição, o *Dictionnaire* da Academia Francesa define da seguinte maneira "Belas-Letras" no

---

68 Antoine Furetière, "Littérature", in *Dictionnaire universel contenant généralement tous les mots françois, tant vieux que modernes*, Haia/ Roterdã: Arnout et Reinier Leers, 1690, t.II, p.476 ["Littérature, connaissance profonde des lettres. Scaliger, Lipse & autres Critiques modernes, étaient des gens de grande littérature, d'une érudition surprenante"].

69 Pierre Richelet, *Dictionnaire françois, contenant les mots et les choses*, Genebra: Jean Herman Widerhold, 1680, p.461: "*Littérature*. La science des belles lettres. Honnête connaissance, doctrine, érudition (Monsieur Arnauld le Docteur est un homme d'une grande littérature)", p.472; e "*Lettres*. Les belles lettres. C'est la connaissance des Orateurs, des Poëtes & des Historiens. (Savoir les belles lettres Françoises. C'est un homme de belles lettres)".

verbete "Letras": "Entende-se por Belas-Letras a Gramática, a Eloquência, a Poesia"[70]. A história não faz mais parte das belas-letras
e a literatura, quando é identificada com elas, não é mais erudição.
A nova definição repousa sobre três noções fundamentais:
a individualização do ato de escrever, a originalidade das obras
e a propriedade literária. A associação das três encontra uma forma
acabada no fim do século XVIII, na época da "consagração do escritor", segundo a expressão de Paul Bénichou.[71] Essa "consagração"
se traduz pela conservação e pela fetichização dos manuscritos
autógrafos, que passam a ser a garantia da autenticidade dos escritos
do autor,[72] pelo desejo de conhecê-lo ou se corresponder com ele,
pela peregrinação aos lugares onde ele viveu, pelas estátuas e monumentos erguidos para glorificá-lo.[73] No século XIX, esse conjunto
culmina com um fato importante: a construção da figura do escritor
nacional, que expressa a própria alma do povo.[74]

A literatura definida assim opõe-se palavra por palavra à obra
de ficção que a precedia. Esta repousava sobre práticas muito diferentes: colaboração, reutilização de histórias já contadas, recurso

---

70 *Dictionnaire de l'Académie Française*, 4. ed., Paris: Veuve de Bernard
Brunet, 1762, p.46: "*Littérature*. Érudition, doctrine. Ce mot regarde
proprement les Belles-Lettres"; e ibid., p.27: "*Lettres*, se dit aussi au plu-
riel, De toute sorte de science & de doctrine. *Les Belles-Lettres, Les Lettres
humaines. Un homme de lettres. La République des Lettres. Cet homme a
beaucoup d'esprit, mais il n'a point de Lettres. On entend par Belles-Lettres*,
la Grammaire, l'Éloquence, la Poësie".

71 Paul Bénichou, *Le sacre de l'écrivain (1750-1830): essai sur l'avènement
d'un pouvoir spirituel laïque dans la France moderne*, Paris: Gallimard, 1996
[1973].

72 Roger Chartier, *La main de l'auteur et l'esprit de l'imprimeur*, Paris: Gallimard, 2015, p.45-70.

73 Antoine Lilti, *Figures publiques: l'invention de la célébrité (1750-1850)*,
Paris: Fayard, 2014.

74 Anne-Marie Thiesse, *La fabrique de l'écrivain national: entre littérature et
politique*, Paris: Gallimard, 2019.

a lugares compartilhados e continuação ou reescritura de obras já existentes. Até meados do século XVIII há uma forte consciência da dimensão coletiva das produções textuais e um débil reconhecimento do autor. As obras que ele escreve não são propriedade sua, seus manuscritos não são conservados, sua vida não contribui para uma biografia, apenas para coletâneas de casos. As coisas mudam radicalmente quando a afirmação da originalidade criadora faz o escrever e o existir se entrelaçarem, situa as obras nas experiências de vida e aponta as experiências de vida nas obras. Donde a indispensável advertência de João Hansen contra o uso retrospectivo e anacrônico de categorias subjetivas e psicológicas próprias da era da "literatura". Sua única contribuição é ocultar a descontinuidade fundamental que distingue a estética literária romântica do regime retórico e poético que a precedeu.[75]

No século XIX, estando a literatura já bem estabelecida em sua definição moderna, a verdade reivindicada pela escrita literária é a de um saber autêntico sobre toda a sociedade, tal como foi e tal como é. Visto que essa verdade é desdenhada pelos historiadores do tempo, que são fascinados pelos grandes acontecimentos e pelos grandes personagens, a primeira tarefa do romance é incumbir-se do conhecimento verdadeiro do mundo social. Como indica Manzoni em seu *Del romanzo storico*, publicado em 1845[76] e citado por Carlo Ginzburg, escondido por trás de um interlocutor imaginário, o romancista deve:

---

75 João Adolfo Hansen, "Barroco, neobarroco e outras ruínas", *Teresa: Revista de Literatura Brasileira*, n.2, 2001, p.10-66; "Notas sobre el 'Barroco'", *Revista de Filología de la Universidad de La Laguna*, n.22, 2004, p.111-32; e *Agudezas seiscentistas e outros ensaios*, São Paulo: Edusp, 2019.

76 Alessandro Manzoni, *Del romanzo storico e, in genere, de' componimenti misti di storia e d'invenzione* [1845], ed. Silvia De Laude, Milão: Centro Nazionale Studi Manzoniani, Edizione Nazionale ed Europea delle Opere di Alessandro Manzoni, v.14, 2000.

apresentar diante dos meus olhos, sob uma forma nova e especial, uma história mais rica, mais variada, mais completa que aquela que se encontra nas obras às quais se dá mais comumente esse nome e, de certo modo, por antonomásia. A história que esperamos de vós não é uma narrativa cronológica de simples fatos políticos e militares, ocasionalmente com algum acontecimento extraordinário de tipo completamente diferente, mas uma representação mais geral do estado da humanidade num tempo e num lugar naturalmente mais circunscritos que aqueles onde se situam habitualmente os trabalhos de história, no sentido mais usual do termo.[77]

O objeto do romance, continua Manzoni, referindo-se ao seu livro *I promessi sposi* (*Os noivos*), que fora publicado vinte anos antes, em 1827, é mostrar:

os costumes, as opiniões, quer gerais, quer particulares, de determinada classe de pessoas: as consequências privadas dos acontecimentos públicos, que se denominam mais precisamente históricos, e das leis, ou das vontades dos poderosos, de todas as maneiras como se manifestam; em resumo, tudo que sucedeu de mais característico, em todas as condições de vida, e nas relações de umas com as outras, uma sociedade dada em um momento dado: eis o que vós mesmos vos propusestes mostrar.[78]

Sob essa perspectiva, o romancista é o verdadeiro historiador, aquele que reconhece as diferentes temporalidades que permeiam uma sociedade. É o que Balzac mostra, com extrema acuidade, em *Illusions perdues*. Ele apresenta o romance na última frase do

---

77 Carlo Ginzburg, *Le fil et les traces: vrai faux fictif*, Lagrasse: Verdier, 2010 [2007], p.465.
78 Ibid., p.466.

primeiro parágrafo do livro como uma "grande pequena história".[79] Pequena história, porque começa numa pequena oficina de uma pequena cidade de província:

Na época em que começa esta história, a imprensa de Stanhope e os rolos de distribuir tinta não funcionavam ainda nas pequenas tipografias de província. Apesar da especialidade que a relaciona com a tipografia parisiense, Angoulême usava ainda prensas de madeira, às quais o idioma deve a expressão fazer gemer o prelo, hoje sem aplicação.

Uma "pequena história", sim, mas na verdade uma "grande história", porque o contraste entre as prensas de madeira da oficina de Angoulême e as prensas mecânicas das oficinas da capital revela as esperanças de todos os que trocam a província atrasada, desvalorizada, pela capital onde nascem e morrem as ilusões. No período da Restauração, o calendário era o mesmo em Paris e Angoulême, mas essas duas cidades viviam em tempos diferentes: o que se tornou "sem aplicação" na capital estava ainda em vigor na província.

Quando a história dos historiadores abandonou sua fascinação pelos fatos políticos e pelos grandes personagens para se dedicar ao estudo das sociedades, a literatura inverteu seu objeto e começou a privilegiar as singularidades. Escrever a vida ímpar de indivíduos particulares tornou-se um gênero fundamental. Borges dá o nome de um dos precursores do gênero em *Biblioteca personal*: "Por volta de 1935, escrevi um livro inocente que se intitulava *História universal da infâmia*. Uma de suas numerosas fontes, ainda não assinalada pela crítica, foi esse livro de Schwob". Borges se refere a *Vidas imaginárias*, de Marcel Schwob. Para escrever essas vidas,

---

79 Honoré de Balzac, *Études de mœurs au XIXe siècle, scènes de la vie de province: Illusions perdues*, Paris: Werdet, 1837, t.4.

Schwob "inventa um método curioso. Os protagonistas são reais; os fatos podem ser ficcionais e, no mais das vezes, fantásticos. O sabor particular desse livro está nesse vaivém".[80]

Borges inclui na biblioteca de seus livros preferidos *Vidas imaginárias*, que Marcel Schwob publicou de 1894 a 1896 no periódico *Le Journal*, antes de reuni-las num único volume em 1896.[81] O "método curioso" de Schwob consiste em separar radicalmente destino particular e destino coletivo, privilegiar os "pequenos fragmentos singulares e inimitáveis" de cada existência, apartar a escrita biográfica da verdade histórica.[82] Para ele, a arte, seja pintura, seja literatura, define-se em oposição à história: "A ciência histórica nos deixa na incerteza sobre os indivíduos. Revela somente os pontos que os interligaram às ações gerais", enquanto "a arte reside no oposto das ideias gerais, não descreve senão o individual, não deseja senão o único. Não classifica, desclassifica". A arte do biógrafo, à semelhança da arte do pintor japonês Hokusai, consiste "em realizar a milagrosa transformação da semelhança em diversidade", "em tornar individual o que há de mais geral". A busca das "bizarrias" ou das "anomalias" de cada indivíduo não pressupõe de forma alguma que o biógrafo deva submeter-se à realidade:

[ele] não precisa se preocupar em ser verdadeiro; deve criar no caos dos traços humanos [...] Nesse grosseiro ajuntamento, o biógrafo

80   Jorge Luis Borges, *Biblioteca personal (prólogos)*, Madri: Alianza Editorial, 1988 [1985], p.70: "Marcel Schwob. *Vidas imaginarias*".
81   Marcel Schwob, *Vies imaginaires*, Paris: Bibliothèque Charpentier, 1896, ed. atualiz.: *Vies imaginaires*, apresentação, notas, cronologia e bibliografia de Jean-Pierre Bertrand e Gérald Prunelle, Paris: GF Flammarion, 2004. Cf. Sylvain Goudemare, *Marcel Schwob ou les vies imaginaires: biographie*, Paris: Le Cherche Midi, 2000.
82   Todas as citações desse parágrafo foram extraídas do prefácio de Marcel Schwob (ed. atualiz., 2004, p.53-60).

seleciona aquilo com que compor uma forma que não se assemelha a nenhuma outra. É desnecessário que seja parecida com aquela que foi criada outrora por um deus superior, desde que seja única, como toda criação.

O gênero aparentemente mais histórico, a biografia, deve afastar--se da história para aproximar-se de uma realidade mais profunda, mais essencial: "contar com o mesmo cuidado a existência única dos homens, quer tenham sido divinos, medíocres ou criminosos". O ideal da biografia, ou da literatura, consiste em "diferenciar infinitamente". A verdade não é reprimida pelo princípio da realidade; ela surge com força a partir da própria fábula.

Seguindo esse caminho, uma parte da literatura do século XX se apropriou do que a história das populações e das economias, das sociedades e das mentalidades não conhecia ou ocultava, a saber, as vidas únicas, obscuras, frágeis. Nos romances, esse interesse se concentra nas vidas minúsculas e nas histórias ínfimas, como fazem os oito capítulos do livro de Pierre Michon, *Vies minuscules*, publicado em 1984,[83] ou o livro de Pascal Quignard, *Les tablettes de buis d'Apronenia Avitia*, publicado no mesmo ano.[84] Todavia, a existência anônima e o destino ignorado não povoam apenas a imaginação dos escritores. Eles também podem estar nos arquivos, em especial nos arquivos policiais e dos tribunais de justiça. Em geral tratados estatisticamente pelos historiadores dos crimes e das sentenças, esses documentos, que conservam breves e misteriosos indícios de vidas singulares, foram lidos também de outras maneiras.

Foucault pretendia reunir esses fragmentos de vida numa "antologia de existências", apresentada em 1977 num ensaio concebido

---

83 Pierre Michon, *Vies minuscules*, Paris: Gallimard, 1984.
84 Pascal Quignard, *Les tablettes de buis d'Apronenia Avitia*, Paris: Gallimard, 1984.

como uma introdução geral a uma coleção de documentos dos séculos XVII e XVIII. Ele a intitulou "A vida dos homens infames": infames porque não tinham "*fama*", não tinham renome, glória.

Vidas de poucas linhas ou páginas, desgraças e aventuras sem fim, reunidas num punhado de palavras. Vidas breves, encontradas ao acaso nos livros e nos documentos. [...] Vidas singulares que se tornaram, não sei por que acasos, estranhos poemas. Eis o que eu quis reunir numa espécie de herbário.[85]

Invertendo o procedimento de Schwob, Foucault situa em existências reais, contadas em poucas palavras em relatórios policiais, registros de detenção, petições ao rei ou *lettres de cachet*, "um certo efeito de beleza e assombro" que invade quem as descobre:

Quis que se tratasse sempre de existências reais; que fosse possível lhes assinalar um lugar e uma data; que por trás desses nomes que não dizem mais nada, por trás dessas palavras breves que na maior parte das vezes podiam ser falsas, mentirosas, injustas, exageradas, houve homens que viveram e morreram, sofrimentos, maldades, invejas, vociferações. Eliminei, portanto, tudo o que pudesse ser imaginação ou literatura.[86]

Nessas vidas conhecidas somente pelos traços breves e enigmáticos registrados pelas instituições, Foucault descobriu existências que teriam sido esquecidas para sempre, não fosse o momento em que colidiram com o poder ou tentaram usá-lo a seu favor: "Em

85 Michel Foucault, "La vie des hommes infâmes" [1977], in *Dits et écrits* [1976-1979], ed. Daniel Defert e François Ewald, Paris: Gallimard, 1994, v.3, p.237-53, aqui p.237.
86 Ibid., p.239.

suma, quis reunir alguns rudimentos para uma lenda dos homens obscuros, a partir das palavras que eles trocaram com o poder, em meio à desgraça e ao ódio".[87] Essa vontade de se aproximar ao máximo da verdade dos destinos singulares, não a partir da fábula, mas em "relação com a realidade", confronta-se com uma situação extrema, visto que "a existência desses homens e dessas mulheres se resume exatamente ao que foi dito sobre eles; do que foram ou do que fizeram não resta nada, exceto em poucas frases".[88] Encarando o desafio, Foucault rejeita a literatura, que faz da ficção o lugar das verdades mais intensas sobre a realidade. Em seu projeto, os termos se invertem:

> Essa pura existência verbal, que transforma esses infelizes ou esses criminosos em seres quase fictícios, eles a devem ao seu sumiço quase completo e à sorte, ou azar, que fez sobreviver, ao acaso dos documentos encontrados, algumas poucas palavras que falam a respeito deles ou que eles mesmos pronunciaram.[89]

Na "lenda dos homens obscuros" ocorreu assim "um certo equívoco entre o fictício e o real".[90]

Verdade da ficção, poesia do real

Entre a verdade da ficção e a poesia do real, qual os historiadores devem escolher? Talvez admitam, como Carlo Ginzburg, que são múltiplas "as formas que a ficção pode assumir para servir ao real".[91]

---

87 Ibid., p.241.
88 Ibid., p.242.
89 Id.
90 Ibid., p.241.
91 Carlo Ginzburg, *Le fil et les traces*, op. cit., p.14.

Não se trata de afirmar que ficção e história produzem uma mesma verdade, mas identificar em que condições um texto literário, ao ser lido ou escrito, produz conhecimento das realidades do passado. Em *O fio e os rastros*, Ginzburg analisa três dispositivos narrativos que produzem tal conhecimento. O primeiro é o *"estranhamento"*, identificado pelos formalistas russos como "o procedimento literário que transforma algo familiar – um objeto, um comportamento, uma instituição – em algo estranho, insano, ridículo".[92] O "estranhamento" propõe uma "douta ignorância" que rejeita a percepção cega das evidências, a aceitação automática dos costumes, a submissão à ordem das coisas. As figuras do iletrado sábio, do sábio selvagem e do camponês astucioso, ou então dos animais das fábulas, encarnaram nos escritos e nas imagens essa forma paradoxal de desvelar as verdades ocultas e ignoradas. Um segundo procedimento, próprio da leitura, consiste em remontar da ficção ao documento, da verdade estética, que exige suspensão da incredulidade, à verdade crítica, "que conecta a um passado invisível (graças a uma série de operações adequadas) símbolos rabiscados em papel ou pergaminhos; moedas, fragmentos de estátuas danificadas pelo tempo etc."[93] Trata-se de inverter o modo de agir do *New Historicism*, que concentra a atenção na apropriação estética dos discursos e das práticas do mundo social. Ginzburg, inspirado pelo livro de Jean Chapelain, *De la lecture des vieux romans*, escrito em 1646 e publicado em 1728, afirma que é possível descobrir verdades históricas nas fábulas e assim "construir a verdade a partir das fábulas, a história verdadeira a partir da história fictícia".[94]

---

92 Ibid., p.175-6. Em nota, Martin Rueff, que traduziu o livro, recorda as dúvidas em torno da tradução do termo russo *"ostranenie"*: *"étrangisation"*, *"singularisation"* ou *"estrangement"*, este último foi o escolhido, p.142, nota 2.

93 Ibid., p.140.

94 Id.

Um terceiro procedimento situa a verdade histórica na ficção romanesca: o emprego do discurso direto livre, que interrompe por um momento a narrativa em terceira pessoa para nela introduzir os pensamentos secretos, íntimos, silenciosos de um dos protagonistas. Ginzburg observa: "Tal procedimento parece vedado aos historiadores, porque, por definição, o discurso direto livre não deixa rastros documentais. Entramos numa zona situada além ou aquém do conhecimento histórico, e inacessível a ele". Entretanto, acrescenta:

os procedimentos narrativos são como campos magnéticos: suscitam perguntas e atraem possíveis documentos. Nesse sentido, um procedimento como o discurso direto livre, criado para responder no campo da ficção a uma série de perguntas trazidas pela história, pode ser considerado um desafio indireto aos historiadores.[95]

Sob certas condições, "pode ser que em algum momento eles o encarem", como fez Jonathan Spence ao recriar os sonhos da esposa Wang.[96]

Verdade histórica da ficção, portanto, mas nem por isso o fim da diferença entre a arte do romancista e a profissão do historiador. Será que essa profissão é compatível com o partido que Foucault tomou no seu herbário de vidas singulares: "Não se trata de um livro de história. A escolha que se encontrará nele não teve regra mais importante do que as minhas preferências, o meu prazer, uma emoção, o riso, a surpresa, certo assombro ou qualquer outro sentimento"?[97] E ele acrescenta: "este livro convém menos ainda do que os outros aos historiadores".[98] A emoção ante a beleza desses "estranhos poemas"

---

95 Ibid., p.273.
96 Jonathan D. Spence, *La mort de la femme Wang* [1979], Paris: Robert Laffont, 1992.
97 Michel Foucault, "La vie des hommes infâmes", op. cit., p.237.
98 Ibid., p.239.

que são a vida de arquivo é realmente exclusiva da compreensão histórica? Num livro que começa com uma citação de Marcel Schwob ("A ciência histórica nos deixa na incerteza sobre os indivíduos") e segue fazendo referência à "Vida dos homens infames", Arlette Farge une sensibilidade e conhecimento e, precisamente, emoção e compreensão. Baseada em "pedaços de arquivos", que são como resquícios inclassificáveis nos quais se leem vidas em pedaços, a obra de Farge termina assim:

> Ousemos conceber, no lugar que lhes cabe por justiça, o afeto e a sensibilidade como universais humanos, permitindo-nos estar mais próximos da aspereza do real dos séculos passados e captar melhor, em suas passagens mais inesperadas, esses mundos esquecidos – aqui, as penumbras do Século das Luzes.[99]

Como em Schwob, o objeto é o "único", o irredutivelmente singular, mas, ao contrário das "vidas imaginárias", as vidas encontradas nos fragmentos de arquivos foram realmente vividas, em geral na desgraça, às vezes na fortuna. Como em Foucault, a emoção nasce do sentimento de proximidade com "o mistério, a beleza e a loucura da vida",[100] mas, ao contrário das "vidas infames", trata-se de um livro de história. Ele nos obriga a refletir sobre os apertos compartilhados e as realidades comuns nos quais sucedem as experiências mais extravagantes, mais inesperadas, mais insólitas. Em consequência, se "os pequenos fragmentos de vida são como minúsculos detalhes de quadros muito mais vastos", eles ganham sentido nos destinos coletivos nos quais inserem sua singularidade. A história toma de volta seus direitos, pois se trata de "tornar perceptível,

---

99 Arlette Farge, *Vies oubliées: au cœur du XVIIIᵉ siècle*, Paris: La Découverte, 2019, p.293-4.
100 Ibid., p.7.

emocionalmente inteligível, o jogo constante das relações entre poder e sujeitos, atores sociais e práticas cotidianas".[101]

Como a verdade pode existir sem a mentira?

Nos jogos complexos entre verdade histórica e verdade literária, a apropriação das técnicas da história pela ficção mostrou algumas vezes, paradoxalmente, o status de conhecimento da disciplina. Essa apropriação é a figura invertida do "efeito de real" definido por Roland Barthes como uma das principais modalidades da "ilusão referencial".[102] Na estética clássica, a categoria do "verossímil" garantia a relação de parentesco entre a narrativa histórica e as histórias imaginadas, pois, segundo a definição do *Dictionnaire* (1690) de Furetière, história é "descrição, narração das coisas como elas são, ou das ações como elas sucederam, ou como poderiam suceder". O termo "história" designa não somente "a narração ordenada e encadeada de vários acontecimentos memoráveis que sucederam em uma ou várias nações, em um ou vários séculos", mas também "os Romances, as narrativas fabulosas, mas verossímeis, que são inventadas por um Autor, ou dissimuladas".[103] A divisão, portanto, não é entre história e fábula, mas entre narrativas verossímeis, quer se refiram ao real ou não, e narrativas inverossímeis. Assim compreendida,

101 Ibid., p.99-100. Cf. Marie-Jeanne Zenetti, "Lambeaux d'archives: pour une histoire des reliquats", *Critique*, n.879-80, 2020, p.683-94.

102 Roland Barthes, "L'effet de réel" [1968], in *Le bruissement de la langue. Essais critiques IV*, Paris: Seuil, 1984, p.179-87: o efeito de real "é o fundamento desse verossímil não confessado que forma a estética de todas as obras habituais da modernidade" (ibid., p.186-7).

103 Antoine Furetière, "Histoire", in *Dictionnaire universel*, op. cit., t.2, p.262-3. Furetière cita como exemplo de "romances" cujas narrativas são fabulosas, porém verossímeis, *L'Astrée, Clélie, Francion* e, sem o título, *As etiópicas*, de Heliodoro.

a história era radicalmente apartada das exigências críticas da erudição dos especialistas em Antiguidade e eximida da referência ao real tida como o objeto de seu discurso.

Ao abandonar o verossímil, a fábula estabeleceu outro tipo de relação com o real: ela intensificou os comentários concretos usados para dar um lastro de realidade à ficção, produzindo assim uma ilusão referencial. Nisso, ela imitou a história, para a qual as referências ao real são essenciais:

A resistência do "real" (em sua forma escrita, obviamente) à estrutura é muito limitada na narrativa fictícia, construída por definição com base num modelo cujas exigências, em grandes linhas, são aquelas do inteligível; mas esse mesmo "real" torna-se referência essencial na narrativa histórica, a qual supostamente deve relatar "o que realmente sucedeu".[104]

Sendo assim, a história foi o modelo proposto à literatura: "é lógico que o realismo literário tenha sido contemporâneo, com poucas décadas de diferença, da história 'objetiva'".[105] A certeza dos historiadores de que "o ter sido das coisas é um princípio suficiente do discurso" foi corroborada pelo:

desenvolvimento atual das técnicas, das obras e das instituições fundadas na necessidade incessante de autentificar o real: a fotografia (testemunho bruto do "que foi"), a reportagem, as exposições de objetos antigos (como mostra bem o sucesso da exposição sobre Tutancâmon), o turismo aos monumentos e aos sítios históricos. Tudo isso mostra que o real é considerado suficiente por si só.[106]

---

104 Roland Barthes, "L'effet de réel", op. cit., p.184-5.
105 Ibid., p.185.
106 Id.

Não obstante, esse "ter sido", esse "real concreto" que assevera a verdade da história, deve ser introduzido no discurso histórico para afiançá-lo como conhecimento autêntico. Isso é papel das citações, das referências, dos documentos que invocam o passado no texto do historiador, demonstrando ao mesmo tempo a autoridade deste último. Para Michel de Certeau, diferentemente de outros escritos, o texto de história é *foliforme*:

> apresenta-se como historiográfico o discurso que "compreende" seu outro (a crônica, o arquivo, o documento), isto é, que se organiza em texto *foliforme*, em que uma metade (contínua) se apoia na outra (difundida) e assim se dá o poder de uma dizer o que a outra aponta sem saber. Pelas "citações", pelas referências, pelas notas e por todo o aparelho de remissão permanente a uma linguagem primária, ele se estabelece como *o saber do outro*.[107]

A escrita clivada da narrativa histórica tem, portanto, a tripla tarefa de introduzir o passado num discurso do presente, mostrar a competência do historiador, mestre das fontes, e convencer o leitor.

Com base nisso, história e literatura devem ser apresentadas como duas modalidades de "um novo verossímil, precisamente o realismo (entendemos por 'realismo' todo discurso que aceita enunciações acreditadas unicamente pelo referente)"?[108] Carlo Ginzburg, afirmando que "o conhecimento é possível, mesmo no campo da história",[109] e Michel de Certeau, indicando que a operação histórica é uma prática "científica" que implica regras e controles,[110] apresentam razões epistemológicas para rechaçarmos

---

107 Michel de Certeau, *L'écriture de l'histoire*, op. cit., p.111.
108 Roland Barthes, "L'effet de réel", op. cit., p.186.
109 Carlo Ginzburg, *Rapports de force*, op. cit., p.34.
110 Michel de Certeau, *L'écriture de l'histoire*, op. cit., p.64, nota 5.

essa conclusão. Há outra maneira: multiplicando os "efeitos de real" num discurso que se apresenta como histórico e ao mesmo tempo contradiz a condição de dizer a verdade. É o caso da biografia do pintor Jusep Torres Campalans, publicada por Max Aub no México em 1958.[111] A obra traz para a biografia todas as técnicas modernas de acreditação do discurso histórico: duas fotografias que mostram os pais do pintor e este último ao lado de seu amigo Picasso; artigos de dois jornais franceses, L'Intransigeant e Le Figaro Illustré, que publicaram declarações de Campalans em 1912 e 1914, antes de ele trocar Paris pelo México; a publicação do Cuaderno verde, no qual ele registrou observações, aforismos e citações entre 1906 e 1914; o catálogo de suas obras, estabelecido por um jovem crítico irlandês, Henry Richard Town, que em 1942 organizou uma exposição dos quadros de Campalans em Londres e morreu num bombardeio alemão; a transcrição das conversas de Max Aub com Campalans quando o visitou em San Cristóbal de Las Casas, em 1955; e, por fim, a reprodução das próprias obras de Campalans (que foram expostas na Cidade do México em 1958 e em New York, na Bodley Gallery, em 1962, por ocasião do lançamento da edição em inglês da obra).[112] O livro apresenta todas as técnicas de autentificação do real mencionadas por Barthes: fotografias, reportagens, exposições.

---

111 Max Aub, Jusep Torres Campalans [1958], Barcelona: Destino, 1999. O livro foi "adaptado do espanhol" para o francês por Alice e Pierre Gascar (Paris: Gallimard, 1961). Sobre a recepção dessa "adaptação" na França, cf. Gérard Malgat, "Jusep Torres Campalans de Max Aub: sur les traces d'un peintre disparu", Exils et Migrations Ibériques au XXe siècle, n.6, 1999, p.299-319.

112 Max Aub, Jusep Torres Campalans, trad. Herbert Weinstock, Garden City: Doubleday, 1962. Constava na edição o catálogo da exposição: Catalogue Jusep Torres Campalans: The First New York Exhibition. Bodley Gallery, 223 East Sixtieth Street. Cf. também o catálogo da exposição Jusep Torres

E, no entanto, Jusep Torres Campalans nunca existiu. Max Aub, um socialista espanhol que se exilou na França após a derrota da República e se refugiou no México para fugir do Regime de Vichy, inventou o pintor e pintou suas telas para debochar das categorias mais prezadas pelos historiadores da arte. Seus alvos eram a explicação das obras pela biografia do artista, a elucidação do sentido oculto dos quadros, a arbitrariedade das técnicas de atribuição e datação, e também o uso das noções de influência e precursor (contraditórias e, ainda assim, associadas). Campalans, que sofreu influência de Matisse, Picasso, Kandinsky e Mondrian, ainda assim foi o precursor do cubismo, da arte negra, do expressionismo e da pintura abstrata, como mostram as datas de suas obras.

Hoje, o livro de Max Aub pode ser lido de outra forma. Mobilizando os modos de autentificação do real que são compartilhados pela escrita histórica e pela invenção literária, ele mostra, à maneira de Barthes, a relação de parentesco que as une. Mas ele também faz inúmeras advertências irônicas que deveriam levantar as suspeitas do leitor. Não é por acaso que Max Aub conhece Campalans durante um colóquio em comemoração aos 350 anos da primeira edição de *Don Quijote*, ou que o "prólogo indispensável" do livro termina com uma referência ao "melhor" de todos os prólogos, justamente o de *Don Quijote*.[113] Uma das epígrafes da obra atribui a frase: "*¿Como puede haber verdad sin mentira?*"[114] a um certo Santiago de Alvarado, autor de um livro intitulado *Nuevo mundo caduco y alegrías de la mocedad de los años de 1781 hasta 1792* (uma obra que poderia fazer parte do "museu" de textos imaginários reunidos por Borges em *O*

Campalans: ingenio de la vanguardia española, Madri: Museo Nacional Centro de Arte de la Reina Sofia, 13 jun.-23 ago. 2003.
113 Max Aub, *Jusep Torres Campalans*, op. cit., p.22.
114 Ibid., p.13.

fazedor).[115] A própria fraude literária recorda a distância que separa
o conhecimento verdadeiro e a fábula, a realidade que foi e as referências ilusórias. Nisso, o livro de Max Aub imita, na forma de paró-
dia, as obras dedicadas às falsificações históricas, ainda possíveis e
cada vez mais sutis, mas desmascaradas pelo trabalho crítico.[116] Ele
mostra a radical diferença entre os encantos da ficção e as operações
próprias do conhecimento histórico. Em que condições essas operações produzem um discurso de
verdade sobre o passado? Para Paul Ricœur:

> a ideia de objetividade histórica merece ser defendida contra formas
> de relativismo que privem a historiografia de sua principal ambição:
> oferecer uma representação confiável do passado. Essa afirmação de
> confiabilidade deve ser reforçada não somente contra o tratamento
> retórico do conhecimento histórico, mas também contra reivindica-
> ções de princípio que nascem e são preservadas por memórias comu-
> nitárias. Sem essa ambição de verdade do saber histórico, a história
> não representará seu papel no confronto com a memória.[117]

---

115 Jorge Luis Borges, "Museo", in *El hacedor* [1960], Madri: Alianza Editorial, 1997, p.117-27; trad. fr.: "Musée", in *Œuvres complètes: L'auteur*
[1960], ed. Jean-Pierre Bernès, Paris: Gallimard, 1999, t.II, p.57-9.

116 Pierre Vidal-Naquet, *Les assassins de la mémoire: un Eichmann de papier
et autres études sur le révisionnisme*, Paris: La Découverte, 1987; Anthony
Grafton, *Faussaires et critiques: curiosité et duplicité chez les érudits occidentaux* [1990], Paris: Les Belles Lettres, 1993; Julio Caro Baroja, *Las
falsificaciones de la historia (en relación con la de España)*, Barcelona: Seix
Barral, 1992; Carlo Ginzburg, "Préface", in Lorenzo Valla, *La donation
de Constantin*, tradução e comentários de Jean-Baptiste Giard, Paris: Les
Belles Lettres, 1993, p.ix-xxi (reproduzido em Carlo Ginzburg, *Rapports
de force*, op. cit., p.57-70).

117 Paul Ricœur, "Mémoire, histoire, oubli", *Esprit*, n.3, 2006, p.20-9. Con-
ferência de Paul Ricœur, realizada em inglês em 8 de março de 2003 na
Central European University, em Budapeste, e traduzida por Catherine
Goldenstein; aqui p.25.

Essa representação, que Ricœur designa pelo termo "representância", entendida como "a expectativa ligada ao conhecimento histórico das construções que constituem reconstruções do curso passado dos acontecimentos",[118] produz uma verdade? Por certo, se entendemos essa verdade como uma "adequação por tenência", como uma modalidade de conhecimento dado numa narrativa que busca mostrar os acontecimentos "como eles efetivamente aconteceram", segundo a famosa frase de Leopold von Ranke, mas sabendo ao mesmo tempo que "a narrativa não se parece com o acontecimento que ela conta".[119] Essa formulação de Ricœur lembra a de Pascal Quignard, citada na última página de *Vies oubliées*, de Arlette Farge: "É legítimo querer relatar o real contando o passado? Certamente que não. Pois à pergunta: 'Como as coisas aconteceram na realidade?' podemos responder sem sombra de dúvida: 'As coisas na realidade não aconteceram numa narrativa'".[120] Os procedimentos próprios da operação historiográfica, que associa crítica, provas e controles, protegem o escrever a história do relativismo cético. Mas nem por isso a representação que ela propõe do passado é o passado transformado em narrativa; ela é um conhecimento do passado situado na "interseção da realidade com a ficção, de verdades com possibilidades".[121]

A história é fortemente desafiada quando a literatura ou a memória se encarregam de representar o passado e afirmam a autoridade da fábula ou da reminiscência diante do "mal-estar na historiografia", segundo a expressão de Yosef Yerushalmi.[122] Por isso é que

---

118 Paul Ricœur, *La mémoire, l'histoire, l'oubli*, Paris: Seuil, 2000, p.359.
119 Ibid., p.366.
120 Arlette Farge, *Vies oubliées*, op. cit., p.295, apud Pascal Quignard, *La vie n'est pas une biographie*, Paris: Galilée, 2019, p.107.
121 Carlo Ginzburg, *Le fil et les traces*, op. cit., p.478.
122 Yosef Yerushalmi, *Zakhor: histoire juive et mémoire juive*, Paris: La Découverte, 1984 [1982], p.93.

ela deve afirmar a especificidade de seu regime de conhecimento. Mostrando sua capacidade de desmascarar as fraudes, passadas ou presentes, a história assume a tarefa que lhe cabe: denunciar as verdades alternativas, demolir as certezas absurdas, estabelecer o que foi. Nisso residem seu dever crítico e sua obrigação cívica.

Capítulo 2

Escrever o outro
Tradução e intraduzível

Como mostrou o capítulo anterior a propósito da *Retórica* de
Aristóteles, a tradução de uma única palavra pode mudar a interpretação de uma obra. Essa é uma das razões por que hoje a tradução e
seu contrário, o intraduzível, são objeto de reflexões absolutamente
fundamentais. Existem outras, mais diretamente históricas.

A profissionalização do escrever

No Capítulo 62, na segunda parte de sua história, dom Quixote
visita uma gráfica em Barcelona e conhece um tradutor que "traduziu um livro toscano em nossa língua castelhana", como lhe informa
o tipógrafo que o estava "compondo para mandar imprimir".[1] O

---

1 Miguel de Cervantes, *Œuvres romanesques complètes: Don Quichotte
   précédé de La Galatée*, ed. Jean Canavaggio, Paris: Gallimard, 2001, v.1,
   p.1357. Edição em espanhol: Miguel de Cervantes, *Don Quijote de la
   Mancha*, ed. Francisco Rico, Barcelona: Instituto Cervantes, 1998, p.1143:
   "ha traducido un libro toscano en nuestra lengua castellana, y estoyle yo
   componiendo, para darle a la estampa".

diálogo que dom Quixote entabula com o *"autor"* que traduziu a obra intitulada *La bagatele* remete a duas realidades aparentemente contraditórias. Dom Quixote, como todo mundo, deprecia a tradução e a compara a uma simples cópia:

Arriscar-me-ia a jurar que não sois conhecido no mundo, que sempre se nega a recompensar os bons espíritos e as obras dignas de elogio. Quantos talentos perdidos por aqui! Quantos gênios desprezados! Não obstante, parece-me que traduzir de uma língua para outra, desde que não se trate das línguas rainhas grega e latina, é como olhar pelo avesso as tapeçarias de Flandres: ainda que se distingam as figuras, apresentam-se cheias de fios que as encobrem, e não se veem com a lisura e a cor do direito; e a tradução que se faz das línguas fáceis não manifesta nem grande espírito nem grande eloquência, tampouco o requer quem transcreve ou copia de uma folha para outra.[2]

Dom Quixote emprega o verbo *"trasladar"*, que possui duplo sentido de acordo com o *Tesoro de la lengua castellana*, publicado por Covarrubias em 1611: *"Trasladar.* Significa algumas vezes interpretar um escrito em outra língua; e também copiar".[3] Em outras

2 Cervantes, *Don Quichotte*, op. cit., p.1358; *Don Quijote*, op. cit., p.1144: "Osaré yo jurar que no es vuesa merced conocido en el mundo, enemigo siempre de premiar los floridos ingenios ni los nobles trabajos. ¡Qué de habilidades hoy perdidas por ahí! ¡Qué de ingenios arrinconados! Pero, con todo esto, me parece que el traducir de una lengua en otra, como no sea de las reinas de las lenguas, griega y latina, es como quien mira los tapices flamengos por el revés, que aunque se veen las figuras, son llenas de hilos que les escurecen y no se veen con la lisura y tez de la haz; y el traducir de lenguas fáciles ni arguye ingenio ni elocución, como no le arguye el que traslada ni el que copia un papel de otro papel".

3 Sebastián de Covarrubias Orozco, *Tesoro de la lengua castellana o española* [1611], ed. Felipe C. R. Maldonado, rev. Manuel Camarero, Madri:

palavras, a tradução de uma língua vulgar para outra é um exercício puramente mecânico e sem mérito. São raras as exceções que elevam a tradução à altura do original. Dom Quixote menciona apenas duas: a tradução da tragicomédia de Battista Guarini, *Il pastor fido*, por Cristóbal Suárez de Figueroa, publicada em 1602 e revista em 1609, e a da pastoral de Torquato Tasso, *L'Aminta*, por Juan de Jáuregui, poeta, pintor e amigo de Cervantes, publicada em 1607. Embora menosprezada, a tradução é uma atividade que pode ser muito rentável para os "autores". Ao menos é o que espera o tradutor de *La bagatele*. Quando dom Quixote lhe pergunta: "Mas, dizei-me, senhor, esse livro será impresso por vossa conta, ou já vendestes o privilégio a algum livreiro?", ele responde com arrogância: "É por minha conta que o mando imprimir, e penso ganhar ao menos mil ducados com essa primeira impressão, que há de ser de 2 mil exemplares, e estes hão de se vender num piscar de olhos por 6 reais cada um".[4] O tradutor parece seguro do sucesso do livro, visto que uma tiragem de 2 mil exemplares é maior do que todas as que Alonso Victor de Paredes registra em seu *Institución y origen del arte de la imprenta*, escrito por volta de 1680.[5] Esse detalhe é útil a Cervantes para marcar ou a excessiva confiança do tradutor, ou o entusiasmo

---

Castilla, 1995, p.933: "*Trasladar*. Pasar de un lugar a otro alguna cosa de consideración, como trasladar el cuerpo o reliquias de algún santo. 2. Vale algunas veces interpretar alguna escritura de una lengua en otra; 3. y también vale copiar".

4 Cervantes, *Don Quichotte*, op. cit., p.1358-9; *Don Quijote*, op. cit., p.1144: "Pero dígame vuestra merced: este libro ¿imprímese por su cuenta o tiene ya vendido el privilegio a algún librero? – Por mi cuenta lo imprimo – respondió el autor – y pienso ganar mil ducados, por lo menos, con esta primera impresión, que ha de ser de dos mil cuerpos, y se han de despachar a seis reales cada uno en daca las pajas".

5 Alonso Víctor de Paredes. *Institución y origen del arte de la imprenta y réglas generales para los componedores*, edição e prefácio de Jaime Moll, novos comentários de Victor Infantes, Madri: Calambur, 2002, p.43 vº.

do público pela tradução dos livros italianos, muito superior ao que demonstra pelas obras originais. Recordamos que, segundo Francisco Rico, a tiragem da segunda edição madrilenha do primeiro volume de *Don Quijote*, em 1605, foi provavelmente de 1.750 a 1.800 exemplares.[6] Como era prática comum no Século de Ouro, o tradutor de *La bagatele* reservou para si o privilégio da edição, vendendo os exemplares diretamente aos leitores ou por intermédio de um livreiro.[7] Mandando imprimir por sua conta os 2 mil exemplares e controlando os lucros da venda, seu objetivo é claro: "Não mando imprimir meus livros para ganhar fama no mundo, pois já sou conhecido pelas minhas obras; o que quero é lucro, pois, sem ele, a boa fama não vale uma moeda furada".[8]

Os contratos assinados entre os livreiros parisienses e os tradutores dos romances de cavalaria espanhóis em meados do século XVI comprovam que essas traduções podiam ser bastante lucrativas. Em 19 de novembro de 1540, Nicolas de Herberay cede aos livreiros Jean Longis e Vincent Sertenas os direitos sobre a tradução dos Livros II, III e IV de *Amadis de Gaule*. Ele entrega as partes do Livro II que já havia traduzido e promete o restante *"le plus tost que faire se pourra"* ["o mais rápido que puder"], assim como os dois livros seguintes. De sua parte, os livreiros lhe dão doze exemplares não encadernados de cada livro, como era costume na

---

6 Francisco Rico, "'Don Quijote', Madri, 1604, en prensa", in *El Quijote: biografia de un libro, 1605-2005*, Madri: Biblioteca Nacional, 2005, p.49-75, em especial p.66-75.

7 Fernando Bouza, "'Aun en lo material del papel y impresión'. Sobre la cultura escrita en el siglo de Gracián", in *Libros libres de Baltasar Gracián: exposición bibliográfica*, Saragoça: Governo de Aragão, 2001, p.11-50, em especial p.35-40.

8 Cervantes, *Don Quichotte*, op. cit., p.1359; *Don Quijote*, op. cit., p.1145: "Yo no imprimo mis libros para alcanzar fama en el mundo, que ya en él soy conocido por mis obras: provecho quiero, que sin él no vale un cuatrín la buena fama".

época, para que pudesse oferecê-los dedicados, e se comprometem a não pôr os livros a venda até Herberay apresentá-lo ao rei, o que ele promete fazer até seis semanas após a impressão. Prática menos comum, porém, é que os livreiros também lhe pagam 25 escudos de ouro na assinatura do contrato e se comprometem a lhe pagar outros 25 escudos na entrega do Livro III e mais 30 escudos na entrega do Livro IV.[9] Numa época em que, na maior parte das vezes, os autores recebem apenas exemplares de suas obras, os tradutores são os primeiros a serem pagos em dinheiro por seu trabalho. Assim, eles podem somar à remuneração indireta do patrocínio, obtido com as dedicatórias ou graças a elas, a renda proveniente da venda do livro.

Em 2 de março de 1542, o contrato assinado entre Nicolas de Herberay e os dois livreiros, aos quais se associa Denis Janot, apresenta cláusulas parecidas para a tradução dos Livros V e VI de *Amadis*. O tradutor se compromete a entregar o texto traduzido no prazo de um ano e os livreiros, além da promessa de lhe dar doze exemplares de cada livro, dos quais dez *"en blanc"*, isto é, não encadernados, e dois *"reliés et dorés"* [*"encadernados e dourados"*], ainda lhe pagam 62 escudos de ouro *"manuellement et comptant"*, ou seja, em mãos e no ato, e dão como quitados os 22 escudos de dívida que ele tem com Denis Janot pela compra de um cavalo.[10]

O entusiasmo pela tradução dos romances de cavalaria espanhóis gerou inovações consideráveis nas relações entre os livreiros e os "autores" (ou tradutores). É o caso, por exemplo, dos adiantamentos por futuros manuscritos. Em 19 de abril de 1543, em outro contrato assinado entre Nicolas de Herberay e os mesmos três livreiros (Longis, Janot e Sertenas) pela tradução de *Palmerin*, os livreiros concedem ao tradutor um adiantamento de 40 libras tornesas pela entrega

---

9   Annie Parent, *Les métiers du livre à Paris au XVIe siècle (1535-1560)*, Genebra: Droz, 1974, p.106-10. Contrato de 19 de novembro de 1540, p.300.
10   Ibid., p.300-1. Contrato de 2 de maio de 1542.

dos vinte primeiros cadernos do Livro I na data da festa de São João Batista, *"pour commencer par eux à imprimer ledit libre"* ["para eles começarem a imprimir o livro"] e, em agosto, pelo restante.[11] Para atender a um público impaciente, os livreiros parisienses decidem imprimir os romances de cavalaria caderno por caderno ou, no jargão tipográfico, folha por folha, sem aguardar o término da tradução da obra inteira. Assim, a partir do século XVI, as traduções mudam as práticas dos editores e a condição dos tradutores.

Traduções e geografia literária

Razões de ordem metodológica somam-se a essa razão histórica, isto é, ao interesse despertado pelas traduções. Analisar a cronologia e a cartografia das traduções de uma mesma obra é uma das abordagens da geografia literária proposta por Franco Moretti.[12] Como mostram três mapas do seu *Atlas do romance europeu*, três ondas de traduções garantiram a difusão mundial de *Don Quijote*. A primeira propicia a leitura da história no centro da Europa Ocidental, com traduções em inglês (primeiro volume em 1612 e segundo volume em 1620), em francês (1614 e 1618), em italiano (1622), em alemão (1648, mas apenas os 22 primeiros capítulos do primeiro volume) e em holandês (1657). Uma segunda onda de traduções, entre 1769 e 1802, sacode a Europa periférica e esclarecida, com traduções em russo, dinamarquês, polonês, português e sueco. Por último, no século XIX, as traduções se multiplicam nas línguas dos impérios austríaco, russo e otomano e no Oriente: chinês, persa, hindi, japonês. Essa primeira abordagem é fundamental, mas talvez seja insuficiente.

---

11   Ibid., p.303-4. Contrato de 19 de abril de 1543.
12   Franco Moretti, *Atlas du roman européen (1800-1900)*, Paris: Seuil, 2000 [1997], figura 84a, b e c.

EDITAR E TRADUZIR 69

Porque, de fato, a geografia das traduções não é uma cartografia dinâmica de uma entidade textual estável. Ela deve levar em consideração as várias mutações que transformam a obra e simultaneamente geram novos textos. É o caso, por exemplo, das retraduções numa mesma língua, que se justificam, conforme o caso, pela tradução a partir da língua original de uma obra que foi traduzida de outra tradução, ou pela tradução de uma edição mais recente na língua original, ou então pela evolução da língua de tradução. No caso do *Don Quijote* em inglês, a série de novas traduções concorrentes das traduções de 1612[13] e 1620[14] de Shelton começa em 1687, com tradução de John Phillips, que se dizia realizada "segundo o espírito da nossa língua moderna".[15] Sucederam-se cinco outras traduções revistas e corrigidas: a de Motteux em 1700 ("realizada a várias mãos a partir do texto original");[16] a de Stevens, publicada no mesmo ano e apresentada como a tradução de Shelton "revista, corrigida e realizada em parte a partir do original";[17] a de Ozell em 1719, que declara ter revisto minuciosamente a tradução de Motteux, "comparada

---

13 Cervantes, *The History of the Valorous and Wittie Knight-Errant, Don Quixote of the Mancha*, Londres: Edward Blount e W. Barrett, 1612.

14 Cervantes, *The Second Part of the History of the Valorous and Witty Knight--Errant Don Quixote of the Mancha*, Londres: Edward Blount, 1620.

15 Cervantes, *The History of the Most Renowned Don Quixote of Mancha and his Trusty Squire Sancho Pancha* (Made English according to the Humour of our Modern Language, by J. P.), Londres: Thomas Hodgkin para William Whitwood, 1687.

16 *The History of the Renown'd Don Quixote de la Mancha* (Written in Spanish by Miguel de Cervantes Saavedra. Translated from the Original by Several Hands: And publish'd by Peter Motteux Servant to His Majesty), Londres: Samuel Buckley, 1700.

17 *The History of the Most Ingenious Knight Don Quixote de la Mancha* (Written in Spanish by Michael de Cervantes Saavedra. Formerly Made English by Thomas Shelton; now Revis'd, Corrected, and Partly New Translated from the Original, By Captain John Stevens, in Two Volumes), Londres: R. Chiswell e outros sete, 1700.

com a melhor edição do original publicada em Madri";[18] a de Jarvis em 1742[19] e de Smollett em 1755[20], que se dizem realizadas a partir do original espanhol. Com essas traduções sucessivas, *Don Quixote* se tornou o romance inglês mais popular do século XVIII, uma obra que mudou as expectativas, não só dos leitores, mas também dos escritores. De fato, foram essas traduções em série que prepararam o terreno para os romances de Fielding, do próprio Smollett e de Sterne.

Na França, as novas traduções de *Don Quijote* – a do jansenista Filleau de Saint-Martin em 1677-1678[21] e a do fabulista Florian, publicada postumamente em 1799[22] – não produziram o mesmo efeito, talvez porque tenham tomado muitas liberdades em relação ao texto original: Saint-Martin fez uma continuação e Florian sintetizou drasticamente o texto. No entanto, foram essas traduções francesas, e não o texto espanhol, que serviram de base para as três primeiras traduções em russo do livro de Cervantes. A primeira,

18 *The History of the Renowned Don Quixote de la Mancha* (In Four Volumes. Written in Spanish by Miguel de Cervantes Saavedra. Translated by Several Hands: And Publish'd by Peter Motteux. Carefully Revised, and Compared with the Best Edition of the Original. Printed in Madrid, by J. Ozell), Londres: R. Knaplock e outros cinco, 1719.

19 *The Life and Exploits of the Ingenious Gentleman Don Quixote de la Mancha* (Translated from the Original Spanish of Miguel Cervantes de Saavedra. By Charles Jarvis, Esq., In Two Volumes), Londres: J. e R. Tonson e R. Dodsley, 1742.

20 *The History and Adventures of the Renowned Don Quixote* (Translated from the Spanish of Miguel de Cervantes Saavedra, By T. Smollett, M. D., In Two Volumes), Londres: A. Millar e outros cinco, 1755.

21 *Histoire de l'admirable Don Quixote de la Manche*, Paris: Claude Barbin, 1677-1678, 4 v., com continuação num quinto volume, Paris: Claude Barbin, 1695, e num sexto e último volume, *Continuation de l'admirable Don Quichotte de la Manche*, redigido por Robert Challes, Paris: Michel--Étienne David, e Lyon: Thomas Amaulry, 1713.

22 *Don Quichotte de la Manche* (Traduit de l'Espagnol de Michel de Cervantes Par Florian, Ouvrage Posthume, 6 volumes), Paris: P. Didot l'Aîné, ano VII [1799].

publicada em 1769 por Ignaty Tayls com apenas 27 capítulos, e a de Nikolay Osipov, publicada em 1791, são traduções do texto de Filleau de Saint-Martin. A terceira, publicada por Vassili Zukhovski entre 1804 e 1806, traduz a tradução de Florian. Apenas em 1838 é que Konstantin Massalsky traduz a história a partir do texto espanhol, mas abreviando-a.[23]

Outra modalidade de "tradução" é a das adaptações, que é quando a obra muda ao mesmo tempo de língua e de gênero. Por exemplo, quando *Don Quijote* vira material para uma peça de teatro. O primeiro volume forneceu a trama para uma peça, hoje perdida, de Fletcher e Shakespeare, *The History of Cardenio*, encenada na corte inglesa no início de 1613;[24] para a tragicomédia de Pichou, *Les folies de Cardenio*, montada em Paris em 1628;[25] e para os dois *Don Quichotte* de Guérin de Bouscal em 1639 e 1640.[26] A terceira peça cervantina de Bouscal, *Le gouvernement de Sanche Pansa*, montada em 1640,[27] inicia série de obras que transformam os episódios do segundo volume em teatro de feira (por exemplo, em Paris, nas feiras

---

23 Slav N. Gratchev, *The Polyphonic World of Cervantes and Dostoevsky*, Lanham: Lexington, 2018, p.xiv-xiv; e "Don Quixote in Russia in the Eighteenth and Nineteenth Centuries: The Problem of Perception and Representation", *South Atlantic Review*, v.81, n.4, 2016, p.107-26. Cf. também Ludmilla Buketoff Turkevich, *Cervantes in Russia*, Princeton: Princeton University Press, 1950, p.12-22.

24 David Carnegie e Gary Taylor (orgs.), *The Quest for Cardenio: Shakespeare, Fletcher, Cervantes, and the Lost Play*, Oxford: Oxford University Press, 2012; e Roger Chartier, *Cardenio entre Cervantès et Shakespeare: histoire d'une pièce perdue*, Paris: Gallimard, 2011.

25 *Les folies de Cardenio* (Tragi-Comédie), Paris: François Targa, 1630.

26 *Don Quixote de la Manche* (Comédie), Paris: Toussaint Quinet, 1639; e *Don Quichot de la Manche* (Comédie. Seconde Partie), Paris: Antoine de Sommaville, 1640.

27 *Le gouvernement de Sanche Pansa* (Comédie), Paris: Antoine de Sommaville e Augustin Courbé, 1642.

populares de Saint-Germain e Saint-Laurent),[28] em comédias (em Paris, adaptados por Dufresny em 1694 e Dancourt em 1712),[29] em óperas (por exemplo, as duas óperas compostas por Antonio Caldara para a corte de Viena, *Don Chisciotte in corte della duchessa e Sancio Panza governatore dell'isola Barattaria*, em 1733),[30] e em peças para teatro de marionetes (como a *Vida do grande Don Quixote de la Mancha*, escrita em 1733 por António José da Silva para o Teatro do Bairro Alto, em Lisboa).[31] Retraduções e adaptações teatrais produzem novos textos da obra, do mesmo modo que as "traduções" sob a forma de encarnação das personagens em festas carnavalescas, aristocráticas e religiosas,[32] ou de ilustrações introduzidas nas edições, e não só no frontispício (como na tradução francesa do segundo volume, em 1618).[33]

---

28 *Le Théâtre de la Foire à Paris Texte et documents.* Hipertexto de Barry Russell disponível em: <www.theatrales.uqam.ca/foires>; acesso em: jan. 2021.

29 *Sancho Pança gouverneur* (Comédie en vers, mise au Théâtre par M. Dancourt), Paris: Ribou, 1713.

30 Antonio Caldara, *The Cervantes Operas. Arias and Instrumental Pieces,* La Ritirata e Josetxu Obregón, GCD 923104, 2016.

31 António José da Silva, "Vida do grande D. Quixote de la Mancha e do gordo Sancho Pança", in *As comédias de António José, o Judeu,* organização, introdução e comentários de Paulo Roberto Perreira, São Paulo: Martins Fontes, 2007, p.77-148; e a tradução francesa de Marie-Hélène Piwnik, "Vie du grand Don Quichotte de la Manche et du gros Sancho Pança", in Pierre Léglise-Costa (org.), *Antonio José da Silva, o Judeu (dit "Le Juif"),* Montpellier: Les Cahiers de la Maison Antoine Vitez, 2000, p.23-76. Cf. Roger Chartier, "Du livre à la scène", in *La main de l'auteur et l'esprit de l'imprimeur,* Paris: Gallimard, 2015, p.169-99. A peça de António José da Silva pode ser considerada a primeira "tradução" de *Don Quijote* em português, sessenta anos antes da tradução anônima da história, publicada em Lisboa em 1794.

32 Pedro M. Cátedra, *El sueño caballeresco; de la caballena de papel al sueño de Don Quijote,* Madri: Abada, 2007; e Roger Chartier, *Cardenio entre Cervantès et Shakespeare,* op. cit., p.60-9.

33 José Manuel Lucía Megías, *Leer el Quijote en imágenes: hacia una teoría de los modelos iconográficos,* Madri: Calembur, 2006.

Traduções e histórias interligadas

Traduções e geografia literária. Mas também traduções e histórias interligadas. O estudo das traduções e dos intérpretes nos permite abordar as diferentes temporalidades e modalidades das obras. O contato com povos distantes acontece pela presença de palavras indígenas, léxicos bilíngues e conversas com nativos nos relatos de viagem. O relato da viagem de Fernão de Magalhães, escrito por Antonio Pigafetta, é o primeiro exemplo.[34] Na narrativa da chegada dos navios à ilha de Limasawa, nas Filipinas, em 28 de março de 1521, Pigafetta usa os termos indígenas para designar as embarcações: "vimos uma barquinha, que eles chamam de *boloto*", ou: "vimos chegar barcos compridos, que eles chamam de *ballanghai*".[35] A comunicação com os habitantes e o rei é possível graças a Henrique, um escravo que Fernão de Magalhães comprou em Malaca, em 1511. Como os soberanos das ilhas, ele falava malaio, adotado como *"lingua franca"* em todo o arquipélago: "o escravo supracitado falou ao rei, que o entendeu bem, porque naquelas terras os reis sabem mais línguas que o homem do povo".[36] Aliás, são essencialmente termos malaios que Pigafetta reúne num léxico bilíngue de 368 palavras e expressões, apresentado no Capítulo 41 da seguinte maneira:

---

34 *Le voyage de Magellan (1519-1522): la relation d'Antonio Pigafetta et d'autres témoignages*, ed. Xavier de Castro, colab. Jocelyne Hamon e Luís Filipe Thomaz, Paris: Chandeigne, 2007, 2 v. Escrito em italiano em 1523-1524, a relação de Pigafetta é conhecida por quatro cópias manuscritas, das quais três em francês e uma em italiano. Foi publicada entre 1526 e 1536 em francês, em edição resumida, e em 1536 em italiano, em tradução da edição francesa.

35 Ibid., v.1, p.129 ["nous vîmes une barquette qu'ils appellent *boloto*", ou: "nous vîmes venir de longues barques qu'ils appellent *ballanghai*"].

36 Ibid., p.129-30 ["le susdit esclave parla à ce roi, qui l'entendit bien pource qu'en ce pays-là les rois savent plus de langages que le populaire"]. Cf. Romain Bertrand, *Qui a fait le tour de quoi? L'affaire Magellan*, Lagrasse: Verdier, 2020, p.55-7.

"seguem-se alguns vocábulos desses povos mouros das Molucas".[37]
Antes, no Capítulo 28, ele apresenta uma lista de 150 palavras do
vocabulário da ilha de Cebu, de origem visaya ou tagalog, anuncia-
das como "vários vocábulos dos povos gentios supracitados".[38]
Segundo exemplo: a *Histoire d'un voyage fait en la Terre du
Brésil, autrement dite Amérique*, publicada por Jean de Léry em
1578.[39] O texto contém as três formas de "tradução" e está cheio
de palavras indígenas. Elas são traduzidas ao longo dos capítulos,
sempre introduzidas pelas expressões: "o que eles chamam de" ou
"que eles denominam". Os léxicos apresentados no fim do Capítulo
20 dividem essas palavras em categorias: "as partes do corpo", "as
coisas pertencentes à casa e cozinha" e "a linhagem".[40] Os vocábulos indígenas também estão presentes no "Sumário das matérias e
das coisas mais notáveis contidas nessa história da América",[*] que
apresenta em ordem alfabética o nome próprio dos protagonistas
("Villegagnon", "Ministro Chartier, por que foi mandado de volta
para a França"),[*] o nome dos lugares ("Ganabara, rio"), os temas do
livro ("Fome", "Guerra", "Selvagens", "Casamento", "Nudez das
mulheres americanas")[***] e traduções de nomes de plantas, animais

---

37 Ibid., p.231-7 ["s'ensuivent aucuns vocables de ces peuples mores de
    Malucque"].
38 Ibid., p.171-3 ["plusieurs vocables des susdits peuples gentils"].
39 Jean de Léry, *Histoire d'un voyage fait en la terre du Brésil, autrement dite
    Amérique*, La Rochelle: Antoine Chuppin, 1578. Citamos o texto na edição
    de Frank Lestringant: Jean de Léry, *Histoire d'un voyage faict en la terre du
    Bresil 1578*, 2. ed., 1580, texto estabelecido, apresentado e comentado por
    Frank Lestringant, Paris: Le Livre de Poche, 2016.
40 Ibid., p.494-8 ["les parties du corps", "les choses appartenantes aux mes-
    nages et cuisine" et "le lignage"].
 * "Table des matières et choses plus notables contenues en ceste Histoire de
    l'Amérique." (N. T.)
 ** "Chartier Ministre, pourquoy renvoyé en France." (N. T.)
*** "Famine", "Guerre", "Sauvages", "Mariage", "Nudité des femmes Ame-
    riquaines". (N. T.)

e objetos (por exemplo, na letra "A": "*Arignan-ropia* ovo", na letra "B": "*Boucan*, assado dos selvagens"; ou na letra "C": "*Caou-in*, beberagem e seu gosto").[41] Às vezes uma palavra indígena é empregada no texto sem ser traduzida explicitamente: por exemplo, o verbo "*caouiner*" ("Se é questão de pular, beber e *Caouiner*, que é quase a sua ocupação habitual") aparece antes da tradução de "*Caou-in*" ("os selvagens chamam essa beberagem de *Caou-in*; o qual estando turvo e espesso como borra, tem quase o gosto de leite azedo").[42] No livro de Jean de Léry, a questão da tradução é onipresente. É ela que possibilita o comércio entre os homens. Donde o papel fundamental dos "*truchements*", isto é, daqueles normandos que se instalaram em terras americanas para facilitar o comércio de pau--brasil, "cortado e levado pelos selvagens para carregar os navios",[*] como indica o sumário. Eles aprenderam a língua dos tupinambás e, de certa forma, tornaram-se tupinambás. São designados no mesmo sumário como: "Intérpretes da Normandia levando vida de ateístas",[43] o que nos remete ao Capítulo 15, em que Léry constata:

para meu grande pesar, sou obrigado a relatar aqui que alguns intérpretes da Normandia, tendo permanecido oito ou nove anos naquelas terras para habituar-se a elas, levando uma vida de ateístas, não se poluíam apenas com toda sorte de luxúria e obscenidade entre as mulheres e as moças, dos quais um dentre outros do meu tempo tinha um menino de cerca de 3 anos, mas também, superando

---

41 Ibid., p.553-70 ["*Arignan-ropia* œuf", "*Boucan*, rostisserie des sauvages", "*Caoü-in*, bruvage et son goust"].

42 Ibid., p.223 ["Que s'il est question de sauter, boire e *Caouiner*, qui est presque leur mestier ordinaire"] e p.248 ["les sauvages appellent ce breuvage *Caou-in*; lequel estant troublee et espais comme lie, a presque goust de laict aigre"].

*   "coupé et porté par les sauvages pour charger les navires." (N. T.)

43 Ibid., p.569 ["Truchemens de Normandie menans vie d'athéistes"].

os selvagens em desumanidade, ouvi que se vangloriavam de ter matado e comido prisioneiros.[44]

Apesar de condenáveis, os intérpretes são indispensáveis, tanto para interpretar os rituais e as intenções dos indígenas como para traduzir suas palavras. Léry introduz em seu livro, no Capítulo 20, um "Colóquio de desembarque ou chegada à terra do Brasil entre a gente chamada *tupinambás* e *tupiniquins* em língua selvagem e francesa".* Léry apresenta esse diálogo no fim do Capítulo 19:

os leitores ainda poderão ver alguma coisa [dos modos dos selvagens] no colóquio a seguir, que sucedeu no tempo em que eu me encontrava na América, com a ajuda de um intérprete: o qual compreendia perfeitamente o linguajar da gente do país não somente porque ali permaneceu sete ou oito anos, mas também porque [o] estudou, até mesmo em língua grega, da qual (como os que a compreendem puderam ver) essa nação dos *tupinambás* possui algumas palavras, ele o podia explicar melhor.[45]

---

44   Ibid., p.370 ["à mon grand regret, je suis contraint de reciter icy, que quelques Truchemens de Normandie, qui avoyent demeuré huict ou neuf ans en ce pays-là, pour s'accommoder à eux, menans une vie d'Athéistes, ne se polluoyent pas seulement en toutes sortes de paillardises et vilenies parmi les femmes et les filles, dont un entre autres de mon temps, avoit un garçon aagé d'environ trois ans, mais aussi, surpassans les sauvages en inhumanité, j'en ay ouy qui se vantoyent d'avoir tué et mangé des prisonniers"].

*   "Colloque de l'entrée ou arrivée en la terre du Brésil, entre les gens du pays nommez *Tououpinambaoults* et *Toupinenkins* en langage sauvage et François." (N. T.)

45   Ibid., p.479 ["les lecteurs en pourront encore voir quelque chose [des manières de faire des sauvages] au colloque suyvant, qui fut fait au temps que j'estois en l'Amerique, à l'aide d'un truchement: lequel non seulement pour y avoir demeuré sept ou huict ans, entendoit parfaitement le langage des gens du pays, mais aussi parce qu'il avoit bien estudié, mesme en la

Frank Lestringant observa que esse colóquio foi redigido provavelmente por um intérprete proveniente da Normandia, como o próprio diálogo revela. À pergunta do tupinambá: "Como é o nome da tua terra e da tua casa?", o francês responde: "ROUEN. É uma cidade chamada assim".[46] O colóquio pertence então ao gênero dos documentos manuscritos estabelecidos pelas tribulações e comerciantes que iam ao Brasil,[47] o que explica o tema dos três léxicos fundamentais dados na sequência do diálogo, bem como os rudimentos de gramática sobre as pessoas e os tempos verbais apresentados em seguida.

A tradução é a condição para o diálogo, sem o qual só haveria barbárie. Os tupinambás se prestam de bom grado a dialogar e, antes mesmo do colóquio do Capítulo 20, Léry relata as palavras trocadas com eles: as mulheres e as moças "estavam sempre a nossa volta, enchendo nossos ouvidos, dizendo: *Mair, deagatorem, amabé maroubi*, isto é, francês, você é bom, me dá braceletes de contas de vidro", e os meninos pequenos "aprenderam a dizer aos estrangeiros que passam por lá: *De agatorem, amabe pinda*, isto é, tu és bom, me dá uns ganchos, pois *Agatorem* na linguagem deles quer dizer bom; *Amabe*, me dá; e *Pinda* é anzol".[48] Em troca, Léry e seus companheiros tentam fazer os indígenas conhecerem o verdadeiro deus:

langue Grecque, de laquelle (ainsi que ceux qui l'entendent ont jà peu voir ci-dessus) ceste nation des *Tououpinambaoults* a quelques palavras, il le pouvait mieux expliquer"].
46 Ibid., p.492 ["Comment a nom ton pays et ta demeure? – ROUEN. C'est une ville ansi nommée"].
47 Ibid., p.479, nota 3, e p.492, nota 4.
48 Ibid., p.231 ["nous rompant la teste, elles estoyent incessament apres nous, disant: *Mair, deagatorem, amabé maroubi*: c'est à dire, François, tu es bon, donne moy de tes bracelets de boutons de verre"] e p.305 ["sont bien appris à dire aux estrangers, qui vont par delà: *De agatorem, amabe pinda*: c'est à dire, Tu es bon, donne moi des haims: car *Agatorem* en leur linguagem veut dire bon: *Amabe*, donne moy: et *Pinda* est un hameçon"].

quando palestrando com eles, e vindo a calhar, nós lhes dizíamos que acreditávamos num único e soberano Deus, Criador do mundo, o qual, tendo feito o céu e a terra, com todas as coisas que estão contidas neles, governa e dispõe de tudo como lhe apraz, eles, dizia eu, vendo-nos recitar esse artigo, olhando-se uns os outros e usando essa interjeição de admiração *Teh!*, que lhes é costumeira, ficavam assombrados.[49]

Os selvagens que se recusam a dialogar são verdadeiros bárbaros. É o caso dos ouetacas:

> Esses diabretes dos *ouetacas* continuam invencíveis nesse pequeno país e, para o cúmulo, como cães e lobos, comendo carne crua, sua linguagem não sendo nem mesmo entendida por seus vizinhos, devendo ser considerados e incluídos entre as nações mais bárbaras, cruéis e temidas que se possam encontrar em toda a Índia Ocidental e na terra do Brasil. Quanto ao resto, do mesmo modo que não têm nem querem ter nenhuma convivência ou comércio com franceses, espanhóis, portugueses nem outro desses países de além-mar, não querem saber das nossas mercadorias.[50]

---

49 Ibid., p.384 ["quand en devisant avec eux, et que cela venoit à propos, nous leur disions, que nous croiyons en un seul et souverain Dieu, Createur du monde, lequel comme il a fait le ciel et la terre, avec toutes les choses qui y sont contenues, gouverne et dispose ainsi du tout comme il luy plaist: eux, dis-je, nous oyans reciter cet article, en se regardans l'un l'autre, usans de ceste interjection d'esbahissement, *Teh!* qui leur est coustumiere, devenoyent tous estonnez"].

50 Ibid., p.153 ["Ces diablotins d'*Ouetacas* demeurans invincibles en ceste petite contrée, et au surplus comme chiens et loups, mangeant la chair crue, mesme leur langage n'estant point entendu de leurs voisins, doyvent estre tenus et mis au rang des nations les plus barbares, cruelles et redoutées qui se puissent trouver en toute l'Inde Occidentale et terre du Brésil. Au reste, tout ainsi qu'ils n'ont, ni ne veulent avoir nulle acointance ni traffique avec les François, Espagnols, Portugallois, ni autre de ce pays d'outre mer de pardeçà, aussi ne sçavent-ils que c'est de nos marchandises"].

Nem mesmo com os vizinhos com quem têm contato os ouetacas conversam. No entanto, se mesmo sem escrita os povos da quarta parte do mundo podem manter comércio com os povos das outras, é porque os intérpretes e a tradução possibilitam a comunicação. Léry não pode dispensá-la, como atesta a presença constante de um intérprete ao seu lado, mesmo que ele tenha se esforçado "desde o começo [que estive] no país para aprender a língua deles".[51]

No período da conquista e da colonização, as traduções são fundamentais para o processo de evangelização[52]. Os três concílios provinciais do México, reunidos em 1555, 1565 e 1585, reforçam a exigência: a conversão ao cristianismo deve ser feita na língua dos indígenas.[53] Donde a necessidade de traduzir os catecismos "*en muchas lenguas*" e os religiosos serem obrigados a aprender as línguas indígenas. O concílio de 1555 menciona os "*intérpretes religiosos y clérigos*", que devem ensinar aos indígenas os mistérios necessários a sua salvação; o de 1565 afirma que todo religioso deve conhecer as línguas indígenas ("É necessário para converter os naturais saber sua língua, pois sem esse conhecimento não se pode nem os doutrinar nem lhes administrar os santos sacramentos"); e o de 1585 sublinha a urgência desse aprendizado: "Um prazo de seis meses é fixado aos curas dos indígenas para que aprendam a língua deles, sob pena de privação de seu ofício *ipso facto*, se não o fizeram".[54]

---

51 Ibid., p.380 ["du commencement [qu'il fut] en leur pays pour apprendre leur langage"].

52 Cf. os artigos reunidos em *Mélanges de la Casa de Velazquez*: Langues indiennes et empire dans l'Amérique du Sud coloniale, orgs. Juan Carlos Estenssoro e César Itier, v.45, n. 1, 2015, p.9-151.

53 Marina Garone Gravier, *Historia de la tipografía colonial para lenguas indígenas*, México: Centro de Investigaciones Superiores en Antropología Social/ Universidad Veracruzana, 2014.

54 Ibid., p.171-2: "Necesario es para la conversión de los naturales saber sus lenguas, pues sin entenderlas, no pueden ser bien doctrinados ni administrados en los santos sacramentos"; e p.174, nota 37: "Se fija un término de

No Peru, o terceiro Concílio de Lima, realizado em 1582 e 1583, impõe o uso do quíchua para a conversão:

> Que os indígenas aprendam em sua língua as orações e a doutrina [...] Que a partir de hoje nenhum indígena seja obrigado a aprender em latim as orações e o catecismo, pois é suficiente e bem melhor que os conheçam e recitem em sua própria língua, e se alguns quiserem, poderão aprendê-los em castelhano, pois muitos o compreendem, porém, salvo nesse caso, não há nenhuma razão para exigir outra língua dos indígenas.[55]

Com Filipe II, a monarquia apoia a evangelização em língua indígena. Um apontamento de 1578 exige que "os padres, clérigos e religiosos que pretendam se apresentar para os benefícios da catequese dos indígenas não sejam admitidos se não conhecerem a língua na qual deverão exercer seu ministério e se não apresentarem um atestado de um professor que ensine essa língua indicando que eles fizeram o curso inteiro de sua disciplina".[56] Somente a partir do

---

seis meses a los párrocos de los indios, para que aprendan el idioma de estos bajo la pena de privación de su oficio ipso facto, si no lo hicieren".

55 Constanza López Lamerain, "El III concilio de Lima y la conformación de una normativa evangelizadora para la Provincia eclesiástica del Perú", *Intus-Legere Historia*, v.5, n.2, 2011, p.51-68 (citação da p.59), nota 22: "Acción II, Capítulo 6. Que los yndios aprendan en su lengua las oraciones y doctrinas [...] Por tanto ningún yndio sea de oy mas compelido a aprender en latín las oraciones o cartillas, pues les basta y aún les es muy mejor saberlo y decirlo en su lengua, y si alguno de ellos quisieren podrán también aprenderlo en romance, pues muchos le entienden entre ellos, fuera de esto no hay para que pedir otra lengua a los yndios".

56 Marina Garone Gravier, *Historia de la tipografía colonial para lenguas indígenas*, op. cit., p.179: "encargamos y mandamos que los Sacerdotes, Clérigos y Religiosos [...] que pretendieran ser presentados a las Doctrinas y Beneficios de los Indios no sean admitidos si no supieren la lengua en que

fim do século XVII o Estado e a Igreja adotaram uma política de "*castellanización*" da catequese.

Antes disso, a evangelização nas línguas dos "naturais" teve como primeira consequência a redação de gramáticas e dicionários, necessários aos que deveriam aprender essas línguas indígenas. Alguns livros permaneceram em estado de manuscritos, porém outros foram impressos e tornaram-se instrumentos indispensáveis para clérigos e administradores.[57] No México, o primeiro foi publicado em 1555, ano do primeiro concílio provincial, e tinha como título *Aquí começa un vocabulario en la lengua castellana y mexicana*. Foi obra do franciscano Alonso de Molina. Esse dicionário do nahuatle foi seguido da impressão de "*vocabularios*" do michoacán ou purhépecha (1559), maia (1571), zapoteca (1578) e mixteca (1593). No Peru, o primeiro dicionário de quíchua, publicado em 1586, pouco depois do terceiro concílio provincial, intitulava-se *Arte y vocabulario en la lengua del Peru llamada quichua, y en la lengua española*. Foi em Roma, em 1603, que se publicou o primeiro dicionário trilíngue da América espanhola, intitulado *Arte y vocabulario de la lengua quichua, aymara y española*.

Sustentada por esse primeiro *corpus* constituído pelos dicionários e gramáticas que forneciam regras e léxico, a publicação de livros em línguas indígenas servia para a cristianização. No México dos séculos XVI e XVII, cinco gêneros, com títulos variáveis, compunham a produção tipográfica: as "*cartillas*", que reuniam orações e catecismo em forma abreviada; os livros intitulados "*Doctrina Cristiana*", que expunham os dogmas fundamentais e o significado dos sacramentos;

---

han de administrar y presentaren fe de catedrático que lo leyere, de que han cursado en la Cátedra de ella un curso entero".

57 Claude Boisson, Pablo Kirtchuk e Henri Béjoint, "Aux origines de la lexicographie: les premiers dictionnaires monolingues et bilingues", *International Journal of Lexicography*, v.4, n.4, 1991, p.261-315, em especial p.297-9: "Annexe sur les dictionnaires de langues amérindiennes".

as coletâneas de sermões; os manuais de confessores; e os manuais para a administração dos sacramentos.[58] O público a que se destinavam esses impressos era composto majoritariamente de curas e missionários, que encontravam neles, formulados em línguas indígenas, os mandamentos, os mistérios e os dogmas que eles deveriam ensinar. No caso das *"cartillas"* e das *"doctrinas cristianas"*, porém, os indígenas alfabetizados podiam aprender com elas os rudimentos de uma nova fé. Em todo caso, é o que indicam certos testamentos.[59]

A trajetória que familiariza os colonizados com a religião daqueles que os dominam aparece invertida nos procedimentos judiciais. Nesse caso, a língua dos juízes, latina ou vernácula, deturpa as palavras dos acusados, que são arrancados de sua própria língua e reduzidos ao silêncio pela fala que intérpretes e escreventes atribuem a eles. Essa violência, que existe mesmo quando juízes e acusados compartilham uma mesma língua, pois os primeiros identificam e nomeiam as práticas dos segundos a partir de suas próprias categorias,[60] torna-se extrema quando as palavras dos acusados são as que escribas e juízes atribuem a eles. A tradução dessas palavras os insere no sistema de crenças ou modos de pensamento associados à língua dos dominantes ou colonizadores, que é aquela na qual suas confissões são traduzidas e transcritas.[61]

No México colonial, os livros pintados por pintores indígenas após a Conquista se situam nesse contexto legal e evangelizador.

---

58 Marina Garone Gravier, *Historia de la tipografía colonial para lenguas indígenas*, op. cit., p.187.

59 Ibid., p.173. O testamento de um cacique de Metepec, próximo de Toluca, redigido em 1601, menciona quatorze livros, dos quais três em nahuatle e um bilíngue.

60 Carlo Ginzburg, *Les batailles nocturnes: sorcellerie et rituels agraires en Frioul, XVIe-XVIIe siècles*, Lagrasse: Verdier, 1980 [1966].

61 Romain Bertrand, *Le long remords de la conquête. Manille-Mexico-Madrid: l'affaire Diego de Avila (1577-1580)*, Paris: Seuil, 2015.

Alguns são instrumentos missionários a serviço da cristianização e da extinção da idolatria, outros são apresentados pelas comunidades indígenas como prova de seus direitos. Todos registram múltiplas operações de tradução em suas páginas. No caso do *Codex Mendoza*, redigido entre 1530 e 1560 (provavelmente em cerca de 1540), elas são evidenciadas pela coexistência entre as imagens pintadas por pintores indígenas e os comentários em espanhol que as explicam. Como mostrou Daniela Bleichmar, essas traduções múltiplas envolvem, simultaneamente, os modos de comunicação, as línguas faladas e escritas e as modalidades de conhecimento.[62] As imagens pintadas, que associam simbologia pré-colonial e convenções europeias, foram "relatadas" e explicadas em nahuatl a um intérprete que traduziu esses comentários em espanhol para o escriba que os pôs no papel. Transformando a imagem em texto escrito, traduzindo o nahuatl em espanhol, o complexo processo que produziu o *Codex Mendoza* é também um processo de aculturação que submete a realidade asteca, traduzida e traída, às categorias europeias. A começar pela tradução que designa como "pintores" os "*tlacuiloque*", que eram também escribas que escreviam glifos, cantores que interpretavam imagens e eruditos que tinham os saberes necessários para pintá-las.

Portanto, as histórias interligadas são aquelas dos intérpretes e, dentre eles, dos tradutores que traduziram línguas, mas também culturas. É o caso, por exemplo, de Hassan al-Wazzan, que se tornou Leão, o Africano (ou, em árabe, Yuhanna al-Assad), após

---

62 Daniela Bleichmar, "Painting the Aztec Past in Early Colonial Mexico. Translation and Knowledge Production in the Codex Mendoza", *Renaissance Quarterly*, v.72, n.4, 2019, p.1362-415, aqui p.1399: "The manuscript is in effect the result of a series of translations: from the image to the spoken word, from the spoken word to the written word, from Nahuatl to Spanish, and from pictographic writing to alphabetic writing. It is also the result of hermeneutic translations that interpreted the information about the Aztec past within the new colonial context".

ser capturado em 1518 por corsários cristãos e oferecido ao papa.[63] Convertido e batizado dois anos depois, fixou-se em Roma e redigiu com o médico judeu Jacob Mantino um dicionário árabe-hebreu--latim que ficou inacabado. Leão, o Africano, escreveu em latim e italiano livros que introduzem os leitores europeus no conhecimento do Islã e da África. O mais famoso é *Descrittione dell'Africa*, editado e publicado por Giovanni Battista Ramusio em 1550.[64] Tradutor do mundo em que viveu e tradutor de si mesmo, Leão é duplamente representativo em sua excepcionalidade: representativo de todos e todas que foram forçados pelo cativeiro e pelo desarraigamento a traduzir e aprender novas línguas;[65] e representativo porque, em todos os seus livros, as escolhas de tradução e a cautela no traduzir revelam a presença constante do mundo perdido e da antiga fé. Recuperá-los um dia, para Leão, não é impensável. A tradução, que, conscientemente ou não, exprime muitas vezes relutância ou resistência, deve ser considerada a menor gradação das histórias textuais interligadas.

Traduzir o intraduzível

Outro motivo do interesse pela tradução são as atuais indagações sobre o seu contrário, o intraduzível. O discurso não é novo. No século XVII, certos autores eram considerados intraduzíveis. Gracián era um deles. Em 1684, Amelot de la Houssaie reconhece:

---

63 Natalie Zemon Davis, *Léon l'Africain: un voyageur entre deux mondes*, trad. Dominique Peters, Paris: Payot, 2006.

64 *Descrittione dell'Africa, & delle cose notabili che ivi sono, per Giovan Lione Africano*, in Giovanni Battista Ramusio, *Primo volume delle navigationi et viaggi*, Veneza: Herdeiros de Lucantonio Giunti, 1550, fol. 1-103.

65 À guisa de exemplo, Bartolomé Bennassar e Lucile Bennassar, *Les chrétiens d'Allah: l'histoire extraordinaire des renégats, XVIᵉ et XVIIᵉ siècles*, Paris: Perrin, 1989; e Jocelyne Dakhlia, *Lingua franca: histoire d'une langue en Méditerranée*, Arles: Actes Sud, 2008.

Não nos admira que Gracián seja considerado um Autor abstrato, ininteligível e, por conseguinte, *intraduzível*, pois é o que diz a maioria dos que o leram: e sei até de um Erudito, a quem dizia um de meus amigos que ele estava sendo traduzido, que respondeu que era assaz temerário quem se atrevia a traduzir Obras que nem os próprios espanhóis compreendiam.

Esse tradutor temerário é, evidentemente, o próprio Amelot, porque é no prefácio de sua tradução do *Oráculo manual y arte de prudencia*, publicado em 1647 pelo jesuíta espanhol,[66] que ele menciona essa fama de intraduzibilidade.[67]

Contra essa prevenção, Amelot quer mostrar que "Gracián é inteligível, e que, por mais difícil que seja traduzi-lo em nossa língua, que não é tão rica em palavras nem tão amiga de metáforas e hipérboles quanto a Língua Espanhola, não deixou de ser traduzido com bom êxito".[68] Para Amelot, a dificuldade não é a impossibilidade de traduzir, e sim o estilo enigmático de Gracián: "E longe está que seu eterno laconismo lhe possa ser imputado como um defeito: ao contrário, deve ser ainda mais estimado, visto que é lei para ele não dizer nada de supérfluo, e falar apenas aos bons espíritos, a quem se deve dizer mais coisas que palavras".[69] A maneira de escrever de Gracián protege seu livro das incompreensões dos leitores ignorantes, incapazes de compreender seu significado. Por isso é que:

---

66 *Oráculo manual y arte de prudencia* (Sacada de los aforismos que se discurren en las obras de Lorenço Gracián. Publicala D. Vincencio Juan de Lastanosa, I la dedica al Excelentissimo Señor D. Luis Mendez de Haro, Conde Duque), Huesca: Juan Nogues, 1647.

67 Baltasar Gracián, *L'homme de cour*, trad. Amelot de la Houssaie, precedido de ensaio de Marc Fumaroli, org. Sylvia Roubaud, Paris: Gallimard, 2011, p.269-70: "Préface".

68 Ibid., p.270.

69 Id.

Gracián fingiu ser obscuro para não se popularizar, ou melhor, para agradar aos Grandes, como Aristóteles, que escreveu obscuramente para contentar Alexandre, seu discípulo, que não suportava que soubessem tanto quanto ele. Assim, embora impressas, as Obras de *Gracián* não são comuns, pois, comprando-as, não se compram meios de entendê-las. Todos veem o banquete que ele oferece, mas pouquíssimos participam dele; talvez ele tenha querido despertar o apetite de todos.[70]

Amelot é um dos convivas porque entendeu o sentido do oráculo: "*Sua linguagem*, por certo, *é uma espécie de código*, mas o bom entendedor é capaz de decifrá-lo, sem necessidade de ir aos adivinhos".[71] Amelot dá um exemplo dessa intraduzibilidade que, no entanto, foi traduzida. Na "Epístola ao rei", dirigida a Luís XIV, afirma:

este Livro é uma coletânea das melhores e mais delicadas máximas da Vida Civil e da Vida de Corte. Há mesmo algumas em que [Vossa Majestade] se verá representado ao natural. *Despejo*, para o qual a língua francesa não descobriu ainda um nome suficientemente expressivo, por mais enigmático que seja, não o será para Si, que reconhecerá que *Gracián* fez nele sua definição, querendo fazer aquela de um homem perfeito.[72]

A palavra "*despejo*", que não consta do *Tesoro* de Covarrubias (1611), mas consta do *Diccionario* da Real Academia Espanhola (1732), em que é definida como desembaraço, graça, elegância e ousadia,[73] é declarada intraduzível e mantida em espanhol na epístola.

---

70 Ibid., p.271-2.
71 Ibid., p.270.
72 Ibid., p.267-268: "Épitre au Roi".
73 *Diccionario de la lengua castellana* (Compuesto por la Real Academia Española), Madri, 1732, t.III, p.213: "*Despejo*. Vale también desenfado,

O termo, no entanto, é traduzido no título da máxima 127 como
"le JE-NE-SAIS-QUOI" ["o não sei quê"] que designa não uma
perfeição particular, mas o coroamento de todas as perfeições, o exercício desembaraçado de todas as virtudes e de todas as qualidades:

O NÃO SEI QUÊ. É a vida das grandes qualidades, o alento
das palavras, a alma das ações, o lustro de todas as belezas. As outras
perfeições são o coroamento da natureza, o NÃO SEI QUÊ é o das
perfeições. Sobreleva-se até mesmo na maneira de raciocinar; tem
muito mais do privilégio do que do estudo, pois está acima de toda
disciplina. Não se restringe ao desembaraço, vai até a mais requin-
tada galantaria. Exige um espírito livre e desinibido, e a esse enodo
acrescenta o último traço da perfeição. Sem ele, toda beleza morre,
nada tem encanto. Ele está acima do valor, da discrição, da prudência, da própria majestade. É uma estrada política, pela qual se despa-
cham os negócios; e, enfim, a arte de desenrascar-se galantemente.[74]

---

desembarazo, donaire y brío. Significa assimismo arrojo, temeridad, auda-
cia, atrevimiento, osadía."

74 Baltasar Gracián, *L'homme de cour*, op. cit., p.403-4 ["Le JE-NE-SAIS-
-QUOI. C'est la vie des grandes qualités, le souffle des paroles, l'âme des
actions, le lustre de toutes les beautés. Les autres perfections sont l'orne-
ment de la nature, le JE-NE-SAIS-QUOI est celui des perfections. Il se fait
remarquer jusque dans la manière de raisonner; il tient beaucoup plus du
privilège, que de l'étude, car il est même au-dessus de toute discipline. Il ne
s'en tient pas à la facilité, il passe jusqu'à la plus fine galanterie. Il suppose
un esprit libre et dégagé, et à ce dégagement il ajoute le dernier trait de la
perfection. Sans lui toute beauté est morte, tout est sans grâce. Il l'emporte
sur la valeur, sur la discrétion, sur la prudence, sur la majesté même. C'est
une route politique, par où l'on expédie bientôt les affaires; et enfin l'art
de se retirer galamment de tout embarras"]. No livro de 1647, o aforismo
começa da seguinte maneira: "El despejo en todo. Es vida de las prendas,
aliento del dezir, alma del hazer, realce de los mismos realces; las demás
perfecciones son ornato de la naturaleza, pero lo despejo lo es de las mismas
perfecciones" (ibid., p.87).

Amelot, que glosa os aforismos de Gracián traduzindo excertos de dois outros livros do jesuíta espanhol: *Le héros* e *Le discret*, cita uma frase do décimo terceiro capítulo da primeira obra que indica que *"despejo"* "consiste num certo ar mundano, numa graça que não tem nome, mas que se nota no falar, no modo de agir e no raciocínio".[75] A dificuldade, portanto, não reside tanto na tradução do espanhol para o francês, mas antes na impossibilidade de nomear adequadamente, seja em que língua for, essa perfeição inefável.

A tensão do intraduzível aparece também nos autores contemporâneos, como mostra uma conversa entre o escritor angolano José Eduardo Agualusa e o tradutor inglês de seu romance *Nação crioula*. O escritor a relata num artigo publicado no jornal *O Globo*, em 15 de junho de 2015.[76] Daniel Hahn, que traduziu o romance de Agualusa em 2002,[77] considerava uma derrota o fato de não ter traduzido a palavra *"saudade"* e de tê-la explicado em nota de rodapé. Desde então, mudara de opinião: "Nada é traduzível. Tudo é traduzível. Nada é traduzível porque, em rigor, cada palavra guarda um universo próprio. Tudo é traduzível porque não existe nenhum sentimento, por mais raro, por mais bizarro ou singular, que não possa ser expresso, melhor ou pior numa outra língua". Donde o seu arrependimento: "Hoje eu traduziria a palavra saudade, conforme a situação, por *nostalgia, longing, homesickness* etc."[78]

Agualusa, de sua parte, fez o caminho inverso:

75 Ibid., p.404.
76 José Eduardo Agualusa, "Sobre o intraduzível", *O Globo*, 15 jun. 2015; disponível em: <https://oglobo.globo.com/cultura/sobre-intraduzivel-16445527>; acesso em: jan. 2021.
77 Id., *Nação crioula*, Alfragide: Dom Quixote, 1997. Edição em inglês: *Creole*, trad. Daniel Hahn, Londres: Arcadia, 2002.
78 Ibid., "Sobre o intraduzível", op. cit.

Durante muitos anos acreditei que a suposta intraduzibilidade da palavra saudade não fosse outra coisa senão um mito poético, criado por portugueses, brasileiros, cabo-verdianos, angolanos, que diria mais sobre a forma como nos vemos, ou como gostamos que os outros nos vissem, do que sobre a palavra em si.[79]

Portanto, "saudade" é absolutamente traduzível. Mas quando o tradutor afirma isso, Agualusa muda de opinião:

"Tenho saudades suas" não é o mesmo que "I miss you" – "sinto a sua falta". E isso, mas é mais do que isso. Na dúvida, convém sempre ir à etimologia. Saudade vem do latim com o significado de solidão. Saudade, pois, é esse achar-se sozinho, longe de algo ou de alguém, e todavia perto através da lembrança e do coração. Não há palavra em inglês que resuma todas estas camadas de sentimentos.[80]

Portanto, não traduzir não é necessariamente uma derrota que se deve evitar: "Gosto, contudo, que, vez por outra, um tradutor se renda, derrotado, diante dos mistérios mais profundos de um idioma".[81]

Ligado aos segredos do escrever, como em Gracián, ou ao mistério das palavras e dos sentimentos, como em Agualusa, em outras situações o intraduzível pode decorrer da distância entre as línguas. É com essa constatação incisiva que Jean-François Billeter começa o primeiro de seus Trois essais sur la traduction: "Os recursos da língua chinesa e da língua francesa são tão diferentes entre si que até agora ninguém conseguiu dar uma ideia adequada de um poema chinês

---

79 Id.
80 Id.
81 Id.

apenas traduzindo-o em nossa língua, e ninguém conseguirá".[82] O chinês é uma língua sem pontuação, sem adjetivo, uma língua que não tem oposição entre voz ativa e voz passiva e não possui forma condicional. Característica mais fundamental ainda:

> os verbos chineses são invariáveis, como todas as palavras do chinês. Quando a ação ou atividade que eles expressam devem ser situadas no tempo, outras palavras, advérbios de tempo ou partículas de aspecto são acrescentados a eles. Os poetas evitam tanto quanto podem essas palavras "vazias", de maneira que os poemas podem parecer fora do tempo, o que levou inúmeros tradutores a conjugar todos os verbos no presente ou no infinitivo. Esse é um dos erros que eles cometem com mais frequência. Os tradutores não compreenderam que, apesar de implícita, a articulação temporal do poema não é menos forte.[83]

Para não cair na armadilha da língua, é preciso erudição e imaginação:

> a poesia clássica chinesa compreende quase sempre uma articulação temporal forte – embora não aparente, pois os tempos verbais não são expressos. Em francês, essa articulação deve ser explícita, do contrário o poema desaba. Além do mais, o tradutor deve tentar evidenciar, na medida do possível, as *rupturas* entre tempos diferentes no próprio poema.[84]

Tanto ou mais do que as diferenças na maneira de pensar, são as propriedades da língua que fazem que "a poesia clássica chinesa seja

---

82 Jean-François Billeter, *Trois essais sur la traduction*, Paris: Allia, 2014, p.11.
83 Ibid., p.21.
84 Ibid., p.55.

intraduzível", mas se "é impossível traduzi-la, pode-se sugerir o que ela é".[85] É possível chegar perto do sentido e da graça, pegando "um desvio". É o que mostram as traduções "de perto" que Jean-François Billeter propõe de vários poemas da dinastia Tang (618-907). O intraduzível passa a inteligível por uma interpretação culta e paciente, que pode transmitir algo não só do significado, mas também da beleza das obras.

A mobilidade do sentido dos textos introduzida pela tradução tem várias gradações: primeiro, as escolhas de tradução das palavras em si (por exemplo, "saudade" ou, no próximo capítulo deste livro, "sprezzatura"); segundo, o contexto de publicação do texto traduzido, que desloca ou atualiza o significado; por último, a interpretação geral da obra, que pode adquirir um novo status e um novo propósito com a tradução. As traduções da *Brevissima relación de la destruycíón de las Indias*, de Bartolomeu de Las Casas, são um exemplo da força do contexto; as do *Oráculo manual y arte de prudencia*, de Gracián, de uma tradução que muda o próprio sentido de uma obra.

Tradução e expectativas: Las Casas

A *Brevissima relación de la destruycíón de las Indias*, escrita pelo frei dominicano Bartolomeu de Las Casas e impressa com outros sete "tratados" em Sevilha, em 1552, foi talvez um dos textos mais traduzidos na Europa da primeira modernidade.[86] A página de rosto de suas várias edições indica as transmutações de seu significado.

---

85 Ibid., p.54-5.

86 Frei Bartolomeu de Las Casas, *Brevísima relación de la destruición de las Indias*, edição, prefácio e notas de José Miguel Martínez Torrejón, Madri: Real Academia Española, 2013, p.174, nota 28, que indica que o texto de Las Casas teve 62 edições nos séculos XVI e XVII (mas somente duas em espanhol).

A de 1552 sugere um grande contraste entre, de um lado, as armas do imperador Cartos V e a abreviatura em latim "PV" ("*Plus Ultra*"), que designa o poder soberano do imperador sobre os territórios situados além das Colunas de Hércules, e, de outro lado, a ausência de qualquer alusão a permissões ou privilégios concedidos ao texto pelo soberano.[87] Aliás, a edição não apresenta nenhuma daquelas aprovações do censor que eram exigidas para que um livro pudesse ser publicado no Século de Ouro. Las Casas provavelmente quis evitar os mecanismos usuais da censura sevilhana, que desde 1502 se encontrava nas mãos do arcebispo da cidade. Donde, na página de rosto, como atestado de autoridade, a advertência da qualidade de bispo do autor, antes da de dominicano, embora Las Casas, nomeado bispo de Chiapas em 1543, tenha renunciado ao bispado em 1550. Uma segunda hipótese é que Las Casas recebera uma autorização tácita do príncipe Filipe, que, sendo regente dos reinos da Espanha, tinha as Índias Ocidentais sob a sua responsabilidade e deu uma mão a Las Casas quando este retornou à Espanha em 1547. A *Brevíssima relación* é dedicada a ele, confiando que haveria uma reforma na política praticada nas colônias americanas, que estava destruindo os povos indígenas e os direitos do soberano, então usurpados pelos conquistadores.

No título da edição de 1552, *Brevíssima relación de la destruyción de las Indias*, cada palavra é importante e deve garantir a veracidade do texto. Uma "*relación*" é um texto investido de autoridade, porque é embasado no testemunho e na observação direta dos fatos relatados. A "*relación*" feita por Las Casas é "*brevíssima*", mas a "*brevitas*" da narrativa oferece ao príncipe o resumo atroz de uma série interminável de crueldades que privam os indígenas da salvação eterna e

---

87 *Brevíssima relación de la destruyción de las Indias*: colegida por el Obispo don fray Bartolomé de las Casas/o Casaus de la orden de Sancto Domingo, 1552.

põem os espanhóis em pecado mortal. A palavra *"destruyción"* deve ser entendida aqui no sentido latino do verbo *"destruere"*, que significa derrelição, desolação e despovoamento.

A credibilidade do texto é atestada tanto pela advertência da qualidade de bispo do dominicano Las Casas quanto pela menção ao seu pertencimento (discutível, aliás) à família dos Casaus, que é bastante útil numa época em que os títulos aristocráticos, sendo considerados desinteressados, servem de garantia da autenticidade do que atestam.

O texto de Las Casas foi traduzido em francês pelo protestante Jacques de Miggrode e publicado em Antuérpia, em 1579, com um novo título: *Tyrannies & cruautez des espagnols, perpetrees es Indes Occidentales, qu'on dit Le Nouveau Monde.* Desde a página de rosto, a intenção da tradução é claramente anunciada, tanto pela advertência: "Para servir de exemplo e advertência às XVII províncias dos Países Baixos" quanto pelo dístico: "Feliz daquele que se torna sábio/ Vendo do outro o estrago".[88] Citando os crimes cometidos pelos espanhóis na América, ele procura alertar todos os que se sentem tentados concordar com eles. A destruição das Índias, que para Las Casas prefigura a destruição da Espanha, punida por seus graves

---

88 *Tyrannies et cruautez des espagnols, perpetrees es Indes Occidentales, qu'on dit Le Nouveau Monde* (Brievement descrites en Langue Castillane par l'Evesque Don Frere Bartelemy de Las Casas ou Casaus, Espagnol, de l'ordre de S. Dominique, fidelement traduites par Jacques de Miggrode: Pour servir d'exemple & advertissement aux XVII Province du païs bas, Heureux celui qui devient sage/ En voyant d'autruy le dommage), Antuérpia: François de Ravelenghien, 1579. Cf. duas edições modernas: Bartolomeu de Las Casas, *La destruction des Indes* [1552], tradução de Jacques de Miggrode [1579], introdução histórica de Alain Milhou, estabelecimento do texto e análise iconográfica de Jean-Paul Duviols, Paris: Chandeigne, 1995; e Bartolomeu de Las Casas, *La destruction des Indes* [1552], tradução de Jacques de Miggrode [1579], gravuras de Théodore de Bry [1598], introdução, estabelecimento do texto, notas e análise iconográfica de Jean-Paul Duviols, Paris: Chandeigne, 2013.

pecados, anuncia sob a pena de Jacques de Miggrode a possível destruição dos Países Baixos, cujas dezessete províncias calvinistas do
Norte se rebelaram contra o rei católico em janeiro de 1579.[89]

A intenção justifica as palavras do novo título dado a um texto
cuja credibilidade é garantida pelo fato de ser um "espanhol" quem
denuncia "em língua castelhana" a violência de seus compatriotas
contra as populações indígenas. Duas palavras fortes substituíram
"destruyción": "cruautés", que é o oposto da moral cristã (que ordena
amor ao próximo) e da lei natural (que exige o bem comum); e
"tyrannies", um termo muito comum em Las Casas que faz parte do
léxico político do século XVI e designa (com o intuito de combatê-
-la) a disposição arbitrária dos bens e dos corpos dos súditos pelos
príncipes despóticos. Nas Índias, a conquista de territórios sem
nenhum respeito pelos títulos de seus senhores naturais, assim como
as violências cometidas contra os indígenas, massacrados gratuitamente ou extenuados pelo trabalho forçado, são exemplos terríveis
dessas "tyrannies" que violam as leis divina e natural. Melhor que
os panfletos contra os espanhóis, o texto de Las Casas, "fielmente
traduzido", é o mais severo e o mais autêntico requisitório proferido
contra os vis projetos dos reis e dos povos da Espanha. Portanto,
pode servir de "exemple", como os "exempla" usados pelos pregadores em seus sermões, e de "avertissement" para todos os que, sabendo
da história passada, podem e devem agir para que ela não se repita.
Os Países Baixos não serão as novas Índias.

Quando a tradução de Miggrode é traduzida em inglês, em 1583,
o título reafirma enfaticamente a "hispanidade" do autor, fiador da
veracidade de suas palavras, e a identidade castelhana do texto.[90]

---

89 André Saint-Lu, "Les premières traductions françaises de la Brevisima
relatión de Las Casas", in Hommage à Marcel Bataillon: Revue de Littérature Comparée, v.52, n.2-4, 1978, p.438-49.

90 The Spanish Colonie, Or Briefe Chronicle of the Acts and Gestes of the Spaniardes in the West Indies, Called the Newe World, for the Space of xl. Yeeres

Mas as primeiras palavras são novas: *"The Spanish Colonie"*. Elas situam a denúncia das violências praticadas na América no contexto da rivalidade entre a monarquia inglesa e a espanhola. Isso reforça a escolha de tradução de Jacques de Miggrode. No texto, Las Casas emprega com frequência a palavra *"cristianos"* para designar aqueles cristãos muito pouco cristãos que massacram os indígenas, em vez de levar o Evangelho até eles, condenando-os ao castigo eterno e, ao mesmo tempo, condenando a si próprios. Em Miggrode, assim como no seu tradutor inglês, os *"cristianos"* de Las Casas se transformam em *"Espagnols"* ou *"Spaniards"*, inimigos ímpios e implacáveis.

A única reedição do texto em espanhol foi publicada em 1646, em Barcelona[91] – o livro foi condenado e proibido pela Inquisição em 1659. A edição de Barcelona (impressa provavelmente em Lyon) conserva o título original, mas três palavras são adicionadas: *Brevissima relación de la destruyción de las Indias por los castellanos*. Dessa forma, os catalães envolvem Las Casas na guerra contra Filipe IV e Olivares. Deflagrado pela revolta dos *"segadores"*, em junho de 1640, o conflito levou Pau Claris e a Junta de Braços a proclamar a República catalã em janeiro de 1641 e a colocá-la sob a proteção de Luís XIII, que se tornou conde de Barcelona. A publicação dessa reedição situa-se no contexto da guerra das sedes entre os insurgentes catalães (e seus aliados franceses) e os exércitos do rei castelhano. Mas esse não foi o primeiro texto impresso de Las Casas a servir aos insurgentes catalães, já que em 1641 um panfleto citava trechos da *Brevissima relación* para denunciar as "exorbitantes desumanidades

---

(Written in the Castilian tongue by the reverend Bishop Bartholomew de las Casas or Casaus, a Friar of the order of S. Dominicke. And nowe first translated into english, by M. M. S.), Londres: William Brome, 1583.

91 *Las obras del Obispo D. Fray Batolome de Las Casas, o Casaus* (Obispo que fue de la Ciudad Real de Chiapa en las Indias, de la Orden de Santo Domingo), Sevilha: Sebastian de Trugillo, 1552. E de novo em Barcelona: Antonio Lacavalleria, 1646.

dos exércitos castelhanos nas Índias" e advertir que, assim como os indígenas na América, os catalães poderia ser vítimas da tirania do rei castelhano.[92] Uma segunda tradução em inglês do texto de Las Casas, de autoria de John Phillips, um sobrinho de Milton que trinta anos depois traduziu também *Don Quijote*, foi publicada em 1656. É dedicada a Cromwell, apontado como o novo Davi, vingador e redentor dos perseguidos. O título muda, mais uma vez, para *The Tears of the Indians*.[93] Talvez inspiradas por um panfleto intitulado *The Teares of Ireland* que circulou em 1642 e denunciava os massacres dos papistas contra os protestantes irlandeses, as lágrimas dos indígenas são lágrimas bíblicas do profeta Jeremias (9,1). O texto é apresentado como um "relato histórico e verídico dos cruéis massacres e carnificinas de mais de 20 milhões de inocentes, cometidos pelos espanhóis". O fato de o relato ser realizado por um espanhol que foi testemunha ocular dessas crueldades afiança a realidade dos crimes – apesar de Las Casas não ser mais bispo nem dominicano. A relação no título dos locais onde foram cometidos os massacres (São Domingos, Cuba, Jamaica, México, Peru) recupera a cronologia da conquista espanhola e ordena o tratado, e o número de "mais de 20 milhões" de mortos, a primeira menção

---

92 *Secrets publichs, pedra de toch, de les intencions del enemich, y llum de la veritat*, [Barcelona, 1641,] fol. A8 r°-B4 v°: "Lo Bisbe de Chiapa, en la India, Fra Bartomeu de les Cases natural de Castella, Religios del Orde de Predicadors, escandalizat, y pasmat de les exorbitants inhumanitats dels exercits Castellans de les Indies prengue ab zel de Deu, la ploma para referirlas".

93 *The Tears of the Indians Being An Historical and True Account of the Cruel Massacres and Slaughters of above Twenty Millions of Innocent People* (Committed by the Spaniards, In the Islands of Hispaniola, Cuba, Jamaica, &c. And also in the Continent of Mexico, Peru, & other places of the West-Indies, To the total destruction of those Countries. Written in Spanish by Casaus, an Eye-witness of those things; and made English by J. P.), Londres: Nath. Brook, 1656.

EDITAR E TRADUZIR   97

do número de vítimas no título, foi fornecido por Las Casas na
controvérsia com Sepúlveda.

O tratado de Las Casas só recuperou o seu título original nas
múltiplas reedições publicadas durante as guerras de independência
conduzidas pelas colônias espanholas nas décadas de 1810 e 1820
contra a Metrópole. A edição impressa em Guadalajara recapitula
a cronologia dessas edições publicadas em Londres, Filadélfia e
Cidade do México em 1821 e 1822, mas omite as edições publicadas
em Bogotá em 1813 e Puebla em 1821.[94]
Todavia a mobilidade dos títulos do tratado de Las Casas continuou. A *Brevíssima relación* foi traduzida em português somente
em 1944, por Heraldo Barbuy, que lhe deu um título muito parecido
com o título espanhol: *Brevíssima relação da destruição das Índias
ocidentais*. Quando Eduardo Bueno reeditou essa tradução em 1984,
ele lhe adicionou um subtítulo, aliás, o único título que aparece na
capa da edição de bolso: *O paraíso destruído: a sangrenta história
da Conquista da América espanhola*.[95] Embora Las Casas denuncie
o inferno que os conquistadores levaram para a América, embora
inicie o tratado com uma descrição da *"bondade"* dos indígenas,
gente simples, pacífica e virtuosa, e embora declare que os espanhóis
podiam ter vivido no Yucatán "como num paraíso terrestre, se não
tivessem sido indignos",[96] ele não diz que as Índias eram o paraíso.
Se o editor de 1984 sugere semelhante ideia, é provavelmente porque

94 *Breve relacion de la destruccion de las Indias Occidentales* (Presentada a
Felipe II siendo Príncipe de Asturias Por Don Fray Bartolomé de Las
Casas, del Orden de Predicadores, Obispo de Chiapa), impresso em Sevi-
lha, reimpresso em Londres, Filadélfia e México, Guadalajara: D. Urbano
Sanroman, 1822.

95 Bartolomeu de Las Casas, *O paraíso destruído: a sangrenta história da Conquista da América espanhola*, tradução de Heraldo Barbuy, apresentação
e comentários de Eduardo Bueno, Porto Alegre: L&PM, 1984; reedição,
L&PM Pocket, 2011.

96 Id., *La destruction des Indes* [1552], Paris: Chandeigne, 1995, p.138.

o tema do Éden foi introduzido no horizonte intelectual brasileiro pela publicação do livro de Sérgio Buarque de Holanda, *Visão do paraíso*, em 1959.[97] O subtítulo de 1984 também dá ênfase à identidade "espanhola" dos massacres e traduz sistematicamente "*cristianos*" por "*espanhóis*". Utilizando a expressão "*sangrenta história*", estabelece implicitamente uma continuidade entre as crueldades da Conquista e a sangrenta repressão que estava sendo praticada naquele momento na América Central, designada no prefácio como "um genocídio de ontem e hoje".[98]

As transformações do título do tratado publicado por Las Casas em 1552 são um exemplo extraordinário do fato de que, sem alterar o texto em si, as traduções dão significados novos às obras das quais elas se apropriam. Las Casas não é Gracián e a tradução de sua *relación* pode ser literal, dando pouca margem a dúvidas ou invenções (salvo no caso da palavra "*cristianos*"). No entanto, o texto muda sem mudar, porque os contextos sucessivos das traduções, registrados nas páginas de rosto e nos textos preliminares das edições, mudam. Em outros casos, a mudança é mais radical.

O sentido da obra: Gracián

Voltando a Gracián, podemos compreender como a tradução é capaz de mudar não somente as repercussões lexicais de uma palavra ou a recepção de um texto, mas também a própria significação de uma obra. Num excelente livro dedicado ao processo civilizador, publicado em 1939, Norbert Elias cita *Oráculo manual y arte de*

---

97 Sérgio Buarque de Holanda, *Visão do paraíso: os motivos edênicos no descobrimento e colonização do Brasil*, São Paulo: José Olympio, 1958.

98 Eduardo Bueno, "Apresentação", in Bartolomeu de Las Casas, *O paraíso destruído*, op. cit., p.9.

prudencia na tradução francesa de Amelot de La Houssaie, publicada em 1684. Afirma que o livro é, "de certo modo, o primeiro manual de psicologia de corte, assim como o *Príncipe* de Maquiavel é o primeiro manual clássico da política absolutista das cortes principescas".[99] E acrescenta: "Encontramos em Gracián e, depois dele, em La Rochefoucauld e La Bruyère, sob a forma de máximas gerais, todas as formas de comportamento que encontramos, por exemplo, em Saint-Simon, na prática da vida na corte".[100] Em sua leitura, Elias afirma que o jesuíta Gracián escreveu um livro sobre o comportamento que se exigia na sociedade cortesã. E, no entanto, a palavra "corte" não aparece nem no título nem no texto da obra publicada em Huesca em 1647 e apresentada como uma antologia de aforismos extraídos das obras do irmão de Gracián (Lorenzo Gracián), evitando assim a censura interna da Companhia de Jesus.

As quatro palavras principais do título propõem um sentido e um propósito nada curiais. "*Oráculo*" era uma palavra polissêmica que designava tanto as respostas ambíguas dos falsos deuses dos pagãos[101] quanto as pessoas que eram procuradas por seu saber ou doutrina.[102] Num livro anterior, *El político*, publicado em 1646,

---

99 Norbert Elias, *La dynamique de l'Occident*, Paris: Flammarion, 1976, p.221, nota 1. Esse livro é a tradução da segunda parte de Norbert Elias, *Über den Prozess der Zivilisation: Soziogenetische und psychogenetische Untersuchungen*, Basileia: Haus zum Falken, 1939; reedição, Frankfurt-am--Main: Suhrkamp, 1997, p.479, nota 134. Os termos no texto em alemão são: "Handbuch der höfischen Psychologie" e: "Handbuch der höfisch--absolutistischen Politik".

100 Ibid., p.480. No texto em alemão, a expressão é: "der Praxis des höfischen Lebens". Essa parte da nota não consta na tradução francesa.

101 Sebastián de Covarrubias, *Tesoro*, op. cit., p.788: "*Oráculo*. Cerca de los gentiles eran la respuesta que daban los demonios y sus falsos dioses, que siempre eran equívocas y ambiguas".

102 *Diccionario de la Real Academia Española*, Madri, 1737, t.V, p.46: "*Oráculo*. Se llama la persona a quien todos escuchan con respecto y veneración".

Gracián qualificou Fernando de Aragão, entre outras coisas, de
"oráculo mayor de la razón de Estado". Essa ambivalência do termo
remetia aos segredos reservados aos que sabem decifrar sua verdade.
Donde o paradoxo, ou oximoro, introduzido pela segunda palavra:
"manual", que tem um duplo sentido material e textual. Designa,
em primeiro lugar, tudo o que pode ser transportado facilmente num
bolso de casaco ou sacola (como é o caso do livro de Gracián, publicado no pequenino formato in-24), mas também define o gênero das
antologias e "compendia", que são livros que resumem uma matéria
ampla, como é o caso de uma obra que declara reunir trezentos aforismos supostamente tirados das obras anteriores do autor.[103]
"Arte" tem um sentido mais óbvio e designa tanto os preceitos
necessários para fazer certas coisas com habilidade quanto o livro
que contém esses preceitos.[104] Mas "arte" também pode ter um
sentido mais hermético e reservado quando designa a "Ars magna",
a árvore de todas as ciências e o conhecimento delas. Da mesma
maneira que "oráculo", a palavra "arte" foi escolhida por Gracián
por essa ambivalência que a coloca entre a ordem das razões prome-
tidas a todos e o saber reservado aos que sabem decifrá-lo. Esses preceitos bem ordenados e concatenados são os da "prudencia". Assim,
o título de Gracián faz referência a uma das virtudes cardeais que,
na perspectiva tomista, é sinal da presença da luz e dos atributos de
Deus nas ações dos homens.[105] Gracián transforma essa virtude em

---

103 Sebastián de Covarrubias, Tesoro, op. cit., p.490: "Manual. Dicese toda cosa
   que se puede llevar en la mano, con facilidad, sin que embarace"; e Diccionario de la Real Academia Española, op. cit., 1734, t.IV, p.490: "un Libro en
   que alguna materia dilatada se resume, conteniendo todo lo substancial".
104 Sebastián de Covarrubias, Tesoro, op. cit., p.125: "Arte. Lat. ars, quae sic
   definitur, Ars est recta ratio rerum faciendarum y así toda cosa que no lleva
   su orden, razón, y concierto, decimos que esta hecha sin arte".
105 Santo Tomás de Aquino, Somme théologique. La prudence, 2a-2ae, Questions 47-56, tradução, notas e apêndices de Thomas Deman, 3. ed. rev. por
   Jean-Pierre Torrell, Paris: Éditions du Cerf, 2006.

regras práticas destinadas a evitar as armadilhas de um mundo cor-
rompido e pecador. Portanto, seu livro não tem nada de um manual
de corte cujo objetivo é ensinar ou explicar o comportamento exigido
em determinado mundo social. Suas lições são universais, mesmo
que se dirijam apenas aos que são capazes de entendê-las. Foi dessa
forma que essa obra foi entendida no texto original em espanhol e na
sua primeira tradução em italiano, publicada em Parma em 1670 e
reeditada em Veneza em 1679, com um título absolutamente fiel ao
original: *Oracolo manuale e arte di prudenza*.[106]
    Com a tradução francesa de 1684, o livro adquire o sentido apon-
tado por Elias. O tradutor, Amelot de la Houssaie, intitula o texto
L'homme de cour [O homem de corte], endereçando-o a um destina-
tário que Gracián nunca mencionou. Ele se explica no prefácio:

> O título expressa não somente tudo de que ele trata, mas tam-
> bém a que uso e a que pessoas ele convém. Pois ele não é para todos,
> perguntar-me-ão? Decerto que não; é apenas para a alta classe, e
> para as pessoas que conhecem o mundo. É para um *Homem de Corte*,
> que não tem temperamento a familiarizar-se com o Vulgo, somente
> entre os seus iguais lhe apraz estar: E, como de hábito, não fala senão
> a meias-palavras, não poderia sujeitar-se a palestrar nem com gente
> pequena nem com gente de espírito pequeno, que só entendem o
> que lhes dizem à custa de palavras.[107]

---

106 *Oracolo manuale e arte di prudenza* (Cavata degl'Aforismi, che si discor-
    rono nell'Opere di Lorenzo Gratiano. Mandalo in Luce D. Vincenzo Gio-
    vanni de Lastanosa. In Lisboa nell'officina di Enrico Valente de' Oliviera
    l'Anno 1657. Tradotta dalla Lingua Spagnuola nell'Itagliana), Parma:
    Mario Vigna, 1670. O título é o mesma na edição veneziana de Giacomo
    Hertz (1679).
107 Baltasar Gracián, *L'homme de cour*, op. cit., p.269: "Préface".

Amelot tem consciência do abismo que há entre o título que ele dá à tradução e o título que Gracián deu ao livro, mas justifica-se: "Notará o leitor *en passant* que o título *Homme de cour* harmoniza-se muito bem com aquele *Arte de prudencia,* não sendo a prudência em parte alguma tão necessária como na Corte". E acrescenta um segundo motivo à mudança do título, que torna ainda mais explícito o significado do livro:

Há nele quase tantos preceitos e mistérios quanto linhas; e é seguramente por isso que o compilador o intitulou *Oracle manuel:* Título que mudei para *Homme de cour,* que, não sendo tão pomposo e hiperbólico, explica melhor a qualidade do livro, que é uma espécie de Rudimento da Corte, e de Código Político.[108]

Isso é designar o livro por uma dupla significação: palaciana e absolutista.

Foi na tradução em francês de Amelot que o *Oráculo manual* circulou por toda a Europa. Afora a primeira tradução em italiano, todas as outras (em inglês em 1685,[109] em alemão em 1686,[110] em holandês em 1696,[111] uma segunda tradução em italiano em 1698[112]

---

108 Ibid., p.276.

109 *The Courtier's Manual Oracle, or, The Art of Prudence* (Written Originally in Spanish, by Baltazar Gracián. And now done into English), Londres: Abel Swalle, 1685.

110 *L'Homme de Cour, oder Balthasar Gracians Vollkommener Staats- und Welt Weiser,* Leipzig: Kromeyer, 1686.

111 *L'Homme de Cour, of De Konst der Wijsheit* (getrokken uit de Spaansche Scjriften van Gracian. Dusdanig in 't Frans gebragt door den Heer Amelot de la Houssaie, en nu vertaeld door Mattheus Smallegange), Haia: Pieter Van Thol, 1696.

112 *L'huomo di corte* (di Baldassar Graziano. Tradotto dallo Spagnuolo nel Francese Idioma, e comentato dal Signor Amelot De La Houssaie, Già Segretario dell'Ambasciata di Francia alla Republica di Venezia,

e em latim em 1731[113]) foram feitas a partir do texto francês, respeitando sua "palacianização". As traduções em alemão e holandês usam o título francês (*L'homme de cour*) como as primeiras palavras do título em seu próprio idioma; a tradução em inglês tenta aliar o título original e o título francês: *The Courtier's Manual Oracle, or, The Art of Prudence*; e a tradução em italiano (1698) traduz diretamente o título em francês e se apresenta como *L'huomo di corte*.

As traduções repetem o conteúdo do livro de Amelot e seus acréscimos ao texto espanhol: as "Notas" (na verdade, excertos de dois outros livros de Gracián, *El héroe*, de 1637, e *El discreto*, de 1646); a numeração das trezentas máximas; os títulos destacados em itálico (em geral algumas palavras ou a primeira frase do aforismo); e um conjunto de ferramentas bibliográficas para facilitar a leitura da obra. Nas oito edições francesas do livro publicadas entre 1684 e 1702 foram acrescentados um "Índice das Máximas", os "Capítulos do *Herói* e do *Discreto* de Gracián apresentados em excertos e notas, ou inteiros, ao fim de algumas dessas Máximas" e uma "Recapitulação dos Preceitos contidos nas trezentas Máximas do *Homme de cour*". Assim, a tradução francesa de 1684 estabeleceu em toda a Europa a nova significação do livro e transformou-o numa obra de consulta fácil. O sentido e a forma originais foram preservados apenas nas reedições em espanhol (por exemplo, de 1653, 1657 e 1659), que permaneceram fiéis à primeira edição, sem numeração nem título para os aforismos, sem notas nem índices e, sobretudo, sem referência à corte. A metamorfose do *Oraculo manual* em *Homme de*

Nuovamente tradotto dal Francese nell'Italiano, e comentato dall'Abate Francesco Tosques), Roma: Luca Antonio Charcas, 1698.

113 Balthasar Graciani, *Hispani Aulicus Sive De Prudentia Civili et Maxime Aulica Liber Singularis* (Olim Hispanice Conscriptus Postea Et Gallice, Germanice Editus. Nunc Ex Ameloti Versione Latine Redditus. Et Regulis Meliore Et Naturali Ordine Dispositis in Formam Artis Redactus), Frankfurt-am-Main: Johann Gottlieb, 1731.

Cour é provavelmente o caso mais extraordinário de tradução que, com um novo título, textos preliminares e índices atribui a Gracián um "manual de psicologia de corte" que ele nunca escreveu. A transmutação é contumaz: a edição francesa mais recente (a que citamos) diz na página de rosto: "Gracián, *L'homme de cour*".[114]

Traduzir o mesmo

Recentemente o interesse se voltou para as "traduções" de certas obras em sua própria língua, quando a distância dessas obras em relação aos leitores de hoje as torna quase ininteligíveis. Um exemplo extraordinário dessas "traduções", que transformam em estranheza uma aparente proximidade, é a "tradução" em espanhol de *Don Quijote* proposta por Andrés Trapiello em 2015, com o título *Don Quijote de la Mancha, puesto en castellano actual*.[115] As traduções de autores franceses em francês mostram como essa distância, ou a percepção que se tem dela, muda com o tempo e distancia autores que pareciam próximos. Em 1973, as *Œuvres* de Rabelais ganharam uma "translação" na edição para a coleção "L'Intégrale", das Éditions du Seuil.[116] Mais recentemente, os *Essais* de Montaigne foram "traduzidos" em francês: primeiro, por Claude Pinganaud, que os transpôs "*en français moderne*" em 2002;[117] depois por Guy de Pernon, em 2008, para uma edição apresentada como uma "*traduction en français*

---

114 Baltasar Gracián, *L'homme de cour*, op. cit.

115 Miguel de Cervantes, *Don Quijote de la Mancha* (Puesto en castellano actual íntegra y fielmente, par Andrés Trapiello), Barcelona: Destino, 2015.

116 Rabelais, *Œuvres complètes* (Édition établie, annotée et préfacée par Guy Demerson avec une translation en français moderne), Paris: Seuil, 1973.

117 Montaigne, *Les essais* (Mis en français moderne et présentés par Claude Pinganaud), Paris: Arléa, 2002.

moderne";[118] e no ano seguinte, para a coleção "Quarto" da editora Gallimard, que recuperou a edição de André Lanly (publicada em 1989 pela editora Honoré Champion) e a anunciou como uma *"traduction intégrale en français moderne"*.[119] Desde 2017 Rabelais é oferecido pela mesma coleção em *"édition intégrale bilingue"*.[120] Em edição eletrônica, temos *The Complete Works of William Shakespeare in Plain and Simple English*.[121] Teríamos de analisar, em cada língua, as razões que justificam essas "traduções" e o incremento do *corpus* de autores que elas trazem para o seu escopo. Traduzir o mesmo aparece dessa forma como o contraponto de uma alteridade intraduzível e, no entanto, sempre traduzida.

---

118 Montaigne, *Les essais* (Traduction en français moderne du texte de l'édition de 1595 par Guy de Pernon), Paris: Glyphes, 2017; disponível em: <guydepernon.com/site_4/essais.html>; acesso em: jan. 2021.

119 Montaigne, *Essais* (Traduction en français moderne par André Lanly), Paris: Honoré Champion, 1989, 3 v.; *Les essais* (Traduction intégrale en français moderne), Paris: Gallimard, "Quarto", 2009. Cf. Antoine Compagnon, "Rajeunir Montaigne", *Comptes rendus des séances de l'Académie des Inscriptions et Belles-Lettres*, v.153, n.2, 2009, p.585-98.

120 Rabelais, *Les cinq livres des faits et dits de Gargantua et Pantagruel* (Adapté de l'ancien français et édité par Marie-Madeleine Fragonard), Paris: Gallimard, "Quarto", 2017. Cf. Marie-Madeleine Fragonard, "Translation de Rabelais", *La République des Livres*, 29 jan. 2017; disponível em: <larepubliquedeslivres.com/translation-de-rabelais>; acesso em: jan. 2021.

121 *The Complete Works of William Shakespeare in Plain and Simple English*, org. BookCaps Study Guides, 2013.

Capítulo 3

"Sprezzatura"
Traduzir Castiglione

Uma única palavra pode ser suficiente para identificar uma obra. Nesse caso, ela é a perfeita metonímia da obra. Foi o que aconteceu com o termo "*sprezzatura*", entendido como a menor parte de um todo: o *Libro del cortegiano*, de Baldassare Castiglione, publicado em Veneza, em 1528, pelos herdeiros de Aldo Manúcio.[1] Este capítulo é dedicado à dificuldade de traduzir esse termo. E diz respeito à análise em pequeníssima escala das histórias textuais interligadas: a da palavra.

---

1 *Il libro del cortegiano del conte Baldesar Castiglione* (Hassi nel privilegio, & nella gratia ottenuta dalla Illustrissima Signoria che in questa, ne in niun' altra Citta del suo dominio si possa imprimere, ne altrove impresso vendere questo libro del Cortegiano par X anni sotto le penne in esso contenute). O colofão informa: "In Venetia nelle case d'Aldo Romano & d'Andrea d'Asola suo suocero, nell'anno MDXXVIII del mese d'Aprile".

O verbo e a escrita

Apoiando-se nos trabalhos de Ghino Ghinassi,[2] Giorgio Patrizzi,[3] Carlo Ossola,[4] Peter Burke[5] e na imponente edição de Amedeo Quondam,[6] nosso estudo parte dos dois relatos sobre a publicação e a composição do *Libro del cortegiano* que introduzem a sua primeira edição. Na dedicatória a Miguel da Silva, bispo de Viseu (Portugal), que Castiglione conheceu durante uma estada em Roma, em 1513, quando era embaixador do duque de Urbino, ele apresenta um pretexto clássico: a necessidade de publicar o livro para se antecipar a uma publicação baseada num manuscrito não corrigido. Nesse caso, trata-se do manuscrito que Castiglione enviou à marquesa de Pescara, Vittoria dalla Colonna. Apesar da promessa da marquesa, o livro foi copiado e "encontrava-se em Nápoles, nas mãos de muita

2 Ghino Ghinassi, "Fasi dell'elaborazione del *Cortegiano*", *Studi di Filologia Italiana*, n.25, 1967, p.156-96; e *La seconda redazione del "Cortegia" di Baldassar Castiglione*, Florença: G. C. Sansoni, 1968.

3 Giorgio Patrizzi, "Il libro del cortegiano e la trattatistica sul comportamento", in Alberto Asor Rosa (org.), *Letteratura italiana*, v.3: *Le forme del testo, 2. La prosa*, Turim: Giulio Einaudi, 1984, p.855-90.

4 Carlo Ossola e Adriano Prosperi (orgs.), *La corte e il "cortegiano"*, v.1: *La scena del testo*, Roma: Bulzoni, 1980; e Carlo Ossola, *Dal "Cortegiano" all'"Uomo di mundo"*, Turim: Giulio Einaudi, 1987. Edição em francês: *Miroirs sans visage: du courtisan à l'homme de la rue*, trad. Nicole Sels, Paris: Seuil, 1997.

5 Peter Burke, *The Fortunes of the Courtier: The European Reception of Castiglione's Cortegiano*, Cambridge: Polity Press, 1995.

6 Baldassare Castiglione, *Il libro del cortegiano*, Roma: Bulzoni, 2016, 3 v.: v.1: *La prima edizione*; v.2: *Il manoscritto di tipografia (L)*; v.3: Amedeo Quondam, *L'autore (e i suoi copisti), l'editor, il tipografo: come il Cortegiano divenne libro a stampa*. Essa edição monumental dos diferentes estados do texto do *Cortegiano* foi precedida por Baldassare Castiglione, *Il libro del cortegiano*, introd. Amedeo Quondam, Milão: Garzanti, 1981, e Amedeo Quondam, *"Questo povero Cortegiano": Castiglione, il libro, la storia*, Roma: Bulzoni/ Centro Studi Europa Corti, 2000.

gente, e como os homens são sempre cobiçosos de novidade, imagi-
nava-se que essas pessoas poderiam tentar imprimi-lo".[7] Relendo
o livro em Madri, para onde o papa Clemente VII o enviara em
1525 como núncio apostólico, Castiglione sentiu uma profunda
melancolia: "desde a primeira página, logo que vi o título, senti
uma grande tristeza, que crescia muito à medida que eu avançava,
recordando-me que a maior parte daqueles que são introduzidos
nesses discursos já estavam mortos".[8] Como Giuliano de' Medici,
falecido em 1516; o cardeal Bernardo Dovizi da Bibbiena, falecido
em 1520; Ottaviano Fregoso, falecido em 1524; e, a perda mais cruel,
a duquesa de Urbino, Elisabetta Gonzaga. Portanto, a obra será um
memorial à duquesa e aos gentis-homens falecidos, "um retrato da
corte de Urbino",[9] frequentada por Castiglione a partir de 1504,
e ao mesmo tempo o vestígio de um mundo destruído: "por causa
das guerras e das ruínas que a Itália sofreu, ocorreram mudanças na
língua, nos edifícios, nos trajes e nos costumes".[10]

O mesmo sentimento de perda aparece na dedicatória que introduz o Livro I. Dirigida a Alfonso Ariosto, primo do poeta Ludovico
Ariosto e amigo de Castiglione, ela conta a história da composição

---

7   Id., *Le livre du courtisan*, apresentado e traduzido do italiano por Alain
    Pons a partir da versão de Gabriel Chappuys [1582], Paris: GF Flamma-
    rion, 1991, p.8 (1. ed., Paris: Gérard Lebovici, 1987); *Il libro del cortegiano*,
    v.1: *La prima edizione*, ed. Amedeo Quondam, Roma: Bulzoni, 2016, p.11:
    "si ritrovava in Napoli in mano di molti e, come sono gli homini sempre
    cupidi di novità, parea che quelli tali tentassero di farla imprimere".

8   Id., *Le livre du courtisan*, op. cit., p.8; *Il libro del cortegiano*, op. cit., p.11:
    "e subito nella prima fronte, admonito dal titulo, presi non mediocre triste-
    zza, la qual anchora nel passar più avanti molto si accrebbe, ricordandomi la
    maggior parte di coloro che sono introdutti nei ragionamenti esser già morti".

9   Id., *Le livre du courtisan*, op. cit., p.9; *Il libro del cortegiano*, op. cit., p.13:
    "un ritratto di pittura della corte di Urbino".

10 Id., *Le livre du courtisan*, op. cit., p.12; *Il libro del cortegiano*, op. cit., p.17:
    "per le guerre e ruine d'Italia si sono fatte le mutationi della lingua, degli
    edificii, degli habiti e costumi".

do texto e a série de intermediações que transformou as conversas na corte de Urbino em 1507 num livro publicado vinte anos depois.[11] Ausente de Urbino de setembro de 1506 a março de 1507 (quando foi embaixador do duque Guidubaldo da Montefeltro na Inglaterra), Castiglione recolheu e transcreveu as conversas: "ouvi-as pouco depois do meu retorno da boca de uma pessoa que mas contou fielmente, e esforçar-me-ei para contá-las com exatidão, tanto quanto a memória mo permitir".[12] Ele iniciou a tarefa pouco depois do seu retorno ou, como diz na dedicatória a Miguel da Silva, pouco tempo depois do falecimento do duque, ocorrido em 1508:

> Quando o senhor Guidubaldo da Montefeltro, duque de Urbino, passou desta para outra, permaneci, com alguns outros cavalheiros que o serviam, a serviço de Francesco Maria della Rovere, herdeiro e sucessor do duque no Estado; e como tinha ainda no espírito a memória intacta das virtudes do duque Guido, e da satisfação que senti naqueles anos na amável companhia de pessoas tão excelentes como aquelas que então se encontravam na Corte de Urbino, fui incitado por essa lembrança a escrever os livros do *Cortesão*; o que fiz em poucos dias.[13]

---

11 Amedeo Quondam, *La conversazione: un modello italiano*, Roma: Donzelli, 2007; e Peter Burke, *The Art of Conversation*, Cambridge: Polity Press, 1993.

12 Baldassare Castiglione, *Le livre du courtisan*, op. cit., p.19; *Il libro del cortegiano*, op. cit., p.23: "havendogli poco a presso il mio ritorno intesi da persona che fidelmente me gli narrò, sforzerommi a punto, per quanto la memoria mi comporterà, ricordarli".

13 Id., *Le livre du courtisan*, op. cit., p.1; *Il libro del cortegiano*, op. cit., p.11: "Quando il signor Guid'Ubaldo di Montefeltro, duca di Urbino, passò di questa vita, io, insieme con alcun'altri cavalieri che l'haveano servito, restai alli servitii del duca Francesco Maria della Rovere, herede e successor di quello nel stato. E come nell'animo mio era recente l'odor delle virtù del duca Guido e la satisfattione che io quegli anni haveva sentito

Amedeo Quondam adverte que a declaração não deve ser levada
ao pé da letra, pois Castiglione recompôs várias vezes o livro, como
comprovam os cinco manuscritos que mostram os estados sucessivos do texto e fazem da obra um caso excepcional, numa época em
que, em geral, não eram conservados nem os manuscritos do autor
nem as cópias usadas pelos tipógrafos.

O manuscrito autógrafo data de 1513 ou 1514. Foi redigido provavelmente a partir de fragmentos escritos antes de 1508 e estabelecido durante a estada de Castiglione em Roma, como embaixador do
novo duque de Urbino, Francesco Maria della Rovere. Cinco anos
após o falecimento do duque Guidubaldo, outras mortes podem ter
inspirado a redação das memórias. Castiglione as menciona na dedicatória do Livro IV: "Vêm-me à memória que pouco tempo depois
de ocorridas essas conversas, a morte inoportuna privou nossa casa de
três raríssimos gentis-homens"[14] (Gasparo Pallavicino, falecido em
1511; Cesare Gonzaga, falecido em 1512; e Roberto da Bari, falecido
em 1513).

Os três manuscritos, copiados entre 1514 e 1521 por escribas
profissionais, incluem as revisões do autor e as sugestões daqueles a
quem ele enviou o texto (Pietro Bembo, Jacopo Sadoleto e Alfonso
Ariosto).[15] Quando foi para Madri, Castiglione levou com ele a
cópia feita em Roma em maio de 1524, na qual incluiu a divisão do

---

della amorevole compagnia di cosi excellenti persone, come allhora si ritro-
varono nella corte di Urbino, fui stimulato da quella memoria a scrivere
questi libri del Cortegiano: il che io feci in pochi giorni".

14 Id., *Le livre du courtisan*, op. cit., p.323; *Il libro del cortegiano*, op. cit.,
p.381: "Tornami adunque a memoria che non molto tempo dapoi che
questi ragionamenti passarono, privò morte importuna la casa nostra di tre
rarissimi gentil'homini".

15 Amedeo Quondam, *"Questo povero cortegiano"*, op. cit., p.241-94: "'Senza
intorzo esenza sonno': il primo Cortegiano autografo, il nucleo genetico";
e *L'autore (e i suoi copisti), l'editor, il tipografo*, op. cit., p.50-5: "I cinque
testimoni manoscritti: nascita e metamorfosi di un libro".

Livro III em dois livros distintos. É esse manuscrito que ele envia a Veneza, aos herdeiros de Aldo Manúcio, para que o imprimam e se antecipem a uma eventual publicação da cópia enviada à marquesa de Pescara.[16] O texto da edição foi estabelecido por Giovan Francesco Valier, um amigo de Pietro Bembo, a partir desse quinto manuscrito.[17] Ele confirma certa "toscanização" da língua, como é usual nas edições italianas do século XVI, como mostrou Brian Richardon,[18] e também o respeito a certas formas não toscanas, corroborando a afirmação de Castiglione, nascido no marquesado de Mântua: "não creio que me devam censurar por preferir me apresentar como lombardo, falando lombardo, a não toscano, falando demasiado o toscano".[19]

As cartas de Castiglione a seu agente em Veneza, Cristoforo Tirabosco, comprovam que ele participou da edição. Numa carta datada de 9 de abril de 1527, Castiglione declara que devem ser impressos 1.030 exemplares do livro, e nenhum mais, e que ele custeará metade da edição, ou seja, quinhentos exemplares, assim como os trinta exemplares impressos em "papel real" que ele distribuirá com dedicatória. Tirabosco responde que o tipógrafo não está satisfeito com uma tiragem tão pequena e que não ficaria muito mais caro fazer uma tiragem de 2 mil exemplares.[20] Um bilhete de Giovanni

---

16 Id., *L'autore (e i suoi copisti), l'editor, il tipografo*, op. cit., p.67-73: "Il manoscritto a Vittoria Colonna".
17 Ibid., p.65-123: "Le mani di L.".
18 Brian Richardson, *Print Culture in Renaissance Italy: The Editor and the Vernacular Text, 1470-1600*, Cambridge: Cambridge University Press, 1994.
19 Baldassare Castiglione, *Le livre du courtisan*, op. cit., p.12-3; *Il libro del cortegiano*, op. cit., p.17: "né credo che mi si debba imputare per errore lo haver eletto di farmi più tosto conoscere per lombardo, parlando lombardo, che per non thoscano parlando troppo thoscano".
20 Essas duas cartas foram publicadas em Amedeo Quondam, *"Questo povero Cortegiano"*, op. cit., p.538-40. Cf. também ibid., p.75-7.

Battista Malatesta, embaixador dos Gonzaga em Veneza, escrito provavelmente em agosto de 1528, especifica que Castiglione teve de pagar papel para quinhentos exemplares para que a impressão pudesse começar.[21] A edição impressa apresenta-se como uma transcrição das conversas que ocorriam nas *soirées* do palácio de Urbino. Elas começavam após a ceia. Na ausência do duque, que sofria de gota, o colóquio é conduzido pelas damas da corte:

como de costume, todos iam aonde estava a senhora duquesa Elisabetta Gonzaga, e aonde se encontrava também a senhora Emilia Pia, que, tendo espírito e juízo muito vivos, como sabeis os senhores, parecia comandar todo mundo, de maneira que todos solicitavam sua opinião e julgamento.[22]

Esse comando feminino era exercido sobre o séquito de cortesãos na sala das vigílias, entre a sala do trono e os apartamentos privados do duque. Ali as conversas eram sem constrangimentos, ignoravam as formalidades que a desigualdade de classes impõe no cerimonial público: "cada um se sentava onde queria, ou como calhava, em círculo; e, sentados ali, intercalavam-se um homem e uma mulher,

---

21 Fabio Massimo Bertoli, "Nuovi documenti sull'edizione principe del *Cortegiano*", *Schifanoia*, n.13-4, 1992, p.133-44; Brian Richardson, *Printers, Writers, and Readers in Renaissance Italy*, Cambridge: Cambridge University Press, 1999, p.89-90; e Amedeo Quondam, *"Questo povero Cortegiano"*, op. cit., p.32-3.

22 Baldassare Castiglione, *Le livre du courtisan*, op. cit., p.23; *Il libro del cortegiano*, op. cit., p.27: "ogniuno per ordinario dove era la signora duchessa Elisabetta Gonzaga a quell' hora si riduceva. Dove anchor sempre si ritrovava la signora Emilia Pia, la qual per esser dottata di così vivo ingegno e giudicio, como sapete, pareva la maestra di tutti, e che ognuno da lei pigliasse senno e valore".

114   ROGER CHARTIER

tantas quantas fossem as mulheres, pois o número de homens era
quase sempre muito maior".[23]

Sprezzatura

A palavra "*sprezzatura*" aparece no Capítulo 26 (de acordo com
a divisão das edições modernas), na boca do conde Ludovico da
Canossa, encarregado desde o Capítulo 12 de "criar em palavras o
Cortesão perfeito, especificando todas as condições e qualidades
particulares que são necessárias àquele que merece tal nome".[24]
Antes, os cortesãos haviam sugerido outros temas possíveis para
a conversa: dizer qual virtude é louvável e qual defeito é execrável
na pessoa amada; adivinhar o que significa a letra S gravada na joia
que a duquesa usa na testa; dizer as razões e os descontentamentos
do menosprezo de amor. Todos esses assuntos galantes são trocados
pela sugestão de Federico Fregoso de falarem sobre a "*perfettion della
cortegiania*" ("a perfeição da cortesã"). O *Libro del cortegiano* não é
um tratado, um manual de civilidade ou uma instituição do príncipe,
mas a transcrição de um "desafio", no qual a contradição é a regra,
mas não compromete necessariamente a opinião de quem a emite,
e por intermédio do qual as ideias de Castiglione são disseminadas
entre os seus diferentes interlocutores. Portanto, a obra tem íntima
relação com a oralidade, não apenas pela transcrição dos supostos

23 Id., *Le livre du courtisan*, op. cit., p.26; *Il libro del cortegiano*, op. cit., p.31:
   "ognuno si poneva a sedere a piacer suo o, come la sorte portava, in cerchio,
   ed erano, sedendo divisi un homo ed una donna, finché donne v'erano, che
   quasi sempre il numero degli homini era molto maggiore".
24 Id., *Le livre du courtisan*, op. cit., p.34; *Il libro del cortegiano*, op. cit., p.41:
   "di formar con parole un perfetto cortegiano, esplicando tutte le conditioni
   e particular qualità che si richieggono a chi merita questo nome".

diálogos dos cortesãos de Urbino, mas sobretudo pela forma, que imita as hesitações, as contradições e as digressões da palavra viva.

Ao longo da conversa, Ludovico da Canossa pinta em palavras o retrato de um perfeito cortesão, ou melhor, do cortesão que seria o menos distante dessa perfeição impossível. Na dedicatória ao bispo de Viseu, Castiglione distingue essa pintura em palavras da perfeição platônica, da qual os gestos dos cortesãos certamente se aproximam mais do que as palavras:

> se não pude me aproximar pelo estilo da imagem desse Ideia, muito menos dificuldade terão os cortesãos para se aproximar por seus atos do fim e do cabo que lhes propus escrevendo, e se com tudo isso não podem alcançar a perfeição, seja qual for, que me esforcei para expressar, aquele que mais se aproximar dela será o mais perfeito.²⁵

Assim, há uma dupla tensão na obra. Embasada na epistemologia dominante no Renascimento²⁶ da equivalência entre imagem e discurso, falar e escrever, dizer e fazer, o livro só pode constatar as diferenças que privam os quadros feitos de palavras das cores e perspectivas dos quadros feitos pelos pintores, ou que atribuem mais perfeição às ações que são realizadas sem pensar do que aos discursos que as prescrevem. Por outro lado, embora escrita como relato de

25 Id., *Le livre du courtisan*, op. cit., p.13; *Il libro del cortegiano*, op. cit., p.19: "alla imagine della quale [la idea del perfetto cortegiano] s'io non potuto approssimarmi col stile, tanto minor fatica haveranno i cortegiani d'approssimarsi con l'opere al termine e meta ch'io col scrivere ho loro proposto. E se con tutto questo non potran conseguir quella perfettion, qual che ella si sia, ch'io mi son sforzato d'esprimere, colui che più se le avicinerà, sarà il più perfetto".

26 Fernando Bouza, *Comunicación, conocimiento y memoria en la España de los siglos XVI y XVII*, Salamanca: Publicaciones del Semyr, 1999; e *Palabra e imagen en la corte: cultura oral y visual de la nobleza en el Siglo de Oro*, Madri: Abada, 2003.

uma conversa em que cada interlocutor enuncia suas opiniões, questiona e contradiz, como exige o desafio, a obra estabelece uma firme identidade de autor na dedicatória, um "eu" que junta os fragmentos dispersos das falas dos cortesãos.

Nessas conversas, o retrato do perfeito cortesão é desenhado pelo entrelaçamento de regras e exemplos, proposições universais e casos particulares. Todas as qualidades que Ludovico da Canossa atribui ao perfeito cortesão, nas feições e na aparência física, na profissão das armas e nos exercícios do corpo, nos jogos e nos torneios, devem ser combinadas à graça. Interrompendo-o, Cesare Gonzaga constata:

> Se a memória não me falha, parece-me, senhor Conde, que esta noite repetistes várias vezes que o Cortesão deve realizar suas ações, seus gestos, seus modos, em suma, todos os seus movimentos, com graça. E parece-me que a considerais o tempero de todas as coisas, sem o qual todas as outras qualidades e disposições têm pouco valor.[27]

Donde a pergunta: como essa graça tão necessária, que em alguns é um dom dos deuses e da natureza desde o seu nascimento, pode ser adquirida por "aqueles que por natureza somente conseguem ser graciosos pelo trabalho, pela indústria e pela dedicação"?[28]
A imitação dos bons mestres é a resposta de Ludovico. Ele transfere a técnica livresca dos lugares-comuns para a observação da

---

27 Baldassare Castiglione, *Le livre du courtisan*, op. cit., p.51-2; *Il libro del cortegiano*, op. cit., p.61: "Se ben tengo a memoria, parmi, signor Conte, che voi questa sera più volte habbiate replicato che 'l cortegiano ha da compagnar l'operation sue, i gesti, gli habiti, insomma ogni suo movimento, con la gratia, e questo mi par che mettiate per un condimento d'ogni cosa, senza il quale tutte l'altre proprietà e bone conditioni siano di poco valore".

28 Id., *Le livre du courtisan*, op. cit., p.52; *Il libro del cortegiano*, op. cit., p.61: "quegli che da natura hanno tanto solamente che sono atti a poter esser aggratiati, aggiungendovi fatica, industria e studio".

conduta elegante e cita a metáfora da abelha, que faz o mel saqueando as flores: "E como a abelha nos campos verdejantes vai colhendo as flores no meio do capim, assim o nosso Cortesão deve colher e roubar essa graça daqueles que lhe pareçam possuí-la, e pegar de cada um o que nele é o mais louvável".[29] Mas existe o risco de uma imitação tão minuciosa que acaba pegando como modelo os defeitos naturais do outro, como fez certo cortesão "que se achava tão parecido com o rei Fernando de Aragão, o Jovem, que se dedicou a imitá-lo unicamente erguendo amiúde a cabeça e repuxando o canto da boca, o que era um costume que o rei adquirira em consequência de uma doença".[30] A imitação cega não produz a graça que deve acompanhar as ações e os modos do cortesão.

É necessária outra coisa, assim designada por Ludovico da Canossa:

> Refleti muitas vezes sobre a origem dessa graça, e, se deixarmos de lado os que a têm como mercê divina, penso que existe uma regra universalíssima, que me parece valer mais do que qualquer outra para todas as coisas humanas que se digam ou façam, que é que se deve evitar tanto quanto possível, como um escolho muito afiado e perigoso, a afetação, e para empregar talvez uma palavra nova, demonstrar em todas as coisas uma certa *sprezzatura*, que esconde a arte e mostra que o que se disse e fez foi sem fadiga e quase sem pensar.[31]

---

29 Id., *Le livre du courtisan*, op. cit., p.53-4; *Il libro del cortegiano*, op. cit., p.63: "E come la pecchia ne' verdi prati sempre tra l'herbe va carpendo i fiori, così il nostro cortegiano haverà da rubare questa gratia da que' che a lui parerà che la tenghino e da ciascun quella parte che più sarà laudevole".

30 Id., *Le livre du courtisan*, op. cit., p.54; *Il libro del cortegiano* op. cit., p.65: "che si pensava esser molto simile al re Ferrando Minore d'Aragona, né in altro havea posto cura d'imitarlo che nel spesso alzar il capo torzendo una parte della bocca, il qual costume il Re havea contratto cosà da infirmità".

31 Id., *Le livre du courtisan*, op. cit., p.54 ["J'ai souvent réfléchi sur l'origine de cette grâce, et, si on laisse de côté ceux qui la tiennent de la faveur du

Evitar a afetação de uma imitação sem discernimento e demonstrar "*sprezzatura*" é a condição para se adquirir a graça que não se
recebeu pelo nascimento.[32]
A "*sprezzatura*" deve fazer parecer natural o que é resultado
de muita dedicação, disciplina e arte dissimulada. Se o esforço
for visível e não houver naturalidade, o efeito é o contrário do
desejado, produzindo não a graciosidade, mas muita desgraciosidade, não a admiração dos outros, mas pouca estima: "ao contrário,

---

ciel, je trouve qu'il y a une règle très universelle, qui me semble valoir plus
que tout autre sur ce point pour toutes les choses humaines que l'on fait
ou que l'on dit, c'est qu'il faut fuir autant qu'il est possible, comme un
écueil très acéré et dangereux, l'affectation, et pour employer peut-être un
mot nouveau, faire preuve en toutes choses d'une certaine *sprezzatura*, qui
cache l'art et qui montre que ce que l'on a fait et dit est venu sans peine et
presque sans y penser"]; *Il libro del cortegiano*, op. cit., p.65: "Ma havendo
io già più volte pensato meco onde nasca questa gratia, lasciando quegli che
dalle stelle l'hanno, trovo una regula universalissima, la qual mi par valer
circa questo, in tutte le cose humane che si facciano o dicano, più che alcuna
altra. E cioè, fuggir quanto più si pò, e come un asperissimo e pericoloso
scoglio, la affettatione e, per dir forse una nova parola, usar in ogni cosa una
certa sprezzatura che nasconda l'arte e dimostri ciò che si fa e dice venir
fatto senza fatica e quasi senza pensarvi". Alain Pons traduz "*sprezzatura*"
par "*désinvolture*", mas preferimos manter o termo original na citação. Cf.
também Alain Pons, "*Sprezzatura*", in Barbara Cassin (org.), *Vocabulaire
européen des philosophies: dictionnaire des intraduisibles*, Paris: Seuil, 2004,
p.1209-10.

32 Roberto Mercuri, "Sprezzatura e affettazione nel *Cortegiano*", in Walter
Binni et al. (orgs.), *Letteratura e critica: studi in onore di Natalino Sapegno*,
Roma: Bulzoni, 1975, v.2, p.227-74; Eduardo Saccone, "Grazia, sprezza-
tura, affettazione in the *Courtier*", in Robert W. Hanning e David Rosand
(orgs.), *Castiglione: The Ideal and the Real in Renaissance Culture*, New
Haven/ Londres: Yale University Press, 1983, p.45-67; Maria Teresa
Ricci, "La grâce et la *sprezzatura* chez Baldassare Castiglione", *Bibliothèque
d'Humanisme et Renaissance*, v.65, n.2, 2003, p.233-48; e Jennifer Richards,
"Assumed Simplicity and the Critique of Nobility. Or, How Castiglione
Read Cicero", *Renaissance Quarterly*, v.54, n.2, 2001, p.460-86.

esforçar-se e, como se diz, puxar pelos cabelos resulta em muita desgraciosidade, e faz que uma coisa, por mais grandeza que tenha, não mereça apreço".[33] Para designar esse embelezamento que gera graça, Castiglione escolheu uma palavra que, acrescentando um prefixo de privação ao verbo "*prezzare*", significa não dar valor ou importância ao que é feito ou dito "sem fatiga e quase sem pensar".

O *Vocabolario degli Accademici della Crusca* não registra a palavra "*sprezzatura*" em 1612, mas indica que "*sprezzare*" ou "*disprezzare*" é o contrário de "*pregiare*" ou "*prezzare*", que significa "*apprezzare*", apreciar, dar valor. Um sinônimo de "*sprezzare*" é "*vilipendere*", isto é, não estimar, não levar em conta.[34] No verbete "*grazia*", o dicionário registra os dois sentidos da palavra dados por Castiglione: "graça" é a beleza que induz prazer ou amor em outrem, e também o privilégio que se concede àquele que é gracioso.[35]

A hábil dissimulação do saber pelos oradores antigos ou, ao contrário, a artificialidade de *messire* Pier Paolo, que contava os passos enquanto dançava, ilustram a diferença entre a afetação e a "*sprezzatura*" ou "*sprezzata desinvoltura*" (termo não registrado no *Vocabolario* de 1612):

33 Baldassare Castiglione, *Le livre du courtisan*, op. cit., p.54-5; *Il libro del cortegiano*, op. cit., p.65: "per lo contrario, il sforzare e (como si dice) tirar per i capegli dà somma disgratia e fa estimar poco ogni cosa, per grande ch'ella si sia".

34 *Vocabolario degli Accademici della Crusca*, Veneza, 1612; disponível em: <vocabolario.sns.it>. "Sprezzare. Disprezzare. Lat. *spernere, despicari*" (o exemplo de uso é um soneto de Petrarca: "Che 'l moi cor lasso, ogni oltra vista sprezza") e "Vilipendere. Sprezzare, non fare stima, non tener conto. Lat. *nihilpendere, spernere*".

35 Id.: "Grazia. Belleza di che sia, e avvenentezza d'operare, che alletta, e rapisce altrui ad amore. L. *venustas*", e: "Per amore, e benevolenza del superiore inverso l'inferiore, favore. L. *gratia, favor*".

Que olhos são tão cegos que não veem nesse personagem a desgraciosidade da afetação, e em muitos homens e mulheres aqui presentes a *"sprezzata"* desenvoltura (pois nos movimentos do corpo é assim que se chama) que se manifesta por uma palavra, um sorriso, um gesto, e mostra que não se dá importância ao que se está fazendo e que se está pensando em outra coisa, para persuadir quem olha que não se poderia ou não se saberia errar.[36]

Dissimulando a arte para tornar o natural verossímil, a *"sprezzatura"* é o instrumento fundamental da persuasão cortesã.

Mas a *"sprezzatura"* corre sempre o risco de se transformar no seu contrário: a afetação. É o que diz o conde Ludovico a respeito de outro dançarino, *messer* Roberto:

Não percebeis que o que chamais de *"sprezzatura"* em mestre Roberto é afetação genuína? Pois vê-se claramente que ele se esforça com todo o zelo possível para mostrar que não pensa no que faz, e isso é pensar em demasia. E porque ultrapassa os limites do comedimento,

---

36 Baldassare Castiglione, *Le livre du courtisan*, op. cit., p.55 ["Quel œil est si aveugle qu'il ne voie chez ce personnage la disgrâce de l'affectation, et chez beaucoup d'hommes et de femmes qui sont ici présents, la 'sprezzata' désinvolture (car dans les mouvements du corps on l'appelle volontiers ainsi), qui s'exprime par un mot, par un rire, par un geste, et qui montre que l'on n'attache pas d'importance à ce que l'on fait et que l'on pense à tout autre chose, pour faire croire à celui qui regarde que l'on ne saurait ni ne pourrait se tromper"]; *Il libro del cortegiano*, op. cit., p.65: "Qual occhio è cosi cieco che non vegga in questo la disgratia della affettatione, e la gratia in molti homini e donne che sono qui presenti di quella sprezzata desinvoltura (ché nei movimenti del corpo molti cosè la chiamano), con un parlar o ridere o adattarsi, mostrando non estimar e pensar più ad ogni altra cosa che a quello, per far credere a chi vede quasi di non saper né poter errare". Alain Pons traduz *"sprezzata desinvoltura"* por *"désinvolture nonchalante"*.

essa *"sprezzatura"* é afetada e grosseira, o que dá um resultado contrário ao que se buscava, ou seja, dissimular a arte.[37]

A palavra *"affettazione"* não é definida no *Vocabolario della Crusca*, mas aparece em vários verbetes como sinônimo de artifício (*"Affettatamente"*), atenção excessiva (*"Compilare"*) ou cuidado efeminado (*"Lezia"*).[38] Para evitar o risco da afetação, deve-se buscar o comedimento, a *"mediocritas"* e o *"modus"* dos antigos, ou a *"mezzanitade"* do *Vocabolario* de 1612,[39] que repele a ostentação, o excesso, a aplicação. A lição vale para os exercícios do corpo e os modos na corte, para a música e a pintura. A *"sprezzatura"* deve acompanhar toda e qualquer ação humana, pois, conclui o conde:

---

37 Baldassare Castiglione, *Le livre du courtisan*, op. cit., p.56; *Il libro del cortegiano*, op. cit., p.67 ["Ne vous apercevez-vous pas que ce que vous appelez chez Messire Roberto de la 'sprezzatura' est de la véritable affectation? Car on voit clairement qu'il s'efforce avec tout le soin possible de montrer qu'il ne pense pas à ce qu'il fait, et cela est y penser trop. Et parce qu'elle dépasse les limites du juste milieu, cette 'sprezzatura' est affectée et malséante, ce qui donne un résultat contraire à celui qui était recherché, à savoir cacher l'art"]: "Non v'accorgete che questo che voi in messer Roberto chiamate sprezzatura, è vera affettatione? Perché chiaramente si conosce che esso si sforza con ogni studio mostrar di non pensarvi, e questo è il pensarvi troppo, e perché passa certi termini di mediocrità, quella sprezzatura è affettata e sta male, ed è una cosa che a punto riescie al contrario del suo proposito, cioè di nasconder l'arte".

38 *Vocabolario degli Accademici della Crusca*, op. cit.: "Affettatamente. Con grande ansetá. L'usiamo anche nel secondo significato, cioè con affettazione, che vale con soverchio artificio, e squisitezza", "Compilare. Diremmo anche il far che che sia con troppa diligenza, e affettazione", e "Lezia. Costume, e modo pieno di mollezza, e d'affettazione, usato da donne, per parer graziose, o da fanciulli, usi a esser troppo vezzeggigiati".

39 Id.: "Mezzanitade. Mediocrità, che è il mezzo tra 'l poco, e 'l troppo. Lat. *mediocritas, modus*".

essa virtude, além de verdadeira fonte donde jorra a graça, comporta ainda outro atavio que, acompanhando toda e qualquer ação
humana, por menor que seja, não apenas revela num pronto o
saber daquele que a executa, como também o faz muito maior do
que é em realidade; pois imprime no coração dos assistentes a opinião de que aquele que tão facilmente faz bem sabe muito mais do
que faz, e se pusesse empenho e cuidado no que faz, poderia fazê-lo
muito melhor.[40]

A graça revelada pela *"sprezzatura"* dos modos é uma máquina
de produzir efeitos, um dispositivo que impõe ou "imprime" no
espírito de quem observa como espectador a realidade de uma
representação.

Após uma longa digressão sobre a questão da língua, interrompida por Emilia, que começa a achar a conversa tediosa, o
colóquio volta ao contraste entre a graça extrema da simplicidade
e a *"pestifera affettatione"* ("a pestífera afetação").[41] A oposição se
desloca para o excessivo desejo das mulheres de serem belas, para
as qualidades do espírito que evitam os raciocínios pedantes, e para a
querela, introduzida por Pietro Bembo, entre as armas e as letras.
Nesse ponto, a conversa é interrompida pela chegada do prefeito
de Roma, Francesco Maria della Rovere, ficando em suspenso a

---

40 Baldassare Castiglione, *Le livre du courtisan*, op. cit., p.58; *Il libro del cortegiano*, op. cit., p.69: "oltra che ella sia il vero fonte donde deriva la gratia,
porta anchor seco un altro ornamento, il quale accompagnando qualsivo-
glia actione humana, per minima che ella sia, non solamente subito scopre
il saper di chi la fa, ma spesso lo fa estimar molto maggior di quello che è in
effetto. Perché negli animi de li circunstanti imprime opinione, che chi così
facilmente fa bene, sappia molto più di quello che fa, e se in quello che fa
ponesse studio e fatica, potesse farlo molto meglio".

41 Baldassare Castiglione, *Le livre du courtisan*, op. cit., p.78; *Il libro del cortegiano*, op. cit., p.93.

pergunta de Giuliano de' Medici, o Magnífico, sobre a maneira como o cortesão deve aproveitar suas qualidades. Federico Fregoso se encarrega da resposta:

> Propusestes o desafio do Cortesão, é pois razoável que vos caiba dizer uma parte, e isso satisfará a demanda do senhor Magnífico, revelando de que maneira e em que momento o cortesão deve se servir das boas qualidades que possui, e praticar o que, segundo o conde, lhe convém saber".[42]

Sendo já tarde da noite, a resposta é adiada para o dia seguinte. Depois de as damas dançarem *"con estrema grazia"*, "a senhora duquesa se levantou; e assim todos, despedindo-se com uma reverência, foram dormir".[43]

Um *"best-seller"*

O *Libro del cortegiano* fez sucesso imediato e duradouro. Imediato: entre 1528 e 1533, onze edições vieram a lume em Veneza, Florença e Parma, ou seja, cerca de 15 mil exemplares. Duradouro: 59 edições foram impressas na Itália entre 1528 e 1599, das quais 48 em Veneza pelas tipografias de Aldo Manúcio e Giolito de' Ferrari.

---

42 Id., *Le livre du courtisan*, op. cit., p.100; *Il libro del cortegiano*, op. cit., p.121: "Voi proponeste il gioco del cortegiano, però è anchor ragionevole che a voi tocchi il dirne una parte, e questo sarà il satisfare alla domanda del signor Magnifico, dechiarando in qual modo e maniera e tempo il cortegiano debba usar le sue bone conditioni ed operar quelle cose che 'l Conte ha detto che se gli convien sapere".

43 Id., *Le livre du courtisan*, op. cit., p.101; *Il libro del cortegiano*, op. cit., p.121: "la signora Duchessa si levò in piedi, e così ognuno reverentemente presa licentia, se ne andarono a dormire".

O status e os usos do texto de Castiglione foram profundamente alterados pelas transmutações das formas e do conteúdo das edições. Os exemplares de cinco edições italianas do século XVI, conservados na Rare Book Collection da biblioteca da Universidade da Pensilvânia, nos permitem acompanhar essas transmutações.

Em 1541 a terceira edição aldina é publicada em Veneza.[44] Em relação à edição *princeps*, três mudanças são patentes: o formato in-oitavo substitui o formato in-fólio; o texto é composto em caracteres itálicos, e não mais em romanos; e é apresentado como "reimpresso e corrigido com grande rigor", o que pode indicar tanto um argumento propagandístico para convencer o leitor a comprar a nova edição como uma "toscanização" mais profunda do texto.[45]

Em 1546, a edição de Giolito de' Ferrari recupera uma inovação introduzida por ele próprio em 1541, a saber, um sumário antes do texto, seguindo o fio das conversas. *Il cortegiano* é apresentado com o "sumário novamente incluído".[46] A inclusão do sumário possibilita a leitura temática do livro, o que, para alguns leitores, ou algumas leituras, separa o texto do encadeamento da conversa. Mas se a edição de 1541 foi impressa no pequeno formato in-doze, a de 1546, assim como as de 1543 e 1544, é impressa em formato in-oitavo. Giolito de' Ferrari volta ao formato in-doze nas edições de 1549 e 1551, o que indica claramente o caráter portátil do livro, que podia ser transportado pelo leitor durante uma viagem ou um passeio.

De sua parte, a edição aldina de 1547 destaca três argumentos para a compra, apresentados no contexto de uma competição feroz

44 Id., *Il libro del cortegiano del Conte Baldesar Castiglione* (Nuovamente stampato, et con somma diligenza revisto), Veneza: Aldus, 1541.

45 Paolo Trovato, *Con ogni diligenza corretto: la stampa e le revisioni editoriali dei testi letterari italiani (1470-1570)*, Bologna: Il Mulino, 1991.

46 *Il cortegiano del Conte Baldasssare Castiglione* (Nuovamente stampato e con somma diligentia revisto con la sua tavola di nuovo aggiunta), Veneza: Gabriel Giolito de Ferrari, 1546.

entre os editores.[47] Primeiro, declara que o livro foi publicado "a partir do original escrito de próprio punho pelo autor". O argumento
foi usado na segunda edição aldina, publicada em 1533: uma nota
aos leitores informa que o texto foi revisado "segundo o exemplar
escrito de próprio punho pelo autor".[48] Repetida quinze anos depois,
a menção ao próprio punho do autor, pouco frequente na época, só
podia ser invenção, porque todos os manuscritos do *Cortegiano* que
circularam (salvo o primeiro, que permanecera incompleto) eram
cópias estabelecidas por escribas profissionais, inclusive o manuscrito usado para a primeira edição aldina. Entretanto, o argumento
talvez tivesse apelo entre os leitores que conheciam alguma coisa da
complicada história do texto. Além do mais, essa edição aldina usa a
inovação de Giolito de' Ferrari, pois apresenta um "sumário de todas
as coisas dignas de comentário". Esse novo sumário, localizado no
fim do livro, é organizado em ordem alfabética de nomes e temas, e
não mais de acordo com a ordem das conversas. Por último, a edição
de 1547 acrescenta outro instrumento de leitura ou memorização do
texto, a saber, "uma breve recapitulação de todas as qualidades que
se procuram no perfeito Cortesão, e na dama de Palácio".

A página de rosto da edição de 1556 de Giolito de' Ferrari (que
não faz parte das coleções da Universidade de Pensilvânia, mas está
na Folger Library, em Washington) informa que o texto foi "cuidadosamente revisado por Lodovico Dolce, respeitando o exemplar do

---

47 *Il libro del cortegiano del Conte Baldesar Castiglione* (Di nuovo rincontrato con l'originale scritto di mano de l'auttore: con la tavola di tutte le
    cose degne di notitia: et di piu, con una brieve raccolta de le conditioni,
    che se ricercano à perfetto Cortegiano, & à donna di Palazzo), Veneza:
    Aldii Filii, 1547.

48 *Il libro del cortegiano del Conte Baldasar Castiglione*, Veneza: Casa delli
    Heredi d'Aldo Romano e d'Andrea d'Asola suo suocero, 1533, Francesco
    Asolano alle Gentili Donne, fol. aii r°: "secondo l'esemplare iscritto di
    mano propia d'esso Autore".

126   ROGER CHARTIER

próprio autor".[49] Aqui, o editor tenta tirar proveito do prestígio de
Lodovico Dolce, um dos revisores e editores (no sentido de "copy
editor") mais famosos da época,[50] apelando ao mesmo tempo para a
suposta autoridade de Castiglione.

A edição publicada por Comin da Trino em 1573, em Veneza,
apresenta dois dispositivos originais[51]. O primeiro, recuperando
uma inovação de Giolito de' Ferrari datada de 1556, são as notas
marginais para indicar, como exige a técnica dos lugares-comuns,
os temas ou sumários de certas passagens e fornecer esclarecimentos
editoriais. Assim, para facilitar, a impressão incorporava o hábito
dos leitores de fazer anotações em seus exemplares.[52] O segundo
dispositivo é a inclusão na edição de 1573 de uma "Vita del conte
Baldassar Castiglione, scritta da monsig. Paulo Giovio, vescovo di
Nocera". Essa "vida de Castiglione" é uma das vidas escritas por
Paolo Giovio para um livro publicado em latim em 1546, em Veneza,

49 Il libro del Cortegiano del Conte Baldessar Castiglione (Nuovamente con
    diligenza revisto per M. Lodovico Dolce, secondo l'esemplare del proprio
    auttore, e nel margine apostillato: con la Tavola), Veneza: Gabriel Giolito
    de' Ferrari, 1556.
50 Sobre Lodovico Dolce, cf. Brian Richardson, Print Culture in Renaissance
    Italy, op. cit., passim, e Lodovica Braida, "L'antologia epistolare curata da
    Lodovico Dolce: plagio e sopravvivenze eterodosse", in Grado Giovanni
    Merlo (org.), Libri, e altro: nel passato e nel presente, Milão: Università
    degli Studi di Milano/ Fondazione Arnoldo e Alberto Mondadori, 2006,
    p.135-50. O nome de Dolce encontra-se na página de rosto de uma reedi-
    ção de Giolito de' Ferrari publicada em Veneza, em 1559, e numa edição do
    texto italiano publicado por Guillaume Rouillé em Lyon, em 1562.
51 Il cortegiano del Conte Baldessar Castiglione, Veneza: Comin da Trino,
    1573.
52 Um exemplo são as anotações em italiano e latim de Henry Howard, conde
    de Northampton, em seu exemplar da edição aldina de 1541, conservada na
    John Rylands Library, em Manchester. Nas margens, encontramos como
    rubricas "affectatione" e "sprezzatura" (Rylands Castiglione R 220959 tp).

e traduzido para o vernáculo em 1552.[53] Paolo Giovio reuniu nesse livro biografias de homens ilustres, príncipes, guerreiros e artistas. A nota dedicada a Castiglione é breve. Dá destaque à posição ambígua de Castiglione entre o papa e o imperador após o saque de Roma em 1527, o que impediu sua nomeação para bispo de Ávila. Giovio elogia Castiglione como grande poeta por seus versos em italiano e, apesar de não mencionar o título da obra de 1528, informa que ele escreveu um livro no qual faz o retrato do perfeito soldado e cidadão, bem como da perfeita dama da nobreza. Como todas as biografias escritas antes do século XVIII, vida e obra não são entrelaçadas, mas justapostas.

Bernardo Marliani segue esse mesmo modelo em "Vita de Castiglione", publicada na edição do *Cortegiano* de Bernardo Basa em 1584, em Veneza.[54] A biografia, muito mais encorpada, traça a genealogia da família dos Castiglione e afirma a fidelidade de Baldassare ao papa. O *Libro del cortegiano* não é incluído na trama da vida militar e diplomática de Castiglione, mas permite ao biógrafo declarar que, por rejeitar a ostentação e a afetação, o autor encarnou perfeitamente as qualidades do cortesão que ele próprio pinta em sua obra.

Essa edição de 1584 informa no título que o livro foi "revisado por Antonio Ciccarelli da Fuligni". Nesse caso, não se trata somente de uma revisão filológica (ou propagandística), mas de uma resposta a uma decisão do mestre do Palácio Sagrado que autorizava o livro, mas exigia que fosse suprimido das edições publicadas em Roma o exaltado elogio de amor de Pietro Bembo, ao fim do Livro IV. O filho de Castiglione, Camillo, antecipa-se a essa possível censura e

---

53 Paolo Giovio, *Elogia veris clarorum virorum*, Veneza: Michele Tramezzino, 1546; e *Le iscrittioni poste sotto le vere imagini degli huomini famosi*, Florença: Torrentino, 1552.

54 *Il libro del cortegiano del Conte Baldasssare Casiglione* (Riveduto, & corretto da Antonio Ciccarelli da Fuligni), Veneza: Bernardo Basa, 1584.

pede ao jesuíta Antonio Ciccarelli da Fuligni que revise cuidadosamente o texto. O que ele faz, secularizando os personagens eclesiásticos que aparecem em certas anedotas ou facécias, suprimindo a palavra *"fortuna"*, alvo constante dos censores romanos, e emendando o hino neoplatônico de Bembo.[55]

Desprecio

Seguindo a publicação das onze edições em italiano, a primeira tradução do *Libro del cortegiano* foi em espanhol, impressa em 1534 por Pedro Mompezat, em Barcelona.[56] A página de rosto e o privilégio imperial, concedido por dez anos em 20 de dezembro de 1533, dão o nome do tradutor da obra: Juan Boscán, *"criado de nuestra casa"*.[57] Poeta a serviço de Fernando de Aragão e depois de Carlos V, Boscán faz um relato da tradução e da publicação do livro na dedicatória à *"muy Magnífica Señora Doña Gerónima Palova de Almogávar"*, esposa de um de seus primos irmãos.[58] A obra de

---

55 Brian Richardson, *Print Culture in Renaissance Italy*, op. cit., p.142-3.

56 *Los quatro libros del cortesano* (Compuestos en ytaliano por el conde Baltasar Castellon agora nuevamente traduzidos en lengua Castellana por Boscán), Barcelona: Pedro Mompezat, 1534. Disponível no site da Biblioteca Digital Hispánica: <bdh-rd.bne.es>.

57 Ibid., fol. I rº: "por parte de vos Pedro Mompezat nos avido hecha relacion que Joan Boscan criado de nuestra casa ha traduzido de toscano en romançe castellano un libro intitulado el cortesano".

58 Citamos o texto da edição moderna: Baldassare Castiglione, *El cortesano*, pref. Angel Crespo Pérez, trad. Juan Boscán, Madri: Alianza, 2008, p.35-8. Sobre as cartas dedicatórias do *Cortesano*, cf. Pina Rosa Piras, "Las epístolas dedicatorias de Boscán y Garcilaso en el *Cortesano*: parámetros del reconocimiento de una identidad", in Christoph Strosetzki (org.), *Actas del V Congreso de la Asociación International Siglo de Oro (Münster, 1999)*, Madri/ Frankfurt-sur-le-Main, Iberoamericana/ Vervuert, 2001, p.1026-37.

Castiglione foi apresentada a ele por um amigo, o poeta Garcilaso de la Vega, que em 1533 estava retornando a Barcelona após servir ao vice-rei de Nápoles. Apesar da relutância em traduzir de uma língua vulgar para outra ("Sempre opinei que era inútil e baixo, e típico de homens pouco letrados, traduzir livros de uma língua vulgar para outra"),[59] Boscán cedeu aos argumentos de dona Gerónima Palova de Almogávar, que desejava ler um livro cuja matéria era "tão proveitosa e elegante, mas também necessária",[60] pois fazia o retrato de um "cortesano perfeto", e também de uma "perfeta dama".

Mais fundamentalmente, porém, a decisão de Boscán foi inspirada pela vontade de introduzir a poética e a civilidade italianas na Espanha (e na língua castelhana), mas também pelo projeto de uma "translatio studii" da Itália para a Espanha, acompanhando a "translatio imperii" executada por seu mestre, o imperador Carlos V.[61] O projeto reunia Boscán e Garcilaso de la Vega, como atesta dez anos mais tarde a junção das obras de ambos em volumes apresentados com o nome de um ou de outro.[62] Numa segunda dedicatória à dona Gerónima Palova de Almogávar, Garcilaso de la Vega elogia a tradução do amigo.[63] Como ele, considera que traduzir de uma língua vulgar para outra, "talvez tão boa", não é "romanzar", isto é, traduzir os textos latinos e, portanto, corrompê-los.[64] Boscán foi "um tradutor

---

Ibid., p.35: "Era una opinión que siempre tuve de parecerme vanidad baxa y de hombres de pocas letras andar romanzando libros".

Id.: "la materia de que se trata no solamente provechosa y de mucho gusto, pero necesaria".

Keith David Howard, "Translatio Studii in Joan Boscán's Cortesano and Charles V's Performance of Sprezzatura", Comitatus: A Journal of Medieval and Renaissance Studies, v.40, 2009, p.153-76.

Las obras de Boscán y algunas de Garcilasso de la Vega (repartidas en quatro libros), Barcelona: Carles Amorós, 1543, ou Las obras de Garcilaso de la Vega, Antuérpia: Martín Nucio, 1544.

Baldassare Castiglione, El cortesano, op. cit., p.39-42.

Ibid., dedicatória de Boscán, p.35.

muito fiel", não porque respeitou servilmente o texto de Castiglione, mas porque soube transmitir a verdade dos enunciados: "ele não se prendeu rigorosamente à letra, como fazem alguns, mas às verdades das sentenças".[65] Aplicou à tradução a regra universal proposta por Castiglione, pois soube *"huir de afetación"* ("fugir da afetação")[66] e operar uma outra *"translatio"*, isto é, a que substitui o italiano pelo castelhano, dando a impressão de que o livro foi escrito em espanhol: "Boscán demonstrou tanta engenhosidade que, cada vez que leio o livro, me parece que ele foi escrito nesta língua".[67]

Quando Boscán chega à passagem que opõe *"affettazione"* e *"sprezzatura"*, a dificuldade que ele encontra não é a que se espera:

> Há uma regra generalíssima, que penso que mais do que nenhuma outra é proveitosa para todas as coisas humanas que se digam ou façam; e é evitar tanto quanto possível o vício que os latinos chamam de afetação; nós, embora nos falte uma palavra própria para isso, podemos chamá-la curiosidade ou diligência em demasia e desejo de parecer melhor que todos. Esse defeito é aquele que costuma ser odioso a toda gente, o qual devemos evitar com todas as nossas forças, empregando em todas as coisas um certo desprezo ou descuido, com o qual se dissimule a arte e se mostre que tudo o que se diz e se faz vem de si mesmo sem fatiga e quase sem pensar.[68]

---

65 Ibid., dedicatória de Garcilaso de la Vega, p.40: "No se ató al rigor de la letra, como hacen algunos, sino a la verdad de las sentencias".

66 Id.: "Guardó una cosa en la lengua castellana que muy pocos han alcanzado, que fue huir de la afetación".

67 Id.: "Diose Boscán en esto tan buena maña, que cada vez que me pongo a leer este su libro, no me parece que le hay escrito en otra lengua".

68 *Los quatro libros del Cortesano*, op. cit., 1534, fol. xxvii rº; e Baldassare Castiglione, *El cortesano*, op. cit., p.97: "Hallo una regla generalísima, la cual pienso que más que otra ninguna aprovecha acerca desto en todas las cosas humanas que se hagan o se digan; y es huir cuanto sea posible el vicio que de los latinos es llamado afetación; nosotros, aunque en esto no tenemos

Boscán traduz "*sprezzatura*" por "*un cierto desprecio, o descuido*", sem nenhuma dificuldade e sem necessidade de dizer que se trata de uma "*nova parola*". A operação semântica é a mesma do italiano: dar um valor positivo de naturalidade, desprendimento, a uma palavra que carrega em geral um sentido negativo. No *Tesoro de la lengua castellana o española* de Covarrubias (1611), "*despreciar*" é o contrário de "*preciar*" ("estimar") e significa considerar insignificante, desprezar, e "*descuido*" é o contrário de "*cuidado*" e indica desatenção, negligência, falta de cuidado.[69] Para Covarrubias, o "*descuidado*" é "aquele que não presta atenção a algo que lhe acontece de repente".[70] Em 1570, o *Vocabulario de las dos lenguas toscana y castellana* de Cristóbal de las Casas registrava a equivalência proposta por Boscán (mas não "*sprezzatura*"): traduz "*sprezzare*" por "*despreciar*", "*sprezzamento*" por "*desprecio*", "*sprezzato*" por "*despreciado*".[71] A palavra que cria problema para Boscán não é "*sprezzatura*", portanto, mas "*affettazione*". Para ele, diferentemente de Garcilaso,

vocablo proprio, podremos llamarle curiosidad o demasiada diligencia y codicia de parecer mejor que todos. Esta tacha es aquella que suele ser odiosa a todo el mundo, de la cual nos hemos de guardar con todas nuestras fuerzas, usando en toda cosa un cierto desprecio o descuido, con el cual se encubra el arte y se muestre que todo lo que se hace y se dice, se viene hecho de suyo sin fatiga y casi sin habello pensado". Aqui traduzimos a tradução de Boscán.

69 Sebastián de Covarrubias Orozco, *Tesoro de la lengua castellana o española* [1611], ed. Felipe C. R. Maldonado, rev. Manuel Camarero, Madri: Castalia, 1995, p.419: "*Desprecio*, tener en poco", e p.412: "*Descuido*, el olvido y poco cuidado".

70 Ibid., p.412: "*Descuidar*, perder cuidado. *Descuidado*, el que no cuida de alguna cosa que le sobreviene de repente".

71 Cristóbal de las Casas, *Vocabulario de las dos lenguas toscana y castellana*, Sevilha: Francisco de Aguilar, 1570. O livro foi reeditado em Veneza por Matteo Valentino em 1608, "accresciuto di nuovo da Camillo Camilli di molti vocaboli, che non erano nell'altre impressioni". Citamos o dicionário de acordo com essa edição.

que emprega a palavra sem hesitar, *"affetación"*" é uma palavra latina e o castelhano não possui uma palavra específica para designar esse defeito. Por isso ele recorre a uma série de palavras equivalentes: *"podremos llamarle curiosidad, o demasiada diligencia y codicia de parecer mejor que todos"*. *"Curiosidad"*, como atesta Covarrubias, é um termo ambivalente, que designa tanto a vontade legítima de conhecimento, a atenção especial que se dá a uma coisa, e o desejo presunçoso, excessivo, insistente e irritante de conhecer os segredos dos homens.[72] Boscán emprega a palavra em sentido negativo, como faz no caso de *"diligencia"*, que significa cuidado e presteza, mas tem sentido inverso quando é excessiva: *"demasiada diligencia"*.[73] Encontramos o mesmo descomedimento em *"codicia"*, que corresponde à palavra latina *"cupiditas"*, entendida como desejo obstinado, sem limites; mas, como observa o *Tesoro*, às vezes pode ter um sentido positivo: "Às vezes se toma *codicia* em sentido positivo, como se diz da mulher trabalhadeira e laboriosa".[74] Boscán faz com a tradução de *"affettazione"* o inverso do que fez com *"sprezzatura"*: dá sentido negativo a palavras que são ou positivas (*"diligencia"*) ou ambivalentes (*"curiosidad"*, *"codicia"*). Em 1611, Covarrubias introduz *"afectación"* no léxico castelhano com o sentido "castiglioniano" de "cuidado excepcional e diligência excessiva que se têm com as palavras, ou com os adornos, ou com qualquer outra coisa".

---

72 Sebastián de Covarrubias Orozco, *Tesoro de la lengua castellana o española*, op. cit., p.385: "*Curioso*. El que trata alguna cosa con particular cuidado y diligencia, y de alli se dijo *curiosidad*, vel *a curia*, o del adverbio *cur*; porque el curioso anda siempre preguntando ¿Por qué es esto, y por qué estotro?".

73 Ibid., p.428: "*Diligencia*. La solicitud, el cuidado y prontitud en ejecutar alguna cosa".

74 Ibid., p.327: "*Codiciar*. Cuasi cupdiciar, de *Cupiditas*. *Codicioso*, el que desea alguna cosa, y absolutamente el que procura adquirir hacienda por todas las vías que puede. *Codiciar*. Algunas veces se toma *codicia* en buena parte, como la mujer hacendosa y laboriosa, decimos ser codiciosa".

O "*afectado*" é "aquele que possui esse vício, especialmente na maneira de falar e pronunciar o que diz, quando alguém o ouve".[75] Na tradução da passagem a propósito de *messire* Pier Paulo em que o conde opõe "*la disgrazia della affettazione*" e "*la sprezzatta desinvoltura*", Boscán introduz um novo equivalente para afetação, "*el cuidado*": "Quem, por mais cego que seja, não verá a desgraciosidade que o cuidado traz consigo e a graciosidade que se mostra no descuido de muitos homens e mulheres que aqui estão presentes?".[76] Mais uma vez, o sentido habitual de uma palavra (nesse caso, "*cuidado*") é invertido. Mais adiante, na continuação da frase, a tradução propõe uma expressão inspirada diretamente no italiano: "Quando, com descuidada desenvoltura, falando ou rindo ou conversando discretamente com todos, mostram não dar-lhes nada o que fazem, antes parece que nem se recordam dele?".[77] Segundo Covarrubias, "*desenvoltura*" possui em geral um sentido negativo, visto que a palavra é dada como sinônimo de "*atrevimiento*", que significa ousadia temerária, irrefletida, e de "*demasía*", que designa o que é supérfluo, excessivo e, às vezes, para o cúmulo do paradoxo, "*descortesía*".[78] Portanto, as estratégias lexicais de Castiglione e Boscán introduzem no idioma usos surpreendentes, inesperados,

---

75 Ibid., p.22: "*Afectación*. El cuidado extraordinario y demasiada diligencia que uno tiene, o en palabras o en atavío o otra cualquier cosa", e: "*Afectado*. El notado deste vicio, especialmente en el hablar y pronunciar lo que dice, si se escucha".

76 Baldassare Castiglione, *El cortesano*, op. cit., p.98: "¿Quién, por ciego que sea, no vera la desgracia que trae consigo el cuidado y la gracia que se muestra en el descuido de muchos hombres y mujeres que aquí están presentes?".

77 Ibid., p.99: "¿Cuando, con una descuidada desenvoltura, hablando o riendo o conversando discretamente con todos no muestran dárseles nada por lo que hacen, antes parece que sólo no se acuerdan dello?".

78 Ibid., p.414: "*Desenvoltura*, el atrevimiento y demasía", e p.404: "*Demasía*, todo lo que es superfluo: y algunas veces significa agravio y descortesía".

que dão às palavras um sentido contrário ao seu uso comum. Esse talvez seja o sinal mais importante de distanciamento aristocrático e distinção curial.

Nonchalance e mépris

Le livre du courtisan aparece em francês em 1537, em Lyon. Jean Longis, "comerciante e burguês de Paris", transferira ao tipógrafo lionês Denis de Harsy o privilégio de três anos que obtivera em 11 de abril do mesmo ano de mandar *"mettre en Impression pour donner consolation et passetemps aux gens nobles d'honneur et de bien de nostre Royaulme"* um livro intitulado *"le* Courtisan *traduict de langue Italicque en Francois"*.[79] O tradutor era Jacques Colin, secretário e leitor do rei. Para traduzir *"sprezzatura"*, ele escolheu *"nonchalance"*:

penso que é uma regra universalíssima, que me parece servir em todas as coisas humanas que se fazem ou dizem mais do que nenhuma outra. É evitar o mais que se possa, como uma mui áspera & perigosa rocha, a afeição [sic] & para dizer talvez uma palavra nova, usar em todas as coisas uma certa *nonchalance*, que esconde o artifício & mostra o que se faz como se fosse sem fatiga e quase sem pensar.[80]

79 *Les quatre livres du Courtisan du Conte Baltazar de Castillon.* Reduyct de langue Ytalicque en Francoys, [Lyon,] 1537; preliminares: privilégio de três anos e transferência a Denys de Harsy.

80 *Les quatre livres du Courtisan,* op. cit., fol. xxvii r°-v° ["je treuve une reigle tres-universelle qui me semble servir quant a ce point en toutes les choses humainnes que lon faict: ou que lon dict plus que nulle aultre. C'est de fuyr le plus que lon peult comme uma tresapre & perillheuse roche lafection [sic] & pour dire peult estre uma parolle neufve de user en toutes choses dugne certainne nonchallance qui cache lartiffice & qui montre ce que lon faict comme sil estoit venu sans peine & quasi sans y penser"].

Na reedição do livro, impressa por François Juste em Lyon no ano seguinte,[81] uma carta de Étienne Dolet a Merlin de Saint Gervais acusa a edição anterior de ser errônea e mutilada: "Amigo, podes recordar, lendo ultimamente nesta cidade o *Courtisan* do conde Balthasar de Castillion, nele encontramos vários erros, & lugares omitidos na interpretação".[82] A página de rosto da nova edição dá um *Courtisan* "recentemente revisto e corrigido", pois, como indica Dolet, "desde então ele foi revisto por pessoas de bom juízo: as quais deram a cópia dele, & eu a imprimi, após ter tudo revisto".[83*]

De fato, no texto revisto por Dolet, "*afection*" foi corrigido para "*affectation*", mas "*sprezzatura*" permanece traduzido por "*nonchallance*".[84] "*Nonchalance*", longe de ser uma "palavra nova", deriva do verbo "*nonchaloir*", que significa descuidar, desdenhar, e era usado em geral no particípio presente, como adjetivo: "*noncha-lant*". A palavra é frequentemente associada à indolência, à ignorân-cia, ao esquecimento. No *Trésor de la langue française* de Jean Nicot, publicado em 1606, "*nonchallance*" é sinônimo de indiligência,

---

81 *Le courtisan de Messire Baltazar de Castillon*. Nouvellement reveue et corrigé, [Lyon:] François Juste, 1538: "Etienne Dolet a Merlin de Sainct Gelais Salut". Disponível no site das Bibliothèques Virtuelles Humanistes da Universidade de Tours: <http://www.bvh.univ-tours.fr/>.
82 Ibid., fol. Aii rᵒ ["Amy, il te peult souvenir, comme dernierement en ceste ville lisant le Courtisan du Conte Balthasar de Castillion, y trouvasmes plusieurs faultes, & lieux omis a linterpretation"].
83 * "Depuis il a esté reveu par aulcuns de bon jugement: lesquelz men ont donné la copie, & moy a l'imprimeur, apres avoir le tout reveu." (N. T.)
84 *Le courtisan de Messire Baltazar de Castillon*, op. cit., fol. xxxiiii rᵒ: "je treuve une reigle tresuniverselle, qui me semble servir quant a ce point, en toutes les choses humaines que lon faict, ou que lon dict plus que nulle aul-tre, c'est de fuyr le plus que lon peult comme une tresapre perilleuse roche, l'affectation: & pour dire, peult estre, une parolle neufve, d'user en toutes choses d'une certaine nonchallance, qui cache l'artifice".

negligência, indiferença.[85] Em Montaigne, é um defeito oposto ao cuidado e à presteza, um vício contrário à curiosidade legítima, mas também pode significar liberdade de ações e movimentos.[86] Jacques Colin aproveita a ambiguidade do termo e dá um valor positivo a esse desmazelo que se transforma em desembaraço e liberdade. Diferentemente do castelhano, *"affettazione"* não causa problema: é traduzido por *"affectation"*, um termo usado na retórica para condenar o que é contrário ao natural.

Em 1580, aparece em Lyon uma segunda tradução do livro de Castiglione, intitulada *Le parfait courtisan*. Ela é reimpressa cinco anos depois em Paris por Nicolas Bonfons.[87] O título é novo, assim como o dispositivo tipográfico que separa o texto em duas colunas: o texto francês impresso em caracteres romanos na parte externa da página e o texto italiano em caracteres itálicos na parte interna. O tradutor, cujo nome aparece na página de rosto, não é mais Jacques Colin, mas Gabriel Chapuis. Em 1580, Chapuis, que é então *"prolecteur d'imprimerie"* (ou seja, revisor) e em 1583 se tornará guarda da biblioteca do rei e secretário-intérprete do soberano, já publicara muitas traduções de autores italianos (Ariosto, Doni, Guazzo) e romances de cavalaria espanhóis. Após a tradução de Castiglione,

---

85 Jean Nicot, *Thresor de la langue francoyse, tant ancienne que moderne*, Paris: David Douceur, 1606, p.432: "Nonchalance, Indiligentia, Negligentia, Segnities, Acedia, Nonchalance, quand une personne ne se soucie de rien".

86 Cf. os empregos da palavra nas diferentes edições dos *Essais* in The Montaigne Project, disponível em: <www.lib.uchicago.edu/efts/ARTFL/projects/montaigne/>; acesso em: jan. 2021. Cf. Bénédicte Boudou e Nadia Cernogora, "Montaigne et la curiosité nonchalante", *Camenae*, n.15, 2013, p.1-15.

87 *Le parfait courtisan du comte Baltasar Castillonois* (Es deux Langues, respondans par deux colonnes, l'une à l'autre, pour ceux qui veulent avoir l'intelligence de l'une d'icelles, de la traduction de Gabriel Chapuis Tourangeau), Paris: Nicolas Bonfons, 1585.

sua produção não diminui e ele publica, entre 1574 e 1613, data de sua morte, um total de 67 traduções.[88]

Na carta dedicatória a Nicolas de Bauffremont, membro do conselho privado do rei, Gabriel Chapuis explica as razões e dificuldades da tradução: "Alguns dirão, estou certo, que eu não tinha nada que traduzir este livro, que já foi traduzido várias vezes no passado, & responderei que se ele tivesse sido traduzido na nossa língua ao gosto de cada um, eu não teria perdido tempo em fazê-lo".[*] Mas como não era o caso, Chapuis se aventurou na empreitada: "quanto por ventura não fiz fielmente falar francês esse bravo Autor italiano que nos criou um Cortesão tão perfeito? Não quero dizer, no entanto, que minha translação francesa seja perfeita e não a garanto como tal".[**] Por quê? "Porque é muito difícil não apenas traduzir, mas também escrever e compor outra coisa, com tal perfeição, que não os graves erros que sucedem comumente na impressão de cópias escritas a mão, como esta aqui".[***] Apenas uma segunda impressão pode corrigir os erros de leitura dos tipógrafos e emendar as *"choses rudes, et mal disposées"* da primeira.[89]

---

88 Jean-Marc Dechaud, *Bibliographie critique des ouvrages et traductions de Gabriel Chappuys*, Genebra: Droz, 2014.

* "Aucuns diront, je m'en asseure, que je n'avoy que faire de traduire ce livre qui a deia esté traduit plusieurs fois, par le passé, & je leur respondray que s'il eust esté traduit en nostre langue au gré d'un chacun je ne me fusse pas amusé à ce faire." (N. T.)

** "Combien que paraventure j'aye fidelement faict parler François ce brave Autor Italien, qui nous a formé un Courtisan si parfait, je ne veux par dire pourtant que ma translation Françoise soit parfaite et ne la garantis pas telle." (N. T.)

*** "Pource que c'est une chose fort dificille non seulement de traduire, mais aussi d'escrire et composer toute autre chose, avec telle perfection, que les lourdes fautes qui surviennent ordinairement en l'impression des coppies escrites à la main, comme estoit cette cy." (N. T.)

89 *Le parfait courtisan du comte Baltasar Castillonois*, op. cit., fol. aiiii v°-av v°.

Para Gabriel Chapuis, traduzir *"sprezzatura"* por *"nonchalance"* parece insuficiente. Ele mantém a palavra, mas associa outra a ela: *"& pour dire, peut estre, un mot nouveau, user en toutes choses d'un certain mespris & nonchalance, qui cache l'artificiel"*.[90] *"Mespris"*, que está tão longe quanto *"nonchalance"* de ser uma palavra nova, permite uma aproximação com o italiano e o espanhol, porque a palavra, que significa não dar atenção ou importância ao que se faz, é empregada num sentido inesperado.[91] Na passagem sobre *messire* Pier Paulo, Gabriel Chapuis conserva *"nonchalance"* na expressão *"nonchalante agilité"*, que traduz *"sprezzata disinvoltura"*: "que olho é tão cego que não vê nisso a feia graça de sua afetação & a continência em vários homens e mulheres que aqui estão presentes, essa *nonchalante* agilidade e pateada (pois esses movimentos do corpo são assim denominados habitualmente)".[92] Nessa passagem, Chapuis substitui *"grâce"* por *"contenance"* ["continência"], que é uma palavra usada nos tratados de civilidade para indicar a maneira adequada de se comportar. No século XVII, Antoine de Courtin chama seu contrário de *"décontenance"* ["descontinência"].[93]

---

90 Ibid., p.65: "je trouve une reigle tres-generale, qui me semble servir, quand à ce poinct, en toutes choses humaines que l'on fait ou que l'on dit plus que nulle autre, c'est de fuir, tant qu'il est possible comme un tres apre & dangereux rocher, l'affectation, & pour dire, peut estre, un mot nouveau, user en toutes choses d'un certain mespris & nonchalance, qui cache l'artificiel, & qui montre ce qu'on fait comme s'il estait venu sans peine & quasi sans y penser".

91 Jean Nicot, *Thresor de la langue francoyse*, op. cit., p.406: "Mespris. Fastidium, Contemptus".

92 *Le parfait courtisan du comte Baltasar Castillonois*, op. cit., p.67 ["qui est l'œil tant aveuglé qui ne voye en cela la mauvaise grace de son affectation, & la contenance en plusieurs hommes et femmes qui sont icy presens, de ceste nonchalante agilité et trepignement (car es mouvemens du corps on l'appelle volontiers ainsi)"].

93 Antoine de Courtin, *Nouveau traité de la civilité qui se pratique en France parmi les honnêtes gens* [1671], Paris: 1712, p.333: "un obstacle ou même un écüeil certain à la civilité, est au contraire la décontenance, s'il m'est permis

A edição de Chapuis termina com um "Índice das principais matérias e sentenças contidas neste livro", organizadas em ordem alfabética, desde "abuso de mulheres" até "Zeuris", seguindo o modelo da edição aldina de 1547.[94] *"Mespris"* não aparece no sumário, mas *"nonchalance"* está lá, não somente como o oposto de *"affectation"*: *"Nonchalance & affectation sont extrêmes"*, mas também como a afetação em si, quando é excessiva: *"Nonchalance: quelque trop grand affectation"*. *"Affectation"* aparece em várias sentenças: *"Affectation: doit être fuie pour avoir grâce"* ["Afetação: deve ser evitada para haver graça"], ou então: *"Courtisan: doit estre principalement sans affectation"* ["Cortesão: deve ser principalmente sem afetação"]. O livro de Castiglione foi convertido numa coletânea de lugares-comuns – admiráveis na medida em que são universais – e numa obra para quem quer aperfeiçoar ou testar seus conhecimentos da língua italiana.

Recklessness e disgracing

Thomas Hoby, filho da alta aristocracia e estudante de Cambridge, viajante e embaixador em Paris, foi o primeiro tradutor inglês de Castiglione.[95] *The Courtier* foi publicado em Londres em

---

d'employer ce terme, ou le déconcert de la personne, ou de l'intérieur à l'égard de l'extérieur".

94 *Le parfait courtisan du comte Baltasar Castillonois*, op. cit., fol. Tiii r°-Vviii v°.

95 Thomas Hoby é autor de um relato autobiográfico, publicado em 1902: *The Travels and Life of Sir Thomas Hoby*, Kt. of Bisham Abbey, Written by Himself. 1547-1564, editado por Edgar Powell para Royal Historical Society, Londres: 1902. Em 1552, após estabelecer-se em Paris, ele diz: "After I had convayed my stuff to Paris and settled myself there, the first thing I did was to translate into Englishe the third booke of the 'Cowrtisan', which my Lady Marquess had often willed me to do, and for lacke of time ever differed" ("Após enviar minhas bagagens para Paris e ali me

1561.[96] O título e a dedicatória a lorde Henry Hastings indicam os destinatários. Na página de rosto, "os jovens gentis-homens e as damas"; na dedicatória, os príncipes, para que governem bem a si mesmos aqueles que governam os outros; os homens maduros, que encontrarão no texto o caminho da reflexão; os jovens gentis--homens, que serão incitados por ele a adquirir virtudes morais, boas maneiras e qualidades honradas; as damas, que encontrarão no livro um espelho para se embelezar com maneiras virtuosas, condutas graciosas e prazeres honestos; e para todos ("*to the all in general*"), o livro será uma mina ("*storehouse*") com tudo o que é necessário para viver segundo as maneiras da corte.[97] Assim, as condições de vida se entrelaçam com as faixas etárias, ao mesmo tempo que a "corte-sania" se coloca ao alcance de todos, e não só dos cortesãos. O livro

---

instalar, a primeira coisa que fiz foi traduzir em inglês o terceiro livro do *Cortesão*, o que minha *lady* marquesa queria que eu fizesse, e sempre pos-terguei por falta de tempo") (ibid., p.78).

96 *The Courtyer of Count Baldessar Castilio* (Divided into foure bookes. Very necessary and profitable for yonge Gentlemen and Gentlewomen abiding in Court, Palaice, or Place, done into Englyshe by Thomas Hoby), Lon-dres: William Seres, 1561.

97 Ibid., fol. Aiii vº: "To the Right Honorable the Lord Hastinges, sonne and heire apparent to the noble Erle of Huntyngton": "For to Princes and Greate men, it is a rule to rule themselues that rule others, and one of the bookes that a noble Philosopher exhorted a certaine kyng to prouide him, and diligently to searche, for in them he shoulde finde written suche matters, that friendes durst not utter unto kinges: To men growen in yeres, a pathway to the behoulding and musing of the minde, and to whatsoeuer elles is meete for that age: To yonge Gentlemen, an encou-raging to garnishe their minde with morall vertues, and their bodye with comely exercises, and both the one and the other with honest qua-lities to attaine unto their noble ende: To Ladyes and Gentlewomen, a mirrour to decke and trimme themselues with vertuous condicions, comely behaviours and honest entertainment toward al men: And to them all in general, a storehouse of most necessary implements for the conuersacion, use, and training up of mans life with Courtly demeaners".

é impresso em *"black letter"*, a letra gótica que nacionaliza o texto,[98] e possui rubricas marginais com os vocábulos, os temas e, como numa peça de teatro, o nome dos participantes das conversas. No apêndice há "uma breve recapitulação das principais qualidades necessárias a um cortesão e a uma dama de honor",[99] como na edição aldina de 1547. Quando chega à regra universal que o cortesão deve seguir para falar e agir com graça, Hoby encontra a mesma dificuldade que Boscán:

Penso que existe uma regra, que é a mais geral, que me parece valer mais que qualquer outra para todas as coisas humanas que se fazem ou dizem. E que é evitar tanto quanto pode um homem, como a um recife afiado e perigoso, a afetação e a curiosidade, e (para empregar uma palavra nova) usar em todas as coisas uma certa indiferença, que dissimula a arte e faz parecer tudo que se faz e diz como se fosse sem fatiga e (aparentemente) sem pensar.[100]

Como Boscán, Hoby não sabe como traduzir *"affettazione"* e propõe duas palavras dadas como equivalentes: afetação e

---

98 Zachary Lesser, "Typographic Nostalgia. Playreading, Popularity, and the Meaning of Black Letter", in Marta Straznicky (org.), *The Book of the Play: Playwrights, Stationers, and Readers in Early Modern England*, Amherst: University of Massachusetts Press, 2006, p.99-116.

99 *The Courtyer of Count Baldessar Castilio*, op. cit., fol. Yyiiii r°-Zziiii v°: "A brief rehersall of the chiefe conditions and qualities in a Courtier", e: "Of the chief conditions and qualityes in a waytyng gentylwoman".

100 Ibid., fol. cii r°: "I fynd one rule that is most general whych in thys part (me thynk) taketh place in al thynges belongyng to man in worde or deede above all other. And that is to eschew as much as a man may, & as a sharp and daungerous rock, Affectation or curiosity & (to speak a new word) to use en every thyng a certain Reckelesnes, to cover art wihthall, & seeme whatsoever he doth & sayeth to do it wythout pain & (as it were) not myndyng it". As três rubricas marginais são: "A general rule", "To avoid curiositie" e "Reckelesnes".

curiosidade. *"Affectation"* é impressa em caracteres romanos e o sinônimo que lhe é dado, *"curiosity"* (a rubrica marginal indica: *"To avoid curiositie"*), é impresso em *"black letter"*. Se considerarmos a data dos exemplos dados no *Oxford English Dictionary*, o primeiro termo, no sentido de um comportamento estudado e elaborado, é recente. A sinonímia com *"curiosité"* aparece num texto de 1548: "pronunciar as consoantes com afetação, ou de maneira curiosa".[101] Nos exemplos de uso no século XVI, *"curiosity"* possui a mesma ambivalência do castelhano. De um lado, designa o cuidado, a atenção, a precisão, a preocupação legítima com o saber; de outro, o excesso de *"curiosity"* cria um interesse inconveniente, irritante, insistente, e o desejo de conhecer coisas inúteis ou ocultadas por Deus. Empregando a palavra em sentido negativo, Hoby reitera a escolha de Boscán.[102]

Para traduzir *"sprezzatura"*, Hoby opta por *"reckelesness"*, que, longe de ser uma *"new word"*, é uma palavra antiga (mas impressa em caracteres romanos) ainda empregada no sentido de negligência, imprudência, indiferença. O *Oxford English Dictionary* dá dois exemplos do uso de *"reckelesness"*: num excerto dos registros de 1439 do Parlamento, o de marinheiros desatentos que destroçaram seus barcos batendo contra outros ("capitães e marinheiros de certos barcos, por negligência e manobras malfeitas, colidiram e danificaram outros barcos"); num texto de controvérsia teológica de 1581, o do desdém oposto ao perdão divino ("uma tal negligência não pode

---

101 *Oxford English Dictionary*, Oxford: Oxford University Press, 2002: "Affectation. To sowne or to pronounce the consonantes for affectacion, to hardly, or curiouselye (1548, T. Cooper, *Bibliotheca Eliotæ*)".

102 Sobre as ambivalências de "curiosidade", cf. Carlo Ginzburg, "Le haut et le bas. Le thème de la connaissance interdite aux XVIᵉ et XVIIᵉ siècles", em *Mythes, emblèmes, traces: morphologie et histoire* [1986], trad. Monique Aymard, Paris: Flammarion, 1989, p.97-112. Cf. também Roger Chartier, "El nacimiento del lector moderno. Lectura, curiosidad, ociosidad, raridad", in Francisco Jarauta (org.), *Historia y formas de la curiosidad*, Santander: Cuadernos de la Fundación Botín, 2012, p.183-210.

concordar com a misericórdia de Deus")[103]. Hoby inverte o significado usual da palavra e transforma um defeito do homem comum em qualidade do cortesão.

A tradução de Hoby foi reeditada em 1577 sem modificações e em 1588 numa edição revisada. O impressor, John Wolfe, adotou o dispositivo tipográfico da edição francesa de 1580 e dividiu o texto em três colunas: o texto italiano em caracteres itálicos, o texto francês (o de Chapuis) em caracteres romanos e o texto inglês em "*black letter*".[104] Como Hoby faleceu em 1577, a revisão do texto ficou a cargo de terceiros. "*Affectation*", mesmo em caracteres romanos, desaparece do texto e "*curiosity*" é substituído por "*too much curiousnesse*",[105] como se a adição de "*too much*" pudesse anular o sentido positivo da palavra, como faz o adjetivo "*pernicious*" na tradução de 1555 das *Décadas* de Pietro Martire d'Anghiera ("não por ignorância ou preguiça, mas por uma perniciosa curiosidade") ou o adjetivo "*tedious*" num texto de 1628: "eles enfeitam o corpo com uma fastidiosa curiosidade". Mais do que "*curiosity*", "*curiousness*" enfatiza os perigos da curiosidade, que transforma o cuidado diligente em

---

103 *Oxford English Dictionary*, op. cit., "*Recklesness*. Maistres and Mariners of certein Schippes by rekelesnesse and misgovernaile have hert and brused other Schippes (1439, *Rolls of Parliament*, v, 29/2); Neyther can any such retchlesnes agree with the gracious mercifulnes of God (1581, J. Bell, *Against Jerome Osorius*)".

104 *The Courtier of Count Baldesar Castilio* (Divided into four Bookes. Verie necessarie and profitable for young Gentlemen and Gentlewomen abiding in Court, Pallace, or Place, done into English by Thomas Hobby), Londres: John Wolfe, 1588. Sobre essa edição, cf. Anne Elizabeth Banks Caldiron, "Form[e]s of Transnationhood: The Case of John Wolfe's Trilingual *Courtier*", *Renaissance Studies*, v.29, n.1, 2015, p.103-24.

105 *The Courtier of Count Baldesar Castilio*, fol. Eii rº: "I finde one rule that is most generall, which in this part (me thinke) taketh place in all things belonging to a man in word or deede, above all other. And that is to eschue as much as a man may, and as sharpe and dangerous rocke, too much curiousnesse".

interesse insistente e fez o homem desejar conhecer mistérios proibidos, como indica Thomas Norton em 1561, em sua tradução de *Institution de la religion chrétienne*, de Calvino: "A curiosidade dos homens, que nenhum limite pode impedir de se aventurar além dos espaços proibidos".[106]

"*Reckelesness*" também desaparece da tradução de "*sprezzatura*": "e (para empregar uma palavra nova) usar em todas as coisas uma certa desgraciosidade, para esconder a arte".[107] Aqui o paradoxo é extremo, porque a graça é produzida exatamente por aquilo que priva de graça: "*a certain disgracing*". Todos os exemplos dados pelo *Oxford English Dictionary* do uso do verbo "*to disgrace*" entre 1549 e 1577 remetem a essa privação: os ventos e as tempestades "desgraçam" os rios; um discurso tosco "desgraça" o conteúdo; um nariz torto "desgraça" o rosto de uma mulher; uma barriga proeminente "desgraça" o indivíduo. As outras acepções de "*to disgrace*" também são negativas: desacreditar, desonrar, desgraçar no sentido de desfavorecer. Como explicar essa escolha do editor de 1588? Talvez voltando à operação semântica que foi realizada no italiano e no espanhol: se "*sprezzare*" é não dar valor, se "*descuidar*" é não prestar atenção, "*disgracing*" é não se preocupar com a graça.[108] Nos três

---

106 *Oxford English Dictionary*, op. cit., "*Curiousness*. Not theyr ignorance and slothfulnes, but pernicious curiousnesse (1555, R. Eden, *Decades of the Newe Worlde*)"; "They dresse their bodies, with such tedious curiousnesse (1628, G. Wither, *Britain's Remembrancer*)"; "The curiousness of men which can by no stoppe be restrained from wandring into forbidden compassses (1561, T. Norton, *Institution Christian Religion*)".

107 *The Courtier of Count Baldesar Castilio*, op. cit., fol. Eii rº: "and (to speake a new word) to use in everye thing a certain disgracing to cover arte withall, and seeme whatsoever he doth and saith, to doe it without paine, and (as it were) not minding it".

108 No dicionário de John Florio, *Queen Anne's New World of Words, or Dictionarie of the Italian and English tongues* (Londres: 1611, p.526), "*sprezzare*" ou "*spregiare*" é traduzido por uma série de verbos que inclui "*to disgrace*":

casos, só uma desinvoltura indiferente é capaz de produzir graça.
A tradução procura mostrar que a verdadeira graça se revela sob a
aparência do seu contrário: não na exibição ou na ostentação, que
são semelhantes à afetação, mas exatamente naquilo que parece
privar de graça. Assim, essa "*certain disgracing*", forma superior e
distinta de graça, evita os dissabores da desgraciosidade a homens e
mulheres aptos à graciosidade.

Negligenter & (ut vulgo dicitur) dissolutè

A partir de 1569, várias traduções do *Libro del cortegiano* em
latim (por Johannes Turler em 1561,[109] Bartholomew Clerke em
1571,[110] Johannes Ricius em 1577)[111] fazem a obra circular no mundo
universitário inglês e alemão.[112] A tradução de Bartholomew Clerke,
reeditada sete vezes até 1619, intitulava-se *De curiali sive aulico libri
quatuor*. Para traduzir "*affettazione*", Clerke associa à palavra correspondente em latim uma referência ao sentido negativo de curiosidade, que aqui vira um adjetivo: "*curiosam affectationem diligenter*

"*to despise, to disgrace, to disparage, to dispraise, to contemne, to vilifie*",
enquanto "*sprezzo*" é traduzido por "*contempt*" e "*sprezzatura*" por "*a
contemning*" e "*a despising*".

109 Hieronymus Turler, *De perfecto aulico Balthasaris Castilionii, deque eius in
latinam linguam versione narrratio*, Wittenberg: Johannes Crato, 1561.

110 Balthasaris Castilionis, *Comitis de curiali sive aulico libri quatuor* (Ex Italico
sermone in Latinum conversi, Bartholomaeo Clerke Anglo Cantabrigiensi
Interprete), Londres: John Day, 1571.

111 Baldessaris Castilionii *De aulico* (Ioanne Ricuio Annoberensi Interprete,
Liber Primus), Estrasburgo: Bernhard Jobinus, 1577.

112 Peter Burke, "Translations into Latin in Early Modern Europe", in Peter
Burke e R. Po-chia Hsia (orgs.), *Cultural Translation in Early Modern
Europe*, Cambridge: Cambridge University Press, 2007, p.65-80 (sobre as
traduções de Castiglione, p.79).

evitemus" ("evitemos diligentemente uma afetação curiosa"). Para traduzir *"sprezzatura"*, utiliza uma locução que relaciona dois advérbios: *"negligenter & (ut vulgo dicitur) dissolutè proferatur"*, ou seja, "negligentemente e (como diz o vulgo) com indiferença".[113] Dessa forma, como seus predecessores, Clerke dá acepções positivas à *"negligentia"*, que significa usualmente um descuido indiferente, e à *"dissolutè"*, que para a retórica significa falta de ordem e relação. Ele não inventa uma *"nova parola"*, mas atribui ao vulgo um uso inesperado do advérbio *"dissolutè"*.

Paradoxos lexicais e distinção curial

Ao apresentar a tradução a lorde Hastings, em 1561, Thomas Hoby diz que o *Cortegiano*, "agora em mais de três línguas principais, nas quais há muito tempo frequenta todas as cortes da cristandade, tornou-se inglês".[114] Em suas perambulações pelos idiomas (italiano, castelhano, francês, inglês), nas diferentes formas físicas que alteraram seu formato, tipo e paginação, publicado sozinho, como na edição *princeps*, ou acompanhado de inúmeros peritextos, o *Libro del cortegiano* nunca mais foi o mesmo. Destinatários, leituras e usos mudaram de acordo com o tempo e o lugar.

---

113 Balthasaris Castilionis, *Comitis de curiali sive aulico libri quatuor*, op. cit., p.56: "curiosam affectatione diligenter evitemus: utpote si novum fortè vocabulum aliquod se nobis offerat, negligentèr & (ut vulgo dicitur) dissolutè proferatur: denique in omni tum dicto, tum facto artem (quoad fieri poterit) occultare, nihil sollicite, nihil praemeditatè facere videamur".

114 *The Courtyer of Count Baldessar Castilio*, op. cit., fol. Aiii r°: "To the right Honorable the Lord Henry Hastings": "nowe, beside his three principal languages, in the which he hath a long time haunted all the Courtes of Christendome, hee is beecome an Englishman".

O primeiro desafio que os tradutores do livro tiveram de enfrentar foi o léxico necessário para apreender e transmitir os paradoxos da língua de Castiglione. Para alguns tradutores, a maior dificuldade não foi aquela que se esperava: "*affettazione*" causou mais problemas que "*sprezzatura*", o que os levou a usar termos positivos ou ambivalentes em sentido negativo para condenar a afetação. Foi o que aconteceu com "*curiosité*" em castelhano e inglês, que perde nesse contexto o sentido de desejo legítimo de conhecer as coisas como elas são e ganha o sentido da condenação bíblica e patrística de uma concupiscência insistente, irritante e inconveniente. Para todos os tradutores, "*sprezzatura*" era um desafio em comum, porque exigia de termos empregados em geral em sentido negativo um sentido positivo, distintivo, curial. Como o uso de "*desprecio*", "*mépris*" ou "*disgracing*", que, diferentemente de "*nonchalance*" e "*reckelesness*", tentam recriar o paradoxo lexical de Castiglione: inverter o sentido que se espera de uma palavra para fazê-la designar a graça única que distingue o perfeito cortesão.

Capítulo 4

O salário de Sganarello

Este capítulo é dedicado à peça de Molière *Le festin de pierre*, mais conhecida pelo título de *Don Juan*. Por que essa peça? Talvez porque associe de maneira rara e espetacular as cinco modalidades que dão mobilidade às obras: a instabilidade da atribuição, as variantes dos textos impressos, a pluralidade das formas de publicação, as migrações entre gêneros e as traduções de uma língua para outra. Uma réplica nos permite juntar todas essas histórias: as últimas palavras de Sganarello, triste testemunha do castigo de seu mestre.

Hoje, no palco dos teatros ou nas edições impressas – por exemplo, a de Joan DeJean[1] ou a de Georges Forestier e Claude Bourqui[2] – as últimas palavras de Sganarello são:

Ah, meu salário! Meu salário! Eis que com a sua morte todos ficam satisfeitos, Céu ofendido, leis violadas, moças seduzidas,

---

1 Molière, *Le festin de pierre (Don Juan), édition critique du texte d'Amsterdam [1683]*, ed. Joan DeJean, Genebra: Droz, 1999, p.182.

2 Molière, *Le festin de pierre. Comédie*, in *Œuvres complètes*, org. Georges Forestier e Claude Bourqui, Paris: Gallimard, 2010, "Bibliothèque de la Pléiade", t.II, p.845-909.

famílias desonradas, pais ultrajados, mulheres perdidas, maridos encolerizados, todos ficam contentes, só eu fico infeliz, meu salário, meu salário, meu salário!

Atores e leitores se defrontam aqui com a difícil interpretação da palavra "salário", cinco vezes repetida. É para provocar riso? É para manifestar a aflição furiosa de um pajem que ficou sem o seu mestre, como Thierry Hancisse o interpretou em 2002 na Comédie Française, sob a direção de Jacques Lassalle?[3] Ou Sganarello, estupefato com o castigo de Dom Juan, está pensando em outra coisa quando pronuncia essas palavras, como sugeriu Claude Brasseur no filme de Marcel Bluwal, gravado na Salina Real de Arc-et-Senans em 1965?[4] Qualquer que seja a interpretação, a última réplica de Sganarello é hoje exatamente a que era na edição de Le festin de pierre publicada em Amsterdã em 1683 por Henri Wetstein.[5]

Paris, 1665

O texto parece de acordo com o desfecho da peça, tal como ela foi encenada quinze vezes no Théâtre du Palais-Royal entre 15 de fevereiro e 20 de março de 1665. Concebida como uma pièce à machines que se desenvolve em cinco pontos cênicos e propõe uma

---

3 Don Juan ou Le festin de pierre de Molière, Comédie Française, dir. Agnès Delarive, DVD, Paris: Montparnasse, 2012.

4 Don Juan, dir. Marcel Bluwal, DVD, Paris: INA, 2008.

5 Le festin de pierre (Comedie. Par J. B. P. de Moliere. Edition nouvelle & toute differente de celle qui a paru jusqu'à present,) Amsterdã: [Wetstein,] 1683, p.72, ato V, cena VI: "Ah mes gages! mes gages! Voyla par sa mort un chacun satisfait, Ciel offencé, loix violées, filles seduites, familles deshonorées, parens outrages, femmes mises à mal, maris poussés à bout, tout le monde est content, il n'y a que moy seul de malheureux, mes gages, mes gages, mes gages!".

versão nova de uma história velha (a do comensal que é convidado para jantar pela estátua do homem morto por ele), a peça atraiu o público parisiense. Como indicam os registros do ator La Grange, a receita das seis primeiras representações ultrapassou 1.700 libras (e, em quatro delas, 2 mil libras), enquanto *La princesse d'Élide*, outra peça nova que estreou em 9 de novembro de 1664, nunca chegou a mil libras. Nas sete representações seguintes, a receita de *Le festin de pierre* se manteve entre 800 e 1.200 libras, caindo para 736 e 500 libras nas duas últimas – sinal talvez de que o público enjoou.[6] A representação de 20 de março de 1665, véspera da Páscoa, foi a última. Na reabertura do teatro, em 14 de abril, Molière não retomou as apresentações e a peça desapareceu do repertório da trupe. Ela também não foi publicada, apesar do privilégio de sete anos que o livreiro Louis Billaine recebeu em 11 de março de 1665 e mandou registrar na comunidade dos livreiros e tipógrafos de Paris em 24 de maio.[7] Em *La vie de Molière*, publicada em 1705, Grimarest aponta o motivo: "Molière teve a sensatez de não mandar imprimir a peça, da qual se fez uma péssima crítica na época".[8] Também é possível, como acredita Georges Forestier, que a decisão de Molière de não

6 "Registre de La Grange 1658-1668", in Molière, *Œuvres complètes*, op. cit., t.I, p.1073: "La Troupe a commencé le Festin de Pierre le Dimanche 15 Février. [...] Vendredi 20 dernière représentation devant le dimanche de la Passion".

7 Madeleine Jurgens e Elizabeth Maxfield-Miller, *Cent ans de recherches sur Molière, sur sa famille et sur les comédiens de sa troupe*, Paris: Sevpen, 1963, p.407: "Enregistrement du privilège pour Don Juan [*sic*]: Du 24 dudit mois de may 1665. Ce mesme jour, le sieur Louis Billaine, marchand libraire à Paris, nous a presenté un privilege qu'il a obtenu pour l'impression de deux pieces de theatre, l'une intitulée *Arsace, roy des Parthes*, composée par le sieur de Prades, et l'autre intitulée *Le festin de pierre* par le sieur de Molieres, accordé pour sept ans en datte du 11 Mars 1665".

8 *La vie de Mʳ Molière* (Par J.-L. Le Gallois, Sieur de Grimarest, réimpression de l'édition originale [Paris, 1705] et des pièces annexes, avec une notice par A. P.-Malassis), Paris: Isidore Lisieux, 1877, p.40.

retomar a apresentação da peça em abril de 1665 tivesse razões puramente teatrais. O complexo dispositivo necessário para representar essa peça de múltiplos cenários não podia mais ficar montado no palco, porque os Comédiens Italiens retornaram a Paris depois do Carnaval e o teatro seria de novo compartilhado com eles.[9]

O que sabemos sobre a peça, tal como foi representada, vem de um panfleto publicado em abril de 1665: *Observations sur une comédie de Molière intitulée Le festin de pierre*, escrito pelo "Sieur de Rochemont", provavelmente alguém próximo do príncipe de Conti e da Companhia do Santo Sacramento que queria se vingar das chacotas do *Tartuffe* contra os devotos (falsos ou verdadeiros), uma peça em três atos representada em Versalhes em maio de 1664, durante a festa dos Prazeres da Ilha Encantada. O panfleto menciona o salário de Sganarello entre as acusações contra Molière. É patente a sua falta de respeito pela religião, expressa não apenas pela libertinagem e pelo ateísmo de Dom Juan, mas também, senão mais, pelos argumentos e pelas ridículas superstições de Sganarello, já que Molière "pôs a defesa da religião na boca de um pajem impudente".[10]

A cena final é a prova incontestável de que Molière caçoa da fé e de Deus. Ao invés de corrigir os costumes e reprimir os vícios, como afirma fazer, ele:

> cobre essa bela moral com papel, & com um raio imaginário, & tão ridículo quanto o de Júpiter, do qual Tertualiano faz tão agradável zombaria, & que muito longe de causar medo aos homens, não consegue espantar uma mosca, tampouco amedrontar um ratinho: com efeito, esse pretenso raio promove mais um motivo de chacota

---

9 "Notice. Le festin de pierre", in Molière, *Œuvres complètes*, op. cit., t.II, p.1619-50, em especial p.1641-3.

10 *Observations sur une comédie de Molière, intitulée, Le festin de pierre* (par le Sieur de Rochemont), Paris: Nicolas Pépingué, 1665, p.34.

para os espectadores, & não passa de ensejo para Molière desafiar, em última instância, a Justiça do Céu, com uma alma de pajem interesseiro, bradando: *meu salário, meu salário*: pois eis o desfecho da farsa; são esses os belos e generosos movimentos que finalizam essa peça galante.[11]

O panfleto indica, portanto, que a réplica foi dada realmente por Molière, "vestido de Sganarello", que ela arrancou risos e que, ao menos para os devotos, ela foi entendida como uma troça blasfema:

O raio é um raio de tinta, que não ofende o Mestre, & faz rir o Pajem; & não creio que fosse oportuno, para a edificação do espectador, escarnecer do castigo de tantos crimes, nem que houvesse razão de Sganarello gracejar ao ver seu Mestre atingido por um raio, pois ele era cúmplice de seus crimes, & ministro de seus infames prazeres.[12]

O defensor de Molière, em sua *Réponse aux Observations touchant Le festin de pierre de Monsieur de Molière*, domina a ironia contra o crítico que se finge de homem de bem, mas é movido pelo ódio e pela animosidade, e não por uma devoção sincera. Se a sua preocupação fosse realmente corrigir os defeitos de Molière, o conselho do autor da *Réponse* seria:

repreendê-lo por ter feito o pajem gritar *meu salário, meu salário*, deduzir-se-ia que tendes a alma tão caridosa que não podeis tolerar sem compaixão que o mestre que arrastam para não sei aonde fosse oprimido, afora tantas abominações, com uma dívida que por si só podia privá-lo da presença beatífica, até que seus herdeiros o

---

11 Ibid., p.29-30.
12 Ibid., p.35-6.

livrassem dela. Esse sentimento seria o de um homem de bem, teríeis recebido elogios por ele; e para edificar ainda mais vossos leitores, podíeis fazer uma invectiva contra o pajem, mostrando-lhe o tamanho de sua desumanidade ao lamentar antes o dinheiro que o mestre.[13]

O "salário" tem um papel importante na controvérsia em torno de *Le festin de pierre* na primavera de 1665. Para os seus inimigos, é a prova irrefutável da falta de religião de Molière; para os seus defensores, um rasgo cômico.

Paris, 1682

Em 1682, dez anos depois da morte de Molière, a viúva, Armande Béjart, La Grange e Vivot decidiram publicar uma nova edição das *Œuvres*. Incluíram nos dois últimos volumes sete peças que nunca haviam sido impressas. *Le festin de pierre*, reintitulado *Don Juan ou Le festin de pierre*, é a terceira peça do tomo VII.[14] O desfecho não é o que foi encenado em 1665 e publicado no ano seguinte em Amsterdã. Na sequência da didascália, que diz: um "raio cai sobre d. Juan com grande estrondo e grandes clarões, a terra se abre &

---

13 *Réponse aux Observations touchant Le festin de pierre de M. de Molière*, Paris: Gabriel Quinet, 1665, p.21-2, citado do site *Molière 21* (Université Paris 4-Sorbonne), disponível em: <moliere.huma-num.fr>; acesso em: jan. 2021.

14 *Les œuvres posthumes de Monsieur de Moliere*, t.VII: *Don Juan, ou Le festin de pierre* (Comedie. Par I. B. P. de Moliere. Representée pour la premiere fois le quinziéme Février 1665 sur le Theatre de la Salle du Palais Royal. Par la trouppe de Monsieur Frere Unique du Roy, dans *Les œuvres de Monsieur de Moliere*. Reveuës, corrigées & augmentées, Enrichies de Figures en Taille-douce), Paris: Denis Thierry, Claude Barbin et Pierre Trabouillet, impressos pelas primeira vez em 1682, p.131-213.

o engole, e ele sai do meio de grandes labaredas do lugar onde caiu", o
Sganarello de 1682 declara:

Eis que com a sua morte todos ficam satisfeitos, Céu ofendido,
Leis violadas, moças seduzidas, famílias desonradas, pais ultrajados, mulheres perdidas, maridos encolerizados, todos ficam contentes, só eu fico infeliz; após tantos anos de serviço, recebo como única
recompensa ver com os meus próprios olhos a impiedade do meu
Mestre ser punida pelo mais terrível castigo do mundo.[15]

Portanto, aqui, não se fala de "salário", mas, como num sermão,
fala-se do espetáculo exemplar e terrível do castigo reservado aos
ímpios.

O texto da última réplica na edição de 1682 é censurado (some o
salário) e ganha uma moral absolutamente cristã. Em outros trechos
da peça, essa cautela dos editores não foi recompensada. Durante
e depois da impressão do tomo VII da edição, o texto de *Don Juan*
sofreu uma censura severa por ordem do tenente geral da polícia, La
Reynie, que exigiu correções na impressão e, sobretudo, a recom-
posição das folhas ou cadernos em que se encontravam os ridículos
discursos apologéticos de Sganarello e a cena do pobre no terceiro
ato. Os editores haviam suprimido do diálogo entre dom Juan e o
pobre o trecho em que o pobre é obrigado a blasfemar para receber
a esmola de um luís de ouro – que dom Juan acaba lhe dando "por
amor à humanidade". A censura não ficou satisfeita com o corte:
a cena inteira teve de ser eliminada. Nesse caso, a mobilidade do

15 Ibid., p.213: "Voilà par sa mort un chacun satisfait, Ciel offencé, Loix violées, filles seduites, familles deshonorées, parens outragez, femmes mises
à mal, maris poussez à bout, tout le monde est content; il n'y a que moy
seul de malheureux, qui aprés tant d'années de service, n'ay point d'autre
recompense que de voir à mes yeux l'impieté de mon Maître, punie par le
plus épouvantable châtiment du monde".

texto diferencia os exemplares de uma mesma edição – aqui, entre os exemplares censurados e os quatro que não sofreram censura ou foram pouco censurados (por exemplo, o que o próprio La Reynie conservou).[16] Os motivos são as rígidas exigências da censura ou as precauções, hábeis ou inúteis, da autocensura.

Amsterdã, 1683

A edição de Wetstein se apresenta na página de rosto como: "Edição nova & diferente daquela publicada até o momento presente".

O livreiro e editor de Amsterdã não se refere à edição parisiense publicada no ano anterior, mas a uma peça escrita em 1658 por Dorimon, um ator da Troupe de Mademoiselle, intitulada *Le festin de pierre ou Le fils criminel* [O festim de pedra ou o filho criminoso]. A peça foi impressa em Lyon no ano seguinte.[17] Nas três edições de Amsterdã, publicadas em 1674, 1679 e 1683, a peça recebe o título da reedição parisiense de 1665, *Le festin de pierre ou L'athée foudroyé* [O festim de pedra ou o ateu fulminado],[18] e é atribuída a um novo autor: J.-B. P. de Molière.[19] Nesse caso, a mobilidade do texto que continua o mesmo é dada pela mudança do autor. Os leitores das edições holandesas liam Dorimon pensando que estavam lendo

---

16 Molière, *Le festin de pierre (Don Juan)*, ed. Joan DeJean, op. cit., p.16; *Le festin de pierre*, in *Œuvres complètes*, ed. G. Forestier e Claude Bourqui, op. cit., p.1648-50.

17 *Le festin de pierre ou Le fils criminel* (Tragi-comédie. Par Dorimon, Comédien de Mademoiselle), Lyon: Antoine Offray, 1659. Cf. *Le festin de pierre avant Molière: Dorimon, De Villiers, scénario des Italiens*, ed. Georges Gendarme de Bévotte, nova ed. Roger Guichemerre, Paris: Société Française des Textes Modernes, 1988, p.17-134.

18 *Le festin de pierre ou L'athée foudroyé*, Paris: Étienne Loyson, 1665.

19 *Le festin de pierre ou L'athée foudroyé* (Par J. B. P. Moliere, suivant la copie imprimée à Paris), Amsterdã: Daniel Elzevier, 1674.

Molière. Wetstein é vago na nota do "Impressor ao Leitor" quando fala da origem do manuscrito publicado por ele:

Como era consenso que Molière fizera uma peça de teatro com esse título, fiz o que pude para conseguir uma boa cópia dela. Finalmente, um amigo obteve a que apresento aqui, & embora eu não ouse garantir positivamente que ela tenha sido escrita por Molière, ao menos parece de melhor feição que outra que vimos circular com o seu nome até o momento presente.[20]

A "boa cópia" da edição de 1683 não passa inteiramente ao largo da releitura da réplica de Sganarello na edição parisiense. Wetstein, talvez preocupado com o mercado francês, opta por um meio-termo quando reedita a peça em 1693:

Ah, meu salário! Meu salário! Eis que com a sua morte todos ficam satisfeitos, Céu ofendido, leis violadas, moças seduzidas, famílias desonradas, pais ultrajados, mulheres perdidas, maridos encolerizados, todos ficam contentes, só eu fico infeliz; após tantos anos de serviço, recebo como única recompensa ver com os meus próprios olhos a impiedade do meu Mestre ser punida pelo mais terrível castigo do Mundo.[21]

---

20 *Le festin de pierre* [Wetstein], 1683, op. cit.: "L'Imprimeur au Lecteur".
21 *Le festin de pierre* (Comedie. Par J. B. P. de Molière), Amsterdã: Henri Wetstein, 1693: "Ah mes gages! mes gages! voilà par sa mort un chacun satisfait, Ciel offencé, loix violées, filles séduites, familles deshonorées, parens outragés, femmes mises à mal, maris poussés à bout, tout le monde est content, il n'y a que moy seul de malheureux, qui après tant d'années de service, n'ay point d'autre recompence que de voir à mes yeux l'impieté de mon Maître, punie par le plus épouvantable châtiment du Monde". Um exemplar dessa edição, que Wetstein incluiu nos seis volumes das *Œuvres de Molière*, erroneamente datadas de 1691, é conservado na biblioteca da Universidade da Pensilvânia.

Os dois primeiros "meu salário" foram salvos, mas a lição final é o do castigo inexorável.

Nas edições francesas do século XIX, o texto de 1683, com as cinco repetições de "meu salário" e sem a moral do "*exemplum*", aparece nas edições de 1851 e 1878 da Didot[22] e na de 1875 da Charpentier;[23] a edição de 1880 da Hachette (pela série "Les Grands Écrivains de France") usa o texto de 1682, sem as cinco repetições de "meu salário" – que, segundo diz uma nota, aparecem apenas nas duas edições "estrangeiras" da peça (as de Wetstein).[24] As fórmulas de conciliação perduram: em 1884 e 1891, as edições da Librairie des Bibliophiles da Flammarion colocam os cinco "meu salário" entre colchetes e publicam o texto completo de 1682;[25] a de

---

22 *Œuvres de Molière* (avec des notes de tous les commentateurs), Paris: Librairie de Firmin Didot Frères, 1851, t.I, p.512, e 1878, t.II, p.270. As edições Didot de 1799 e 1829 apresentam o texto de 1682, sem "meu salário".

23 *Œuvres complètes de Molière* (édition variorum), Paris: Charpentier, 1875, t.II, p.129.

24 *Œuvres de Molière* (nouvelle édition par Eugène Despois et Paul Mesnard), Paris: Librairie Hachette, 1880, t.V, p.203: "A exclamação: 'Meu salário!', que nas duas edições estrangeiras começa e termina a última estrofe de Sganarello, não consta de nenhum dos exemplares não cartonados da edição original que reproduzimos; mas foi mencionada nas *Observations* de Rochemont, e numa das duas respostas que lhe foram dadas".

25 Molière, *Don Juan* (Comédie en cinq actes avec une notice et des notes par Georges Monval), Paris: Librairie des Bibliophiles, E. Flammarion Successeur, 1891, p.115 (segundo o editor, "*Meu salário! Meu salário!* eram as primeiras e as últimas palavras de Sganarello na primeira representação. Elas foram suprimidas da maior parte das edições; mas foram conservadas no teatro"); e *Théâtre complet de J.-B. Poquelin de Molière* (publié par D. Jouaust, annoté par G. Monval), Paris: Librairie des Bibliophiles, E. Flammarion Successeur, 1892-1893, t.V, p.317 (segundo o editor, a "exclamação: *Ah! Meu salário! Meu salário!*, que começa e termina a última estrofe de Sganarello não consta do texto de 1682. Ela desagradou ao público e foi suprimida logo depois da primeira representação", p.334).

Robert Jouanny para a editora Garnier faz a mesma coisa em 1960;[26] e a edição de Georges Couton para a Bibliothèque de la Pléiade em 1971 coloca "meu salário" entre colchetes e suprime "terrível castigo".[27] A mobilidade das obras, portanto, é primeiramente a mobilidade do texto, modificado por reescrituras, censuras e edições. Se, na maioria das vezes, as fraudes remetem à publicação do texto "conforme a cópia impressa em Paris", como indicam nas páginas de rosto, as edições impressas na província ou fora do reino podem pôr em circulação textos diferentes daquele das edições parisienses. A prova é *Le festin de pierre* publicado em Amsterdã em 1683. Ou ainda a edição lionesa de 1669 de *George Dandin*, conservada na Biblioteca Municipal de Lyon, cujas variantes (uma palavra em vez de outra ou acréscimos burlescos, como o diálogo entre Lubin e Dandin, quando o pajem só se lembra do nome do cortesão Clitandre porque é parecido com a palavra *"clystère"* ["clister"]) só se explicam pela publicação de um texto reproduzido de memória, como foram alguns dos *"bad quartos"* de Shakespeare ou das *"comedias"* de Lope de Vega e Calderón.[28]

---

26 *Théâtre complet de Molière*, texto estabelecido por Robert Jouanny, Paris: Garnier Frères, 1960, t.I, p.776.

27 Molière, *Œuvres complètes*, textos estabelecidos, apresentados e comentados por Georges Couton, Paris: Gallimard, 1971, "Bibliothèque de la Pléiade", t.II, p.85.

28 Roger Chartier, "George Dandin, ou le social en représentation", in Bernard Lahire (org.), *Ce qu'ils vivent, ce qu'ils écrivent. Mises en scène littéraires du social et expériences socialisatrices des écrivains*, Paris: Éditions des Archives Contemporaines, 2011, p.487-536. Para comparação, cf. Laurie E. Maguire, *Shakespearean Suspected Texts: The "Bad" Quartos and Their Contexts*, Cambridge: Cambridge University Press, 1996; Adele Davidson, *Shakespeare in Shorthand: The Textual Mystery of King Lear*, Newark: University of Delaware Press, 2009; e Margaret E. Greer, "Early Modern Spanish Theatrical Transmission, Memory, and a Claramonte Play", in

Em *Le festin de pierre*, a mobilidade é também a do conto e do mito. O conto é o dos dois convites para jantar que encontramos no repertório das narrativas folclóricas e dos *"romances"* espanhóis: um homem valente convida para jantar uma caveira, um esqueleto ou a estátua de um defunto que ele encontra em seu caminho. O morto vai ao encontro do imprudente não para jantar com ele, mas para convidá-lo para jantar no local de sua sepultura, onde, dependendo da versão, ele é castigado ou perdoado.[29] O mito é o do dom Juan que se aproveita das mulheres, ou violentando-as ou jurando-lhes casamento, o que, para a teologia pré-tridentina, era suficiente para sacramentar a união.[30]

Molière toma uma enorme liberdade em relação a essas tradições. De um lado, o libertino não força Elvira a ter relações sexuais com ele, não assassina o Comendador (ele o mata em duelo) e a promessa de casamento para as duas camponesas não chega aos seus fins. De outro lado, os dois convites se resolvem numa única cena, a última da peça, quando Dom Juan, que se tornou tão hipócrita quanto Tartufo, é fulminado antes do jantar. Tartufo tomou a mesma liberdade na última réplica de Sganarello? Nas peças

Chad M. Gasta e Julia Domínguez (orgs.), *Hispanic Studies in Honor of Robert L. Fiore*, Newark: Juan de la Cuesta, 2009, p.261-80.

29 Ramón Menéndez Pidal, "Sobre los orígenes de *El convidado de piedra*" [1906], in *Estudios literarios*, Madri: Espasa-Calpe, 1957, p.81-107; Dorothy Epplen MacKay, *The Double Invitation in the Legend of Don Juan*, Stanford: Stanford University Press, 1943; Antti Amatus Aarne, *The Types of the Folktale: A Classification and Bibliography*, traduzido e aumentado por Stith Thompson, Helsinki: Academia Scientiarum Fennica, 1961, p.162: "470 A. The Offended Skull (Statue). Festin de pierre. A skull (statue) is invited to dinner. Attends the dinner and takes his host off to the other world".

30 Armand E. Singer, *The Don Juan Theme: An Annotated Bibliography of Versions, Analogues, Uses, and Adaptations*, Morgantown: West Virginia University, 1993.

francesas que precedem *Le festin de pierre* de Molière, quais são as últimas palavras dos pajens do libertino?

"Sganarello" antes e depois de Sganarello

Na tragicomédia de Dorimon, encenada em Lyon em 1658 e publicada nessa mesma cidade no ano seguinte, Briguelle – que viu seu mestre ser punido pela Sombra de dom Pedro, governador de Sevilha que fora assassinado por ele – não tem motivos para se queixar, pois passa imediatamente a servir dom Filipe, noivo da filha de dom Pedro: "O destino aos bons pajens no fim faz Justiça,/ Sirvo a um homem valente, e sou hoje/ Mais feliz do que jamais fui".[31] A réplica lembra que, na sociedade do Antigo Regime, um homem sem mestre é um homem sem proteção, sem status, sem recursos. Por isso, o salário era tão importante. No *Dictionnaire* de Furetière (1690), a palavra *"gage"* é definida da seguinte forma: "Também se chama *gages* a quantia que se combina com os pajens para o pagamento de um ano de serviço".[32] No *Dictionnaire* da Academia Francesa (1694) "significa também salário. O que se dá aos criados por um ano, para pagar seus serviços. Nesse sentido é usado no plural".[33] Os *"valets à gages"* eram pagos ao ano, o que estabelecia um vínculo forte e duradouro com o mestre. A morte súbita de dom Juan

---

31 Dorimon, *Le festin de pierre ou Le fils criminel*, op. cit., ato V, cena X, v.1886-8; citado de *Le festin de pierre avant Molière*, op. cit., p.134 ["Le sort aux bons valets à la fin fait Justice,/ Je recouvre un brav' homme, et je suis désormais/ Pour estre plus heureux que je ne fus jamais"].

32 Antoine Furetière, *Dictionnaire universel*, La Haye/ Rotterdam: Arnout et Reinier Leers, 1690, p.135: "Gage".

33 *Le Dictionnaire de l'Académie Françoise* (Dédié au Roy), Paris: Coignard, 1694, t.I, p.505: "Gage".

deixa Sganarello totalmente sem recursos e o transforma num "*valet
à louer*", um pajem de aluguel e sem mestre.[34]

O segundo *Festin de pierre* foi o do *sieur* de Villiers. Encenada no
Hôtel de Bourgogne em 1659, e publicada por Charles de Sercy em
1660, a peça se apresentava "traduzida do italiano para o francês", o
que talvez seja uma referência a uma peça perdida de Onofrio Gili-
berto, impressa em 1652.[35] Philipin tem menos sorte que Briguello,
mas não se queixa do salário que não receberá. Ele tira uma lição
moral da peça muito antes do Sganarello de 1682:

> Sofro uma perda como nenhuma outra;
> Como sou infeliz! Ah! Pobre Philipin,
> Eis, eis o resultado do teu cruel destino:
> Crianças, se tendes o costume de amaldiçoar Pai e Mãe,
> Vede o que é bem viver e bem fazer;
> Não imiteis dom Juan, rogamos-vos todos,
> Pois eis, sem mentir, um belo espelho em que vos mirar.[36]

Mais do que a condenação da impiedade, o exemplo que a peça
apresenta é a obediência que se exige dos mais jovens, especialmente
dos filhos. A peça de Villiers tem o mesmo título da peça publicada
por Dorimon um ano antes: *Le festin de pierre ou Le fils criminel*.
Dom Alvaros, pai de dom Juan, morre de desespero ao tomar

---

34 Ibid., t.II, p.610: "*Valet*. On appelle, Valet à louer, un serviteur qui n'a plus
    de maître".

35 *Le festin de pierre, ou Le fils criminel* (Tragicomedie. Traduite de l'italien en
    françois par le Sieur de Villiers), Paris: Charles de Sercy, 1660.

36 Ibid., ato V, última cena, v.1794-1800; citado de *Le festin de pierre avant
    Molière*, op. cit., p.275 ["Moi, je souffre une perte à nulle autre seconde;/
    Que je suis malheureux! Ah! pauvre Philipin,/ Voilà, voilà l'effet de ton
    cruel destin:/ Enfans, qui maudissez souvent et Père, et Mère,/ Regardez
    ce que c'est de bien vivre, et bien faire;/ N'imitez pas Don Juan, nous vous
    en prions tous,/ Car voicy, sans mentir, un beau miroir pour vous"].

conhecimento da conduta do filho, que assassinou dom Pedro, pai de Amarille, e tentou violentar e raptar esta última. Tal desordem nas famílias só pode levar a consequências terríveis. E reserva ao filho rebelde os piores castigos. Entre 1665 e 1682, a peça de Molière desaparece. Nunca mais é encenada nem impressa. No entanto, ela é a obsessão dos dramaturgos e passa por duas reescrituras. A primeira é atribuída a Rosimond, um ator do Théâtre du Marais, trupe rival de Molière que ainda não possuía o seu próprio *"festin de pierre"*. Representada em 1669, a peça *Le nouveau festin de pierre ou L'athée foudroyé* foi publicada no ano seguinte.[37] Na nota *"Ao leitor"*, Rosimond reconhece sua dívida:

Não é de hoje que te apresentam o tema. Os Comédiens Italiens trouxeram-no para a França, & causou tanto alvoroço que todas as Trupes quiseram com ele regalar o público. O senhor de Villiers adaptou-o para o Hostel de Bourgogne, & o senhor de Molière apresentou-o recentemente com Belezas muito singulares. [...] Faze-me o favor, porém, de não confundir este *Festin de pierre* com um que pudeste ou poderás ver com o nome do senhor Dorimond; nossos dois nomes têm relação suficiente para impedir-te de ler este, crendo que é o mesmo; e se bem que o seu seja infinitamente melhor, não me recuses um quarto de hora do teu tempo. Adeus.[38]

As últimas palavras do Sganarello de Rosimond, rebatizado Carrille, são dirigidas à estátua do Comendador. Elas associam o castigo exemplar à preocupação com o salário não pago, pela primeira vez

---

37 *Le nouveau festin de pierre ou L'athée foudroyé* (Tragi-Comedie. Du Sieur Rosimond, Comédien du Roy. Représenté sur le Theatre Royal du Marais), Paris: Pierre Bienfait, 1670.

38 Ibid., fol. ã iiii r°-v°-ãv r °.

desde Molière. Após a didascália, "ouve-se um trovão que derruba
d. Juan e o teatro parece em fogo". Carrille, "de joelhos", dá a moral
da história:

> Dona Sombra, ai de mim!, faça que paguem meu salário,
> Eis qual o fim desses grandes personagens,
> Libertinos como ele, que não aprendeis nada,
> Depois de tal exemplo, ai de mim!, pensai bem.[39]

Numa cena anterior, Carrille tem medo do que pode vir a suceder ao seu mestre, após aceitar o convite para jantar da Sombra de
dom Pedro. E já se preocupa com o seu salário. Dirigindo-se a dom
Juan, pergunta:

> Vosso testamento, quando quereis fazê-lo?
> E o meu salário, senhor, quando poderei tê-lo?
> O coração me diz que ele está perdido para mim esta noite.
> De onde tirarei recurso, se fordes para o diabo?
> Pagai-mo, sem consentir que eu seja miserável.[40]

O diálogo continua assim: "DOM JUAN: – Sabes bem onde
pegá-lo, & não tenho bens? CARRILLE: – Ah, quando morre um
homem, dizem que ele não tinha nada".[41] É provável que Rosimond

---

39 Ibid., p.93, ato V, última cena ["Madame l'Ombre, helas! faites payer mes
    gages,/ Voila quelle est la fin de ces grands personnages,/ Libertins comme
    luy, qui n'apprehendez rien,/Après un tel exemple, helas! pensez-y bien"].
40 Ibid., p.89, ato V, cena V ["Votre testament, quand voulez-vous le faire?/
    Et mes gages, Monsieur, quand les pourray-je les avoir?/ Le cœur me dit
    qu'ils sont perdus pour moy ce soir./ Où sera mon recours, si vous allez au
    diable?/ Payez-les, sans souffrir que je sois misérable"].
41 Id. ["DON JUAN: Tu sçais bien où les prendre, & n'ay-je pas du bien?/
    CARRILLE: Ah, quand un homme est mort, on dit qu'il n'avait rien"].

tenha assistido a uma ou várias das quinze representações da peça de Molière, quatro anos antes de escrever a sua. Ele memorizou as últimas palavras, nas quais se inspira para tornar mais explícitos os laços que unem o "*valet à gages*" e o mestre que ainda não lhe pagou o salário dos meses anteriores.

Oito anos depois da peça escrita por Rosimond para o Théâtre du Marais, a trupe de Molière, querendo incluir de novo em seu repertório *Le festin de pierre*, pede a Thomas Corneille que versifique o texto original. Ele corta as passagens que foram criticadas em 1665: por exemplo, a cena do pobre, os discursos apologéticos de Sganarello e os salários do último monólogo. Publicada em 1677, a edição da peça de Thomas Corneille começa com uma nota paradoxal do "Livreiro ao Leitor".[42] Por um lado, afirma que "esta peça, da qual os Comédiens apresentam todos os anos várias representações, é a mesma que o falecido senhor Molière montou em prosa algum tempo antes da sua morte" (na verdade, oito anos haviam se passado). Por outro lado, diz: "Aquele que a versificou teve o cuidado de atenuar certas expressões que haviam ferido aos probos, e respeitou a prosa em todo o resto, salvo as cenas do terceiro e do quinto atos, quando falam as mulheres".

Após o castigo do mestre, indicado pela didascália ("A estátua abraça d. Juan, e um momento depois um e outro desaparecem no abismo"), o Sganarello de Thomas Corneille decide seguir o caminho da santidade e começa fazendo uma advertência aos pecadores impenitentes: "Ele foi engolido, corro tornar-me eremita./ O exemplo é espantoso para todos os Perversos;/ Maldito quem vê e não tira proveito".[43] A peça fez sucesso nas livrarias: foi publicada dez vezes

---

42 [Thomas Corneille,] *Le festin de pierre* (Comedie. Mise en Vers sur la Prose de feu Mʳ de Moliere), Paris: 1683.

43 Ibid., ato V, cena IV, três últimos versos ["Il est englouty, je cours me rendre Hermite./ L'exemple est étonnant pour tous les Scélerats;/ Malheur

entre 1683 e 1799 e entrou nas várias edições das *Œuvres* de Thomas Corneille, antes e depois de sua morte, em 1709.[44] Até 1841, *Le festin de pierre* de Thomas Corneille foi o único *Don Juan* encenado nos palcos franceses.

El burlador de Sevilla y convidado de piedra

Antes de Molière, nenhum "Sganarello" francês havia se queixado da perda do salário. Entretanto, antes de concluirmos que foi invenção sua, é preciso recordar que existe outro motivo de mobilidade dos textos: a migração de uma língua para outra, graças às traduções, mais ou menos fiéis, e às livres apropriações. *Les festins de pierre* de Molière, Villiers e Dorimon não foram os primeiros. Como observa outro defensor de Molière ao responder ao panfleto do Sieur de Rochemont: *"Le festin de pierre* é tolerado em toda a Europa [e] a Inquisição, embora muito rigorosa, permitiu-o na Itália e na Espanha".[45]

O primeiro de todos os *Festins* nasceu na Espanha, com a *"comedia" El burlador de Sevilla y convidado de piedra*. O título espanhol, que foi traduzido em francês como *Le trompeur de Séville et l'invité de pierre*, explicita melhor a intriga, isto é, o convite de dom Juan Tenorio à estátua do Comendador. O título francês (*Le festin de pierre*) é resultado de uma compreensão equivocada da trama e confunde o banquete com o convidado, o jantar com o comensal.

à qui le voit, et n'en profite pas"]; citado de *Molière 21* (Université Paris 4-Sorbonne), disponível em: <moliere.huma-num.fr>.

44 Thomas Corneille, *Le festin de pierre*, ed. Alain Niderst, Paris: Honoré Champion, 2000.

45 *Lettre sur les Observations d'une comédie du sieur de Molière intitulée Le festin de pierre*, Paris: Gabriel Quinet, 1665, p.15; citado de *Molière 21* (Université Paris 4-Sorbonne), disponível em: <moliere.huma-num.fr>.

Dorimon e Villiers contornaram a dificuldade batizando o comendador ou o pai assassinado por dom Juan com nome de dom Pedro.

El burlador de Sevilla é, como disse Francisco Rico, um dos enigmas mais complexos da literatura do Século de Ouro, porque há dúvida tanto em relação à data quanto ao autor.[46] A peça foi publicada pela primeira vez em 1630, num livro cujo título é *Doce comedias nuevas de Lope de Vega Carpio y otros autores*.[47] A obra, que inclui apenas quatro *"comedias"* de Lope, informa que foi impressa em Barcelona em 1630 por Gerónimo Margarit. Na verdade, o livro foi impresso em Sevilha por vários tipógrafos, entre eles Manuel de Sande, que imprimiu três das peças, entre elas *El burlador de Sevilla*, entre 1627 e 1629.[48] O motivo por que essa informação foi ocultada é que de 1625 a 1634 era proibido publicar qualquer peça ou romance no reino de Castela. O endereço falso em Barcelona, cidade localizada no reino de Aragão, encobria as impressões realizadas em Sevilha.[49]

Na edição de 1630, a peça é atribuída ao "Maestro Tirso de Molina",[50] mas ainda existem dúvidas acerca da autoria, como demonstra a cautela dos editores modernos, que põem o nome de Tirso entre

46 Francisco Rico, "Nota previa", in "Tirso de Molina", *El burlador de Sevilla y convidado de piedra*, edição crítica de W. F. Hunter, Valladolid: Centro para la Edición de los Clásicos Españoles, 2010, p.vii.

47 *Doze comedias nuevas de Lope de Vega Carpio y otros autores* (Segunda Parte), Barcelona: Gerónimo Margarit, 1630.

48 Don William Cruickshank, "The First Edition of *El Burlador de Sevilla*", *Hispanic Review*, n.49, 1981, p.443-67.

49 Jaime Moll, "Diez años sin licencias para imprimir comedias y novelas en los reinos de Castilla: 1625-1634", *Boletín de la Real Academia Española*, v.54, n.201, 1974, p.97-104.

50 *El burlador de Sevilla y combidado de piedra*. Comedia famosa. Del Maestro Tirso de Molina, Representóla Roque de Figueroa. A página de rosto da *comedia* aparece na página 61 das *Doze comedias nuevas*, op. cit., e é reproduzida em [Atribuída a] Tirso de Molina, *El burlador de Sevilla o El convidado de piedra*, ed. Alfredo Rodriguez López-Vázquez, Madri: Cátedra, 2016, p.183.

aspas ou somente lhe "atribuem" a peça. Existem dúvidas, em primeiro lugar, porque o texto da "comedia" é muito parecido com o de
outra peça, *Tan largo me lo fiáis*, publicada em 1634 ou 1635,[51] mas
escrita possivelmente antes de *El burlador de Sevilla* e atribuída na
página de rosto a Calderón. Existem dúvidas, em segundo lugar,
porque tanto a peça de "Tirso de Molina" como a de "Calderón"
poderiam ser adaptações do *Tan largo me lo fiáis* que foi encenado
em Córdoba em 1617 e cujo autor seria outro dramaturgo de Sevilha:
Andrés de Claramonte.[52]

Seja quem for o autor da "comedia", o pajem Catalinón não se
queixa do salário perdido nem dá lições de moral cristã depois que
dom Juan cai no abismo. A didascália indica: "O sepulcro desaba,
com um estrondo engolindo dom Juan e dom Gonzalo. Catalinón
foge, arrastando-se".[53] Aterrorizado, ele invoca um santo imaginário
e quer avisar o pai de seu mestre, dom Diego Tenorio: "Deus me
proteja! Que é isso? A capela inteira está em chamas, e fiquei com

---

51 *Tan largo que me lo fiays*. Comedia famosa. De Don Pedro Calderón, [s.l.],
[s.d.]. A página de rosto do único exemplar conhecido dessa "comedia
suelta", isto é, publicada separadamente, é reproduzida em [Atribuída a]
Tirso de Molina, *El burlador de Sevilla*, op. cit., p.63. A edição foi datada
de 1634-1635 e atribuída ao tipógrafo sevilhano Francisco de Lyra por Don
William Cruickshank, "Some Notes on the Printing of Plays in Seventeenth-Century Seville", *The Library*, v.11, n.3, 1989, p.231-52.

52 Para o estado da questão, cf. William F. Hunter, "Historia del texto", in
"Tirso de Molina", *El burlador de Sevilla*, op. cit., p.xi-xvii; e Alfredo
Rodríguez López-Vázquez, "El estado de la cuestión y el problema de la
autoría" e "La evolución del texto: de la escritura a la escena", in [Atri-
buída a] Tirso de Molina, *El burlador de Sevilla*, op. cit., p.57-91.

53 Tirso de Molina, *Le trompeur de Séville et l'invité de pierre*, trad. Henri
Larose, in Robert Marrast (org.), *Théâtre espagnol du XVIIᵉ siècle*, Paris:
Gallimard, "Bibliothèque de la Pléiade", 1999, t.II, p.213. Edição em
espanhol: "Tirso de Molina", *El burlador de Sevilla*, Valladolid: Ediciones
Universidad de Valladolid, 2010, p.148: "Hundese el sepulcro con D. Juan
y don Gonzalo, con mucho ruido, y sale Catalinón arrastrando".

o morto para guardá-lo e velá-lo. Arrastando-me como possa, vou avisar o pai. São Jorge! *Santo Agnus Dei!* Tirai-me daqui!".[54] A confusão triste e pungente do *"gracioso de comedia"* é associada aqui ao significado teológico da *"comedia"*, cujo tema recorrente *"que largo me lo fiáis"* condena a funesta ilusão de que sempre há tempo para se arrepender. Mesmo que conhecesse a peça de "Tirso de Molina", Molière não se inspirou nela para a última réplica de Sganarello. Foi em outra tradição que ele encontrou e traduziu o salário de Sganarello.

Il convitato di pietra

A *Lettre sur les Observations* diz sobre a peça *Le festin de pierre*: "há vários anos é representada em Paris, no teatro italiano e francês, e em todas as províncias, sem reclamação".[55] De fato, o primeiro pajem desesperado porque perdeu seu salário aparece numa peça italiana, *Il convitato di pietra*, escrita por Giacinto Andrea Cicognini.[56] A primeira edição datada da peça é uma edição romana de 1671, mas a peça foi impressa provavelmente na década de 1660 em Bolonha (por Longhi e Pisarri) e em Veneza.[57] Talvez tenha sido representada em Florença em 1632. A queixa de Passarino, *"servo a*

---

54 Tirso de Molina, *Le trompeur de Séville*, op. cit., p.213; *El burlador de Sevilla*, op. cit., p.148: "¡Válgame Dios! ¿Qué es aquesto?/ Toda la capilla se arde/ y con el muerto he quedado/ para que le vele, y guarde./ Arrastrando como pueda/ iré a avisar a su padre/ ¡San Jorge! ¡San Agnus Dei,/ sacadme en paz a la calle!".

55 *Lettre sur les Observations d'une comédie du sieur de Molière*, op. cit., p.15.

56 *Il convitato di pietra* (Opera esemplare del Signor Giacinto Andrea Cicognini, Ronciglione), 1671, in G. Gendarme de Bévotte, *Le festin de pierre avant Molière*, op. cit., p.355-424.

57 Flavia Cancedda e Silvia Castelli, *Per una bibliogafia di Giacinto Andrea Cicognini: successo teatrale e fortuna editoriale di un drammaturgo del Seicento*, Florença: Alinea Editrice, 2001, p.155-60.

Don Giovanni", não é a última réplica dessa *"opera esemplare"*: ela termina com um monólogo de dom Juan no Inferno, mas apresenta o desespero do pajem, privado de dinheiro e proteção, nas duas cenas anteriores. Depois que dom Juan se recusa três vezes a se arrepender (motivo repetido por Lorenzo Da Ponte no livreto do *Don Giovanni* de Mozart), Passarino, na gíria veneziana dos pajens, demonstra sua tristeza pedindo socorro ao mestre: "Oh, meu pobre patrão! Oh, meu salário! Foi para a casa do dianho. Ajudem! Socorro! Meu patrão caiu no abismo. Olá! Não há ninguém que o socorra?".[58]

Não é surpresa que a menção ao salário perdido esteja nas peças *"a soggetto"*, nos argumentos inspirados pela peça de Cicognini a partir dos quais os atores italianos improvisavam seus papéis.[59] O ator Domenico Biancolelli, que atuava com o figurino de Arlequim nas peças encenadas por sua trupe em Paris na década de 1660,[60] descreve da seguinte maneira a última cena da representação de *Il convitato di pietra*:

> Na última cena, digo que a lavadeira da casa deve ter morrido, porque tudo ali é muito preto. Ele [dom Juan] se aproxima da mesa

---

58 *Il convitato di pietra*, op. cit., p.422: "O pover al me Patron, al me salari, è anda a cà del Diavol. Aiut, soccors, ch'al me Patron é precipità. O là zent, a' n gh'è ngun che al soccorra?".

59 Claude Bourqui, *La commedia dell'arte: introduction au théâtre profession-nel italien entre le XVIe et le XVIIIe siècle*, Paris: Armand Colin, 2011, em particular a bibliografia dos *"scenari* na edição moderna".

60 "Scénario des Italiens. Notes de Biancolelli traduites par Th. Gueullette", in G. Gendarme de Bévotte, *Le festin de pierre avant Molière*, op. cit., p.333-53. Cf. Thomas-Simon Gueullette, *Traduction du scenario ou du recueil des scenes que Joseph Dominique Biancolelli jouait en habit d'Arlequin dans les pièces italiennes de son temps* (rédigé et écrit de sa main), Bibliothè-que de l'Opéra de Paris: Ms. Rés. 625, 1-2, p.192-210. Edição moderna: Delia Gambelli, *Arlecchino a Parigi: lo scenario di Domenico Biancolelli*, Roma: Bulzoni, 1997.

onde está a estátua, pega uma cobra que está num prato e diz: "Vou comer, mesmo que seja o diabo! (ele morde a cobra) e posso encarregar-te dos cornos". A estátua o aconselha a se arrepender; digo: "Amém"! Ele não quer saber, e desaparece na terra. Grito: "Meu salário! Meu salário! Vou ter de mandar o meirinho ao diabo para receber meu salário".[61]

As notas de Biancolelli, traduzidas no século XVIII por Thomas-Simon Gueullette (por isso não é possível saber que palavra em italiano o ator usava em cena), nos levam a Molière. De fato, a trupe de Molière (na época, Troupe de Monsieur) dividia o Théâtre du Petit-Bourbon com os Comédiens Italiens, desde a chegada destes últimos a Paris, em 1658. Os Comédiens Italiens representaram *Il convitato di pietra* e remontaram a peça em 21 de janeiro de 1664, segundo o diplomata alemão Christoph Caspar von Blumenthal, que assistiu ao espetáculo.[62] Portanto, a reclamação de Biancolelli e, sobretudo, de Passarino não era desconhecida de Molière. Ele a usou para compor as últimas palavras de Sganarello.

Mobilidades textuais

A história textual do *Festin de pierre*, ou melhor, dos *Festins de pierre* reúne todos os motivos que produzem a mobilidade de uma obra. A atribuição da peça de Dorimon a Molière. A pluralidade de textos para uma mesma obra, como é o caso dos dois estados da comédia de Molière publicada em Paris (1682) e em Amsterdã (1683), e as hibridações textuais inspiradas por ela. A diversidade

---

61 "Scénario des Italiens", op. cit., p.350-1.
62 "Notice du *Festin de pierre*", in Molière, *Œuvres complètes*, op. cit., t.II, p.1620, nota 6.

de formas de publicação, que diferencia as edições isoladas de *Le festin de pierre* das incluídas em coletâneas que reúnem edições já impressas (por exemplo, a edição de Wetstein de 1691) e nas *Œuvres*, a começar pela de 1682. As reescrituras, que transferem a obra de uma versão em prosa para outra (Villiers reescreveu a peça de Dorimon, Rosimond reescreveu a de Molière), da prosa para o verso (graças a Thomas Corneille), ou então de um texto estabelecido para um argumento usado nas improvisações (por exemplo, no caso dos atores italianos). E, por último, as apropriações da obra por atores, espectadores e leitores, que também são interpretações que constroem sentido. O "salário" de Sganarello, que se tornou a última palavra da peça de Molière, é cômico? É insignificante? Desesperado? Revoltado? Blasfemo? Dessa dúvida nasce a sua força perpetuada.

Capítulo 5

Editar Shakespeare
A edição como translação

Este capítulo é dedicado não à passagem de textos de uma língua para outra, mas às transmutações das "mesmas" obras na "mesma" língua, quando mudam as formas de publicação e os modos de transmissão. *Le festin de pierre* de Molière foi o primeiro exemplo, os poemas e as peças de Shakespeare são o segundo.

Numa conferência proferida em 1978, Borges manifestou sua admiração diante do fato de que as nações tenham escolhido para representá-las autores que têm pouco a ver com elas: o hiperbólico Shakespeare eleito pela Inglaterra do *"understatement"*, o tolerante Cervantes pelo país da Inquisição, Goethe por uma Alemanha que foi várias vezes dominada pelo fanatismo e Victor Hugo pela França, embora suas "vastas metáforas" não sejam nada francesas. Borges acrescentou à lista *Martín Fierro*, de José Hernández, crônica de um desertor eleita pela militar Argentina para representá-la.[1]

---

1 Jorge Luis Borges, "Le livre", in *Conférences*, trad. Françoise Rosset, Paris: Gallimard, 1985, p.153-4. Edição em espanhol: "El libro", in *Borges oral* [1979], Madri: Alianza Editorial, 1998, p.17-8.

Borges apontou dessa forma paradoxal um fato importante: a construção da figura do escritor nacional no século XIX, ou talvez desde o século XVIII, exprime a alma de um povo. Em todas as nações (nem todas Estados), as modalidades dessa sagração laica, ou "consagração do escritor", segundo a expressão de Paul Bénichou,[2] são sempre as mesmas: construção de monumentos ou estátuas em sua glória, peregrinação pelos lugares onde ele viveu e, no caso dos escritos contemporâneos, como Victor Hugo, exéquias nacionais.[3] Shakespeare, o primeiro escritor citado por Borges, teve um destino semelhante na Inglaterra do século XVIII. Três estátuas foram erguidas em sua homenagem: na abadia de Westminster, em 1741; no templo shakespeariano que Garrick mandou construir em Hampton, em 1758; e em Stratford-upon-Avon, durante o jubileu organizado por ele em 1769.[4] Mas será que a consagração literária pode ser reduzida às suas formas mais espetaculares? Este capítulo tentará mostrar que, no caso de Shakespeare, a consagração não começou com Garrick e não se limitou à escultura em pedra do corpo do poeta. A consagração de Shakespeare começou antes, graças às edições em livro de suas obras. A coletânea de suas peças no majestoso Fólio de 1623 é a mais famosa, mas não podemos nos esquecer das outras vidas em papel que, com intensidades variadas, "consagraram" os textos shakespearianos, tanto os poéticos quanto

---

2   Paul Bénichou, *Le sacre de l'écrivain (1750-1830): essai sur l'avènement d'un pouvoir spirituel laïque dans la France moderne* [1973], Paris: Gallimard, 1996.

3   Anne-Marie Thiesse, *La fabrique de l'écrivain national: entre littérature et politique*, Paris: Gallimard, 2019; e Antoine Lilti, *Figures publiques: l'invention de la célébrité (1750-1850)*, Paris: Fayard, 2014.

4   Michael Dobson, *The Making of the National Poet: Shakespeare, Adaptation, and Authorship, 1660-1769*, Oxford: Clarendon, 1992, p.134-84 e 214-22.

os dramáticos. Como as lendárias sete vidas dos gatos, foram sete as vidas de Shakespeare que contamos entre os séculos XVI e XVIII.

"Pamphlets"

A primeira vida, contemporânea da representação das peças e da criação dos poemas, não foi a do livro, mas a do "pamphlet".[5] O termo possui um significado técnico e material específico no vocabulário da comunidade de livreiros e tipógrafos de Londres, a Stationers' Company. O "pamphlet" é uma obra impressa composta por um número limitado de folhas de impressão (em geral 12 folhas para um in-quarto, ou seja, 96 páginas), com cadernos costurados e brochados, e não encadernados.[6]

Foi desse modo, e no formato in-quarto, que os poemas e as peças de Shakespeare foram impressos – aliás, ele mesmo emprega o termo na dedicatória que escreveu ao conde de Southampton no poema *The Rape of Lucrece*, publicado em 1594: "A afeição que tenho por Vossa Senhoria é sem fim; esta pequena obra [*pamphlet*] sem começo é apenas uma supérflua parcela dela".[7] A fragilidade dos "*pamphlets*"

---

5 Zachary Lesser e Peter Stallybrass, "Shakespeare from Pamphlet to Book", in Margaret Jane Kidnie e Sonia Massai (orgs.), *Shakespeare and Textual Studies*, Cambridge: Cambridge University Press, 2015, p.105-33.

6 Joad Raymond, *Pamphlets and Pamphleteering in Early Modern Britain*, Cambridge: Cambridge University Press, 2003, p.82; e Aaron T. Pratt, "Stab-Stitching and the Status of Early English Playbook as Literature", *The Library: The Transactions of the Bibliographical Society*, v.16, n.3, 2015, p.304-28.

7 William Shakespeare, "Le viol de Lucrèce", dans *Œuvres complètes, tragicomédies II et poésies*, org. Michel Grivelet e Gilles Monsarrat, Paris: Robert Laffont, "Bouquins", 2003, p.629. Edição em inglês: William Shakespeare, *The Rape of Lucrece*, in *The Norton Shakespeare: Based on the Oxford Edition*, ed. Stephen Greenblatt, Nova York/ Londres: W. W.

não encadernados explica porque eles desapareceram ou se tornaram raros. Se 234 exemplares do Fólio de 1623 conseguiram sobreviver, não sucedeu o mesmo com os in-quartos: hoje existem apenas um exemplar das primeiras edições de *Venus and Adonis* (1593), de *Titus Andronicus* (1594) e da Primeira Parte de *Henry IV* (1598), e apenas dois exemplares do primeiro in-quarto de *The Tragicall Historie of Hamlet Prince of Denmark*, publicado em 1603.[8]

Os modestos in-quartos shakespearianos, sem dignidade tipográfica e ameaçados de extinção, não podem ser considerados instrumentos importantes de consagração. No entanto, as páginas de rosto de suas edições mostram como os livreiros editores londrinos construíram a "autoralidade" de Shakespeare.[9] Em 1598, a edição de *Love's Labour's Lost* é a primeira a mencionar seu nome numa peça nova, mas sem lhe atribuir claramente a autoria, porque a frase ambígua "recentemente corrigida e aumentada por W. Shakespere" pode dar a impressão de que ele apenas revisou e continuou um texto já escrito.[10] Naquele mesmo ano, o nome de Shakespeare aparece nas páginas de rosto do segundo in-quarto de *Richard II* (*The Tragedy of King Richard the Second. By William Shake-speare*) e do terceiro

---

Norton, 1997 p.641: "The love I dedicate to your lordship is without end, whereof this pamphlet, without beginning is but a superfluous moiety".

8 Lukas Erne, *Shakespeare and the Book Trade*, Cambridge: Cambridge University Press, 2013, p.188-91, "Number of Extant Copies of Shakespeare Playbooks, 1594-1660". Sobre o primeiro in-quarto de *Hamlet*, cf. Zachary Lesser, *Hamlet after Q1: An Uncanny History of Shakespeare Text*, Filadélfia: University of Pennsylvania Press, 2015.

9 David Scott Kastan, *Shakespeare and the Book*, Cambridge: Cambridge University Press, 2001.

10 *A Pleasant Conceited Comedie Called Loves Labors Lost* (As it was presented before her Highnes this last Christmas. Newly corrected and augmented By W. Shakespere), Londres: impresso por W. W. para Cutbert Burby, 1598.

de *Richard III* (*The Tragedie of King Richard the Third*. By William Shake-speare).[11]

Antes de 1598, as peças de Shakespeare eram publicadas segundo a prática comum, respeitada em quase metade dos textos dramáticos impressos até 1600: omitia-se o nome do autor ou autores e mencionava-se apenas o nome da trupe, os locais e as datas das representações.[12] Por exemplo, o segundo in-quarto de *The Most Excellent and Lamentable Tragedie of Romeo and Juliet*, impresso em 1599 por Cuthbert Burby, mesmo editor do in-quarto de *Love's Labour's Lost*, informa que a peça foi publicada "como foi várias vezes representada publicamente pelos Servos do Honorável Lorde Chambellan".[13] "Publicamente" significava em teatro aberto, como o Globe.

A partir de 1598, a fama crescente de Shakespeare (atestada pelo *Palladis Tamia*, de Francis Meres, que o compara a Plauto e Sêneca) instiga os livreiros e tipógrafos a destacar o nome que tem boa venda. São vários os sinais. De um lado, o nome de Shakespeare aparece na página de rosto das reedições das peças que haviam sido publicadas anteriormente sem nenhuma menção ao autor: por exemplo, além

---

11 Todas as páginas de rosto dos in-quartos shakespearianos mencionados aqui são citadas a partir do site *Shakespeare Documented: A Multi-Institutional Resource Documenting Shakespeare in His Own Time*, Washington: Folger Shakespeare Library, 2016; disponível em: <shakespearedocumented.folger.edu>; acesso em: jan. 2021.

12 Douglas A. Brooks, *From Playhouse to Printing House: Drama and Authorship in Early Modern England*, Cambridge: Cambridge University Press, 2000, p.176. O quadro pintado por Brooks mostra que as peças publicadas sem o nome do autor representam 42% na década de 1580-1589 e 46% na década de 1590-1599.

13 *The Most Excellent and Lamentable Tragedie, of Romeo and Juliet* (Newly corrected, augmented, and amended: As it hath bene sundry times publiquely acted, by the right Honourable the Lord Chamberlaine his Servants), Londres: impresso por Thomas Creede para Cuthbert Burby, 1599.

dos in-quartos de *Richard II* e *Richard III*, o primeiro in-quarto de *Henry IV* em 1599 (*The History of Henrie the Fourth. Newly corrected by W. Shake-speare*). De outro lado, o nome ou as iniciais de Shakespeare começam a aparecer em coletâneas de poemas nas quais ele é apenas um dos autores (como na coletânea *The Passionate Pilgrime*, editada por William Jaggard em 1599 e apresentada como tendo sido composta "por W. Shakespeare", embora inclua somente cinco poemas dele)[14] ou em edições de obras teatrais que foram generosamente atribuídas a ele e entraram tardiamente e apenas por um breve período no *corpus* shakespeariano: *The London Prodigall* em 1605, *A Yorkshire Tragedy* em 1608 e *The First Part of the True & Honorable History, of the Life of Sir John Old-Castle, the Good Lord Cobham* em 1619 (com data errada de 1600).

Enfim, a confirmação da autoridade de Shakespeare é dada de forma paroxística, mas única, no in-quarto de 1608 de *King Lear*. As primeiras linhas do título do in-quarto são: *M. William Shak-speare: His True Chronicle Historie of the Life and Death of King Lear and his Three Daughters*. A reivindicação (*"His" King Lear*) não deve entrar na conta de certa *húbris* do dramaturgo. Ao contrário, ela remete a uma competição entre livreiros, pois o objetivo de Nathaniel Butter era pôr no mercado a edição de *King Lear* de Shakespeare à custa da edição de outro dramaturgo impressa em 1605 por John Wright e intitulada: *The True Chronicle History of King Leir, and his Three Daughters, Gonorill, Ragan, and Cordella*.[15] No entanto, a prontidão com que o nome de Shakespeare foi mobilizado após 1598, o que constitui uma primeira consagração comercial, não é suficiente para esconder a realidade da publicação dos textos teatrais. Em primeiro

---

14 *The Passionate Pilgrime* (By W. Shakespeare), Londres: impresso por W. Jaggard, 1599.

15 *The True Chronicle History of King Leir, and his Three Daughters, Gonorill, Ragan, and Cordella* (As it hath bene divers and sundry times lately acted), Londres: impresso por Simon Staffors para John Wright, 1605.

lugar, é claro que não são todos os livreiros nem todas as edições que destacam o nome de Shakespeare. Por exemplo, as reedições in-quarto de *The Most Lamentable Romaine Tragedie of Titus Andronicus* em 1600 e 1611, e as de *The Most Excellent and Lamentable Tragedie, of Romeo and Juliet* em 1599, 1609 e 1622 (nesta última, apenas alguns exemplares), simplesmente não mencionam o nome do autor. Por outro lado, durante muito tempo o dramaturgo teve de dividir a página de rosto com o livreiro editor e o tipógrafo, o que era a regra nas edições impressas, mas também com a trupe e, em certa medida, com os espectadores, fossem eles da realeza ou não. É o caso do primeiro in-quarto de *Hamlet*, publicado em 1603, em que a atribuição do texto a "William Shakespeare" é acompanhada da lista dos atores que atuaram na peça e dos locais onde ela foi apresentada: "Como foi várias vezes representada pelos servos de Sua Majestade na cidade de Londres: e igualmente nas duas universidades de Cambridge e Oxford, e outras".[16] É o caso, ainda mais significativo, do in-quarto de *King Lear*, *"His" King Lear*, de 1608: "Como foi encenada diante de Sua Majestade Real em Whitehall na noite de Santo Estevão, durante as festas de Natal. Pelos servos de Sua Majestade que se apresentam usualmente no Globe, na margem esquerda".[17] Dessa forma, a página de rosto incluía a representação da peça no ciclo festivo de doze dias do país e exibia a proteção real. Mesmo

---

16 *The Tragicall Historie of Hamlet, Prince of Denmark* (By William Shakespeare. As it hath beene diverse times acted by his Highnesse servants in the Cittie of London: as also in the two Universities of Cambridge and Oxford, and else-where), Londres: impresso para N. L. e John Trundell, 1603.

17 M. William Shak-speare, *His True Chronicle Historie of the Life and Death of King Lear and his Three Daughters* (With the unfortunate life of Edgar, sonne and heire to the Earle of Gloster, and his sullen and assumed humor of Tom of Bedlam: As it was played before the Kings Majestie at Whitehall upon S. Stephans night in Christmas Hollidayes. By his Majesties servants playing usually at the Gloabe on the Bancke-Side), Londres: impresso para Nathaniel Butter, 1608.

dentro da lógica editorial de explorar a fama adquirida pelos dramaturgos, ou pelo menos por alguns dramaturgos, os textos publicados
continuam sendo um arquivo das múltiplas colaborações envolvidas
na atividade teatral.[18] Informar na página de rosto as circunstâncias em que se realiza-
ram as representações é sinal de um esforço para diminuir a distân-
cia entre o numeroso público das "public playhouses" e o pequeno
mercado das peças impressas. Embora o investimento necessário
para publicar uma edição in-quarto fosse baixo, a maioria das peças
representadas jamais foi impressa. David Scott Kastan afirma que
menos de 20% das peças representadas eram impressas.[19] Um pouco
mais generoso, Douglas A. Brooks sugere, a partir da comparação
do número de títulos conhecidos com o de textos existentes, que a
porcentagem de peças representadas entre 1580 e 1640 que tiveram
ao menos uma edição impressa é de 36%.[20] Reticentes em publicar
os textos, os livreiros editores também hesitavam em reeditá-los,
como se as tiragens, mesmo limitadas, tivessem pouca saída e muitas
obras não encontrassem interessados. Segundo Peter Blayney, se
cerca de metade das peças publicadas antes de 1622 teve ao menos
uma reedição nos 25 anos seguintes, a porcentagem cai para apenas
29% no caso das peças publicadas entre 1623 e 1642.[21] Desse ponto
de vista, Shakespeare é um caso ambíguo: oito das dezoito peças de

18 David Scott Kastan, Shakespeare and the Book, op. cit., p.48.
19 Ibid., p.23.
20 Douglas A. Brooks, From the Playhouse to the Printing House, op. cit.,
    p.172.
21 Peter W. M. Blayney, "The Publication of Playbooks", in John D. Cox
    e David Scott Kastan (orgs.), A New History of Early English Drama,
    Nova York: Columbia University Press, 1997, p.383-422, em especial
    p.387. As conclusões de Peter Blayney são discutidas por Zachary Lesser,
    "Playbooks", in Joad Raymond (org.), The Oxford History of Popular Print
    Culture, v.1: Cheap Print in Britain and Ireland to 1660, Oxford: Oxford
    University Press, 2011, p.521-35.

sua autoria que foram publicadas em formato in-quarto antes de sua morte, em 1616, tiveram somente uma edição, mas outras fizeram um enorme sucesso e ganharam várias edições: até 1623 foram quatro de *Romeo and Juliet*, cinco de *Richard II*, seis de *Richard III* e mais seis da Primeira Parte de *Henry IV*.

Encadernar

Esse primeiro renome adquirido por Shakespeare no mercado livreiro de Londres não é necessariamente reconhecido pelos leitores. Prova disso é a inclusão de algumas de suas obras impressas originalmente em formato in-quarto em coletâneas com obras de vários autores.[22] A estratégia, que é sobretudo uma estratégia de colecionador e leitor, e não de livreiro editor, visa conservar os frágeis *"pamphlets"*, encadernando vários num mesmo volume.[23] Em 1609, por exemplo, a biblioteca de sir John Harrington possuía 135 peças de teatro reunidas em onze volumes.[24] As dezessete peças de Sha-

22 Lukas Erne, *Shakespeare and the Book Trade*, op. cit., p.215-23.

23 Jeffrey Todd Knight, *Bound to Read: Compilations, Collections, and the Making of Renaissance Literature*, Filadélfia: University of Philadelphia Press, 2013, em especial p.54-84.

24 Walter Wilson Greg, *A Bibliography of English Printed Drama to the Restoration*, v.3: *Collections, Appendix, Reference Lists*, Londres: Oxford University Press/ The Bibliographical Society, 1957, p.1306-13; Alan H. Nelson, "Shakespeare and the Bibliophiles: From the Earliest Years to 1616", in Robin Myers, Michael Harris e Giles Mandelbrote (orgs.), *Owners, Annotators, and the Signs of Reading*, Newcastle/ Londres: Oak Knoll/ British Library, 2005, p.49-73, em especial p.56; Lukas Erne, *Shakespeare and the Book Trade*, op. cit., p.198; e Roger Chartier e Peter Stallybrass, "Reading and Authorship: The Circulation of Shakespeare 1590-1619", in Andrew Murphy (org.), *A Concise Companion to Shakespeare and the Text*, Oxford: Blackwell, 2007, p.35-56 (sobre a biblioteca de John Harrington, p.41-2).

kespeare que constavam da biblioteca estavam distribuídas em oito desses onze volumes. No primeiro volume, que reúne cinco peças (ou sete, se contarmos *The London Prodigall* e a *Tragedie of Locrine*, cujas páginas de rosto mencionam William Shakespeare ou W. S.), Shakespeare aparece ao lado do *King Leir* de 1605, três peças de Ben Jonson, uma de Chapman e uma anônima. Todos os volumes de Harrington que reúnem in-quartos dramáticos são miscelâneas e não dão especial importância ao nome do autor. Nas listas das peças apresentadas nos onze volumes, apenas dezenove são explicitamente atribuídas a um dramaturgo. O nome de Shakespeare é mencionado quatro vezes: em associação a *King Lear*, *The Merry Wives of Windsor* e também a duas outras peças que não permaneceram muito tempo no *corpus* shakespeariano: *A Yorkshire Tragedy* (anunciada como "*Written by W. Shakspeare*" numa edição de 1608) e *The Puritan, or the Widow of Watling Street* (impressa em 1607 com as iniciais W. S.).

Encadernar um ou vários in-quartos shakespearianos com obras de outros autores é uma prática que perdurou no século XVII, como comprovam dois exemplos propostos por Jeffrey Todd Knight. Num volume datado da década de 1630, a Primeira Parte de *Henry IV* e *Richard III* são apresentadas com outras treze peças, todas dedicadas à vida (e morte) de soberanos e homens ilustres.[25] Em outro volume, dois "*pamphlets*" foram encadernados juntos: *The Late and Much Admired Play, Pericles, Prince of Tyre (By William Shakespeare)* e *The Queenes Arcadia: A Pastorall Trage-Comedie*, de Samuel Daniel, cujo nome não figura na página de rosto. Nesse caso, foi provavelmente o gênero tragicômico e suas implicações políticas que juntaram a pastoral de Daniel e a peça de Shakespeare.[26]

---

25 Jeffrey Todd Knight, *Bound to Read*, op. cit., p.65-8, Folger Shakespeare Library STC 4619.

26 Ibid., p.75-7, Folger Shakespeare Library STC 22335 Copy I.

Os poemas de Shakespeare também foram encadernados com obras de outros poetas: por exemplo, num volume que reúne *Venus and Adonis, The Passionate Pilgrim* e *Epigrammes and Elegies by J. D.* [John Davies] *and C. M.* [Christopher Marlowe],[27] e noutro em que *The Rape of Lucrece* foi encadernado com quatro poemas de inspiração ovidiana e cópias manuscritas de canções de amor e epigramas eróticos.[28] Podemos supor que essas associações de Shakespeare com outros autores eram mais frequentes do que nos levam a crer as coleções das bibliotecas, pois nos séculos XIX e XX as miscelâneas eram frequentemente "desencadernadas" e transformadas em "livros" ricamente encadernados, contendo apenas uma obra shakespeariana, a saber, os modestos *"pamphlets"* in-quarto – que somente sobreviveram graças à sua associação com textos não shakespearianos, encadernados juntos por vontade do comprador. Essas associações davam significações originais aos textos shakespearianos, que desapareciam quando os bibliotecários os separavam de seus companheiros de encadernação.

Lugares-comuns

A terceira vida dos textos shakespearianos começa em 1600. Essa vida é a da disseminação de citações em coletâneas de lugares-comuns. Dessa vez não se trata de encadernar obras de Shakespeare com obras de outros autores, mas extrair de cada uma delas *"sententiæ"* que constituam verdades gerais ou universais. Shakespeare foi submetido a uma modalidade de leitura na qual ele próprio era

27 Ibid., p.73-5, Huntington Library 59000-59002. Cf. três outras coletâneas poéticas contendo *Venus and Adonis* in Jason Scott-Warren, *Shakespeare's First Reader: The Paper Trails of Richard Stonley*, Filadélfia: University of Pennsylvania Press, 2019, p.37.
28 Ibid., p.80-1, British Library C 39.a.37.

um especialista. Nos séculos XVI e XVII, a técnica dos "lugares-
-comuns" comandava tanto as ações dos leitores quanto as estratégias dos editores (ao menos de alguns). Os leitores procuravam nos
textos que estavam lendo os exemplos e as sentenças necessárias para
abastecer as *"copia verborum ac rerum"* que eram exigidas em todos
os tipos de discursos.[29] Após indicar nas margens do livro a rubrica
correspondente às linhas ou versos selecionados, o leitor copiava e
distribuía esses excertos nos tópicos e temas dos cadernos de lugares-
-comuns, compondo desse modo um repertório de citações que eles
podiam utilizar em seus discursos ou conversas.[30] Alguns editores
tiraram proveito dessa prática, ou indicando tipograficamente nos
textos que mandavam imprimir as passagens que deviam ser selecio-
nadas, copiadas e memorizadas, ou publicando antologias de lugares-
-comuns.[31] Em ambos os casos, o intuito era facilitar a compilação.

Tradicionalmente destinada a extrair citações de clássicos gregos
e latinos, ou de autoridades cristãs, na Inglaterra de 1600 a técnica
se expande para os escritores que escreviam em língua vernacular.
Três antologias impressas tiveram papel fundamental nas vidas dos
textos shakespearianos. A primeira é o livro já citado de Francis
Meres, *Palladis Tamia: Wits Treasury Being the Second Part of Wits*

---

29 Ann Blair, "Humanist Methods in Natural Philosophy: The Commonplace Book", *Journal of the History of Ideas*, v.53, n.4, 1992, p.541-51;
e *Tant de choses à savoir: comment maîtriser l'information à l'époque moderne*
[2010], trad. Bernard Krespine, Paris: Seuil, 2020, p.123-5 e 177-9.

30 Para uma comparação entre cadernos de lugares-comuns e livros de contas,
nesse caso o diário de Richard Stonley, primeiro comprador conhecido de
um exemplar de *Venus and Adonis*, cf. J. S. Warren, *Shakespeare's First Reader*, op. cit., p.41-4; e "Diary of Richard Stonley, 1593-1594", *Shakespeare
Documented: An Online Exhibition Documenting Shakespeare in his Own
Time*, Folger Library, 2016; disponível em: <shakespearedocumented.
folger.edu>; acesso em: jan. 2021.

31 Ann Moss, *Printed Commonplaces-Books and the Structuring of Renaissance
Thought*, Oxford: Clarendon, 1996.

Common, publicado em 1598.[32] A obra organiza por temas citações de autores antigos, Pais e Doutores da Igreja e poetas "modernos".

Não cita nenhum excerto de Shakespeare, mas inclui seu nome no "discurso comparativo de nossos poetas ingleses com os poetas gregos, latinos e italianos".[33] Nessa antologia, Francis Meres estabelece um primeiro cânon shakespeariano tanto para a poesia quanto para o teatro. No caso da poesia, ele cita dois poemas publicados em 1593 e 1594 e os sonetos que circulavam em manuscritos entre pessoas próximas de Shakespeare: "A alma doce e graciosa de Ovídio vive no delicado Shakespeare, cuja língua é de mel, como são testemunhas sua *Vênus e Adônis*, sua *Lucrécia*, seus suaves *Sonetos* que circulam entre amigos, &".[34] No caso do teatro, o *corpus* de Meres compreende cinco comédias, das quais a misteriosa *Love's Labour's Won*, citada também no livro-caixa de um livreiro do Sul da Inglaterra em 1603,[35] e seis "tragédias" (das quais quatro se tornaram "*Histories*" no Fólio de 1623). Ele afirma que "do mesmo modo que Plauto e Sêneca são os melhores na comédia e na tragédia para os romanos, Shakespeare é o mais excelente nos dois gêneros dramáticos para os ingleses".[36] A lista de Meres cita como comédia *The Two Gentlemen of Verona*, *The*

---

32 *Palladis Tamia: Wits Treasury, Being the Second Part of Wits Common Wealth* (by Francis Meres Maister of Artes of both Universities), Londres: impresso por P. Short para Cuthbert Burbie, 1598.

33 Ibid., p.279-87: "A comparative Discourse of our English Poets, with the Greeke, Latine, and Italian Poets".

34 Ibid., p.281-2: "The sweete wittie soule of Ovid lives in mellifluous & hony-tongued Shakespeare, witness his Venus and Adonis, his Lucrece, his sugared Sonnets among his private friends, &".

35 *Shakespeare Documented*, op. cit., "Fragments of a Stationer's Account Book, August 9-17 1603" (The Rare Book and Manuscript, Library of the University of Illinois at Urbana-Champaign).

36 *Palladis Tamia*, op. cit., p.282: "As Plautus and Seneca are accounted the best for Comedy and Tragedy among the Latines: so Shakespeare among English is the most excellent in both kinds for the stage".

Comedy of Errors, Love's Labour's Lost, Love's Labour's Won e *The Merchant of Venice.* As seis tragédias são *Richard II, Richard III, Henry IV, King John, Titus Andronicus* e *Romeo and Juliet.*[37] Meres confirma a fama de Shakespeare, elogiado com cuidado especial ("o mais excelente"), mas suas listas compreendem muitos nomes: poetas dramáticos dignos de comparação com os antigos são quatorze (entre eles Shakespeare), e autores de comédia são dezoito (entre eles Shakespeare).

Em 1600, Shakespeare entra para o repertório dos "lugares--comuns" – sublimes porque são universais – com numerosos excertos de poemas e peças reunidos numa coletânea intitulada *Bel--vedére or The Garden of the Muses.*[38] William Shakespeare aparece entre os 41 poetas cujos versos são citados, mas sem autoria. Charles Crawford identificou 213 citações tiradas de Shakespeare, das quais 125 que privilegiam dois poemas (91 de *The Rape of Lucrece* e 34 de *Venus and Adonis*) e 88 de peças.[39]

No mesmo ano, outra coletânea de lugares-comuns convoca Shakespeare. Em *England's Parnassus or The Choicest Flowers of our Modern Poets*, as citações são mais longas e os autores são

37 Ibid., p.281-2.
38 *Bel-vedére, or, The Garden of the Muses*, Londres: F. K. for Hugh Astley, 1600. Cf. Roger Chartier e Peter Stallybrass, "Reading and Authorship", op. cit., p.43-53.
39 Neil Rhodes, "Shakespeare's Popularity and the Origins of the Canon", in Andy Kesson e Emma Smith (orgs.), *The Elizabethan Top-Ten: Defining Print Popularity in Early Modern England*, Londres/ Nova York: Routledge, 2016, p.101-24, em especial p.114. Rhodes utiliza os dados fornecidos por duas pesquisas de Charles Crawford: "Belvedere, or The Garden of the Muses", *Englische Studien*, v.43, 1910-1911, p.198-228, e "Appendix D: Bodenham's Belvedere", in *The Shakespeare Allusion Book: A Collection of Allusions to Shakespeare from 1591 to 1700* [1909], ed. Clement Mansfield Ingleby, Lucy Toulmin Smith e Frederick James Furnivall, rev. John James Munro, Oxford/ Londres: Humphrey Milford, 1932, t.II, p.489-518.

identificados (mas com erros). Noventa e sete citações são atribuídas a Shakespeare, com igual preferência por seus poemas (39 citações de *Lucrece* e 26 de *Venus and Adonis*), contra trinta citações de cinco peças, das quais treze de *Romeo and Juliet*. O Shakespeare desmembrado das antologias de lugares-comuns é sobretudo o poeta "de língua de mel" enaltecido por Meres.[40] Mas Shakespeare é também um poeta e dramaturgo de verdades sublimes que pertencem a todos. Mesmo atribuídos ao autor, os lugares-comuns apontam versos e frases dos quais todos podem e devem se apropriar. Os compiladores das antologias, como Anthony Munday e Robert Allott, organizam tematicamente essa "*appropriability*", como diz Margreta de Grazia.[41] Os editores das peças de Shakespeare (por exemplo, os dois primeiros in-quartos de *Hamlet* em 1603 e 1604 e o primeiro in-quarto de *The Historie of Troylus and Cressida* em 1609) indicam tipograficamente aos leitores – com aspas invertidas ("*inverted commas*") no início da linha – os lugares-comuns que devem ser tesouros de todos.[42]

Desde o princípio do século XVII, alguns leitores já copiavam trechos de Shakespeare em cadernos de lugares-comuns: por exemplo, Edward Pudsey copiou frases tiradas de seis peças de Shakespeare, coligidas com frases de mais uma dúzia de dramaturgos;

---

40 *Englands Parnassus: or The Choysest Flowers of Our Moderne Poets, with Their Poeticall Comparisons* (Descriptions of Bewties, Personages, Castles, Pallaces, Mountaines, Groves, Seas, Springs, Rivers, &c. Whereunto are annexed other various discourses, both pleasant and profitable), Londres: para N. L. C. B. e T. H., 1600.

41 Margreta de Grazia, "Shakespeare in Quotation Marks", in Jean I. Marsden (org.), *The Appropriation of Shakespeare. Post-Renaissance Reconstructions of the Works and the Myth*, Nova York: St Martin's Press, 1991, p.57-91.

42 Zachary Lesser e Peter Stallybrass, "The First Literary *Hamlet* and the Commonplacing of Professional Plays", *Shakespeare Quarterly*, v.59, n.4, 2008, p.371-420.

James Whitehall, pastor de Checkley formado em Oxford, extraiu lugares-comuns de três peças[43]. A prática perdurou no século XVIII, com citações de Shakespeare sendo compiladas por seus leitores em coletâneas manuscritas.[44]

Mas a consagração de Shakespeare pelos lugares-comuns é ambígua: de um lado, ele faz parte do *corpus* de escritores cujos versos merecem ser copiados e citados; de outro, ele não é o único a adquirir esse status, muito pelo contrário, e, além disso, os excertos tirados de suas obras são citados sem o nome do autor.

O projeto de Thomas Pavier

Em 1619, nos antípodas dessa fragmentação das obras sob a forma de lugares-comuns, começa o que parece ser a primeira tentativa de reunir Shakespeare com ele mesmo. O projeto é do livreiro Thomas Pavier, que manda William Jaggard imprimir as três primeiras peças de sua coleção shakespeariana como se fossem partes de um único volume. Os cadernos de *The Whole Contention* (que reúne a segunda e a terceira partes de *Henry VI*) e de *Pericles* apresentam assinaturas contínuas pelas quais é possível juntá-los como se fossem os vários cadernos de um mesmo livro. O projeto foi interrompido por uma carta de lorde Chambellan à Stationers' Company na qual ele declara que nenhuma peça representada pela

---

43   Laura Estill, "Commonplacing Readers", in *Shakespeare and Textual Studies*, op. cit., p.149-62; e Lukas Erne, *Shakespeare and the Book Trade*, op. cit., p.229-31. Cf. "James Whitehall, Commonplace Book, 1605-1609", "Edward Pudsey's Commonplace Book, ca. 1600-1615" e "A Common Place Book, ca. 1622-1625", *Shakespeare Documented*, op. cit.

44   David Allan, *Commonplace Books and Reading in Georgian England*, Cambridge: Cambridge University Press, 2010, p.183-95.

King's Men pode ser impressa sem autorização da trupe. Lukas Erne interpreta essa decisão como um indício de que William Jaggard e os dois antigos companheiros da trupe de Shakespeare, John Heminge e Henry Condell, tinham um projeto semelhante.[45] Pavier dá prosseguimento à empreitada, mas sob outra forma, publicando sete outras peças como in-quartos separados, e com datas falsas, para parecerem mais antigos.

Esse projeto abortado foi a primeira tentativa de reunir numa mesma obra várias peças de Shakespeare. Em 1619, esse *corpus* compreendia também *The First Part of the True & Honorable History of the Life of Sir John Old-Castle*, impressa por Pavier em 1600, mas sem o nome do autor, e *A Yorkshire Tragedy*, publicada em 1608 com as iniciais W. S. na página de rosto. Se a intenção inicial de Pavier era publicar um livro "shakespeariano", parece que os leitores não a entenderam bem. O projeto se materializou em alguns volumes conservados, nos quais as dez peças impressas por Thomas Pavier foram encadernadas juntas.[46] Em outros, porém, uma peça de Thomas Heywood, *A Woman Killed with Kindness*, é frequentemente introduzida entre as peças apresentadas como shakespearianas.[47]

---

45 Lukas Erne, *Shakespeare as Literary Dramatist*, Cambridge: Cambridge University Press, 2003, p.255-8: "Appendix B. Heminge and Condell's 'Stolne and Surreptitious Copies' and the Pavier Quartos"; e *Shakespeare and The Book Trade*, op. cit., p.174-9.

46 Cf. Walter Wilson Greg, *A Bibliography of English Printed Drama to the Restoration*, op. cit., p.1107-9.

47 Zachary Lesser e Peter Stallybrass, "Shakespeare from Pamphlet to Book", op. cit., p.119-33. Cf. o livro de Zachary Lesser, *Ghosts, Holes, Rips, and Scrapes: Shakespeare in 1619, Bibliography in the Longue Durée*, Filadélfia: University of Pennsylvania Press, 2021 (no prelo), que faz uma profunda revisão dos in-quartos de Pavier.

Fólios

Somente a partir de 1623 começa realmente o processo que consagra o dramaturgo e converte o texto shakespeariano em monumento. A decisão fundadora foi tomada por dois antigos companheiros da trupe dos King's Men, John Heminge e Henry Condell, ambos atores e sócios da companhia. Foram eles que decidiram reunir num único volume as peças do colega falecido sete anos antes. Eles convenceram os tipógrafos William e Isaac Jaggard a se associarem ao projeto, bem mais arriscado que a publicação dos modestos in-quartos. Os Jaggard assumiram os custos da publicação, formando um consórcio com os livreiros John Smethwick e William Aspley, que possuíam direitos (ou "*rights in copy*") sobre seis peças, e o livreiro Edward Blount, que se especializara na edição de novidades literárias e traduções, como os *Essais* de Montaigne (traduzidos por John Florio e publicados em 1603) e as duas partes de *Don Quijote* (traduzidas por Thomas Shelton e publicadas em 1612 e 1620).

De novo, nosso objetivo não é reconstituir a história editorial de um dos livros mais famosos do mundo bibliográfico.[48] Outros fizeram isso e muito bem.[49] No entanto, dois pontos devem ser assinalados. O primeiro é que foi com o Fólio de 1623 que os contornos do *corpus* teatral shakespeariano se tornaram visíveis pela primeira vez. Diferentemente do Fólio de 1616, idealizado por Ben Jonson e que

---

48 *Mr. William Shakespeares Comedies, Histories, & Tragedies* (Published according to the True Originall Copies), Londres: impresso por Isaac Iaggard e E. Blount, 1623.

49 Charlton Hinman, *The Printing and Proof-Reading of the First Folio of Shakespeare*, Oxford: Clarendon, 1963; Peter Blayney, *The First Folio of Shakespeare*, Washington: The Folger Library, 1991; Anthony James West, *The Shakespeare First Folio: The History of the Book*, Oxford: Oxford University Press, 2001; e Emma Smith, *Shakespeare's First Folio: Four Centuries of an Iconic Book*, Oxford: Oxford University Press, 2016.

reunia sob o título de *The Workes of Benjamin Jonson* somente nove peças shakespearianas, mas também algumas máscaras, epigramas e poemas,[50] o Fólio pensado por Heminge, Condell e os livreiros consorciados contém todas as obras teatrais escritas por Shakespeare, mas nenhum de seus poemas. Em outras palavras: o Fólio de 1623 reunia dezoito peças já publicadas, cujos "*rights in copy*" foram comprados ou eram dos editores, e dezoito nunca antes impressas, cujos direitos foram comprados da trupe dos King's Men. O critério usado para delimitar o repertório shakespeariano levou às últimas consequências a lógica editorial que dá preferência à atribuição a um único autor. Portanto, foram excluídas as peças que Heminge e Condell conheciam como escritas a várias mãos, como *Pericles* (apesar da edição in-quarto de 1609 mencionar o nome de Shakespeare na página de rosto), *The Two Noble Kinsmen*, *Cardenio*, *Edward III* e *Sir Thomas More*. Em contrapartida, foram incluídas peças que a crítica do século XIX identificou como sendo produto de colaboração, mas os editores de 1623 reconheciam como plenamente shakespearianas, como *Henry VIII*. A canonização de Shakespeare pelo Fólio, patenteada no retrato estampado na página de rosto, nos poemas de louvor compostos por Ben Jonson, Hugh Holland, Leonard Digges e James Mabbe e na dedicatória "*To the great Variety of Readers*" ("à grande diversidade de leitores"), assinada por Heminge e Condell, pressupõe a extinção da escrita coletiva, frequente nas obras teatrais, e a celebração do gênio singular.

O segundo ponto é que essa autoridade é que funda a autenticidade declarada, se não comprovada, dos textos publicados no Fólio, embora suas origens sejam muito diversas: edições in-quarto, "*prompt books*" (ou manuscritos de ponto) e cópias manuscritas. Os textos que o volume de 1623 declara publicar de acordo com os manuscritos autênticos e originais ("*Published according to the*

---

50 *The Workes of Beniamin Jonson*, Londres: impresso por Will. Stansby, 1616.

True Originall Copies") são apresentados como sendo os mesmos que Shakespeare concebeu, compôs e escreveu, sem correção nem arrependimento: "sua mão e seu espírito se moviam juntos, e o que ele pensava ele exprimia com tanta facilidade que recebemos dele manuscritos quase sem rasuras".[51] Reproduzindo fielmente os manuscritos, o Fólio oferece as obras sem nenhuma alteração, tal qual o "Autor" as "*uttered*", isto é, enunciadas como poemas dramáticos e moeda forte. A retórica de Heminge e Condell afasta o texto shakespeariano das deformações envolvidas nas representações e das deturpações introduzidas por edições que fizeram circular não reproduções autênticas das obras do autor, mas "textos roubados e pirateados, mutilados e deformados pelos atos fraudulentos e dissimulados dos impostores que os mandaram publicar".[52] Baseado nos manuscritos autógrafos de Shakespeare, o Fólio é duplamente perfeito: restabelece em sua pureza original, "recuperadas, com membros perfeitos", as obras corrompidas pelas edições precedentes e reúne pela primeira vez todas as peças do autor num único volume.[53]

Desde esse primeiro ato editorial, há uma tensão entre a reivindicação de um texto ideal, perfeitamente conforme com aquele que o autor imaginou e escreveu, e as variações introduzidas pela

---

51 John Heminge e Henry Condell, "To the Great Variety of Readers", in Mr. William Shakespeares, *Comedies, Histories, and Tragedies*, Londres: 1623, fol. A3 rº: "His mind and hand went together: And what he thought, he uttered with that easinesse, that we have scarce received a blot in his papers". Texto em francês: Shakespeare, *Œuvres complètes. Tragicomédies II et Poésies*, op. cit., p.1001.

52 Id.: "we pray you do not envie his Friends, the office of their care, and paine, to have collected & publish'd them; and so to have publish'd them, as where (before) you were abus'd with diverse stolne, and surreptitious copies, maimed, and deformed by the frauds and steathes of injurious impostors, that expos'd them".

53 Id.: "even those, are now offer'd to your view cur'd, and perfect of their limbes; and all the rest, absolute in their numbers, as he conceived them".

própria materialidade da obra impressa. Essas variações incidem sobre o conteúdo em si, pois, pela dificuldade que os editores encontraram para adquirir o *"right in copy"* de *Troilus and Cressida*, obtido somente depois que a impressão começou, alguns exemplares não contêm a peça (e o título não aparece no *"catálogo"* das peças incluídas no volume) e outros a apresentam com ou sem prólogo.

As variações incidem também sobre o texto, porque as *"stop-press corrections"* permitem alterações no texto das páginas que vão na mesma "fôrma" (isto é, na bandeja de madeira na qual são montadas as páginas impressas no mesmo lado da folha de impressão), sem que as folhas impressas antes das alterações sejam perdidas. Donde as diferenças existentes entre exemplares de uma mesma edição.

A composição tinha restrições particularmente rígidas no caso dos fólios compostos em "fôrmas" (e não *seriatim*, ou seja, seguindo a ordem do texto) e com cadernos de três folhas de impressão, ou seja, seis folhas ou doze páginas. Assim como os hábitos de cada compositor tipógrafo (que eram ao menos cinco, senão mais), essas restrições acabavam introduzindo uma grande diversidade de grafias, pontuações e paginações nos exemplares.[54] As consequências são particularmente visíveis na última página composta de cada caderno. A apresentação do texto, com espaçamento maior ou menor, com poucas ou muitas abreviações, depende diretamente dos erros que tenham sido cometidos durante a calibragem da cópia.[55]

---

54 Jeffrey Masten, "Pressing Subjects, or the Secret Lives of Shakespeare's Compositors", in Jeffrey Masten, Peter Stallybrass e Nancy Vickers (orgs.), *Language Machines: Technologies of Literary and Cultural Production*, Londres/ Nova York: Routledge, 1997, p.75-107.

55 Um exemplo de falta de espaço que exige a condensação do texto e das palavras é a primeira página do caderno L das *Comedies* no Fólio, que foi a última a ser composta e corresponde à última página de *Much Ado about Nothing*, p.121. Cf. Stanley Wells, Gary Taylor, John Jowett e William Montgomery (orgs.), *William Shakespeare: A Textual Companion*, Oxford: Oxford University Press/ Clarendon, 1987, p.44-5.

Há uma grande diferença, portanto, entre reivindicar um "*ideal
copy text*" *avant la lettre*, como Heminge e Condell o formularam, e
a realidade plural, vaga e mutável do texto em sua forma impressa.
A iniciativa comercial e memorial dos editores de 1623, que cano-
nizaram Shakespeare como autor, também legaram a todos os que
se inspiram neles a busca impossível por um Shakespeare autêntico,
sempre desejado e sempre traído.[56]
    Também podemos sublinhar, como fez Margreta de Grazia, o
contraste entre a clara atribuição "autoral" do Fólio, dada pelo título
(*Mr. William Shakespeares Comedies, Histories, & Tragedies*) e pelo
retrato na página de rosto, e a dimensão coletiva da obra, indicada
pelos textos preliminares. Esses textos fazem referência à publicação
do livro (com o nome dos tipógrafos: "*Printed by Isaac Jaggard, and
E. Blount*", se bem que este último não fosse tipógrafo), ao patro-
nato dos destinatários das dedicatórias (conde Pembroke, lorde
Chambellan e seu irmão, Montgomery, os leitores e sua "grande
diversidade", a companhia teatral que encenou as obras, com a lista
dos 25 atores principais que interpretaram as personagens) e, finalmente, à república dos letrados, com os quatro poemas de louvor a
Shakespeare.[57]
    O Fólio foi reeditado três vezes: 1632, 1663-1664 e 1685. Nas
duas últimas edições, 7 peças foram acrescentadas às 36 da edição
de 1623, como informa a página de rosto do terceiro Fólio, publicado por Philip Chetwinde em 1664 e apresentado como "terceira
impressão, à qual foram acrescentadas sete peças, nunca antes

---

56 Stephen Orgel, "The Authentic Shakespeare", *Representations*, n.21,
    1988, p.1-25; e *The Authentic Shakespeare and Other Problems of the Early
    Modern Stage*, Nova York: Routledge, 2002.
57 Margreta de Grazia, *Shakespeare Verbatim: The Reproduction of Authenti-
    city and the 1790 Apparatus*, Oxford: Clarendon, 1991, p.14-48.

publicadas em fólio".[58] Essas sete peças já haviam sido publicadas no formato in-quarto entre 1595 e 1619. Quatro mencionam o nome de Shakespeare na página de rosto: *The London Prodigall* (1605), *A Yorkshire Tragedy* (1608), *Pericles* (1609) e *Sir John Oldcastle* (1619); as outras três dão apenas as iniciais W. S.: *The Tragedy of Locrine* (1595), *The Life and Death of Thomas Lord Cromwell* (1602) e *The Puritan Widow* (1607). Mantidas no cânon shakespeariano pelo Fólio de 1685 (e apresentadas em volumes separados nas edições de Rowe em 1709 e de Pope em 1728), essas sete peças, com exceção de *Pericles*, serão posteriormente excluídas dele.

Obras

A sexta vida dos textos shakespearianos são as oito edições das *Works of Shakespeare* publicadas entre 1709 e 1790 por Nicholas Rowe (1709),[59] Alexander Pope (1725),[60] Lewis Theobald (1733),[61]

---

58 *M^r. William Shakespear's Comedies, Histories, And Tragedies* (Published according to the true Original Copies. The third Impression. And unto this Impression is added seven Playes, never before Printed in Folio), Londres: impresso por P. C., 1664.

59 *The Works of Mr. William Shakespear* (In six volumes. Adorn'd with Cuts. Revis'd and Corrected, with an Account of the Life and Writings of the Author. By N. Rowe, Esq.), Londres: Jacob Tonson, 1709.

60 *The Works of Shakespear* (In six volumes. Collated and Corrected by the former Editions, by Mr. Pope), Londres: Jacob Tonson, 1725. Em 1728, essa edição foi publicada novamente em oito volumes por Tonson e em dez volumes (incluindo as peças acrescentadas no Fólio de 1664) por um consórcio de treze editores.

61 *The Works of Shakespeare* (In seven volumes. Collated with the Oldest Copies, and Corrected; with Notes, Explanatory, and Critical: By Mr. Theobald), Londres: A. Bettesworth, C. Hitch, J. Tonson, F. Clay, W. Feales e R. Wellington, 1733.

Thomas Hanmer (1743-744),[62] William Warburton (1747),[63] Samuel Johnson (1765),[64] Edward Capell (1768)[65] e Edmond Malone (1790).[66] Há vários pontos em comum nessas edições, indicados nas páginas de rosto.[67] Em primeiro lugar, trata-se de empreendimentos monumentais, cujo número de volumes cresce no decorrer século, passando de seis (Rowe e Pope) para sete (Theobald), oito (Warburton e Johnson) e dez (Capell e Malone). Em segundo lugar, todos propõem textos "corrigidos" em relação às edições anteriores (ainda que estas constituam o texto de base das novas edições). Vários

62 *The Works of Mr William Shakespear* (In six volumes. Carefully Revised and Corrected by the former Editions), Oxford: impresso no Teatro, 1743-1744, e Londres: J. e K. Knapton e outros dez, 1745.

63 *The Works of Shakespear* (In eight volumes. The Genuine Text (collated with all the former Editions, and then corrected and emended) is here settled: Being restored from the Blunders of the first Editors, and the Interpolations by the two Last: With a Comment and Notes, Critical and Explanatory. By Mr Pope and Mr Warburton), Londres: J. e P. Knapton e outros nove, 1747.

64 *The Plays of William Shakespeare* (In eight volumes. With the Corrections and Illustrations of Various Commentators, To which are added Notes by Sam. Johnson), Londres: J. e R. Tonson e outros dez, 1765.

65 *Mr William Shakespeare his Comedies, Histories, And Tragedies* (Set out by himself in quarto, or by the Players his Fellows in folio, and now faithfully republish'd from those Editions in ten Volumes in-oitavo; with an Introduction), Londres: J. e R. Tonson, 1767-1768.

66 *The Plays and Poems of William Shakespeare* (In ten volumes. Collated verbatim with the most authentick copies, and revised: with the corrections and illustrations of various commentators; to which are added, an essay on the chronological order of his plays, an essay relative to Shakespeare and Jonson; a dissertation on the three parts of King Henry VI; an historical account of the English stage; and notes by Edmond Malone), Londres: J. Rivington and Sons e outros trinta, 1790.

67 Andrew Murphy, *Shakespeare in Print, A History and Chronology of Shakespeare Publishing*, Cambridge: Cambridge University Press, 2003; e "The Birth of the Editor", in *A Concise Companion to Shakespeare and the Text*, op. cit., p.93-108.

editores explicam a razão filológica da correção, a saber, o confronto com as edições mais antigas dos textos, supostamente impressos de acordo com a vontade de Shakespeare. Enfim, os textos shakespearianos são acompanhados de uma abundância de comentários, notas críticas e explicativas. A edição de Malone (1790) marca o apogeu dessa tradição, adicionando à publicação das peças e poemas de Shakespeare um ensaio sobre a ordem cronológica das peças e outro sobre as relações entre Shakespeare e Jonson, uma dissertação sobre as três partes de *Henry VI* e uma história do teatro na Inglaterra. Todas as edições das *Works* no século XVIII apresentam duas tensões fundamentais. A primeira opõe a modernização das peças exigida pela encenação à vontade obstinada dos editores de restaurar o texto original. David Scott Kastan qualificou essa ambivalência que percorre todo o século XVIII de "esquizofrênica".[68] No caso do teatro, as peças têm de ser abreviadas, adaptadas, transformadas. John Dryden, Nahum Tate e William Davenant eram especialistas nessas reescrituras que propunham um Shakespeare adaptado aos novos dispositivos teatrais – em particular, a inclusão de atrizes nas trupes – e refreado pelas convenções e censuras de uma época que não é mais a da Inglaterra elisabetana. Nas edições acadêmicas, o objetivo é o inverso, pois, como afirma Lewis Theobald, o que se deseja é restaurar a pureza original e o texto genuíno da obra.[69]

Essa tensão é perceptível em algumas das edições das peças representadas no teatro: elas indicam os cortes que foram feitos no texto, modernizam a sintaxe e tornam a versificação mais regular, mas ao mesmo tempo declaram-se fiéis ao autor. É o caso, por exemplo, da

---

68 David Scott Kastan, *Shakespeare and the Book*, op. cit., p.93.

69 *Shakespeare restored* (Or, a Specimen of the Many Errors As Well, Committed as Unamended, by Mr. Pope in his Late Edition of this Poet; Designed Not only to correct the said Edition, but to restore the True Reading of Shakespeare in all the Editions ever yet publish'd. By Mr Theobald), Londres: R. Francklin, J. Woodman e D. Lyon, C. Davis, 1726.

edição de 1676 de *Hamlet*, que apresenta o texto interpretado pela trupe de Davenant a partir de 1660.[70] A nota ao leitor adverte que a peça é longa demais para a representação, por isso algumas passagens foram cortadas; mas acrescenta que, para não causar prejuízo ao "incomparável autor", essas passagens foram incluídas na edição, conforme a cópia original, e são indicadas por "*inverted commas*".[71] Essas aspas invertidas, que antes assinalavam os lugares-comuns sublimes, aqueles que mereciam ser copiados e memorizados, agora designam as passagens que podem ser omitidas, sem dano para a intriga ou para o sentido da peça.

A "esquizofrenia" que se inicia com a Restauração não se insinua somente na relação entre encenação e publicação, entre rescrituras e reedições. Ela também permeia o trabalho do editor, que recorre a múltiplos procedimentos para um fim que ele sabe que é impossível. Os editores ingleses do século XVIII lançam mão de diversas estratégias para restaurar a autenticidade do texto shakespeariano. Nicholas Rowe em 1709 e, de maneira mais sistemática, Alexander Pope em 1725 colecionam e comparam in-quartos antigos (29 edições de 18 peças, no caso de Pope).[72] Em 1733, Lewis Theobald justifica as correções que faz nas peças com uma teoria de que os

---

70 *The Tragedy of Hamlet Prince of Denmark* (As it is now Acted at his Highness the Duke of York's Theatre. By William Shakespeare), Londres: impresso por Andr. Clark para J. Martyn e H. Herringman, 1676.

71 *The Tragedy of Hamlet Prince of Denmark*, op. cit., fol. A3 r°: "This Play being too long to be conveniently Acted, such places as might be least prejudicial to the Plot or Sense, are left out upon the Stage: but that we may no wrong the incomparable Author, are here inserted according to the Original Copy with this Mark". Sobre essa edição, cf. Roger Chartier, "Le temps des œuvres", dans *La main de l'auteur et l'esprit de l'imprimeur*, Paris: Gallimard, 2015, p.201-16.

72 John A. Hart, "Pope as Scholar-Editor", *Studies in Bibliography*, v.23, 1970, p.45-59.

atores transmitem e corrompem os textos.[73] Em 1765, Samuel Johnson inaugura as edições *variorum*, que enchem o texto de notas.[74]
Finalmente, em 1790, Edmond Malone junta a crítica de seus predecessores, o estabelecimento dos textos e a cronologia das peças na
procura das primeiras edições (os in-quartos mais antigos e o Fólio
de 1623) e dos raros documentos de arquivos sobre Shakespeare.[75]
Esse trabalho de restauração encontra a sua primeira aporia na
posição dos próprios editores, que se acham mais shakespearianos
que Shakespeare ou, pelo menos, que o Shakespeare transmitido
pela tradição impressa. Nas décadas de 1730 e 1740, a obra do
bardo, que ficou esquecida por algum tempo, transforma-se no
emblema de um gosto nacional forte e saudável, o oposto das
depravações das modas italianas, e na expressão das virtudes e dos
valores mais genuinamente ingleses. Todavia, mais do que as obras
em si, conhecidas pelas edições impressas e encenadas nos teatros
(porém menos do que outras), o autor, celebrado e estatuificado, é
que se torna a encarnação do espírito da nação.[76] A mutação do status
público e estético do poeta altera não somente o significado conferido às suas peças, como também a própria letra dos textos quando
Pope se propõe purificar as obras das interpolações vulgares que as
macularam. Para isso, ele relega ao rodapé todas as passagens cuja

---

73 Peter Seary, *Lewis Theobald and the Editing of Shakespeare*, Oxford:
Oxford University Press, 1990.

74 Joanna Gonderis, "'All This Farrago': The Eighteenth-Century Shakespeare Variorum Page as a Critical Structure", in Joanna Gonderis (org.),
*Reading Readings: Essays on Shakespeare Editing in the Eighteenth-Cen-
tury*, Madison: Fairleigh Dickinson University Press, 1998, p.123-39.

75 Margreta de Grazia, *Shakespeare Verbatim*, op. cit., p.48-93.

76 Peter Holland, "David Garrick: Saints, Temples, and Jubilees", in Clara
Calvo e Coppélia Kahn (orgs.), *Celebrating Shakespeare: Commemoration
and Cultural Memory*, Cambridge: Cambridge University Press, 2015,
p.15-37.

vulgaridade exige que sejam consideradas interpolações indignas do grande poeta.[77]

Contudo, a seleção e a separação do que é e do que não é shakespeariano é uma tarefa impossível sem os documentos necessários. Rowe constata em 1709 que é impossível restaurar as obras de acordo com os manuscritos originais do autor, porque esses manuscritos foram perdidos ou são inacessíveis. Pope faz a mesma constatação quinze anos depois e lamenta que o material que possibilitaria a correção dos estragos feitos nas obras sejam raros e muito tempo tenha se passado. Theobald, por sua vez, tem de admitir que a ausência de manuscritos originais obriga o editor a emendar os textos a partir de suas próprias suposições.[78]

Edmond Malone foi o primeiro editor a associar a biografia de Shakespeare à cronologia de suas peças. Sua "Vida de Shakespeare" se baseava na pesquisa de documentos originais e autênticos e rompia com a compilação de casos pitorescos apresentada por Nicholas Rowe na edição de 1709. Seu ensaio sobre a ordem cronológica das peças foi incluído na edição de 1790. Consequentemente, as peças deviam ser publicadas na ordem em que Shakespeare as escreveu, e

---

77 *The Works of Shakespear* (In six volumes. Collated and Corrected by the former Editions, by Mr. Pope), op. cit., v.I, p.xxii-xxiv: "Some suspected passages which are excessively bad (and which seem Interpolations by being so inserted that one can intirely omit them without any chasm or deficience in the context) are degraded at the bottom of the page". Cf. Michael Dobson, *The Making of the National Poet: Shakespeare, Adaptation, and Authorship 1660-1769*, Oxford: Clarendon, 1992, p.129-30.

78 Os textos de Rowe ("I must not pretend to have restor'd this Work to the Exactness of the Author's Original Manuscripts. Those are lost, or, at least are gone beyond any Inquiry I could make"), Pope ("It is impossible to repair the Injuries already done Him, too much time has elaps'd and the materials are too few") e Theobald ("the want of Originals reduces us to the necessary of guessing, in order to amend [the text]") são citados por David Scott Kastan, *Shakespeare and the Book*, op. cit., p.98, 99 e 102.

não de acordo com a divisão entre "comédias, histórias e tragédias" que foi herdada do Fólio de 1623 e ainda é respeitada na edição de 1790.[79] Boswell fez a vontade de Malone na reedição de 1821 (salvo no que diz respeito às "histórias"). Essa edição também incluía a biografia de Shakespeare estabelecida por ele.

A inexistência de documentos autógrafos (com exceção de seis assinaturas e, possivelmente, um testamento) e o número reduzido de documentos relacionados a Shakespeare não facilitaram a dupla tarefa que Malone se propôs. Exigiram que ele recorresse ao único procedimento disponível para se escrever biografias de autores sem arquivos: situar as obras do autor ao longo de sua vida supõe encontrar a sua vida ao longo de suas obras. Esse procedimento embasa até hoje todas as biografias de Shakespeare e todas as especulações que não o reconhecem como o verdadeiro autor de suas obras e as atribuem a outros nomes e outras vidas, aristocráticas ou eruditas, supostamente mais condizentes com a genialidade que elas exibem.[80] A sexta vida das obras de Shakespeare se tornou também a do autor, numa época em que uma nova concepção de "literatura" postulava que as obras têm estreita relação com as experiências vividas e a genialidade singular de um escritor se manifesta na irredutível originalidade de seus escritos.

---

79 Margreta de Grazia, "Shakespeare's Timeline", *Shakespeare Quarterly*, v.65, n.4, 2014, p.379-98.

80 James Shapiro, *Contested Will: Who Wrote Shakespeare?*, Nova York: Simon and Schuster, 2010; e Dominique Goy-Blanquet e François Laroque (orgs.), *Shakespeare: combien de prétendants?*, Paris: Thierry Marchaisse, 2016.

Belezas

No século XVIII, a publicação das obras reunidas de Shakespeare em vários volumes de uma mesma edição veio junto com uma nova modalidade de desmembramento. As novas antologias recuperaram o formato das coletâneas de lugares-comuns, mas tinham um propósito completamente diferente. O objetivo não era mais identificar nos textos verdades universais que deveriam pertencer a todos, mas assinalar traços da inspiração única e da arte incomparável de Shakespeare.[81] Pope inaugurou o caminho na edição de 1725, indicando como aspas invertidas, postas no início de certos versos ou cenas, as "passagens mais brilhantes" das obras.[82] A primeira antologia das mais belas expressões da imaginação shakespeariana foi publicada por William Dodd em 1752 com o título de *The Beauties of Shakespear*.[83] O vocabulário ainda é o dos lugares-comuns (as passagens citadas são "digeridas" e classificas nas "rubricas adequadas"), mas o conteúdo do livro é diferente, porque é composto de excertos de peças que somente Shakespeare poderia escrever. No ano seguinte, a obra de Dodd é copiada por um empreendimento mais ambicioso, que aponta, numa edição em oito volumes das obras de Shakespeare publicada em Edimburgo, as "belezas" já assinaladas por Pope, Warburton e Dodd.[84] Em 1775, Elizabeth Griffith publica *The Morality*

---

81 Margreta de Grazia, "Shakespeare in Quotation Marks", op. cit.

82 *The Works of Shakespear* (In sixth volumes), op. cit., p.xiii: "Some of the most shining passages are distinguish'd by comma's in the margin; and when the beauty lay not in particulars but in the whole, a star is prefix'd to the scene".

83 *The Beauties of Shakespear* (Regularly selected from each Play. With a General Index, Digesting them under proper Heads. By William Dodd, In Two Volumes), Londres: T. Waller, 1752.

84 *The Works of Shakespear* (In which the Beauties observed by Pope, Warburton, and Dodd, are pointed out. In Eight Volumes), Edimburgo: W. Sands e outros seis, 1753.

of Shakespeare's Drama Illustrated,[85] reunindo morais e preceitos tirados das obras shakespearianas. O critério estético de Dodd foi substituído pelo juízo moral, porém, em ambos os casos, a antologia reúne o que há de único nas peças do grande escritor. No fim do século, o Shakespeare filósofo se junta ao Shakespeare moralista e poeta no livro de Andrew Becket, *A Concordance to Shakespeare*, publicado em 1787.[86] Guiado por Samuel Johnson, o compilador reúne citações de Shakespeare que exprimem os axiomas práticos, a sabedoria doméstica e a prudência civil do dramaturgo.

A obra e o escritor

A sétima e última vida textual de Shakespeare (ao menos neste capítulo, porque nos séculos XIX e XX muitas outras virão) está ligada aos excertos que comprovam a singularidade de sua sabedoria filosófica, de sua autoridade moral, de sua genialidade poética, e não pode ser excluída dessa nova ordem do discurso que associa a individualização do ato de escrever à originalidade das obras e à propriedade intelectual. A articulação dessas noções encontra uma forma acabada na época da consagração do escritor pela prensa e

---

85 *The Morality of Shakespeare's Drama Illustrated* (By Mrs Griffith), Londres: T. Cadell, 1775, p.ix: "I have ventured to assume the task of placing his Ethic merits in a more conspicuous point of view, than they have hitherto been presented in to the Public".

86 *A Concordance to Shakespeare: Suited to All the Editions* (In Which the Distinguished and Parallel Passages in the Plays of that Justly Admired Writer are Methodically Arranged), Londres: Robinson, 1787, fol. a2: "The utility of such a compilation must be obvious, and indeed especially so, when it is considered, as is observed by Dr. Johnson, 'that the plays of Shakespeare are filled with practical axioms and domestic wisdom; and that a system of civil and economical prudence may be collected from them'".

pela pedra. As coletâneas de citações, que traziam o rol dos lugares-
-comuns do qual todo leitor devia se apropriar, delimitam nessa
nova economia do escrever a propriedade imprescritível do escritor-
-autor.[87] Desde então, desmembrar Shakespeare não é mais, como
era em 1600, ofuscar sua genialidade em coletâneas que reúnem citações de numerosos autores, mas buscar em sua obra única as belezas,
os preceitos da moral e os pensamentos que apenas ele foi capaz
de imaginar, conceber e expressar. Na época do grande escritor, a
mobilidade do texto se condensa na imutabilidade da obra.

---

87 Margreta de Grazia, "Shakespeare in Quotation Marks", op. cit., p.68; e
Shakespeare Verbatim, op. cit., p.177-221.

Capítulo 6

O encontro
Shakespeare e Cervantes

A primeira tradução de *Don Quijote* foi em inglês. Foi publicada em Londres, em 1612, por Edward Blount, com tradução do católico Thomas Shelton.[1] É mais uma prova da importância que a Inglaterra conferia aos textos da Espanha. Se as obras inglesas eram pouco traduzidas no continente, os livreiros editores de Londres, ao contrário, publicavam em peso as novidades vindas do Sul. É nesse contraste que se situa o encontro não recíproco de Shakespeare e Cervantes do qual trata este capítulo.

Edward Blount abriu largamente seu catálogo às traduções antes de 1612. Entre 1600 e 1608, publicou a tradução inglesa da obra de Tommaso Garzoni, *L'hospidale de' pazzi incurabili*, os *Essais* de Montaigne, com tradução de John Florio, a *Historia natural y moral de las Indias*, do padre José de Acosta, a *Ars Aulica*, de Lorenzo Ducci, e *De la sagesse*, de Pierre Charron.[2] Sua colaboração com

---

1 *The History of the Valorous and Wittie Knight-Errant, Don Quixote of the Mancha* (Translated out of Spanish), Londres: impresso por William Stansby para Edward Blount e William Barret, 1612.

2 Tommaso Garzoni, *The Hospitall of Incurable Fooles* (erected in English, as neer the first Italian modell and platforme, as the unskilfull hand of an

Florio começou em 1598 com a publicação do dicionário italiano-
-inglês *A Worlde of Wordes*.[3] Após a edição de *Don Quijote*, do qual
publicou a Segunda Parte em 1620,[4] Blount manteve essa política
editorial e publicou em 1614 a tradução de *Guía de pecadores*, de
Luis de Granada, em 1622 a de *Guzmán de Alfarache*, de Mateo
Alemán, e em 1632 a de *L'honnête homme, ou L'art de plaire à la
cour*, de Nicolas Faret.[5] Também editou uma gramática espanhola e
inglesa de César Oudin em 1622 e, no ano seguinte, reeditou o dicionário espanhol-inglês de Richard Perceval, revisto e aumentado por
John Minsheu.[6] Edward Blount transformou a tradução de obras

---

ignorant architect could devise), Londres: Edward Blount, 1600; *The Essa-
yes Or Morall, Politike and Militarie Discourses* of Lo: Michaell de Montaigne (First written by him in French. And now done into English by John
Florio), Londres: Edward Blount, 1603; *The Naturall and Morall Historie
of the East and West Indies* (Written in Spanish by the R. F. Joseph Acosta,
and translated into English by E. G.), Londres: Edward Blount e William
Aspley, 1604; *Ars Aulica Or The Courtiers Arte*, Londres: impresso por
Melch. Bradwood para Edward Blount, 1607; *Of Wisdome* (Three bookes
written in French by Peter Charron. Translated by Samson Lennard),
Londres: Edward Blount e William Aspley, 1608.

3   *A Worlde of Wordes* (or Most copious, and exact Dictionarie in Italian and
English, collected by John Florio), Londres: impresso por Arnold Hatfield
para Edward Blount, 1598.

4   *The Second Part of the History of the Valorous and witty Knight-Errant, Don
Quixote of the Mança* (Written in Spanish by Michael Cervantes: and
now Translated into English), Londres: impresso para Edward Blount,
1620.

5   *The Sinners Guide* (A worke contayning the whole regiment of a christian
life. Compiled in the Spanish tongue by F. Lewes of Granada. And now
perused and digested by Francis Meres), Londres: Edward Blount, 1614;
The Rogue: Or the Life of Guzman de Alfarache (Written in Spanish by
Matheo Aleman), Londres: Edward Blount, 1622; *The Honest Man: or,
The Arte to Please in Court* (Written in French by Sieur Faret. Translated
into English by E. G.), Londres: Edward Blount, 1632.

6   *A Grammar Spanish and English: Or a Brief and Compendious Method,
Teaching to Reade, Write, Speake, and Pronounce the Spanish Tongue*

modernas (espanholas, italianas e francesas) em característica específica de sua atividade, mas isso não o impediu de publicar também poetas e dramaturgos ingleses e em 1623, ao lado de William Jaggard, John Smethwick e William Aspley, ser um dos quatro livreiros editores londrinos do Fólio que reuniu 36 peças de Shakespeare – e o único cujo nome é mencionado na última linha da página de rosto, "*Printed by Isaac Jaggard, and Ed. Blount*", embora não fosse impressor.[7]

1613. Cardênio em Whitehall, dom Quixote na Inglaterra

No início de 1613, poucos meses depois da publicação da tradução de Shelton, uma peça intitulada *Cardenno* ou *Cardenna* foi apresentada no palácio de Whitehall, perante a corte da Inglaterra. Uma ordem do tesoureiro do Gabinete do Rei, datada de 20 maio de 1613, menciona dois pagamentos para a trupe dos King's Men realizados a pedido do Conselho Privado. Esse pedido ordenava que se pagassem sessenta libras a John Heminge e à troupe dos King's Men pela encenação de seis peças de teatro perante a corte nos meses precedentes. A quarta dessas seis peças é designada como "*Cardenno*". Um mês

---

(Composed in French by Caesar Oudin. Englished, and of many wants supplied by I. W.), Londres: impresso por John Haviland para Edward Blount, 1622; e *A Dictionary in Spanish and English* (first published into the English tongue by Ric. Percivale Gent. All done by John Minsheu, professor of languages in London), Londres: impresso por John Haviland para Edward Blount, 1623.

7 Gary Taylor, "Blount [Blunt] Edward", *Oxford Dictionary of National Biography*, disponível em: <www.oxforddnb.com>. Blount publicou antes de 1612 *The Defence of Ryme*, de Samuel Daniel, e *The Monarchick Tragedies*, de William Alexander; após essa data, publicou comédias de John Lyly e o poema *Hero and Leander*, de Marlowe.

depois, em 9 de julho, seis libras, treze *shillings* e quatro *pence* foram pagos a John Heminge e seus colegas, os Majesties Servantes and Players, pela representação de uma peça intitulada *Cardenna*, que foi apresentada durante a recepção oferecida pelo soberano inglês ao embaixador do duque de Saboia.[8] Várias perguntas surgem de imediato. Primeiro, *"Cardenno"* e *"Cardenna"* são uma única e mesma peça? O desleixo habitual dos escribas e a confusão muito natural entre um "o" e um "a" nos levam a pensar que sim. Segundo, esse Cardenno inglês é o mesmo Cardênio apaixonado por Lucinda de *Don Quijote*? A suposição parece bastante verossímil, dada a semelhança dos nomes ("ni" pode ter sido lido como "nn") e o fato de que esse nome estranho não seja encontrado na Inglaterra antes da circulação do livro de Cervantes no país. Portanto, podemos supor que a trama da peça encenada duas vezes na corte inglesa em 1613 era realmente a história dos amores e desamores de Cardênio, que trocou juras de casamento com Lucinda e foi traído por seu amigo Fernando, filho do duque. Depois de seduzir e prometer casamento a outra moça, Doroteia, Fernando se apaixona por Lucinda e se casa com ela. Como os dois casais originais, que já haviam se casado ao trocar promessas de presente e futuro, poderiam reatar após o casamento de Fernando e Lucinda, celebrado de acordo com os ritos estabelecidos pelo Concílio de Trento, tendo o vigário recitado as palavras sacramentais na presença dos pais dos noivos? A história amorosa dos quatro jovens se mistura às aventuras e desventuras de dom Quixote nos capítulos 23 a 47 do livro publicado em 1605 em Madri e traduzido em inglês sete anos depois. Em 1613, *Cardenio* foi a primeira peça inglesa a levar ao palco alguns dos personagens e episódios de *Don Quijote*.

---

8 O documento foi publicado por Edmund Kerchever Chambers, *William Shakespeare: A Study of Facts and Problems*, Oxford: Clarendon, 1930, v.2, p.343.

Cardênio e os três outros apaixonados eram os protagonistas. Dom Quixote e Sancho Pança também estavam no palco de Whitehall? Não sabemos, pois a peça nunca foi publicada e o manuscrito não sobreviveu. As ordens de pagamento do tesoureiro do Gabinete do Rei também não mencionam quem era o autor da peça.

É possível estabelecer uma relação íntima entre a peça interpretada em Whitehall e a tradução do texto publicada alguns meses antes? Seria esquecer que o livro de Cervantes ficou conhecido na Inglaterra no mesmo ano em que foi publicado na Espanha. Em abril de 1605, uma embaixada inglesa chefiada pelo conde de Nottingham, Charles Howard, lorde almirante-mor da Inglaterra, foi enviado a Filipe III para, como informa a página de rosto da relação de viagem, "receber o juramento do Rei para a manutenção da Paz entre os dois notáveis Reis da Grã-Bretanha e da Espanha, segundo os Artigos formalmente concluídos pelo Condestável de Castela na Inglaterra durante o mês de agosto de 1604".[9] Essa *Relation*, publicada naquele mesmo ano de 1605, faz alusão à embaixada de Juan Fernández de Velasco na Inglaterra no ano anterior e enfatiza a liberalidade e a atenção dos anfitriões espanhóis com os visitantes. No decorrer dos dias sucedem-se os obséquios ao embaixador inglês, as visitas recíprocas e a troca de presentes ostentosos: seis cavalos com selas ricamente bordadas, um casal de magníficos cães de caça, dois arcos e quatro fuzis com detalhes em ouro para o rei da Espanha, joias caras e correntes de ouro para Nottingham e os cavalheiros

---

9 A relation of such things as were observed to happen in the Journey of the right Honourable Charles Earle of Nottingham, L. High Admirall of England, his highnesse ambassadour to the King of Spaine being sent thither to take the oath of the sayd King for the maintenance of peace betweene the two famous kings of Great Brittaine and Spaine: according to the severall articles formerly concluded on by the constable of Castilla in England in the moneth of August, 1604. Set forth by authoritie, Londres: impresso por Melchisedech Bradwood para Gregorie Seaton, 1605.

do rei inglês.[10] Em 30 de maio, no mesmo dia da procissão de Corpus Christi, o rei espanhol jura sobre a Bíblia que respeitará a paz assinada em Londres um ano antes.[11] Em 8 de junho de 1605, após vários dias de diversão, o conde de Nottingham e os cavalheiros ingleses partem de Valladolid. Talvez tenham levado exemplares de *Don Quijote*. O livro foi impresso em Madri no fim de 1604. O *Testimonio de las erratas* é datado de 1º de dezembro e a *Tasa*, que fixa o preço de venda do livro, é de 20 de dezembro. A história do cavaleiro errante tinha grande circulação e já contava com mais quatro edições publicadas em 1605: uma em Madri, duas em Lisboa e uma em Valência. Naquele mesmo ano, um exemplar do livro entrou para a Bodleian Library, em Oxford. Provavelmente foi comprado pelo livreiro londrino John Bill, que fora enviado a Espanha por sir Thomas Bodley para adquirir obras espanholas, aproveitando uma doação de cem libras do conde de Southampton para esse fim. A doação e o exemplar de *Don Quijote* foram registrados em 1605 no *Benefactors' Register* da biblioteca. O livro foi recebido provavelmente em agosto (o que explica que não conste do catálogo mais antigo da coleção, anterior a essa data).[12]

Outro exemplar foi seguramente introduzido na Inglaterra por Dudley Carlton, que é citado entre os *"gentlemen of condition"* na *Relation* de 1605. Numa carta endereçada ao seu amigo John Chamberlain em novembro de 1605, ele diz: "enquanto estive na Espanha fiquei atento aos livros, porque são raros na Inglaterra os dessa língua". No ano seguinte, numa carta datada de 11 de maio de 1606, ele escreveu ao mesmo John Chamberlain: "Envio-te o desafio de Dom

---

10 Ibid., p.40 e 57.
11 Ibid., p.45.
12 Dale B. J. Randall e Jackson Boswell, *Cervantes in Seventeenth-Century England: The Tapestry Turned*, Oxford: Oxford University Press, 2009, p.1-2, "Hales, John, Benefactor's Register, Bodleian Library".

Quixote, que foi traduzido em todas as línguas e remetido ao mundo inteiro".[13] A alusão é obscura, porque não sabemos de que "desafio" se trata e, em 1606, *Don Quijote* ainda não fora traduzido, mas a observação hiperbólica é condizente com o *corpus* das primeiras alusões à "história" escrita por Cervantes nas obras teatrais inglesas. A continuação é bem conhecida. Certas referências são muito claras. Por exemplo, nas duas peças de Ben Jonson, *Epicœne, or the Silent Woman* e *The Alchemist*, verossimilmente escritas em 1609-1610, que associam de maneira explícita *Don Quijote* e *Amadis de Gaule*.[14] Ou o uso da "Novela del curioso impertinente" para uma intriga secundária na peça de Middleton, *The Second Maiden Tragedy*, também escrita em 1609-1610.[15] Outras alusões são menos evidentes: por exemplo, a expressão "*to fight with a Wind-mill*" usada nas peças de 1607 de Middleton e Wilkins[16] (mesmo que aparentemente a imagem não existisse antes de *Don Quijote*), ou a complexa relação cronológica que existe entre *The Knight of the Burning Pestle*, de Beaumont, e *Don Quijote*.[17] Todavia, não há dúvida de que *Don Quijote*, o livro e a personagem, estavam presentes na Inglaterra desde 1605, e que um dramaturgo que soubesse espanhol não precisaria da tradução de Shelton para se inspirar na história, ou melhor, nas histórias contadas por Cervantes.

---

13 Ibid., p.5, "Carleton, Dudley, Letter to John Chamberlain. PRO State Papers 14/21, n.22".

14 Ibid., p.8-9, "Jonson, Benjamin, *The Alchemist*" e "Jonson, Benjamin, *Epicoene*".

15 Ibid., p.9-10, "Middleton Thomas (?), *The Second Maiden Tragedy*. British Library MS: Lansdowne 807".

16 Ibid., p.6-7, "Middleton, Thomas, *The Five Gallants*" e "Wilkins, George, *The Miseries of Inforst Mariage*".

17 Ibid., p.6 e 19, "Beaumont, Francis, *The Knight of the Burning Pestle*".

1653. The History of Cardenio: Fletcher, Shakespeare e Cervantes

Quarenta anos depois das ordens de pagamento de 1613, o registro da comunidade de livreiros e impressores de Londres, a Stationers' Company, atribui um autor a *Cardenio* ou, mais precisamente, dois. Em 9 de setembro de 1653, o livreiro Humphrey Moseley registrou seu *"right in copy"* (ou direito de propriedade) sobre 42 peças. A décima peça é registrada como *The History of Cardenio, by Mr Fletcher. & Shakespeare.*[18] Esse título é uma das duas únicas frases que associam Shakespeare e, implicitamente, Cervantes na Inglaterra antes de 1660. Foi ela que ocasionou a febre que nos últimos anos tomou conta do mundo shakespeariano (e à qual não fiquei imune).[19] A busca da peça perdida se tornou uma excelente intriga para romances policiais, como os de Jasper Fforde e Jennifer Lee Carrell. Encenar e atribuir um texto a ela foi um desafio que muitos dramaturgos e diretores de teatro enfrentaram: Stephen Greenblatt e Charles Mee, Christopher Marino, Gregory Doran e a Royal Shakespeare Company, Terri Bourus e Gary Taylor, e outros. As investigações sobre o *Cardenio* perdido se transformaram numa verdadeira indústria de estudos universitários. O balanço foi feito

---

18 W. W. Gregg, "The Bakings of Betsy", *The Library*, n.7, v.2, 1911, p.225-59, em especial p.240-2 (sobre os títulos registrados por Moseley em 9 de setembro de 1653). Esse artigo (cujo título é uma alusão à anedota que conta que, para acender seus fogões, a cozinheira de Warburton, editor de Shakespeare no século XVIII, teria usado os manuscritos das peças de teatro que ele colecionava) foi republicado em W. W. Gregg, *Collected Papers*, ed. J. C. Maxwell, Oxford: Clarendon, 1966, p.59-61.

19 Roger Chartier, *Cardenio entre Cervantès et Shakespeare: Histoire d'une pièce perdue*, Paris: Gallimard, 2011, em especial "Épilogue: la fièvre Cardenio", p.267-84.

em duas coletâneas de ensaios: *The Quest for Cardenio* (2012)[20] e *The Creation and Re-Creation of Cardenio* (2013).[21] No entanto, ainda resta uma dúvida. A atribuição do livreiro Moseley deve ser levada ao pé da letra? É certo que, para esse editor monarquista, que continuou a publicar peças de dramaturgia enquanto os teatros ficaram fechados por ordem do Parlamento, em 1642, *Cardenio* não devia ser especialmente importante. O registro da peça é condizente com a sua política editorial. Em 4 de setembro de 1646, em sociedade com Humphrey Robinson, ele registrou outras 48 peças, entre elas as que publicou em 1647 no volume in-fólio das obras de Beaumont e Fletcher.[22]

A menção a uma colaboração entre os dramaturgos Fletcher e Shakespeare, cujo nome foi acrescentado após o ponto final, é plausível. Durante o ano de 1613, eles escreveram juntos duas peças: *All Is True* (publicada no Fólio de 1623, assim como *The Life of Henry the Eighth*) e *The Two Noble Kinsmen*, publicada no nome de ambos em 1634.[23] *Cardenio* é provavelmente a primeira colaboração dos dois, pois a peça foi encenada verossimilmente em janeiro ou fevereiro de 1613. A história de Cardênio e Fernando e a intriga de *The*

---

20 David Carnergie e Gary Taylor (orgs.), *The Quest for Cardenio: Shakespeare, Fletcher, Cervantes, and the Lost Play*, Oxford: Oxford University Press, 2012.

21 Terri Bourus e Gary Taylor (orgs.), *The Creation and Re-Creation of Cardenio: Performing Shakespeare, Transforming Cervantes*, Nova York: Palgrave Macmillan, 2013.

22 *Comedies and Tragedies, Written by Francis Beaumont and John Fletcher* (Never printed before and now published by the Authours Originall Copies), Londres: impresso para Humphrey Robinson e Humphrey Moseley, 1647.

23 *The Two Noble Kinsmen* (Presented at the Blackfriers by the King Maiesties servants, with great applause. Written by the memorable Worthies of their time, Mr. John Fletcher and Mr. William Shakspeare), Londres: Tho. Cotes para John Waterson, 1634.

Two Noble Kinsmen (Palamon e Arcite) contam histórias parecidas: o rompimento brutal de uma amizade ímpar entre dois rapazes, expressa muitas vezes na linguagem do amor verdadeiro, por causa da paixão de ambos por uma mesma mulher (Lucinda ou Emília). Essa semelhança valida a atribuição de Moseley, mesmo que não seja exata, em particular no que concerne a Shakespeare. Em 1653, no documento que menciona *The History of Cardenio*, ele atribui a Shakespeare *The Merry Devill of Edmonton*, uma peça que foi impressa anonimamente em 1608, e *Henry the First, & Henry the 2ⁿᵈ By Shakespeare, & Davenport*, que foi autorizada em 1624 pelo Master of the Revels (responsável pelas festas reais e pela censura nos teatros) e que, na época, foi atribuída somente a Davenport. Num registro de 29 de junho de 1660, Moseley atribui a "Will: Shakespeare" três peças mais misteriosas ainda: *The History of King Stephen, Duke Humphrey. A Tragedy* e *Iphis & Iantha, or A Marriage without a Man. A Comedy*.[24]

Se, não obstante, admitimos a veracidade da atribuição de Moseley, ainda resta saber quem descobriu *Don Quijote*: Shakespeare ou Fletcher? Não há nenhuma dúvida de que John Fletcher, cujo nome é o primeiro citado no registro da Stationers' Company, tinha muito mais familiaridade com as obras de Cervantes do que Shakespeare. Antes de 1613, ele se inspirou na "Novela del curioso impertinente" (capítulos 23 a 25 de *Don Quijote*) para escrever *The Coxcomb* (1608-1610). Após 1613, ele usou *Don Quijote* em outras duas peças (*The Pilgrim* e *The Double Marriage*), as *Novelas ejemplares* em quatro peças escritas entre 1616 e 1626 (*Love's Pilgrimage, The Chances, The Fair Maid of the Inn* e *Rule a Wife and Have a Wife*) e *Los trabajos de Persiles y Sigismunda* em *The Custom of the Country*.[25]

---

24 W. W. Gregg, "The Bakings of Betsy", op. cit., p.243 (sobre o registro de 29 de junho de 1660).

25 Gary Taylor, "A History of *The History of Cardenio*", in *The Quest for Cardenio*, op. cit., p.11-61, em especial p.17-9; e Alexander Samson, "'Last Thought upon a Windmill'? Cervantes and Fletcher", in Juan Antonio

É inquestionável que Fletcher sabia espanhol, porque as *Novelas ejemplares* (apenas seis delas) foram publicadas em inglês somente em 1640, por James Mabbe, cujo nome, aliás, aparece traduzido em espanhol na página de rosto como Diego Puede-Ser.[26] Então qual foi o papel de Shakespeare, que provavelmente só poderia ler *Don Quijote* em tradução, em *The History of Cardenio?* Um indício de sua contribuição é dado pelo título registrado por Moseley. Como observou Gary Taylor, a expressão "The History of" aparece no título de seis peças de Shakespeare impressas em formato in-quarto antes de 1613: *The History of Henrie the Fourth* (1598), *The Cronicle History of Henry the Fift* (1600), *The Most Excellent Historie of the Merchant of Venice* (1600), *The Tragicall Historie of Hamlet Prince of Denmark* (1603 e 1604), *[The] True Chronicle Historie of the Life and Death of King Lear and his Three Daughters* (1608) e *The Historie of Troylus and Cresseida* (1609).[27] Nenhuma das peças de Fletcher utiliza essa expressão no título e nenhum outro dramaturgo a emprega com tanta frequência quanto Shakespeare. Portanto, Gary Taylor conclui que essas semelhanças

---

Garrido Ardila, *The Cervantean Heritage: Reception and Influence of Cervantes in Britain*, Londres: Legenda, 2009, p.223-33. Todas essas peças foram publicadas pela primeira vez no Fólio de Beaumont e Fletcher em 1647, exceto *Rule a Wife, and Have a Wife* (A Comoedy. Acted by His Majesties Servants, Written by John Fletcher), Oxford, impresso por Leonard Lichfield (impressor da Universidade ["Printer to the University"]), 1640.

26 *Exemplarie Novells in Sixe Books* (Full of Various Accidents both Delightfull and Profitable, By Miguel De Cervantes Saavedra, One the prime Wits of Spaine for his rare Fancies, and wittie Inventions. Turned into English by Don Diego Puede-Ser), Londres: impresso por John Dawson para R. M., 1640.

27 As páginas de rosto dos in-quartos shakespearianos estão em *Shakespeare Documented: A Multi-Institutional Resource Documenting Shakespeare in His Own Time*, Washington: Folger Shakespeare Library, 2016; disponível em: <shakespearedocumented.folger.edu>; acesso em: jan. 2021.

lexicais permitem a identificação de Shakespeare como o dramaturgo mais propenso a escolher *The History of Cardenio* como título
de uma peça.[28]

Essa propensão lexical de Shakespeare foi reforçada provavelmente pelo título que Shelton escolheu para a tradução: *The History of the Valorous and Wittie Knight-Errant Don-Quixote of the
Mancha*.[29] O título espanhol era: *El ingenioso hidalgo Don Quixote
de la Mancha*. Shelton acrescenta a palavra *"History"* ao título,
concordando com a ficção cervantina que transforma as aventuras
do cavaleiro errante em "história" verídica, e substitui *"hidalgo"*
por *"Knight-Errant"*, como se os leitores, ou pelo menos alguns,
conhecessem a história do pobre fidalgo que decide nomear-se
cavaleiro errante e adota o nome de dom Quixote de la Mancha.
Esse conhecimento prévio da história do cavaleiro *"wittie"* (tradução
de *"ingenioso"*) e *"valorous"* (adjetivo acrescentado por Shelton) é
corroborado em 1620, quando Blount utiliza para a segunda edição
da tradução da Primeira Parte um frontispício tirado da tradução
francesa da Segunda Parte, publicada em 1618. A gravura mostra
dom Quixote e Sancho Pança a cavalo e, no fundo, um moinho de
vento, em clara referência ao combate do Capítulo 6, que se transformou numa verdadeira sinédoque da história. A gravura de 1620 é
utilizada retrospectivamente como frontispício da tradução de 1612,
com o nome do herói grafado à francesa (*"Don-Quichote"*) e a indicação *"The first part"* num livro que ainda não tinha uma segunda
parte. O nome de Cervantes não aparece na página de rosto de 1612,

---

28 Gary Taylor, "A History of *The History of Cardenio*", op. cit., p.21.
29 Sobre essa tradução, cf. Edwin B. Knowles, "Thomas Shelton, Translator
of *Don Quixote*", *Studies in the Renaissance*, v.5, 1958, p.160-75; e Dale B.
J. Randall e Jackson Boswell, *Cervantes in Seventeenth-Century England*,
op. cit., p.14-6, "Cervantes Saavedra, Miguel de, *The History of the Valorous and Wittie Knight-Errant, Don-Quixote of the Mancha*. Translated out
of Spanish".

tampouco nas páginas de rosto das reedições da tradução de Shelton, ou porque os leitores (ou pelo menos alguns) já sabiam quem era o autor do livro (mesmo em 1612), ou porque o conteúdo não exigia atribuição de autoria. Na carta dedicatória a lorde Walden, Shelton promete para muito breve um livro sobre "um tema mais digno".[30] Na dedicatória, Shelton recupera o tropo do desdém pelas traduções. Declara ter traduzido o livro de Cervantes cinco ou seis anos antes, em quarenta dias, para um amigo que desejava conhecer a história. Depois esqueceu-se da tradução, à qual dava pouca importância, e não a reviu nem corrigiu.[31] A pedido de outros amigos, permitiu que o manuscrito circulasse, com a condição de que lhe corrigissem atentamente os erros. Chegando às mãos de um impressor (William Stansby, no caso),[32] a tradução foi apresentada a lorde Walden, (supostamente) sem o consentimento de Thomas Shelton, que a julgava indigna de seu protetor.[33] A carta dedicatória de Shelton reúne todas as figuras obrigatórias da prática autoral: a relutância

---

30 *The History of the Valorous and Wittie Knight-Errant Don Quixote of the Mancha*, op. cit., §2 vº: "to produce in time some worthier subject, in your Honourable name".

31 Id.: "Mine Honorable Lord, having Translated some five or six yeares agoe, the Historie of *Don Quixote*, out of the Spanish tongue into English, in the space of forty daies: being therunto more then halfe enforced, through the importunitie of a very deere friend, that was desirous to understand the subject: After I had given him once a view thereof, I cast it aside, where it lay long time neglected in a corner, and so little regarded by me as I never once set hand to review or correct the same".

32 David L. Gants, "The 1612 Don Quixote and the Windet-Stansby Printing House", in Terri Bourus e Gary Taylor (orgs.), *The Creation and Re-Creation of Cardenio*, op. cit., p.31-46.

33 *The History of the Valorous and Wittie Knight-Errant Don Quixote*, op. cit., §2 vº: "Now I understand by the Printer, that the Copie was presented to your Honour; which did at the first somewhat disgust mee, because as it must passe, I feare much, it will prove farre unworthy, either of your Noble view or protection".

em publicar, a publicação realizada sem o consentimento do autor, o autor apagado pela colaboração com os leitores e a distância incomensurável entre a grandeza daquele que recebe a dedicatória e a pobreza daquilo que lhe é dedicado. Tudo isso é exacerbado no caso das traduções de gêneros que não merecem atenção nem elogio. Em 1613, a peça encenada diante da corte tem um título muito simples: o nome do protagonista. Em 1653, recebe dois autores e um título mais completo: The History of Cardenio. Mas ainda não tem texto. Salvo se concordamos que a canção composta por Robert Johnson, compositor e alaudista que se juntou aos King's Men em 1609, fazia parte da peça.[34] Essa canção, Woods, Rocks, and Mountaynes, & Ye Desert Places, é o lamento de uma moça desprezada por seu amor. Esse lamento poderia ser o de Doroteia, que é traída por Fernando e se refugia na Serra Morena, onde o cura, o barbeiro e Cardênio a encontram no Capítulo 27 do livro de Cervantes. A hipótese de que essa canção fazia parte da peça, hipótese aceita por Gary Taylor, baseia-se em três argumentos: primeiro, a semelhança do vocabulário da canção ("rocks", "mountains", "desert", "silver fountain", "hollow waters") com os termos que Shelton utiliza para traduzir o lamento de Doroteia; segundo, a composição em versos pentâmetros iâmbicos, utilizados com frequência por Fletcher; por último, os comentários de Edmund Gayton sobre o "lamento" de Doroteia em Pleasant Notes upon Don Quixot, publicado em 1654.[35] Gayton o trata não como se fosse um

---

34 Michael Wood, In Search of Shakespeare, Londres: BBC Books, 2003, p.330; e Gary Taylor, "A History of The History of Cardenio", op. cit., p.27-33.

35 Dale B. J. Randall e Jackson Boswell, Cervantes in Seventeenth-Century England, op. cit., p.167-84, "Gayton, Edmund, Pleasant Notes upon Don Quixote"; e Gary Taylor, "A History of The History of Cardenio", op. cit., p.33-7.

discurso em voz alta, mas como um canto melodioso de uma "voz extraordinariamente agradável".[36] O fato de Gayton empregar palavras relacionadas à música sugere que talvez ele tenha assistido a uma representação em que Doroteia cantava seu amor infeliz:

A voz era tão encantadora que foi capaz de comover a alma de Cardênio: que, cansado do relato de sua própria história, teve vagar para ouvir aquele lamento; para que alcançasse toda a sua graça, o Autor a separou da música e apresentou nesse Livro somente um eco da canção, mas tereis no próximo a melodia em plenitude.[37]

Gayton denomina como "this Booke" o terceiro livro, de 1605, de Don Quijote (e de Shelton), que era dividido em quatro "Partes", e como "the next" o quarto. Este último começa com o lamento de Doroteia, apresentado por Gayton em 219 versos. Se admitimos a hipótese de que Gayton, indo além da metáfora musical, assistiu realmente a uma encenação de Cardenio no qual Doroteia cantava sua infelicidade, devemos supor que a peça perdida não foi encenada apenas duas vezes em 1613, mas fazia parte do repertório dos King's Men e foi reencenada antes de 1642.

Por que nos fiamos em Edmund Gayton, se em nenhum momento ele associa Shakespeare ao canto de Doroteia, que talvez

---

36 Edmund Gayton, Pleasant Notes upon Don Quixot (By Edmund Gayton), Londres: impresso por William Hunt, 1654, livro 3, cap. 13, p.167-8: "another extraordinary pleasant voice drew them all by the ears unto it".

37 Ibid., p.168: "It was so ravishing a voice, that it was able to compose the troubled soule of Cardenio; who weary with the sad relation of his own story, is now at leisure to heare this, which that it may gaine all his grace, the Author places us a roome off from the Musick; and only in this Booke, gives the eccho and falling tunes, but in the next you shall have the fulnesse of the melody".

seja o único vestígio de *The History of Cardenio?* Talvez porque ele tenha sido o primeiro autor a juntar *Don Quijote* e Shakespeare numa mesma frase. Essa junção aparece numa de suas notas ao Capítulo 19 da história, quando dom Quixote e Sancho Pança encontram uma multidão de homens encamisados e com tochas na mão. Sancho se apavorou e, na tradução de Shelton, *"his courage abated, and he did chatter with his teeth"* ("Sancho perdeu toda a coragem e começou a bater os dentes"). Na nota de Gayton a respeito dessa frase, dom Quixote se dirige a Sancho em seis versos:

> Que te faz tremer, que te faz bater os dentes?
> Tens medo ou estás assustado? Que tens?
> O tremor da tua carne me faz tremer, *Pancha*
> Olha teu *Don*, o *Shake-speare* de la *Mancha*,
> Da qual sou o principal defensor: o empreendedor
> De todas as ações heroicas, se bem que tremendo.[38]

Gayton, que faz numerosas referências às peças e aos dramaturgos ingleses (entre eles Shakespeare, cujo nome é mencionado três vezes), acrescenta mais um trocadilho aos já propostos por Robert Greene em 1592 (*"Shake-scene"*)[39] e Thomas Bancroft em 1639

---

38 Ibid., livro 3, cap. 5, p.95: "Sancho *with leave departed a little out of the way, and discovering many white things, so that his courage abated, and he did chatter with his teeth.* The Don imagining himself to be *Hectors* Ghost (as he was not unlike at present) he proceeds in his owne person [...]: *What makes thee shakes, what makes thy teeth to chatter?/ Art thou afraight or frighted? what's the matter?/ Thou mak'st me tremble at thy flesh-quake,* Pancha,/ *Look on thy* Don, *the* Shake-speare *of the* Mancha,/ *Whose chiefe defense I am: The undertaker/ Of all Heroick Actions, though a shaker".*

39 *Greenes, Groats-Worth of Witte, Bought with a Million of Repentance,* Londres: impresso para William Wright, 1592, fol. F1 v°: "an upstart Crow, beautified with our feathers, *that with his Tygers hart wrapt in a Players hyde,* supposes he is as well able to bombast out a blanke verse as the best

(*"thou hast so us'd thy pen, (or shooke thy Speare)"*).[40] Mas ele inverte um tropo comum na época das guerras civis. Com frequência, jornais e panfletos ridicularizavam os inimigos chamando-os de *"Quixotes of this Age"*. Defensores do Parlamento e partidários do rei eram alvo de troça por suas *"quixotical chimeras"*, e seus adversários os consideravam *"Don Quixoted"*.[41] Edmund Gayton revoluciona a comparação. Com ele, o cavaleiro espanhol "de la Mancha" se torna inglês. Como um feiticeiro moderno, transforma a pluma de Shakespeare em espada de dom Quixote, *"Don Quixote's spear"*.

A história do *Cardenio* de 1613 poderia terminar em 1653, com o título registrado por Moseley, se Lewis Theobald, dramaturgo e editor de Shakespeare, não montasse em 1727 (e publicado no ano seguinte) uma peça intitulada *Double Falshood, or The Distrest Lovers*.[42] Ela é apresentada na página de rosto da edição como escrita

---

of you: and beeing an absolute *Iohannes fac totum* is in his owne conceit the onely Shake-scene in a countrey". Tradução em francês: "un arriviste, un corbeau paré de nos plumes qui, *Avec un cœur de tigre sous une peau d'acteur* [paródia de um verso de *Henrique VI*] se croit aussi capable de produire des vers ronflants que le meilleur d'entre vous et, véritable *Johanes Factotum*, s'imagine être le seul Branle-scène du pays", in William Shakespeare, *Œuvres complètes: Tragédies I*, org. Michel Grivelet e Gilles Monsarrat, Paris: Robert Laffont, 1995, "Bouquins", p.192: "Dictionnaire de Shakespeare", "Greene, Robert (1558-1592)".

40 Thomas Bancroft, *Two Bookes of Epigrammes, and Epitaphs*, Londres: impresso por Okes para Matthew Walbancke, 1639, fol. D2 r°: "Thou hast so us'd thy *Pen*, (or, *shooke thy Spear)*/ That Poets startle, nor thy wit come near". Tradução em francês: "Tu as utilisé tellement ta plume (ou, brandi ta lance)".

41 Roger Chartier, *Cardenio entre Cervantès et Shakespeare*, op. cit., p.145-7.

42 *Double Falshood; or, The Distrest Lovers* (A Play, As it is Acted at the Theatre-Royal in Drury Lane. Written Originally by W. Shakespeare; And now Revised and Adapted to the Stage By Mr. Theobald, the Author of *Shakespeare Restor'd*), Londres: J. Watts, 1728. Para a edição moderna, cf. *Double Falsehood or The Distressed Lovers*, ed. Brean Hammond, Londres: The Arden Shakespeare, 2010.

originalmente por William Shakespeare, revista e adaptada para o teatro. No prefácio, Theobald informa que a trama da peça é "construída a partir de uma novela [sic] em *Don Quixote*".[43] A peça apresentava aos espectadores do teatro real de Drury-Lane a história dos quatro namorados infelizes que ao fim se unem novamente. Theobald lhes dá nomes diferentes daqueles que eles têm em *Don Quijote*, mas são perfeitamente identificáveis como Cardênio, Lucinda, Fernando e Doroteia. O editor dizia possuir várias cópias da peça original, a mais antiga, segundo ele, datada dos anos 1660. A autenticidade de *Double Falshood* não foi unanimemente aceita. Pope, por exemplo, insinuou que a peça poderia ser uma simples falsificação de Theobald; outros reconheceram a mão de Fletcher no texto. De todo modo, Lewis Theobald decidiu não incluí-la na sua edição de 1733 das obras de Shakespeare. Nasceu daí o mito da peça perdida, e talvez ressuscitada, que persegue até hoje a crítica literária, as ficções romanescas e as produções teatrais.

1605. Encontro em Valladolid?

A realidade fugaz da peça perdida, que prova que Shakespeare conhecia *Don Quijote* graças a Fletcher ou Shelton, alimentou outro mito: o de um encontro entre os dois autores.[44] Anthony Burgess, em

---

43 Ibid., fol. A5 vº: "Preface of the Editor", "The Tale of this Play, Being Built upon a Novel on *Don Quixote*".

44 Por exemplo, num filme espanhol de 2007, *Miguel y William* (apaixonados pela mesma mulher), dirigido por Inés Pans; ou numa conversa entre os dois autores durante uma representação de *Cardenio*, no livro de Robin Chapman, *Shakespeare's Don Quixote: A Novel in Dialogue*, publicado em 2011 pela Book Now Publishing; ou ainda na tragicomédia de Fernando Arrabal, *El extravagante triunfo de Miguel de Cerbantes y William Shakespeare*, Saragoça: Libros del Innombrable, 2016.

sua novela *A Meeting in Valladolid*, situou esse encontro em Valladolid, onde a corte do rei da Espanha residiu de 1601 a 1606. A novela foi publicada primeiro em espanhol, em julho de 1987, no jornal *El País Semanal*, traduzida por Javier Marias, e aparece como o texto de abertura da coletânea *The Devil's Mode*, publicada em 1989 e traduzida para o francês em 1999.[45]

O acontecimento histórico que dá plausibilidade ou realidade ao encontro entre Cervantes e Shakespeare é a embaixada inglesa de 1605. Embora o texto da relação mencione a presença de sir George Buc (que começou a controlar as peças de teatro a partir de 1606 e em 1610 se tornou "Master of the Revels") entre os 33 cavaleiros que acompanhavam Nottingham quando ele partiu da Inglaterra em 4 de abril de 1605, somente na imaginação de Anthony Burgess a companhia de Shakespeare, os King's Men, fez parte dessa embaixada. Na novela de Burgess, Shakespeare e seus companheiros representaram um *Titus Andronicus* e assistiram a uma tourada. A reação contrastante dos espectadores aos dois espetáculos introduz um dos temas da novela: a variação da tolerância à crueldade. Os espanhóis vomitam ao assistir ao "estupro de uma jovem a quem cortam os braços e a língua, à morte dos estupradores pelo pai da jovem, e sua transformação em patê, servido como comida à mãe deles". De sua parte, Shakespeare não suporta assistir ao sofrimento dos cavalos durante a tourada: "Vou-me embora. [...] Já vi o suficiente. Não há nada de desopilante em ver entranhas espalhadas".[46]

Quando Shakespeare encontra Cervantes, a primeira dificuldade é a língua. Cervantes não sabe inglês e Shakespeare não fala espanhol. Mas como o Shakespeare de Burgess acompanhou o conde de

45 Anthony Burgess, "Encuentro en Valladolid", *El País Semanal*, 26 jul.
    1987, p.2-12; "A Meeting in Valladolid", in *The Devil's Mode*, Nova York:
    Random House, 1989, p.3-21; e "Une rencontre à Valladolid", in *Le mode
    du diable*, trad. Françoise Adelstain, Paris: Grasset, 1999, p.17.
46 Anthony Burgess, *Le mode du diable*, op. cit., p.17 e 19-20.

Southampton ao Marrocos para comprar cavalos para lorde Essex, ele se dirige a Cervantes numa mistura de inglês e árabe, já que Cervantes passou cinco anos cativo na Argélia. Chegando à casa de seu anfitrião, Shakespeare diz algumas palavras em árabe e Cervantes explode: "Não te atrevas a usar na minha presença uma língua árabe mal conhecida e mal pronunciada. Para mim, o árabe é a língua da tortura e da opressão. Contenta-te em falar a tua língua nórdica e ímpia, da qual presumo, tendes um mínimo de domínio".[47]

Outra pergunta é formulada durante a conversa, agora traduzida por dom Manuel, um nobre espanhol que viveu em Londres e foi designado como intérprete para a delegação inglesa. A grande literatura é possível sem sofrimentos profundos? Para Cervantes, isso é impensável: "Digo que vós, ingleses, nunca sofrestes. Não sabeis o que é o tormento. De vossa arrogância diabólica jamais sairá uma literatura. Necessitais do inferno, que abandonastes, e do clima do inferno – ventos cortantes, fogo, seca".[48] Shakespeare responde mansamente:

– Fizemos o nosso melhor. Mas humildemente vos pergunto: que sabeis da nossa literatura? Não falais nossa língua, e nem nossos livros nem nossas peças foram traduzidos ainda para o castelhano. Talvez a paz traga muitas trocas de saber...

– Paz, paz! Como pode haver paz? – Cervantes berrou a palavra *paz* como se fosse o nome de uma doença. – Renunciastes à verdadeira fé e abandonastes o combate contra o pagão muçulmano. Essa é a única guerra que se deve lutar, a que levará à expulsão do pagão islâmico dos lugares sagrados, a acabar com a sua força no Mar do Meio. Ele veio para macular nosso latim. Vós nunca fostes

---

47 Ibid., p.23.
48 Id.

invadidos por ele. Brincais com sangue e canibalismo em vossas peças imbecis...

– Só nessa. Asseguro-vos que *Titus Andronicus* não é uma peça típica. O problema é a barreira da língua...

– Na alma está barreira, e não na língua, tampouco nos dentes. Sois um galho podre que caiu da árvore do Cristo vivo.[49]

O diálogo áspero prossegue com uma violenta troca de acusações: "Vós, espanhóis, vedes em Deus um pai malévolo e no homem uma besta indigna de salvação. E concedeis alma aos padres que tentam arrancar pela tortura uma confissão de fé da vítima que é consumida pelas chamas", declara Shakespeare. "Vós, ingleses, sois incapazes de aceitar verdadeiramente a Deus. Não sofreis e não sabeis tirar uma comédia do que não existe em vossas verdes terras temperadas", retruca Cervantes. Finalmente, depois de uma última troca de farpas ("Jamais criareis um *Dom Quixote*. – E por que eu deveria, ou nós deveríamos? Criei outras coisas e assim prosseguirei"), Cervantes expulsa Shakespeare de sua casa.[50]

Já na rua, Shakespeare pergunta a dom Manuel:

– Pode-se ler o livro aqui?

– Se aprenderes o suficiente do espanhol.

– Daria uma peça?

– Impossível. Sua virtude é o tamanho. Não conseguirias terminar tão longa viagem nas duas horas das tuas peregrinações.

Will diz calmamente.

– É da natureza da peça ser curta. Há poesia em seu livro?

– Ele simplesmente conta sua história. Não tem como tu o dom da concisão viva e cortante. Mas ele não precisa disso.

---

49 Ibid., p.23-4.
50 Ibid., p.24-5.

Intimamente, Will se iluminou.

– Então não é poeta.

– Não como tu.

– Pois já é alguma coisa. Mas a poesia não percorre a arena a grandes passos nem arranca urros apaixonados dos espectadores na plateia.

– Vejo que te irrita. Que o livro os ajude a viver e lhes dê um pouco mais de ar para respirar.

– De certa forma.[51]

Shakespeare se refere ao espetáculo apresentado antes da tourada à qual assistiu:

A cerimônia começou com o toque dos clarins, quando nisso despontou no meio da arena um velho alto e magro vestindo uma armadura de papelão, um capacete rachado e remendado com um fio, uma lança quebrada em duas e atada com uma ligadura suja, montado num cavalicoque deplorável cujos ossos saltavam debaixo da pele encardida. Vinha com um homenzinho gordo, escarranchado num burrico, que a todo instante levava uma garrafa de vinho aos lábios franjados de pelos hirsutos. Os dois personagens receberam com grandes gestos os aplausos da multidão, que seguramente os amava.[52]

Inspirando-se no espetáculo do cavaleiro magro e do pajem gordo, Shakespeare decide reescrever *Hamlet*. E, na presença de Cervantes, a trupe de atores ingleses representa uma nova peça na qual Hamlet conhece Falstaff na Inglaterra e retorna a Elseneur em sua companhia. Após a representação, que durou sete horas, Cervantes declara: "Muito longa". Shakespeare retorque:

– Não foi tão longo quanto o teu maldito romance, como dizes.

---

51 Ibid., p.26-7.
52 Ibid., p.18-9.

– Ele não tem nada de maldito. Teus dois homens, o gordo e o magro, tu mos roubaste.

– Não senhor. Eles já existiam em Londres muito antes de eu ouvir falar de ti.[53]

Em 1605, em Valladolid, não havia nem King's Men, nem Hamlet, nem Falstaff. Mas havia o teatro. Segundo a *Relation* de 1605, os cavalheiros ingleses assistiram à representação de uma peça em 28 de maio no palácio do duque de Lerma, o *"valido"* ou principal ministro do rei.[54] O divertimento foi pomposo. A peça era *El caballero de Illescas*, de Lope de Vega, como informa o diário de um nobre português, Tomé Pinheiro da Veiga, que estava em Valladolid na ocasião.[55] O rei e a rainha assistiram à representação sem se misturar aos demais espectadores, *"in private"*, segundo diz a *Relation* inglesa, *"desde una gelosía"*, esclarece uma *Relación* espanhola (equivocadamente) atribuída a Cervantes.[56]

Dois dias depois, os ingleses assistiram à procissão do Corpus Christi e ali viram, ao lado das imagens de Cristo, da Virgem Maria

---

53 Ibid., p.29.

54 *A relation of such things as were observed to happen in the Journey of the right Honourable Charles Earle of Nottingham*, op. cit., p.41.

55 Tomé Pinheiro da Veiga, *Fastigínia*, ed. Ernesto Rodrigues, Lisboa: Clepul, 2011, p.127, 7 de junho de 1605 (28 de maio no calendário juliano): "Representou-se a comédia El Caballero de Illescas, com três entremezes que foram mui festejados pelos ingleses, e muito mais os bailes, que entendiam melhor que a língua".

56 *Relación de lo sucedido en la ciudad de Valladolid* (desde el punto del felicísimo nacimiento del príncipe don Felipe Dominico Víctor nuestro señor, hasta quese acabaron las demostraciones de alegría que por él se hicieron), Valladolid: Juan Godínez de Millis, 1605, ed. Patricia Marín Cepeda, in *Cervantes: Bulletin of the Cervantes Society of America*, v.25, n.2, 2005, p.194-270, aqui p.242: "allí se representó una comedia, que fue recetada con general aplauso y gusto, y los reyes la vieron desde una gelosía [isto é, uma *"celosía"*, uma janela pela qual se pode ver sem ser visto]".

e dos santos, a exibição de relíquias sagradas, os gigantes e os selvagens dos carnavais, além das *"morris dances"*, isto é, as danças à maneira mourisca que aparecem em várias peças de Shakespeare. A relação se distancia dessa mistura de sagrado e profano, dizendo que a cerimônia foi realizada por ordem da Igreja.[57] Os ingleses também foram convidados em 31 de maio a assistir a um *"juego de toros"*, em que quatorze touros e vários cavalos foram feridos ou mortos, e a um *"juego de canas"*, que contou com a participação do rei.[58] O último festejo oferecido aos lordes e cavalheiros ingleses foi um banquete em 6 de junho, seguido de um baile de máscaras. O Infante apareceu com um cetro de ouro, rodeado de virgens e 28 cavaleiros com suas damas. As tochas e os espelhos davam a impressão de um número infinito de estrelas. A noite terminou como danças: "Várias vezes, o rei e a rainha se levantaram do trono e dançaram à vista de todos".[59] Os ingleses partiram de Valladolid em 8 de junho, talvez levando exemplares de *Don Quijote* nas malas.

No encontro de Shakespeare e Cervantes em Valladolid, da forma como Anthony Burgess o imaginou, a tradução, ou a impossibilidade da tradução, tem um papel fundamental. O auxílio de uma terceira língua é um engodo e, ainda que as palavras sejam traduzidas por um intérprete espanhol que sabe inglês, a realidade das coisas, dos costumes e dos sentimentos nunca é inteiramente comunicável. A conversação impossível requer outro gênero: a do diálogo dos mortos. Por que não imaginar um encontro dos dois escritores no além, onde o idioma da eternidade une todas as existências?

---

57 *A relation of such things as were observed to happen in the iourney of the right Honourable Charles Earle of Nottingham*, op. cit., p.42-3.
58 Ibid., p.46.
59 Ibid., p.51-2.

1616. As últimas palavras

Em 1995, a Conferência Geral da Unesco em Paris decidiu que o dia mundial do livro e do direito autoral seria comemorado em 23 de abril. O site das Nações Unidas esclarece: "o dia 23 de abril é uma data simbólica para a literatura universal. Foi nessa data, em 1616, que Cervantes, Shakespeare e o inca Garcilaso de la Vega morreram".[60] Podemos afirmá-lo com certeza? O cronista peruano parece realmente ter morrido em 23 de abril, mas devemos lembrar que Cervantes morreu no dia 22 de abril e foi enterrado no dia seguinte no convento dos trinitários descalços, em Madri, e Shakespeare viveu e morreu numa Inglaterra onde a reforma do papa Gregório XIII, que subtraiu dez dias do ano de 1582, não foi respeitada. No calendário gregoriano, ou seja, no calendário da cristandade romana e, portanto, no de Cervantes, Shakespeare morreu no dia 3 de maio. É possível sabermos quais eram suas crenças quando fizeram essa última viagem? Quais foram suas últimas palavras?

No caso de Cervantes, sabemos com certeza. Às vésperas de sua morte, ele terminou o livro que, para ele, era a sua obra mais essencial, capaz de rivalizar com *As etiópicas*, de Heliodoro de Emesa: *Los trabajos de Persiles y Sigismunda* (traduzido em francês como *Les épreuves et travaux de Persilès et Sigismunda*).[61] A intenção do livro era ser uma versão moderna do romance grego impresso em 1534 na Basileia, traduzido em francês por Jacques Amyot em 1547 e em

---

60   Atas da Conferência Geral, 28ª sessão, Paris: 25 out.-16 nov. 1995, v.1, p.52, "Résolutions". Disponível na biblioteca digital da Unesco: <https://unesdoc.unesco.org>.

61   O livro foi publicado no ano seguinte à morte de Cervantes como: *Los trabajos de Persiles y Sigismunda. Historia septentrional* (Por Miguel de Cervantes Saavedra), Madri: Juan de la Cuesta, 1617.

espanhol em 1554 e, de novo, em 1587.[62] Na dedicatória ao conde de Lemos, datada de 19 de abril de 1616, Cervantes escreveu: "Ontem recebi a extrema-unção; hoje escrevo isto; o tempo é curto, a angústia cresce, a esperança míngua e, apesar de tudo, alimento a minha vida do desejo de que hei de viver".[63]

No prólogo, Cervantes se despede do mundo com melancolia, dizendo adeus ao seu "lector amantísimo", substituindo o "desocupado lector" de Don Quijote. Cervantes compôs esse prólogo como um encontro fictício com um estudante montado numa jumenta quando ele e dois amigos retornavam a Madri. Quando o nome de Cervantes é pronunciado por um de seus companheiros, o estudante declara: "Sim, sim, é o maneta a quem não falta nada, o famoso todo, o alegre escritor, em suma, o regozijo das musas!"[64]. Cervantes res-

62 *Historia ethiopica de Heliodoro* (Trasladada de francés en vulgar castellano), Antuérpia: Martín Nucio, 1554; e *La historia de los dos leales amantes Theagenes y Chariclea* (Trasladada agora de nuevo de Latin en Romance, por Fernando de Mena vezino de Toledo), Alcalá de Henares: Juan Gracián, 1587. Cf. Isabela Lozano Renieblas, *Cervantes y el mundo de Persiles*, Alcalá de Henares: Centro de Estudios Cervantinos, 1998, p.80-5.

63 Cervantes, *Les épreuves et travaux de Persilès et Sigismunda: histoire septentrionale*, in *Nouvelles exemplaires, suivies de Persilès, Œuvres romanesques complètes*, t.II, dir. Jean Canavaggio, colab. Claude Allaigre e Jean-Marc Pelorson, Paris: Gallimard, 2001, "Bibliothèque de la Pléiade", p.505. Edição em espanhol: *Los trabajos de Persiles y Sigismunda: historia septentrional*, ed. Carlos Romero Muñoz, Madri: Cátedra, 2003, p.117: "Ayer me dieron la estramaunción y hoy escribo ésta; el tiempo es breve, las ansias crecen, las esperanzas menguan y, con todo esto, llevo la vida sobre el deseo que tengo de vivir". Sobre os textos preliminares de *Persiles*, cf. Jean Canavaggio, "De la dédicace au prologue du *Persiles*: le fin mot de Cervantès", *e-Spania*, 18 jun. 2014; disponível em: <e-spania.revues.org/23513>; acesso em: jan. 2021.

64 Cervantes, *Les épreuves et travaux de Persilès et Sigismunda*, op. cit., p.508; *Los trabajos de Persiles y Sigismunda*, op. cit., p.121: "¡Sí, sí; este es el manco sano, el famoso todo, el escritor alegre, y, finalmente, el regocijo de las musas!".

ponde que não é nada daquilo e propõe ao estudante que conversem amigavelmente, "no pouco caminho que nos resta", como tantas vezes fizeram dom Quixote e Sancho Pança. A conversa é sobre a doença de Cervantes. O estudante a diagnostica como hidropisia e Cervantes, brincando, diz que é a sua sentença de morte. Ele sabe que o fim está próximo: "Minha vida está chegando ao fim e, no passo que vão as efemérides do meu pulso, que terminarão a sua carreira no mais tardar neste domingo, terminarei eu a da minha vida".[65] Quando os caminhos se separam, Cervantes e o estudante se abraçam, como dom Quixote e Cardênio em seu primeiro encontro. O momento não é para as brincadeiras que a jumenta poderia lhe inspirar, mas para o último adeus: "Adeus, graças; adeus, pilhérias; adeus, meus alegres amigos: prestes a morrer, levo o desejo de em breve rever-vos contentes na outra vida".[66]

A carta dedicatória ao conde de Lemos é o último texto datado de Cervantes, que morreu três dias depois, em 22 de abril. Não sabemos se ele escreveu o prólogo antes ou depois da dedicatória, mas, em todo o caso, suas últimas palavras obedecem às exigências das "artes moriendi", ou seja, plena consciência e preparação para a morte. Como os cristãos de sua época, Cervantes morreu com a certeza de que, ao fim da peregrinação desta vida, começará para ele e para os peregrinos de Persiles uma outra vida no mundo de lá, onde, para sempre, estarão reunidos os "alegres amigos" do mundo de cá.

---

65 Cervantes, Les épreuves et travaux de Persilès et Sigismunda, op. cit., p.508; Los trabajos de Persiles y Sigismunda, op. cit., p.122: "Mi vida se va acabando, y, al paso de las efemérides de mis pulsos, (que, a más tardar, acabarán su carrera este domingo), acabaré yo la de mi vida".

66 Cervantes, Les épreuves et travaux de Persilès et Sigismunda, op. cit., p.509; Los trabajos de Persiles y Sigismunda, op. cit., p.123: "Adiós, gracias; adiós, donaires; adiós, regocijados amigos, que yo me voy muriendo y deseando veros presto contentos en la otra vida".

Ele encontra Shakespeare nessa outra vida? O bardo compartilhava das crenças de Cervantes? As primeiras palavras de seu testamento, escrito em janeiro de 1616 e revisado em 25 de março do mesmo ano, após o casamento de sua filha Judith, indicam que sim. François-Victor Hugo as traduziu da seguinte forma: "Entrego minha alma nas mãos de Deus, meu Criador, esperando e contando firmemente que poderei participar da vida eterna pelos méritos de Jesus Cristo, meu salvador; e entrego meu corpo à terra da qual ele é feito".[67] É sabido, é claro, que as declarações religiosas encontradas nos preâmbulos dos testamentos ingleses dos séculos XVI e XVII são fórmulas convencionais que muito raramente exprimem as crenças e convicções íntimas dos testadores. No caso do testamento de Shakespeare, a fórmula inicial foi copiada literalmente do livro de William West, *Symbolæographia*, publicado em 1590 e reeditado em 1592.[68] Não obstante, essas fórmulas eram aceitas pelos testadores como verdades cristãs. Portanto, devemos aceitar a ideia de que Shakespeare, assim como Cervantes, acreditava na vida eterna.

---

67 "Shakespeare's Last Will and Testament: Made 25 March 1616, Proved 22 June 1616", reproduzido no site *Shakespeare Documented*, op. cit.: "I commend my soul into the hands of god my creator, hoping and assuredly believing through the only merits of Jesus Christ my Saviour to be made partaker of life everlastinge and my body to the earth whereof it is made" (transcrição). Tradução em francês de François-Victor Hugo, in *Œuvres complètes de Shakespeare*, Paris: Pagnerre, 1872, v.15, p.329-34. Cf. Bonner Miller Cutting, "Shakespeare's Will... Considered Too Curiously", *Brief Chronicles*, v.1, 2009, p.169-91.

68 *Symbolæography* (Which may be termed the Art, Description or Image of Instruments, Extra judiciall, as, Covenants, Contracts, Obligations, Conditions, Fessements, Graunts, Wills, &. The first part, newly corrected and augmented by William West of the Inner Temple Gentleman first Author thereof), Londres: impresso por Richard Tottle, 1592, seção 679-96, "Last Wills and Testaments". Cf. J. D. Alsop, "Religious Preambles in Early Modern English Wills as Formulae", *The Journal of Ecclesiastical History*, v.40, n.1, 1989, p.19-27.

O testamento de Shakespeare foi descoberto em 1747 pelo reverendo Joseph Greene e publicado cinco anos depois na terceira edição das *Works of Shakespeare*, estabelecida por Lewis Theobald. Após ser publicado em fac-símile por James Halliwell em 1851, tornou-se objeto de dúvidas. Era um testamento escrito de próprio punho ou um testamento ditado a um auxiliar de tabelião ou tabelião? Se, como hoje se acredita, o testamento não foi escrito por Shakespeare, com exceção das três assinaturas (sendo a última *"By me William Shakspear"*), é muito difícil afirmar, na impossibilidade de se fazer uma comparação paleográfica, que a mão D do manuscrito da peça *Sir Thomas More*[69] é realmente a de Shakespeare e considerar que as 170 linhas acrescentadas pela mão D a essa peça composta e revisada por cinco dramaturgos é o único manuscrito autógrafo shakespeariano jamais encontrado.[70]

A ausência de legado de livros no testamento alimentou outras especulações. Alguns estudiosos concluíram que o Shakespeare retirado em Stratford-upon-Avon, ex-ator e fidalgo interiorano, não podia ser o autor Shakespeare. O argumento, repetido *ad nauseam* pelos "antistratfordiens", não leva em consideração que os livros quase nunca são mencionados nos testamentos, porque são arrolados nos inventários feitos após o falecimento. Outro ponto de controvérsia é o famoso *item* adicionado na última página do documento, quando foi realizada a última revisão: "dou à minha mulher a segunda das minhas melhores camas com guarnição".[71]

---

69 "Shakespeare's Handwriting: Hand D in The Booke of Sir Thomas More", cf. o site *Shakespeare Documented*, op. cit.

70 *Sir Thomas More* (Original Text by Anthony Munday and Henry Chettle, censored by Edmond Tulney, revisions co-ordinated by Hand C, revised by Henry Chettle, Thomas Dekker, Thomas Heywood and William Shakespeare), ed. John Jowett, Londres: Arden Shakespeare, 2011.

71 "Shakespeare's Last Will and Testament", op. cit.: "Item I give unto my wife my second best bed with the furniture".

Esse acréscimo foi interpretado muitas vezes como um desagradável
sinal de desprezo por Ann, que não recebeu nada em herança, mas
também pode ser entendido como um legado adicionado à parte da
herança que a lei ou os costumes concediam automaticamente às
viúvas. Embora nada no testamento se refira à vida de Shakespeare
como poeta ou dramaturgo, sua atividade como ator de teatro é
lembrada em outro adendo: "Dou e lego a cada um dos meus companheiros, John Heminge, Richard Burbage e Henry Condell, 26
shillings e 8 pence, para que comprem os anéis" – nesse caso, os anéis
de luto que eram usados em memória do falecido.[72]

Shakespeare em terras espanholas

Shakespeare, sem sombra de dúvida, conhecia o nome e o livro
de Cervantes, enquanto Cervantes não sabia nada do poeta e dramaturgo inglês. As peças de Shakespeare foram conhecidas na Espanha
somente no fim do século XVIII. *Hamlet* foi a primeira a ser "traduzida", digamos assim: em 1772, Ramón de la Cruz, que não sabia
inglês, adaptou a adaptação francesa de Ducis, que também não
sabia inglês e, por isso, usou em 1769 a tradução da peça publicada
por Pierre-Antoine de La Place no segundo volume de seu *Théâtre
anglais*, datado de 1746. Somente em 1798 *Hamlet* foi traduzido
para o espanhol diretamente do inglês – por Moratín, que vivera
dois anos em Londres e, sim, sabia inglês. Antes do fim do século
XVIII, os únicos exemplares das obras de Shakespeare em território
espanhol encontravam-se nos colégios jesuítas, cujos alunos eram
filhos de católicos ingleses.

---

72 Id.: "Item I give and bequeath to my fellows John Heminge, Henry Burbage, and Henry Condell 26s 8 d a piece to buy them rings".

O *Real Colegio Seminario de los Ingleses*, em Valladolid, possuía um exemplar do Segundo Fólio, publicado em 1632 (hoje preservado na Folger Library, em Washington).[73] Fundado em 1589 com o nome de Saint Alban's College, o seminário preparava os missionários católicos que eram enviados à Inglaterra. Para poder ser usado no colégio, o Fólio shakespeariano foi expurgado por William Sankey, um jesuíta inglês que chegou a Valladolid em 1641 e recebeu permissão da Inquisição para cumprir a tarefa.[74] O censor manteve intactas 21 peças, mas em todas as outras, corrigidas a pena, ele suprimiu brincadeiras de cunho sexual, trocadilhos indecorosos e personagens de padres charlatães ou envolvidos com feitiçaria. Duas obras foram extensamente adulteradas: *King John*, pelas alusões à autoridade usurpada do papa e ao seu envenenamento por um monge (ato III, cena I, e ato V, cena VI), e *Henry VIII*, pela profecia de Cranmer, que anuncia o reinado de Isabel e o retorno à fé verdadeira (ato V, cena V). *Measure for Measure* foi cortada inteira do livro, como se fossem intoleráveis as ações do duque (que ouve em confissão e absolve como se fosse padre) e a hipocrisia do controle moral e da censura dos costumes impostos pelo pouco virtuoso Angelo. O Fólio de Valladolid era provavelmente o único exemplar existente na Espanha dos dois primeiros Fólios, pois não há comprovação de que o conde de Gondomar, que foi embaixador na Inglaterra, possuía uma cópia do primeiro Fólio (o de 1623) quando regressou de

---

73 Jean-Christophe Mayer, *Shakespeare's Early Readers: A Cultural History from 1590 to 1800*, Cambridge: Cambridge University Press, 2018, p.185-8; A reprodução digital de Mr. William Shakespeare, *Comedies, Histories, and Tragedies* (Published according to the true Originall Copies, The Second Impression), Londres: impresso por Th. Cotes para Robert Allot, 1632; disponível no site da Folger Library: <luna.folger.edu> (STC22274 Fol. 2 n. 07).

74 Brian Cummings, "Shakespeare and the Inquisition", *Shakespeare Survey*, v.65, 2012, p.307-22.

Londres.[75] Assim, os primeiros leitores de Shakespeare na Espanha não foram os compatriotas de Cervantes, mas os professores e os estudantes ingleses.

Fora da Espanha, mas ainda em território espanhol, também eram colégios para católicos ingleses que possuíam obras de Shakespeare. A biblioteca do colégio de Saint-Omer, cidade situada nos Países Baixos espanhóis até a sua reanexação pela França em 1677, possuía um exemplar do Fólio de 1623, bem como exemplares dos Fólios de Ben Jonson (1616) e Beaumont e Fletcher (1647) e um exemplar da edição in-quarto de 1619 de *Pericles*.[76] O livro parece ter sido usado para encenações teatrais, porque um visitante, sir George Chaworth, menciona em 1623 os desafios em grego e latim e a "*comedie of their acting*" dos alunos.[77] No texto da Primeira Parte de *Henry IV*, as obscenidades foram censuradas, os papéis femininos foram eliminados e algumas indicações cênicas foram introduzidas a mão. O *Colegio de los Ingleses* de Douai (cidade anexada ao reino da

---

75 Eric Rasmussen, *The Shakespeare Thefts: In Search of the First Folios*, Nova York: Palgrave Macmillan, 2011, p.1-15.

76 Biblioteca da Região de Saint-Omer, 2227. A reprodução digital do exemplar de *Mr. William Shakespeares, Comedies, Histories, & Tragedies* (1623) está disponível no site da biblioteca: <bibliotheque-numerique.bibliotheque-agglo-stomer.fr>; acesso em: jan. 2021. Cf. Jean-Christophe Mayer, "The Saint-Omer First Folio: Perspectives on a New Shakespearean Discovery", *Cahiers Élisabéthains*, v.87, n.1, 2015, p.7-20; e Line Cottegnies, "The Saint-Omer Folio in its Library", *Cahiers Élisabéthains*, v.93, n.1, 2017, p.13-32.

77 Maurice Whitehead, *English Jesuit Education: Expulsion, Suppression, Survival, and Restoration, 1762-1803*, Londres: Routledge, 2016, p.36 (citação de sir George Chaworth); e Jan Graffius, "'Bullworks against the Furie of Heresie'. Identity, Education, and Mission in the English Jesuit College of St Omers", in Liam Chambers e Thomas O'Connor (orgs.), *Forming Catholic Communities: Irish, Scots and English College Networks in Europe, 1568-1918*, Leyde/ Boston: Brill, 2018, p.93-115, p.105 (citação de sir George Chaworth).

França em 1668) possuía um manuscrito do fim do século XVII, no qual constavam seis obras de Shakespeare e três de autoria de Lee, Dryden e Davenport[78].

A Inglaterra de Cervantes

É provável que Cervantes jamais tenha ouvido falar de Shakespeare, mas a Inglaterra sempre esteve presente em seus livros. O país, um inimigo tradicional que depois da paz de 1604-1605 se tornou amigo, é mencionado dezessete vezes em *Persiles*, e sempre positivamente.[79] Na história de Rutílio, no Capítulo 8 do Livro I, a Inglaterra aparece como uma terra de negócios: "na estação dos dias longos é quando vão dessas terras [a Noruega] para a Inglaterra, a França e a Espanha navios carregados de mercadorias".[80] Antes, no Capítulo 5, Antônio se recorda de ter sido testemunha de viagens pacíficas entre a Inglaterra e a Espanha: "em Lisboa embarquei

---

78 G. Blakemore Evans, "The Douai Manuscript – Six Shakespearean Transcripts (1694-95)", *Philological Quarterly*, v.41, n.1, 1962, p.158-72; Ann-Mari Hedback, "The Douai Manuscript Reexamined", *The Papers of the Bibliographical Society of America*, v.73, n.1, 1979, p.1-18; e Line Cottegnies, "Shakespeare anthologized. Taking a Fresh Look at Douai Manuscript MS787", *Actes des Congrès de la Société Française Shakespeare*, v.37, 2019; disponível em: <journals.openedition.org/shakespeare/4289>; acesso em: jan. 2021.

79 Sobre a geografia dessa "história setentrional", cf. Pierre Nevoux, *Le roman espagnol et l'Europe au XVIIe siècle: regards sur le réel et projets fictionnels*, tese de doutorado em Estudos Românicos, Universidade Paris-Sorbonne, 2012, p.135-285: "Deuxième partie. Le monde du *Persiles*, une géographie du paradoxe".

80 Cervantes, *Les épreuves et travaux de Persilès et Sigismunda*, op. cit., p.148; *Los trabajos de Persiles y Sigismunda*, op. cit., p.190: "la sazón del día grande, parten navíos de estas partes [Noruega] a Inglaterra, Francia y España con algunas mercancías".

num navio que se preparava para zarpar para a Inglaterra, para onde
retornavam uns fidalgos ingleses que vieram visitar a Espanha por
curiosidade e, depois de a ver toda, ou pelo menos as suas melhores
cidades, retornavam para a sua pátria".[81] No Capítulo 18, Arnaldo
pergunta: "Por que é que dizem comumente e se tem por certo que
na Inglaterra andam pelos campos hordas de lobos que são humanos
que neles se converteram", e Maurício responde: "Isso não pode ser
na Inglaterra, porque essa ilha temperada e fertilíssima não só não
tem nenhum lobo, como não tem nenhum outro bicho nocivo, como
serpentes, víboras, sapos, aranhas e escorpiões".[82]

É evidente que nessa "história setentrional", que termina com
uma peregrinação a Roma num ano de jubileu, a heresia protestante é firmemente condenada. Maurício declara no Capítulo 12
do Livro I: "Sou cristão católico, e não daqueles que mendigam a fé
verdadeira entre opiniões".[83] Apesar de herética, a Inglaterra é, para
Arnaldo, "una discreta nación", cujos habitantes, fiéis à conversão do

81 Cervantes, *Les épreuves et travaux de Persilès et Sigismunda*, op. cit., p.532;
    Los trabajos de Persiles y Sigismunda, op. cit., p.166-7: "Me embarqué
    en una nave [en Lisboa] que estaba con las velas en alto para partirse en
    Inglaterra, en la cual iban algunos caballeros ingleses, que habían venido,
    llevados de su curiosidad, a ver España; y, habiéndola visto toda, o por lo
    menos las mejores ciudades della, se volvían a su patria".

82 Cervantes, *Les épreuves et travaux de Persilès et Sigismunda*, op. cit.,
    p.584; *Los trabajos de Persiles y Sigismunda*, op. cit., p.243-4, Arnaldo:
    "comúnmente se dice y tiene por cierto que en la Inglaterra andan por
    los campos manadas de lobos, que de gentes humanas se han convertido
    en ellos", e Maurício: "Eso no puede ser en Inglaterra, porque en aquella
    isla templada y fertilísima no sólo no se crían lobos, pero ninguno otro
    animal nocivo, como si dijésemos serpientes, víboras, sapos, arañas y
    escorpiones".

83 Cervantes, *Les épreuves et travaux de Persilès et Sigismunda*, op. cit.,
    p.564; *Los trabajos de Persiles y Sigismunda*, op. cit., p.213: "Soy cristiano
    católico, y no de aquellos que andan mendigando la fee verdadera entre
    opiniones".

rei Artur, que, dizem as fábulas, foi transformado em corvo, "abs-têm-se de matar corvos em toda a extensão da ilha".[84]

O texto mais "inglês" de Cervantes é a "Novela de la española inglesa", publicada em 1613 como a quarta das *Novelas ejemplares*.[85] O ponto de partida da narrativa é o rapto de uma jovem espanhola durante o saque de Cádiz pelas tropas do "Conde de Leste": "No butim que os ingleses levaram da cidade de Cádiz, Clotaldo, um fidalgo inglês que tinha o comando de uma esquadra, levou para Londres uma menina de cerca de 7 anos".[86] A trama principal da história reside no fato de que Clotaldo e sua família tinham a mesma fé dos colegiais de Valladolid, Saint-Omer e Douai: "Um feliz acaso quis que toda a gente da casa de Clotaldo fosse secretamente cató-lica, se bem que em público parecesse ser da opinião da rainha".[87]

84 Cervantes, *Les épreuves et travaux de Persilès et Sigismunda*, op. cit., p.586; *Los trabajos de Persiles y Sigismunda*, op. cit., p.246-7: "se abstienen de matar cuervos en toda la isla".

85 *Novelas ejemplares de Cervantes Saavedra* (Dirigido a Don Pedro Fernán-dez de Castro, Conde de Lemos), Madri: Juan de la Cuesta, 1613, p.87-111, "Novela de la española inglesa".

86 Cervantes, "Nouvelle de l'espagnole anglaise", in *Nouvelles exemplaires suivies de Persilès, Œuvres romanesques complètes*, t.II, dir. Jean Cana-vaggio, col. Claude Allaigre e Jean-Marc Pelorson, Paris: Gallimard, 2001, "Bibliothèque de la Pléiade", p.168-208 (citação da p.168). Edição em espanhol: "Novela de la española inglesa", in *Novelas ejemplares*, ed. Jorge García López, Barcelona: Crítica, 2001, p.217-63 (citação da p.217): "Entre los despojos que los ingleses llevaron de la ciudad de Cádiz, Clo-taldo, un caballero inglés, capitán de una escuadra de navios, llevá a Lon-dres una niña de siete años". A data do evento mencionado por Cervantes é duvidosa: Cádiz foi saqueada pelos ingleses em 1596, mas pelo conde de Essex; em 1587, após a batalha naval comandada pelo conde de Leicester ao largo de Cádiz, a cidade não foi saqueada.

87 Cervantes, "Nouvelle de l'espagnole anglaise", op. cit., p.168; "Novela de la española inglesa", op. cit., p.218: "Quiso la buena suerte que todos los de la casa de Clotaldo eran católicos secretos, aunque en lo público mostraban seguir la opinión de su reina". Cf. Pierre Nevoux, "*L'espagnole*

Essa fé secreta causa nos membros da família um medo permanente de serem descobertos e denunciados. Já moça, Isabela deve se casar com Ricaredo, filho de Clotaldo e Catalina. A rainha, que tinha de dar seu consentimento ao casamento, manda Clotaldo ir ao palácio com os jovens noivos. Catalina se apavora: "Ai de nós se jamais a rainha souber que criei esta menina como católica, e que venha a deduzir que todos somos cristãos nesta casa!".[88] Mais adiante, a primeira camareira da rainha tenta envenenar Isabela para se vingar por não poder casá-la com seu filho. Quando é presa e encarcerada num quarto do palácio, tenta se desculpar, "dizendo que, matando Isabela, fazia um sacrifício ao Céu, eliminando uma católica da terra".[89] Os católicos ingleses são vítimas dos mesmos tormentos dos "conversos" ibéricos, que eram obrigados a esconder sua fé judaica e viviam sob a ameaça de serem denunciados aos inquisidores.

Na novela, a rainha não compartilha do anticatolicismo radical de sua camareira.[90] Antes da descoberta de seu sinistro propósito, a camareira tentou convencer a soberana de que Isabela era "tão católica" que nada a desviara da religião e tinha de ser mandada de volta para a Espanha. A rainha respondeu "que, por isso, só a estimava

---

anglaise (1613) et le Persiles (1617) de Cervantes ou la déconstruction d'une propagande espagnole contre le Septentrion protestant", Histoire Culturelle de l'Europe, n.1, 2016; disponível em: <unicaen.fr/mrsh/hce/index.php?id=208>; acesso em: jan. 2021.

88   Cervantes, "Nouvelle de l'espagnole anglaise", op. cit., p.172; "Novela de la española inglesa", op. cit., p.222: "¡Ay, si sabe la reina que yo he criado a esta niña a la católica, y de aquí viene a inferir que todos los desta casa somos cristianos!".

89   Id., "Nouvelle de l'espagnole anglaise", op. cit., p.193; "Novela de la española inglesa", op. cit., p.246: "ella se disculpaba diciendo que en matar a Isabela hacia sacrificio al cielo, quitando de la tierra a una católica".

90   Rosa Maria Stoops, "Elizabeth I of England as Mercurian Monarch in Miguel de Cervantes' La española inglesa", Bulletin of Spanish Studies, v.88, n.2, 2011, p.177-97.

mais, pois ela soube guardar a lei que seus pais lhe haviam ensina-
do".[91] A tolerância da soberana, respeitando a fidelidade de Isabela,
pode ser resultado da paz de 1604, se, como acreditam certos editores, a novela foi escrita após essa data (e não, como outros supõem,
bem antes). Mas também pode ser um traço comum nas obras do
Século de Ouro, que nunca atribuem palavras heréticas aos soberanos estrangeiros. Por exemplo, na "comedia" La cisma de Inglaterra,
de Calderón, o próprio Henrique VIII condena suas crenças.[92]

A tensão entre a fé secreta dos católicos ingleses e a aceitação
pública da Igreja da Inglaterra exige confissão, arrependimento e
absolvição. Por isso é que Ricaredo, depois de prometer a Isabela
que seria seu esposo, vai em peregrinação a Roma, onde, diz ele,
"minha fé se fortaleceu. Beijei os pés do sumo pontífice, confessei
meus pecados ao grande penitencieiro. Ele me deu a absolvição e
me entregou as cobranças necessárias para certificar penitência e
submissão à nossa mãe universal, a Igreja".[93] No texto de Cervantes,
a palavra traduzida em francês por "soumission" é "reducción", isto é,

---

91 Cervantes, "Nouvelle de l'espagnole anglaise", op. cit., p.192; "Novela de
la española inglesa", op. cit., p.245: "A lo cual respondió la reina que por
eso la estimaba en más, pues tan bien sabía guardar la ley que sus padres la
habían enseñado".

92 Pedro Calderón de la Barca, La cisma de Inglaterra, edição, introdução e
comentários de Francisco Ruiz Ramón, Madri: Castalia, 1981, p.187, ato
III, versos 2778-89: "¡Ah, Cielos,/ Qué mal hice! Qué mal hice/ Mas si no
tengo remedio,/ ¿de qué sirve arrepentirme?/ ¿De qué sirven desenganos/
y deseos? ¿De qué sirven,/ si esta cerrada la puerta?/ Yo negar al Papa
quise/ la potestad; yo usurpé/ de la Iglesia un increíble/tesoro; tanto, que
es ya/ restitución imposible".

93 Cervantes, "Nouvelle de l'espagnole anglaise", op. cit., p.204; "Novela de
la española inglesa", op. cit., p.259: "donde se alegró mi alma y se fortaleció
mi fe. Besé los pies al Sumo Pontífice, confesé mis pecados con el mayor
penitenciero; absolvióme dellos, y diome los recaudos necesarios que
diesen fe de mi confesión y penitencia, y de la reducción que había hecho a
nuestra universal madre la Iglesia".

o termo que a Inquisição utilizava para se referir aos *"conversos"* que se reconciliavam com a Igreja depois de processados e condenados. Se a espanhola se tornou inglesa, a Inglaterra da novela já é intensamente "espanhola". Isabela, quando se apresenta à rainha, fala em inglês com ela. A rainha exclama: "Fale em espanhol, donzela, entendo bem o espanhol e terei prazer em ouvi-lo". Depois que a rainha dá seu consentimento ao casamento com Ricaredo, estimando Isabela como sua própria filha, a espanhola se ajoelha diante da soberana e agradece "em castelhano".[94] A rainha entende bem o espanhol, mas não fala com fluência. Quando conhece os pais de Isabela, que foram a Londres com Ricaredo, a moça lhe serve de intérprete. Ricaredo também sabe espanhol, mas, antes de contar suas numerosas desventuras, deixa que Isabela fale primeiro, "pois não falava fluentemente o castelhano".[95] Cervantes faz ainda diversas alusões ao conhecimento do espanhol oral e escrito, ou falado sem dificuldades, pelas elites inglesas nos séculos XVI e XVII. A partir de 1590, os editores londrinos aumentam a publicação de gramáticas e dicionários de espanhol: *The Spanish Grammar* de Antonio del Corro em 1590, *The Spanish Schoole-Maister* de William Stepney e *Bibliotheca Hispanica* de Richard Perceval, ambos em 1591, *A Dictionarie in Spanish and English* e *A Spanish Grammar* de John Minsheu em 1599 e *The Key of the Spanish Tongue* de Lewis Owen em 1605.[96] O conhecimento do espanhol explica a forte presença de *Don Quijote* na Inglaterra, antes mesmo de ser traduzido por Shelton.

---

94 Cervantes, "Nouvelle de l'espagnole anglaise", op. cit., p.174-175. "Novela de la española inglesa", op. cit., p.225: "Habladme en español, doncella, que yo le entiendo bien, y gustaré dello".

95 Id., "Nouvelle de l'espagnole anglaise", op. cit., p.204; "Novela de la española inglesa", op. cit., p.258: "no muy expertamente hablaba la lengua castellana".

96 *The Spanish Grammer* (Made in Spanish by M. Anthonie de Corro. With a dictionarie adioyned unto it by Jon Thorius), Londres: John Wolfe, 1590;

O paradoxo da novela reside no fato de que, para se casar com Isabela, o católico Ricaredo deve merecê-la e provar sua valentia a serviço da rainha, perseguindo e capturando navios espanhóis e portugueses vindos das Índias Ocidentais e Orientais. Donde o terrível dilema:

de um lado, ele considerava que tinha de realizar proezas que o fizessem digno de Isabela; de outro, que não poderia realizar nenhuma, se tivesse de permanecer fiel à sua fé católica, pois esta o proibia de desembainhar a espada contra os católicos; e se ele não a desembainhasse, passaria por cristão e covarde. Tudo isso resultava em prejuízo para sua vida e em obstáculo para seus votos.[97]

Na entrada do estreito de Gibraltar, Ricaredo avista três navios. Ele captura as duas galés turcas, liberta os escravos cristãos (e vinte

---

The Spanish schoole-maister (Containing seven dialogues. Newly collected and set forth by W. Stepney), Londres: impresso por R. Field para John Harison, 1591; *Bibliotheca Hispanica* (Containing a Grammar, with a Dictionarie in Spanish, English, and Latine, By Richard Percyvall), Londres: impresso por John Jackson para Richard Watkins, 1591; *A Dictionarie in Spanish and English* (first published into the English tongue by Ric. Percivale. Now enlarged and amplified. All done by John Minsheu), Londres: impresso por Edm. Bollifant, 1599: *A Spanish grammar* (first collected and published by Richard Percivale. Now augmented and increased. Done by John Minsheu), Londres: Edm. Bollifant, 1599; *The Key of the Spanish Tongue* (or a plaine and easie Introduction whereby a man may in very short time attaine to the knowledge and perfection of that Language, By Lewis Owen), Londres: impresso por T. C. para W. Welby, 1605.
97 Cervantes, "Nouvelle de l'espagnole anglaise", op. cit., p.177; "Novela de la española inglesa", op. cit., p.227: "Era el uno de considerar que le convenía hacer hazañas que le hiciesen merecedor de Isabela, y el otro, que no podía hacer ninguna, si había de responder a su católico intento, que le impedía no desenvainar la espada contra católicos, y si no la desenvainaba, había de ser notado de cristiano o de cobarde, y todo esto redundaba en perjuicio de su vida y en obstáculo de su pretensión".

turcos para não dar na vista) e retorna à Inglaterra com o navio português carregado de pérolas, diamantes e especiarias que fora capturado pelo corsário Mami Arnaute, que se tornara almirante da frota otomana. A presença da Inglaterra na narrativa é inseparável da tripla geografia da novela. A primeira é a da cristandade. Como em *Persiles*, Roma é o lugar do sagrado e da autoridade. É na cidade santa que os católicos ingleses recebem o perdão e a absolvição. E é na teologia da Igreja romana que se situam as duas definições do casamento, já presentes em *Don Quijote*, contrapondo ou associando o sacramento como troca de promessas entre um homem e uma mulher, as *"promesas de palabra"*, e o casamento como rito público, pressupondo a consagração do consentimento por um padre. Do ponto de vista da primeira definição, à semelhança de Cardênio e Lucinda, Ricaredo e Isabela, prometendo-se um para o outro, são "esposos" já antes da celebração pública e da bênção da união.

A segunda geografia de "La española inglesa" é a das capturas e resgates no Mediterrâneo. Voltando de Roma, Ricaredo é capturado por piratas turcos na altura da costa francesa, num lugar chamado Três Marias. Cativo na Argélia durante um ano, é regatado pelos trinitários, embora seja estrangeiro. Ele vai para a Espanha com 350 cristãos e participa da procissão geral em Valência; depois, "vestido com o hábito dos cativos resgatados, com o símbolo da Santa Trindade no peito"[98], vai para Sevilha. Chega a tempo de impedir que Isabela, que acreditava que o esposo estava morto, entre para o convento de Santa Paula. Assim como Ruy Pérez de Viedma, o cativo que escapa da prisão na Argélia em *Don Quijote*, Ricaredo é um *alter ego* de Cervantes. Como Cervantes, foi capturado por corsários

---

98 Cervantes, "Nouvelle de l'espagnole anglaise", op. cit., p.202; "Novela de la española inglesa", op. cit., p.262: "vestido en hábito de los que vienen rescatados de cautivos, con una insignia de la Trinidad en el pecho".

turcos ao retornar para a Espanha (na costa francesa, e não na catalã); como Cervantes, ficou preso nos *"baños"* da Argélia (um ano, e não cinco); como Cervantes, foi resgatado pelos trinitários. A terceira geografia da novela é mais inusitada. É uma geografia comercial e bancária. O texto descreve com extrema minúcia os mecanismos financeiros que permitem que a rainha envie dinheiro aos pais de Isabela em Sevilha, onde estão com a filha à espera do retorno de Ricaredo. Esses mecanismos implicam toda uma rede de mercadores ativos em várias praças:

A rainha convocou um rico mercador francês que morava em Londres e tinha correspondentes na França, na Itália e na Espanha. Ela lhe entregou 10 mil escudos e lhe pediu letras de câmbio, para que ele as pagasse ao pai de Isabela em Sevilha ou em qualquer porto espanhol.

O mercador explicou como procederia com outro mercador francês de Sevilha:

Ele escreveria a Paris para que fizessem as ordens de pagamento em nome de outro de seus correspondentes, e que estas fossem datadas da França, e não da Inglaterra, por causa das relações rompidas entre os dois reinos. Bastaria apresentar uma ordem de pagamento sem data e com a sua assinatura para que, no mesmo instante, o dinheiro fosse entregue pelo mercador de Sevilha, já avisado pelo de Paris.[99]

---

99 Cervantes, "Nouvelle de l'espagnole anglaise", op. cit., p.196; "Novela de la española inglesa", op. cit., p.250: "La reina llamó a un mercader rico, que habitaba en Londres, y era francés, el cual tenía correspondencia en Francia, Italia y España, al cual entregó los diez mil escudos y le pidió cédulas para que se los entregasen al padre de Isabela en Sevilla o en otra playa de España" e "él escribiría a Paris para que allí se hiciesen las cédulas por otro correspondiente suyo, a causa que rezasen las fechas de Francia y

A ordem chegou a Sevilha e "o mercador francês entregou os 10 mil ducados a Isabela, que os entregou aos pais".[100] Por que Cervantes dá tantos detalhes técnicos sem importância para a trama? Para produzir um efeito de realidade e dar autenticidade à narrativa? Como recordação de sua própria experiência, nem sempre feliz, como municionário na Andaluzia entre 1587 e 1593?[101] Ou então, como sugere Harry Sieber, para unir amor e economia, ou melhor dizendo, para propor uma "economia amorosa" que associa o amor ideal – sempre em risco, mas triunfante – à realidade do dia a dia? Na "Novela de la española inglesa", a poética prosaica de *Don Quijote* se mistura com o romance sentimental de *Persiles*.[102]

Fronteiras

A Inglaterra de Cervantes é um país com o qual é possível o comércio quando a paz permite as trocas e as viagens. Mas também é um país que rejeitou a fé verdadeira e persegue os "cristãos católicos". Anthony Burgess talvez esteja certo. Nada leva a crer que Cervantes tivesse gostado de se encontrar com um inglês herético. Nem nesta vida nem na outra.

---

no de Inglaterra, por el contrabando de la comunicación de los dos reinos, y que bastaba llevar una letra de aviso suya sin fecha, con sus contraseñas, para que luego diese el dinero el mercader de Sevilla, que ya estaría avisado del de París".

100 Cervantes, "Nouvelle de l'espagnole anglaise", op. cit., p.198; "Novela de la española inglesa", op. cit., p.252: "el mercader francés entregó los diez mil ducados a Isabela, y ella a sus padres".

101 *Trigo y aceite para la Armada. El comisario Miguel de Cervantes en el Reino de Sevilla, 1587-1593*, Sevilha: Diputación de Sevilla, 2015.

102 Harry Sieber, "Introducción", in M. de Cervantes Saavedra, *Novelas ejemplares*, t.1, Madri: Cátedra, 1980, p.28-30.

Capítulo 7

"To be, or not to be"
Traduzir *Hamlet*

No princípio era Voltaire.[1] De fato, a primeira tradução francesa do famoso monólogo de Hamlet foi publicada nas *Lettres philosophiques*. Voltaire, que morou na Inglaterra entre 1726 e 1729, escreveu esse livro em inglês e o publicou em Londres, em 1733.[2] A versão em francês teve duas edições no ano seguinte, ambas com informação de local falsa: Basileia, para a edição publicada em Londres por Thieriot, e Amsterdã, para a edição publicada em Rouen por Jore. Claude-François Jore foi preso em 4 de maio de 1734 e mandado para a Bastilha, e os exemplares de sua edição foram queimados por ordem do Parlamento de Paris em 10 de junho. A essa altura, Voltaire, que tinha uma ordem de prisão decretada contra ele, já havia deixado Paris.

---

1 Cf. Theodore Besterman (org.), *Voltaire on Shakespeare* [Studies on Voltaire and the Eighteenth-Century, v.54], Genebra: Voltaire Foundation/ Oxford University, 1967; e Mara Fazio, *Voltaire contro Shakespeare*, Bari/ Roma: Laterza, 2020.

2 *Letters Concerning the English Nation. By Mr. de Voltaire*, Londres: impresso para C. Davis e A. Lyon [1733].

Voltaire foi o primeiro tradutor do célebre solilóquio. E não foi o último. Este capítulo é dedicado às sucessivas traduções do monólogo publicadas ao longo do século XVIII. Retorna à análise em pequeníssima escala do trabalho de tradução e dirige sua atenção para os primeiros versos de uma das passagens mais famosas de uma obra imensa. Aqui eles serão um bom exemplo dos desafios que os textos shakespearianos apresentavam aos tradutores, editores e leitores franceses e espanhóis no período iluminista.

Voltaire, 1733. Do ser ao nada

Na "Dix-huitième lettre sur la tragédie", Voltaire resume num oximoro o seu julgamento sobre as peças de Shakespeare: são "monstros brilhantes".[3] Shakespeare, que inventou o teatro na Inglaterra como fez Lope de Vega na Espanha, é um gênio contraditório que sabe associar o sublime ao vulgar: "era um gênio cheio de força & fecundidade, de natural & sublime, sem a menor faísca de bom gosto, & sem o menor conhecimento das regras". Suas peças contêm "tão belas cenas, trechos tão grandiosos & tão terríveis", mas "espalhados em farsas monstruosas".[4] O contraste não é típico de Shakespeare, pois caracteriza todas as obras dos dramaturgos ingleses do século anterior: "suas peças, quase todas bárbaras, desprovidas de decoro, de ordem, de verossimilhança, têm lampejos admiráveis no meio da escuridão".[5] O solilóquio de Hamlet é um desses lampejos: "Arrisquei traduzir alguns trechos dos melhores poetas ingleses: eis um de Shakespear. [...] Escolhi o monólogo da tragédia de Hamlet, que é

---

3 *Lettres philosophiques* (Par M. de V.), Amsterdã: E. Lucas [Rouen, Jore], 1734, p.223.
4 Ibid., p.211-2.
5 Ibid., p.220.

conhecido de todos e começa com estes versos: *'To be, or not to be, that is the question'''*.[6] Voltaire traduz os cinco primeiros versos do monólogo da seguinte maneira:

> Fica, é preciso escolher, e passar de pronto
> Da vida à morte, ou do ser ao nada:
> Deuses cruéis, se existis, iluminai minha coragem.
> Devo envelhecer curvado sob a mão que me insulta?
> Suportar ou dar cabo do meu infortúnio e do meu fado?[*]

Ele assume as liberdades que tomou em relação ao texto shakespeariano: "Não acrediteis que traduzi aqui palavra por palavra do inglês; ai do fazedor de traduções literais que, traduzindo cada palavra, enerva o sentido. É exatamente nisso que se pode dizer que a letra mata & o espírito vivifica". Voltaire se admira que, sob o reinado de Carlos II, as "tolices" de *Hamlet* tenham sido copiadas: por exemplo, a cena em que "coveiros abrem uma cova bebendo, cantando canções de *vaudeville*, & fazendo sobre as caveiras que desenterram piadas dignas da gente de seu ofício".[7] Constata com pesar que as peças inglesas mais razoáveis e mais sábias decepcionam os espectadores: "Parece que até agora os ingleses foram feitos somente para produzir belezas irregulares. Os monstros brilhantes de Shakespear agradam mil vezes mais que a sabedoria moderna".[8]

---

6 Ibid., p.216-8.

* "Demeure, il faut choisir, et passer à l'instant/ De la vie à la mort, ou de l'être au néant:/ Dieux cruels s'il en est, éclairez mon courage./ Faut-il vieillir courbé sous la main qui m'outrage,/ Supporter ou finir mon malheur et mon sort?" (N. T.)

7 *Lettres philosophiques* (Par M. de V.), op. cit., p.213.

8 Ibid., p.223.

Voltaire viu e leu na Inglaterra alguns desses "monstros". Em 1731, no "Discours sur la Tragédie", que introduz a edição de seu *Brutus* e é dedicado a milorde Bolingbroke,[9] ele lembra que assistiu a uma representação de *Julius Caesar*:

Com que prazer não vi em Londres vossa tragédia sobre Júlio César, que há 150 anos deleita vossa nação? Não tenho decerto a intenção de aprovar as irregularidades bárbaras das quais está recheada. É apenas surpreendente que não sejam mais abundantes numa obra que foi composta num século de ignorância, por um homem que não sabia latim, & que teve apenas sua genialidade como mestre; mas, em meio a tantos erros grosseiros, com que arrebatamento vi Brutus ainda com o punhal manchado com o sangue de César reunir o povo romano, & lhe falar do alto da tribuna.

Voltaire apresenta em seguida uma tradução do discurso de Brutus e indica:

após essa cena, Antônio vem incitar a piedade daqueles mesmos romanos em quem Brutus havia inspirado seu rigor & sua barbárie. Antônio, com um discurso artificioso, vira insensivelmente aqueles espíritos soberbos, & vendo-os amansados, mostra-lhes o corpo de César, & servindo-se das figuras mais patéticas, incita-os ao tumulto & à vingança.[10]

É evidente que os franceses não tolerariam a presença de um coro de artesãos e plebeus no teatro, nem a de um corpo ensanguentado, exposto publicamente para provocar a vingança do povo.

---

9 *Le Brutus, de Monsieur de Voltaire, avec un discours sur la tragédie*, Paris: Je. Fr. Josse, 1731.

10 Ibid., p.xiii-xv.

No entanto, se fosse policiada, uma cena como essa poderia sacudir um decoro excessivamente escrupuloso:

> Longe de mim propor que a cena se torne um local de carnificina, como é em Shakespear, & em seus sucessores, que, não possuindo sua genialidade, copiaram seus defeitos; mas ouso crer que há situações que parecem apenas horríveis e repugnantes aos franceses, & que bem conduzidas, representadas com arte, & sobretudo, suavizadas pelo encanto de belos versos, poderiam suscitar uma espécie de prazer que não se esperava.[11]

Para Voltaire, se as regras da verossimilhança – que exigem unidade de tempo, lugar e trama – são intangíveis, as regras do decoro são "sempre um pouco arbitrárias".[12] O gosto das nações não é imutável e os costumes podem mudar e, assim, "transformar em prazer os objetos de nossa aversão".[13]

Qual *Hamlet* Voltaire traduziu? Ele possuía um exemplar do sexto volume da reedição de 1714 das *Works of Mr. William Shakespear*, publicadas em 1709 por Nicholas Rowe.[14] Na edição inglesa das *Lettres philosophiques*, Voltaire cita integralmente o monólogo de Hamlet, antes de apresentar sua tradução. O texto que ele cita é o da edição de Rowe (que reproduz com ligeiras alterações o texto do Fólio de 1623), mas com duas diferenças: o acréscimo de dois

---

11 Ibid., p.xvii-xviii.
12 Ibid., p.xix.
13 Ibid., p.xvi.
14 *The Works of Mr. William Shakespear* (in eight volumes, Adorn'd with Cuts. Revis'd and Corrected, with an Account of the Life and Writings of the Author. By N. Rowe), Londres: Jacob Tonson, 1714. Sobre o exemplar de Voltaire, cf. Natalia Elaguina (org.), *Corpus des notes marginales de Voltaire*, Oxford: Bibliothèque Nationale de Russie/ Voltaire Foundation, 2012, v.8, p.329, n.1508.

pontos de exclamação no primeiro verso e a palavra *"stings"*, em vez de *"slings"*, no terceiro.[15] Como essa alteração aparece somente em 1752,[16] temos de supor que Voltaire copiou errado a palavra que leu na edição de Rowe ou que em alguns exemplares dessa edição a palavra *"stings"* não foi corrigida para *"slings"*.

Em sua tradução, Voltaire dá um tom diferente ao monólogo. No terceiro verso, *"outragious Fortune"* vira "Deuses cruéis"; nos versos onze e doze, *"the dread of something after Death"* vira "Ameaçam--nos, dizem que esta curta vida/ De tormentos eternos é imediatamente seguida"[*]; e no verso dezesseis, esse sujeito ameaçador é identificado:

> Ó morte! momento fatal! horrível eternidade,
>
> Todo coração apenas ao teu nome gela de pavor.
>
> E quem poderia sem ti suportar esta vida,
>
> De nossos padres mentirosos abençoar a hipocrisia?[**]

---

15 *Letters Concerning the English Nation*, op. cit., p.171: "To be, or not to be! that is the Question!/ Whether 'tis nobler in the Mind to suffer/ The Stings and Arrows of outrageous Fortune,/ Or to take Arms against a Sea of Troubles,/ And by opposing, end them?"; e *The Works of Mr. William Shakespear*, op. cit., v.VI, p.347: "To be, or not to be, that is the Question:/ Whether, 'tis nobler in the Mind, to suffer/ The Slings and Arrows of outragious Fortune".

16 Horace Howard Furness (org.), *A New Variorum Edition of William Shakespeare* [1877], v.1: *Hamlet*, Nova York: American Scholar Publications, 1965, p.207.

[*] "On nous menace, on dit que cette courte vie/ De tourments éternels est aussitôt suivie." (N. T.)

[**] "O mort! moment fatal! affreuse éternité,/ Tout cœur à ton seul nom se glace épouvanté./ Eh qui pourrait sans toi supporter cette vie, /De nos Prêtres menteurs bénir l'hipocrisie?" (N. T.)

Se o Hamlet de Shakespeare e Rowe declara: *"Conscience does make/ Cowards of us all"*, o de Voltaire afirma que o escrúpulo que detém a mão assassina "faz de um herói guerreiro um cristão tímido".[17]

Voltaire, 1761. Ser ou não ser

Voltaire publica de novo a sua tradução de *"To be or not to be"* trinta anos depois, em *Appel à toutes les nations de l'Europe des jugements d'un écrivain anglais*. O motivo foi um artigo do *Journal Encyclopédique* de 15 de outubro de 1760 que traduzia um trecho de um "escritor inglês".[18] Fazendo um paralelo entre Shakespeare e Corneille, o autor concluía que o dramaturgo inglês era inegavelmente superior. Discordando da sentença, Voltaire queria que "todos os leitores desde Petersburgo até Nápoles" julgassem a controvérsia. Para que o veredito foi justo, Shakespeare tinha de ser apresentado a eles, pois "não há homem de letras russo, italiano, alemão ou espanhol, suíço ou holandês, que não conheça, por exemplo, *Cinna* ou *Fedra*; e pouquíssimos conhecem as *Obras* de Shakespeare". Como *Hamlet* "é uma das peças mais apreciadas de Shakespeare e das mais concorridas", é ela que Voltaire decide apresentar aos juízes.[19]

Ele faz um longo resumo da peça, lembrando todos os episódios dessa "história maravilhosa", mas com sutil ironia.[20]

---

17 *Lettres philosophiques*, op. cit., p.217-28 ["d'un Héros guerrier, fait un chrétien timide"].

18 O texto de *Appel à toutes les nations de l'Europe des jugements d'un écrivain anglais, ou manifeste au sujet des honneurs du pavillon entre les théâtres de Londres et de Paris* foi publicado na obra de Theodore Besterman (org.), *Voltaire on Shakespeare*, op. cit., p.63-80.

19 Ibid., p.63.

20 Ibid., "Plan de la Tragédie d'Hamlet", p.64-73.

Polônio é "milorde Polonius" e Ofélia é "mademoiselle Ophélie", e "quando ela fica sabendo da morte de seu pai, vai ao seu encontro com flores e palha na cabeça, canta canções de *vaudeville* e se afoga". Os coveiros são "pândegos assaz engraçados" que cantam "belos discursos e canções galantes". No desfecho, "todos os atores morrem, graças a Deus". Voltaire termina seu "Plan de la Tragédie d'Hamlet" dizendo: "Tal é rigorosamente a célebre tragédia de Hamlet, a obra-prima do teatro londrino. Tal é a obra que preferem a *Cinna*".

A admiração contraditória pelos "monstros brilhantes" de 1733 foi substituída pelo espanto. Como as peças de Shakespeare podem ainda ser apreciadas e elogiadas num "século que teve o *Catão* de Addison",[21] uma peça considerada "razoável" na *Lettre philosophique* de 1734? A resposta é sociológica. Em Londres, o público popular impôs seu gosto aos burgueses e à corte, e estes são "obrigados a seguir a corrente". As peças de Shakespeare apresentam no palco o que agrada aos artesãos, criados e comerciantes: "Os liteireiros, os marinheiros, os condutores de fiacre, os balconistas, os açougueiros, os próprios amanuenses apreciam muito o espetáculo; deem-lhes lutas de galo, ou de touros, ou de gladiadores, enterros, duelos, patíbulos, sortilégios, fantasmas, eles correm para ver; e mais de um senhor é tão curioso quanto o povo".[22] Com a alma saída diretamente do purgatório, o enterro de Ofélia e o duelo do príncipe com Laertes, *Hamlet* só podia agradar. Ainda mais que Shakespeare tem talento: "Alguns rasgos de genialidade, alguns versos afortunados, cheios de força e natural, que se guardam de memória, apesar de

---

21 Ibid., p.73. Voltaire se refere à peça de Joseph Addison, representada e publicada em 1713: *Cato* (A Tragedy as it is acted at the Theatre-Royal in Drury-Lane, by Her Majesty's Servants. By Mr. Addison), Londres: J. Tonson, 1713.

22 Id.

pedirmos clemência pelo resto, e em pouco tempo toda a peça fez fortuna, auxiliada por algumas belezas de detalhe".[23] A distinção entre o "brilho" e o "monstro" de 1734 reaparece. Falando de si mesmo em terceira pessoa no anônimo *Appel*, Voltaire diz: "Há dessas belezas em Shakespeare, não há dúvida. O senhor de Voltaire foi o primeiro a torná-las conhecidas na França: foi ele que nos revelou, cerca de trinta anos atrás, os nomes de Milton e Shakespeare".[24] Em duas ocasiões, ele faz referência à edição de Alexander Pope, que assinala com aspas as *"most shining passages"* do texto shakespeariano.[25] Mas será que o senhor de Voltaire não imitou mais do que traduziu e não atribuiu mais belezas a Shakespeare do que ele realmente contém? Em *Appel*, Voltaire reedita sua tradução do monólogo de Hamlet, mas com duas correções: o *"Dieux cruels"* ["Deuses cruéis"] do terceiro verso foi alterado para *"Dieux justes"* ["Deuses justos"] e, treze versos depois, *"nos prêtres menteurs"* ["nossos padres mentirosos"] virou *"nos fourbes puissants"* ["nossos pérfidos poderosos"].[26]

---

23 Id.
24 Ibid., p.73-4.
25 Voltaire possuía os oito volumes da edição de Pope e Warburton publicada em 1747. Cf. *Bibliothèque de Voltaire: catalogue de livres*, Moscou/ Leningrado, Éditions de l'Académie des Sciences de l'URSS, 1961, p.795, n.3160-1; e Natalia Elaguina (org.), *Corpus des notes marginales de Voltaire*, op. cit., p.329-31, n.1509. Ele podia ter conhecimento também da antologia de William Dodd, *The Beauties of Shakespear* (Regularly selected from each play. With a general index, Digesting them under Proper Heads), Londres: T. Waller, 1752; e a edição de *The Works of Shakespear* (In which the Beauties observed by Pope, Warburton, and Dodd, are pointed out. In eight volumes), Edimburgo: W. Sands e outros seis, 1753.
26 *Appel à toutes les nations de l'Europe*, op. cit., p.74.

Para realmente conhecer Shakespeare, o leitor não pode se restrin-gir a essa "imitação": "Após esse fragmento de poesia, rogo aos leitores que deem uma olhada na tradução literal".[27] Ela começa assim:

Ser ou não ser, essa é a questão,
Se é mais nobre no espírito sofrer
As picadas e as flechas da terrível sina,
Ou pegar em armas contra um mar de perturbação
E, opondo-se a elas, dar-lhes fim?[*]

A "tradução rigorosa" é a maneira que Voltaire encontrou para mostrar que a genialidade de Shakespeare, assim como a da língua inglesa, é a poderosa e estranha aliança entre energia e vulgaridade, profundidade e "ousadias que espíritos pouco habituados às formas estrangeiras tomariam por galimatias".[28] O solilóquio de Hamlet é "um diamante bruto manchado: se fosse polido, perderia peso".[29] Em 1734, Voltaire tirou as manchas e poliu a pedra. Em 1761, devol-veu seu natural, o que justifica a ironia na conclusão:

Talvez não haja melhor exemplo da diversidade de gosto das nações. Que depois disso não nos venham falar das regras de Aris-tóteles, e das três unidades, e do decoro, e da necessidade de jamais deixar o palco vazio, e de não fazer entrar nem sair nenhuma perso-nagem sem motivo claro; de criar a trama com arte, resolvê-la com naturalidade, de exprimir-se em termos nobres e simples, de fazer falar os príncipes com a decência que eles têm sempre, ou gostariam

---

27 Ibid., p.75.
* "Être ou n'être pas, c'est là la question,/ S'il est plus noble dans l'esprit de souffrir/ Les piqûres e les flèches de l'affreuse fortune,/ Ou de prendre les armes contre une mer de trouble, /Et en s'opposant à eux, les finir?" (N. T.)
28 Ibid., p.76.
29 Id.

de ter; de jamais afastar-se das regras da língua! Está claro que é possível encantar uma nação sem se dar tanto trabalho.[30]

Somente se esquecendo de todas essas regras da arte dramática, alguém pode ousar dizer que Shakespeare é superior a Corneille.

1733. Ser, ou não ser. Ser, ou deixar de ser

Em 1733, duas resenhas da edição inglesa das *Lettres* de Voltaire discutiram a tradução do monólogo de Hamlet. A primeira, escrita pelo Abade Prévost e publicada no periódico *Le Pour et Contre*, afirma: "O senhor de V..., para que se conheça melhor a *genialidade de Shakespear*, traduziu em versos franceses um dos mais belos trechos do poeta. Trata-se do monólogo de Hamlet, que delibera se deve viver ou morrer".[31] Prévost cita a tradução de Voltaire, acrescentando duas notas aos cinco primeiros versos. A primeira nota, depois de "*il faut*", logo na primeira linha, assinala: "O verso inglês, que M*** traduziu por esses dois versos franceses, tem muito mais força em sua simplicidade. *To be, or not to be! that is the question*". A segunda nota desaprova os "*Dieux cruels*" do quinto verso: "É uma blasfêmia que o autor atribui gratuitamente a Hamlet. Não há nada semelhante no inglês, & nada é mais contrário ao caráter da peça".[32]

Para Prévost, a tradução de Voltaire é tão bonita que "dá uma grande ideia do original". Mas é fiel? Antecipando o que Voltaire

---

30 Id.

31 *Le Pour et Contre* (ouvrage périodique, d'un goût nouveau. Dans lequel on s'explique librement sur tout ce qui peut intéresser la curiosité du Public, en matière de Sciences, &c.), Haia: Isaac van der Kloot, n.25, 1733, p.203-5. Cf. George R. Havens, "The Abbé Prévost and Shakespeare", *Modern Philology*, v.17, n.4, 1919, p.177-98.

32 *Le Pour et Contre*, p.203.

faz no *Appel* de 1761, Prévost apresenta uma tradução literal (e
em prosa) do solilóquio para que o leitor possa julgar o mérito de
Shakespeare com conhecimento de causa. Começa assim: "Ser, ou
não ser, eis de que trata a questão. Vejamos o que é mais glorioso,
ou sofrer os dardos e os ultrajes da má fortuna, ou armar-se contra
um mar de perturbações e dar-lhes fim, opondo-se a elas".[33] Prévost
sabe das dificuldades de toda tradução:

> Há alguns versos nessa bela passagem que seria impossível
> traduzir palavra por palavra *em francês*. Mas respeitei o inglês tanto
> quanto me foi possível. Os que conhecem a diferença entre *uma
> expressão & uma expressão*, embora sejam empregadas nas diferen-
> tes línguas para significar a mesma coisa, não encontrarão dificul-
> dade em imaginar que o *original* é muito superior à *minha tradução*.[34]

Apesar de suas limitações, a tradução literal do monólogo tem a
intenção de apresentar honestamente o texto original ao leitor. Décadas depois, Voltaire a transformará numa arma privilegiada contra os
ataques polêmicos.

Uma segunda resenha das *Lettres* de Voltaire foi publicada no
mesmo ano na *Bibliothèque Britannique*.[35] Ela enfatiza bem mais do
que a de Prévost os méritos que Voltaire reconhecia no teatro inglês
e em Shakespeare:

---

33 Ibid., p.204 ["Être, ou n'être point, voilà de quoi il est question. Voyons
    quel est le plus glorieux, ou de souffrir les traits et les outrages de la mau-
    vaise fortune, ou de s'armer contre une mer de troubles, et de les finir en s'y
    opposant"].
34 Ibid., p.205.
35 *Bibliothèque britannique, ou Histoire des ouvrages des savans de la Gran-
    de-Bretagne* (Pour les Mois d'octobre, novemb. et décemb. M. DCC.
    XXXIII, Tome Second, Première Partie), Haia: Pierre de Hondt, 1733,
    p.120-5.

Ele elogia no homem, & no homem genial, os belos trechos de que trata. Chega a declarar que é da opinião dos que consideram que há mais proveito nos doze belos versos de Homero do que em todas as críticas aos seus defeitos. E, para aplicar a máxima, opõe à sua própria crítica ao teatro inglês uma tradução em verso de duas passagens escolhidas; uma de *Shakespear* e outra de *Dryden*.[36]

Depois de rechaçar categoricamente a ideia de que o estilo dos dramaturgos ingleses não é razoável, o autor admite que:

> não é menos verdadeiro que na tragédia, e mesmo na poesia inglesa em geral, há exercício para o mais hábil tradutor, quando quer exprimir, como o senhor de Voltaire, as belezas do original em belos versos franceses. Os leitores que não compreendem o inglês julgarão a dificuldade da tradução que lhe apresentaremos em prosa da passagem de *Shakespear*, tão literalmente quanto pudermos, sem sermos absolutamente bárbaros ou ininteligíveis. A personagem que fala está sozinha, e passa-lhe pelo espírito a intenção de se matar.[37]

Os primeiros versos são traduzidos assim: "Ser, ou deixar de ser: eis de que se trata. Em que há mais grandeza de alma: ou sofrer todos os dardos com que nos traspassa ou fere uma Fortuna ultrajante: ou armar-se contra um dilúvio de males, & dar-lhes fim, apesar da Fortuna".[38] A tradução de Voltaire é então citada e comentada:

---

36 Ibid., p.122.
37 Ibid., p.122-3.
38 *Bibliothèque britannique*, op. cit., p.124 ["Être, ou cesser d'être: voilà de quoi il s'agit. Où y a-t-il le plus de grandeur d'âme: ou à souffrir tous les traits dont nous perce ou nous aiguillonne une Fortune outrageante: ou à s'armer contre un déluge de maux, & à les terminer en dépit de la Fortune"].

Se se crê que o senhor de Voltaire, sem prejudicar a si mesmo, poderia exprimir mais fielmente o original, apesar da diferença das duas línguas, a Equidade exige que relatemos o que ele julgou que poderia alegar para rechaçar de antemão uma crítica que já previa. Não imaginai, diz ele, que traduzi servilmente: Ai do escritor que, para traduzir as palavras, enerva o sentido: É nisso que se pode dizer que a letra mata, & que o espírito vivifica.[39]

Pierre-Antoine de La Place, 1746. Ser ou não ser mais?

Entre 1733 e 1761 e as duas versões de Voltaire do *"to be, or not to be"*, o conhecimento das peças de Shakespeare na França mudou completamente após a publicação das traduções de dez delas, todas de Pierre-Antoine de La Place. De 1714 a 1721, o futuro advogado foi aluno do colégio jesuíta de Saint-Omer, que possuía um exemplar do Fólio de 1623.[40] Os oito volumes de seu *Théâtre anglais* foram publicados entre 1745 e 1749. Os quatro primeiros continham sete tragédias, duas "histórias" e uma comédia de Shakespeare.[41] Naqueles mesmos

---

39 Ibid., p.125.

40 Line Cottegnies, "The Saint-Omer Folio in its Library", *Cahiers Élisabéthains*, v.93, n.1, 2017, p.13-32.

41 *Le théâtre anglois*, Paris: 1745-1749, 8 v. in-12. As sete tragédias são *Othello ou Le more de Venise* (t.I), *Hamlet, Prince de Danemarc* e *MacBeth* (t.II), *Cymbeline, Jules César* e *Antoine et Cléopâtre* (t.III) e *Timon ou Le misanthrope* (t.IV). As duas *"histories"* são *Henry VI, Roi d'Angleterre* (t.I) e *La vie et la mort de Richard III, Roi d'Angleterre* (t.II). A única comédia é *Les femmes de bonne humeur ou les commères de Windsor* (t.IV). O tomo III continha as "Analyses ou sommaires des tragédies ou des pièces historiques de Shakespeare non traduites" e o tomo IV as "Analyses ou sommaires des tragi-comédies ou des comédies de Shakespeare non traduites". Sobre essa edição, cf. Christian Biet, "*Le théâtre anglois* d'Antoine de La Place (1746-1749),

anos, La Place traduziu ainda *Oroonoko*, de Aphra Behn, e *Tom Jones*, de Henry Fielding.[42] No "Discours sur le Théâtre anglais", que abre o primeiro volume, La Place justifica a iniciativa de traduzir obras dramáticas pelo interesse recente dos leitores franceses pelos autores ingleses: "A quantidade de bons escritores ingleses que hábeis tradutores têm passado para a nossa língua nos últimos anos autorizava-me a crer que se deixaria em breve de negligenciar essa parte interessante da literatura inglesa".[43] Como não foi o que aconteceu, pois "alguns dos nossos escritores mais versados na língua inglesa, após solicitação de pessoas ilustres para trabalhar na tradução, justificaram-se pelas dificuldades do empreendimento",[44] La Place se dedicou à tarefa, começando pelas obras de Shakespeare, pois "esse poeta deve ser visto como o inventor da arte dramática na Inglaterra".[45]

O Shakespeare de Pierre-Antoine de La Place é o de Pope, do qual parafraseia o prefácio, segundo a reedição de 1728 das *Works of Shakespear*.[46] Shakespeare possui os defeitos de um ator e

---

ou la difficile émergence du théâtre de Shakespeare en France", *Actes des Congrès de la Société Française Shakespeare*, n.18, 2000, p.27-46.

42 *Oronoko* (traduit de l'anglois, de Madame Behn), Amsterdã, 1745; e *Histoire de Tom Jones, ou L'enfant trouvé* (traduction de l'anglois de M. Fielding. Par *M. D. L. P.*), Londres: Jean Nourse, 1750.

43 *Le théâtre anglois*, op. cit., t.I, p.ii. Aparentemente, Pierre-Antoine de La Place ainda tem em mente a tradução de *Pamela, ou la vertu récompensée* (Traduit de l'Anglois), Londres: Jean Osborne, 1742.

44 Ibid., p.iii.

45 Ibid., p.iv.

46 A referência pode ser ou *The Works of Shakespear* (In eight volumes. Collated and Corrected by the former Editions, By Mr. Pope, The Second Edition), Londres: J. Tonson, 1728, ou *The Works of Mr. William Shakespear* (In ten volumes. Publish'd by Mr. Pope and Dr. Sewell), Londres: J. e J. Knapton e outros doze, 1728: "The Preface of the Editor". Pierre-Antoine de La Place diz: "O prefácio que o ilustre senhor Pope colocou na edição que publicou de Shakespeare em 1728 terminou por esclarecer muitas das dúvidas que ainda me restavam" (*Le théâtre anglois*, op. cit., t.I, p.xxiii).

dramaturgo que tem de agradar ao povo, mas, pelas belezas contidas em suas peças, "apesar de todos os defeitos, ele pode ser visto como o primeiro, & o maior poeta da Inglaterra".[47] Traduzi-lo em francês é perigoso, pois são grandes as diferenças entre as duas línguas. La Place toma o partido de uma tradução que não desagrade nem a gregos nem a troianos:

Só me resta justificar as precauções que tomei para não ser culpado de imprudência, infidelidade ou negligência perante as duas nações, a inglesa e a francesa. Não há dúvida de que mereceria tais reproches dos ingleses, apresentando uma tradução literal & completa das cinco peças de Shakespeare que compõem estes dois primeiros volumes. Confesso que me pareceu impossível traduzi-las literalmente. A diferença de gênio da língua inglesa, & da língua francesa, era um obstáculo menos difícil de superar que a diferença de gostos das duas nações. O que parece nobre, simples, natural aos ingleses será para os franceses duro, insípido, indecente. Permitindo-me mais liberdades, exponho-me a reproches de outra espécie. Se desejo evitar rasgos demasiado revoltantes para nós, os ingleses dirão que forcei, deturpei ou traduzi mal o sentido do autor. Se traduzo fielmente, o autor o perderá entre nós; & as duas nações me farão igualmente responsável pelo que desagrada ao gosto de uma, & ao amor-próprio da outra.[48]

Consequentemente, é preciso cortar o texto, suprimir as "cenas que Shakespeare se julgou obrigado a introduzir de tempos em tempos nas suas tragédias (para divertir ou encher os olhos do populacho, pelo espetáculo, & por singularidades muitas vezes pouco adequadas ao tema)" e escolher entre os "trechos sublimes" e os pontos "fracos, ridículos ou inconvenientes". Donde a decisão

47 Ibid., p.xxviii.
48 Ibid., p.cviii-cix.

de "assinalar pela análise tudo que não concerne diretamente à ação & ao interesse das tragédias; deter[-se] em todas as cenas, & em todas as situações passíveis de uma tradução tolerável para quem não tem ao seu alcance conhecer por si mesmo as verdadeiras belezas do original". O procedimento é aplicado tanto nas peças não traduzidas, que são objeto de "análises ou resumos" apresentados no terceiro e quarto volumes, como em cada uma das peças traduzidas:

Esse método me pareceu mais fácil, & mais razoável. Mais fácil, porque me poupa de um trabalho infinito & superior às minhas forças; mais razoável, porque me permite condensar Shakespeare sem perder nada das belezas do detalhe, & das singularidades dignas de se nos transmitir que se encontram nas cenas que apresento somente em excertos.[49]

Para adaptar Shakespeare ao gosto francês, La Place converteu "intencionalmente nas cenas traduzidas muitos versos alexandrinos em prosa". Ele não só traduziu em prosa os versos brancos, ou seja, os versos que se caracterizam por não ter rima ("creio não poder transmitir melhor a força e a harmonia desses versos do que por uma prosa compassada, e semeada de versos"), como pôs em alexandrinos cenas que Shakespeare escreveu em prosa: por exemplo, "as cenas do último ato do Mouro de Veneza, de Margarida de Anjou com o esposo no primeiro Ato de Henry VI, do Fantasma em Hamlet, & várias outras em McBeth".[50] La Place exige o direito à imitação capaz "de apresentar meu original em todo o seu esplendor: o que seria impossível se eu me tivesse sujeitado à letra do texto. Aqueles que conhecem a língua inglesa não me desmentirão".[51]

---

49 Ibid., p.cx-cxii.
50 Ibid., p.cxv-cxvii.
51 Ibid., p.cxvii.

A afirmação era um pouco presunçosa. Voltaire, que sabia inglês, não gostou da iniciativa. Em *Appel à toutes les nations de l'Europe* (1761), ele cita os últimos versos que Otelo recita antes de se suicidar para mostrar que o tradutor não traduziu, mas *inventou* Shakespeare:

A arte não foi feita para mim; é um fardo que detesto.
Dizei a eles que Otelo, mais apaixonado que sábio,
Embora esposo adorado, ciumento até a raiva,
Enganado por um escravo, iludido pelo erro,
Imolou a própria esposa e se trespassou o coração.[52]*

Voltaire comenta, sem omitir o que lhe pertence: "Não há nenhuma dessas palavras no original. *A arte não foi feita para mim* foi tirado de *Zaïre*; mas o resto não é da peça".[53] Para ele, porém, o mais grave é que a tradução de La Place apagou as indecências de Shakespeare e escondeu dos leitores franceses a vulgaridade do dramaturgo inglês.

Para exemplificar, Voltaire compara sua tradução (literal) das obscenidades ditas na cena II do ato I com a versão suavizada de La Place. As palavras de Iago a Brabâncio, pai de Desdêmona, que Voltaire traduziu assim: "digo-vos que vossa filha vai ser coberta por um cavalo da Barbária; que vossos netos relincharão atrás de vós; e que tereis como primos os rocins africanos", ficaram assim na tradução de La Place (que Voltaire não cita explicitamente): "E que nos importa que sua filha seja presa de um negro, ou de um bárbaro?". Na réplica, que Voltaire traduziu fielmente, "Sim! Saiba que vossa filha Desdêmona

---

52 * "L'art n'est pas fait pour moi; c'est un fard que je hais./ Dites-leur qu'Othello, plus amoureux que sage,/ Quoiqu'époux adoré, jaloux jusqu'à la rage,/ Trompé par un esclave, aveuglé par l'erreur,/ Immola son épouse, et se perça le cœur." (N. T.)
53 *Appel à toutes les nations de l'Europe*, op. cit, p.80. *Le théâtre anglois*, op. cit, t.I, *Othello ou le More de Venise*, p.171, ato V, cena XIV: "Othello, seul".

e o mouro Otelo fazem neste momento o animal de duas costas", La Place apagou a imagem excessivamente direta: "Digo, senhor, que fostes traído, e que o mouro possui neste momento os encantos de vossa filha".[54] Donde a constatação que arrasa La Place, cujo nome nunca é citado: "Um tradutor francês, que nos deu esboços de várias peças inglesas e, entre outras, do Mouro de Veneza, metade em versos, metade em prosa, não traduziu nenhum dos trechos essenciais que apresentamos aos olhos dos leitores".[55]

Voltaire utiliza aqui uma estratégia à qual recorrerá inúmeras vezes: o da tradução literal, não para mostrar as belezas não percebidas ou maltratadas de um texto, mas, ao contrário, para expor vulgaridades intoleráveis. A estratégia desperta uma ironia violenta contra La Place: "Não podemos nos queixar que o tradutor nos tenha privado [...] das mais belas cenas do *Othello* de Shakespeare. Com que prazer não veríamos a primeira cena em Veneza e a última em Chipre!".[56]

Pierre-Antoine de La Place publicou sua tradução de Hamlet no segundo volume de *Théâtre anglais*. Ele não se arriscou a versificar o solilóquio do príncipe. No "Discours" que introduz o volume, ele explica ao leitor a razão de sua escolha. Após citar a observação de Voltaire, declarando "que é muito fácil pôr em prosa as tolices de um poeta, mas dificílimo traduzir seus lindos versos", La Place diz que "essas reflexões, das quais sou hoje mais gabaritado que qualquer outro para pesar a solidez, levaram-me a não tocar no belo monólogo de Hamlet, tão bem traduzido em versos pelo senhor de Voltaire. Traduzi-o em prosa simples, & talvez seja o que pude fazer de menos mal".[57]

---

54 *Appel à toutes les nations de l'Europe*, op. cit., p.77-8; *Le théâtre anglois*, op. cit., t.I, *Othello ou Le more de Venise*, op. cit., p.12, ato I, cena II.

55 *Appel à toutes les nations de l'Europe*, op. cit., p.80.

56 Ibid., p.77.

57 *Le théâtre anglois*, op. cit., t.I, p.cxviii.

Utilizando provavelmente a edição de Pope de 1728 (citado no "Discours" do primeiro volume),[58] Pierre-Antoine de La Place traduz os cinco primeiros versos do monólogo da seguinte maneira: "Ser, ou não ser mais? Para, é preciso escolher! É mais digno de uma grande alma suportar a inconstância e os ultrajes da fortuna que se revoltar contra seus golpes?".[59] La Place não traduz a frase "*that is the question*", que Prévost traduziu por: "eis de que trata a questão" e o tradutor da *Bibliothèque britannique* por "eis de que se trata". Nenhum dos dois se dá conta da referência ao gênero da "*quaestio*", na qual argumentos contrários se opõem, e que Shakespeare atribui a Hamlet, estudante universitário de retorno de Wittemberg. "Para, é preciso escolher", sem equivalente no texto original, é uma alusão à tradução de Voltaire: "Fica, é preciso escolher". Como o tradutor da *Bibliothèque anglaise*, La Place traduz "*in the mind*", que Voltaire e Prévost desconsideram, por "grande alma". Os versos seguintes eliminam as metáforas shakespearianas, tanto os "*slings and arrows*" como o "*sea of troubles*" contra o qual é preciso "*to take arms*". Voltaire ignorou todas; Prévost manteve "as flechas e os insultos da má fortuna" e "um mar de perturbações"; e a *Bibliothèque anglaise* substituiu mar por "dilúvio" e preservou "as flechas com que nos traspassa ou fere". La Place prefere as abstrações às imagens: "a inconstância" toma o lugar dos "*slings and arrows*", "*outrageous*" vira um substantivo, e o "*sea of*

---

58 *The Works of Mr. William Shakespear* (In ten volumes), op. cit., t.8, p.256. O texto do monólogo é dado da seguinte forma: "To be, or not to be? that is the question –/ Whether 'tis nobler in the mind, to suffer/ The slings and arrows of outragious fortune;/ Or to take arms against a sea of troubles,/ And by opposing en them?". A edição acrescenta uma nota sobre "*sea*": "Perhaps *siege*, which continues the metaphor of *slings, arrows, taking arms*; and represents the being encompass'd on all sides with troubles".

59 *Le théâtre anglois*, op. cit., t.II: *Hamlet, Prince de Danemarc*, p.333, ato III, cena IV ["Être, ou n'être plus? Arrête, il faut choisir! Est-il plus digne d'une grande âme, de supporter l'inconstance et les outrages de la fortune, que de se révolter contre ses coups"].

troubles" e as "*arms*" contra elas desaparecem. A única pequena concessão ao léxico metafórico são os "golpes" da fortuna.

Ducis, 1769. Talma, 1809

Em 30 de setembro de 1769, *Hamlet* é representado pela primeira vez na França pela trupe dos Comédiens du Roi. As turnês do ator inglês Garrick familiarizaram as elites parisienses com Shakespeare. Nos seis meses que passou na capital para encerrar seu "Grand Tour", que começou em setembro de 1763 e terminou em abril de 1765,[60] Garrick foi recebido nos salões de madame Geoffrin, dos Helvétius e do barão de Holbach.[61] Ele encanta os presentes com declamações das tiradas de Shakespeare[62] e cria uma expectativa que Jean-François Ducis satisfaz com um *Hamlet* em francês publicado em em 1770 com o título "Tragédie imitée de l'anglais par M. Ducis".[63]

"Imitée" é a palavra adequada, e por dois motivos. Ducis, que não sabia inglês, escreveu seu *Hamlet* a partir da tradução de Pierre-Antoine de La Place. Ele adverte o leitor: "Não compreendo o inglês, e ouso trazer *Hamlet* para a cena francesa. Todos conhecem o mérito do *Teatro inglês* do senhor De la Place. Empreendo, conforme essa obra preciosa para a literatura, a tradução de uma das mais

---

60 David Garrick, *Journey to France and Italy, begun at Paris: September 21, 1763* (Folger Library, Manuscript 1763-64). Cf. *The Journal of David Garrick, describing his Visit to France and Italy in 1763*, Nova York: Modern Language Association of America, 1939.

61 Frank Arthur Hedgcock, *Un acteur cosmopolite: David Garrick et ses amis français* (tese de doutorado, Faculdade de Letras da Universidade de Paris), Paris: Hachette, 1911.

62 Ibid., p.117-9, em que o autor cita as *Mémoires* de Suard e Marmontel.

63 *Hamlet* (tragédie, imitée de l'anglois par M. Ducis. Représentée, pour la première fois par les Comédiens François Ordinaires du Roi, le 30 Septembre 1769), Paris: Gogué, 1770.

singulares tragédias de Shakespeare. O leitor verá o que emprestei desse poeta tão fecundo, tão apaixonado e tão terrível".[64] Numa carta a Garrick datada de 14 de abril de 1769, Ducis lastima: "Mas por que, senhor, não conheço a vossa língua!". Na mesma carta, confessa a Garrick as liberdades que tomou em relação a Shakespeare, o mesmo Shakespeare que La Place civilizou:

> Imagino, senhor, que me deves considerar assaz temerário por trazer para o teatro francês uma peça como *Hamlet*. Sem mencionar as rudes irregularidades que sobejam, o espectro confesso que fala longamente, os atores do campo e o combate de florete pareceram-me motivos absolutamente inadmissíveis em nossos palcos. Lamentei, todavia, não poder transportar a sombra terrível que expõe o crime e o pedido de vingança. Fui obrigado de certo modo a criar uma peça nova.[65]

De fato, a "imitação" de Ducis não é nada fiel.[66] Ele teve de modificar a peça, que foi rejeitada inicialmente pelo comitê de leitura dos Comédiens Français, e aceitar a negativa do principal ator trágico da companhia, Lekain, frequentemente escolhido para as tragédias de Voltaire.[67] O papel do príncipe da Dinamarca foi dado a François-René Molé, a quem Ducis agradece no "Avertissement" de sua edição por ter "sido tão impetuoso e original nas cenas sombrias quanto suave e encantador nas cenas de natureza e afeição". Em sua

---

64 Ibid., "Avertissement".
65 *Lettres de Jean-François Ducis* (édition nouvelle, par M. Paul Albert), Paris: Imprimerie Librairie Administrative de G. Jousset, 1879, p.7-8.
66 John Golder, *Shakespeare for the Age of Reason: The Earliest Stage Adaptations of Jean-François Ducis, 1769-1792*, Oxford: Voltaire Foundation/ University of Oxford, 1992, cap. 1, p.13-72: "Hamlet".
67 Sylvie Chevalley, "Ducis, Shakespeare et les Comédiens Français", *Revue de la Société d'Histoire du Théâtre*, n.64, 1964, p.327-50, e n.65, 1965, p.5-37.

"imitação", Hamlet é o "rei da Dinamarca" e só aparece na cena
IV do ato II. Cláudio, "primeiro príncipe de sangue", quer tomar
o trono. Para alcançar seus objetivos, envenena o pai de Hamlet e
torna-se amante de Gertrudes, mãe de Hamlet e cúmplice do assassinato. O rei Hamlet é apaixonado por Ofélia, filha de Cláudio, o
que dá à tragédia o toque corneliano do soberano que deseja vingar
o pai assassinado, mas ama a filha do assassino. Como indica a Garrick, Ducis suprimiu os "motivos absolutamente inadmissíveis":
a aparição do fantasma (que virou apenas uma visão de Hamlet), a
representação do *Assassinato de Gonzaga* pela trupe de atores que vai
ao castelo, o duelo final e a morte do príncipe, mas também a conversa dos coveiros. Nas cenas finais, Ducis manteve algo da aspereza
shakespeariana e expôs "o corpo ensanguentado de Gertrudes",
assassinada por Cláudio, que teve medo de ser denunciado por ela, e
o corpo do próprio Cláudio, que Hamlet mata com uma punhalada.
O cadáver devolve os conjurados à obediência devida e é descoberto
por Ofélia. Como em *Le Cid*, o pai foi vingado, mas Hamlet não é
Rodrigo. Nos últimos versos da tragédia, ele renuncia a Ofélia:

> Privado de todos os meus neste palácio funesto,
> Adoro-te e perco-te. Resta-me apenas o punhal.
> Mas sou homem e rei. Destinado a sofrer,
> Conseguirei viver ainda; faço mais do que morrer.[68]

Num gesto surpreendente, Ducis priva Hamlet do famoso
monólogo e não coloca em sua boca as palavras traduzidas por La
Place ("Ser, ou não ser mais? Para, é preciso escolher!"). Ele insere
a tentação do suicídio num diálogo entre Hamlet e Ofélia, na cena I

---

68 *Hamlet*, op. cit., p.68 ["Privé de tous les miens dans ce Palais funeste,/ Je
    t'adore et te perds. Ce poignard seul me reste./ Mais je suis homme et Roi.
    Réservé pour souffrir,/ Je saurai vivre encore; je fais plus que mourir"].

do ato III, e atribui ao príncipe (aqui rei) um solilóquio dito na cena III do ato IV. Hamlet o recita "olhando para a urna", isto é, a urna na qual estão as cinzas de seu pai. Apresentando-a a Gertrudes, ele a obrigará a confessar sua cumplicidade criminosa com Cláudio. Diante dos restos do pai, Hamlet confirma sua decisão:

Eis o altar terrível onde teu sangue vai correr.
Mas do meu pai, ó céu, sinto estremecer a cinza.
Meus transportes foram ouvidos até aqui?
Ó pó das sepulturas, quem vos vem agitar?
É para me fortalecer ou para me aterrorizar?
Cinza plangente e querida, sim, ouço teu murmúrio:
Sim, este punhal sangrento vai lavar tua injúria;
É para te vingar que suportei o dia.[69]

Foi nessa versão sem "to be, or not to be" que *Hamlet* foi representado doze vezes em Paris, entre setembro de 1769 e janeiro de 1770, e foi traduzido para o espanhol em 1772 por Ramón de la Cruz (que, como Ducis, também não sabia inglês)[70] e, dois anos depois, em italiano por Francesco Gritti.[71]

---

69 *Hamlet*, op. cit., p.49 ["Voici l'autel terrible où ton sang va couler./ Mais de mon père, ô ciel, je sens frémir la cendre./ Mes transports jusqu'ici se sont-ils fait entendre?/ Ô poudre des tombeaux, qui vous vient agiter?/ Est-ce pour m'affermir, ou pour m'épouvanter?/ Cendre plaintive et chère, oui, j'entends ton murmure:/ Oui, ce poignard sanglant va laver ton injure;/ C'est pour te venger que j'ai souffert le jour"].

70 Ramón de la Cruz, *Hamleto. Rey de Dinamarca. Tragedia*. Dois manuscritos da tradução da peça de Ducis são conservados na Biblioteca Municipal de Madri e na Biblioteca Nacional da Espanha. Cf. Angel-Luis Pujante e Keith Gregor (org.), *Hamlet en Espana: las cuatro versiones neo-clasicas*, Salamanca/ Múrcia, Ediciones Universidad de Salamanca/ Editum, 2010, p.45-124: "El Hamleto (atribuido a Ramón de la Cruz)".

71 *Amleto* (Tragedia di Mr. Ducis. Ad imitazione della inglese di Shakespear. Tradotta in verso sciolto), Veneza: all'Insegna del Cicerone, 1774. No ano

Em Paris, a peça de Ducis só foi encenada novamente em 1787, e teve apenas oito sessões.[72] Foi ressuscitada graças à colaboração entre o velho dramaturgo e o ator mais famoso da época, François-Joseph Talma. Entre 1803 e 1809, eles trabalharam numa recriação da "imitação" de 1769.[73] Em julho de 1809, Madame de Staël, exilada em Coppet, obteve permissão para ir a Lyon e ver Talma no papel de Hamlet. Em 3 de julho, ela assistiu no Grand Théâtre a uma representação que a deixou em êxtase. No dia 4, ela escreveu a Talma:

> Há nessa peça, por defeituosa que seja, uma parte de tragédia maior que a nossa, e vosso talento se revelou no papel de Hamlet como a genialidade de Shakespeare, mas sem as suas irregularidades, sem os seus gestos familiares, que de súbito tornaram-se o que há de mais nobre na terra. [...] No papel de Hamlet, vós me inspirais um tal entusiasmo que não éreis mais vós, não era mais eu; era uma poesia de olhares, ênfases, gestos, à qual nenhum escritor se elevou até agora.[74]

---

seguinte foi publicada uma segunda edição: *Amleto* (Tragedia del Signor Ducis. Tradotta in versi italiani da sua Eccellenza il Nobil Uomo Francesco Gritti), Parma: Filippo Carmignani, 1775. Cf. Luigi Ferrari, *Le traduzioni italiani del teatro tragico francese nelle secoli XVII e XVIII. Saggio bibliografico*, Paris: Champion, 1925, p.115-7.

72 John Golder, *Shakespeare for the Age of Reason*, op. cit., p.335: "Appendix A".

73 Sophie Marchal, "'Je suis un tailleur qui a révélé la taille'. La relation écrivain-'non écrivain' dans la correspondance Ducis-Talma", *Revue d'Histoire Littéraire de la France*, v.103, n.2, 2003, p.309-30. A peça foi apresentada na Comédie Française, com Talma no papel de Hamlet, quatro vezes em abril de 1803 e seis vezes entre maio e junho de 1807; cf. John Golder, *Shakespeare for the Age of Reason*, op. cit., p.335-6: "Appendix A".

74 Pierre-François Tissot, *Souvenirs historiques sur la vie et la mort de F. Talma*, Paris: Baudoin Frères, 1826, p.41-2.

Quatro dias depois, numa segunda carta, ela declara ao seu "caro Orestes": "Escreverei sobre a arte dramática, e metade das minhas ideias virão de vós".[75] De fato, na segunda parte de De l'Allemagne, publicada em Londres em 1813, Madame de Staël dedica o Capítulo 27 à declamação dramática. Para ela, Talma é o único na França que pode rivalizar com os atores alemães August Wilhelm Iffland e Ludwig Schröder. Ela admira sua capacidade de juntar as emoções mais contraditórias e inspirar no espectador, apenas pelo olhar, o medo e o terror:

> Hamlet é seu triunfo dentre as tragédias de gênero estrangeiro; os espectadores não veem a sombra do pai de Hamlet nos palcos franceses, a aparição decorre inteira na fisionomia de Talma, e certamente não é menos assustadora. Quando, no meio de uma conversa tranquila e melancólica, ele percebe de súbito o espectro, seguimos todos os seus movimentos pelos olhos que o contemplam, e podemos pressentir a presença do fantasma quando esse olhar a atesta.[76]

Na cena em que Hamlet obriga a mãe a jurar sobre a urna que contém as cinzas de seu marido, a emoção está na voz:

> Hamlet puxa o punhal que seu pai manda que ele enterre no peito materno; contudo, no momento de atingi-la, o carinho e a compaixão vencem e, voltando-se para a sombra do pai, ele grita: Perdão, perdão, meu pai!, com uma ênfase em que todas as emoções da natureza lhe parecem escapar do coração e, jogando-se aos pés

---

75 Ibid., p.42-3. As duas cartas foram publicadas no ano da morte de Talma em Charles-François-Jean-Baptiste Moreau, Mémoires historiques et littéraires sur F.-J. Talma, Paris: Ladvocat, 1826, p.41-5.

76 Baronesa de Staël Holstein, De l'Allemagne, 2. ed., Paris: H. Nicolle e Mame Frères, 1814, t.II, continuação da segunda parte, cap. 27, p.295: "De la déclamation".

da mãe desfalecida, diz dois versos que encerram uma compaixão inesgotável: "Vosso crime é horrível, execrável, odioso;/ Mas não é maior que a bondade dos céus".[77]

A peça que Madame de Staël viu em Lyon é com toda a certeza o *Hamlet* de Ducis, sem fantasma e com as cinzas de um rei assassinado numa urna funerária. No entanto, a colaboração entre o autor e o ator introduziu uma variante importante no texto. Madame de Staël conta:

> Quando Hamlet chega sozinho ao palco no terceiro ato, e diz em lindos versos franceses o famoso monólogo *To be, or not to be*, Talma não faz um gesto sequer, às vezes apenas move a cabeça para interrogar a terra e o céu sobre o que é a morte! Imóvel, a dignidade da reflexão absorvia todo o seu ser. Via-se um homem no meio de 2 mil homens em silêncio interrogando o pensamento sobre o destino dos mortais! Em poucos anos tudo que existia não existirá mais, porém outros homens presenciarão as mesmas dúvidas e da mesma forma mergulharão no abismo, sem conhecer a sua profundidade.[78]

O monólogo recitado por Talma não existia em 1770, mas aparece na edição de 1809 da peça, na cena I do ato IV.[79] Sozinho em cena, Hamlet recorda sua impotência para fazer Cláudio confessar seu crime e as dúvidas que o atormentam. Em seguida, entre os versos 15 e 24 do solilóquio, ele chega ao grande dilema: ser ou não ser.

---

77 Ibid., p.296.
78 Ibid., p.295-6.
79 Sobre a introdução do monólogo na peça e as dúvidas sobre sua localização (ato III ou IV), cf. John Golder, *Shakespeare for the Age of Reason*, op. cit., p.57-60.

Não sei o que decidir... imóvel... perturbado...
É permanecer tempo demais por minha dúvida oprimido;
É suportar demais a vida e o peso que me mata.
E o que oferece a morte à minha alma deprimida?
Um refúgio seguro, o mais suave dos caminhos
Que conduz ao repouso os infelizes humanos.
Morramos; que temor ainda quando se cessa de existir?
A morte... é o sono... é um despertar talvez,
Talvez... Ah! É a palavra que gela, apavorado,
O homem à beira do caixão, pela dúvida paralisado.[80]

Essa adaptação absolutamente livre do texto shakespeariano associa mais intimamente que as traduções anteriores a "reflexão" universal sobre a morte à infelicidade pessoal de Hamlet, aludida pelos pronomes em "minha dúvida", "me mata", "minha alma". Como Garrick, e como Iffland, Talma transmuta as obras que interpreta: "Que conhecimento do coração humano ele demonstra em sua maneira de criar seus papéis! É duas vezes autor, por suas ênfases e por suas fisionomias".[81]

---

80 *Hamlet, tragédie, imitée de l'anglais* (Par M. Ducis. Nouvelle édition, avec des changemens considérables, un cinquième acte nouveau, et conforme au manuscrit de la Comédie Française), Paris: Les Libraires Associés, 1809, p.28, ato IV, cena I ["Je ne sais que résoudre... immobile... troublé.../ C'est rester trop longtemps de mon doute accablé;/ C'est trop souffrir la vie et le poids qui me tue./ Et! qu'offre donc la mort à mon âme abattue?/ Un asile assuré, le plus doux des chemins/ Qui conduit au repos les malheureux humains./ Mourrons; que craindre encore quand on a cessé d'être?/ La mort... c'est le sommeil... c'est un réveil peut-être,/ Peut-être... ah! c'est le mot qui glace, épouvanté,/ L'homme au bord du cercueil, par le doute arrêté"].

81 Baronesa de Staël Holstein, *De l'Allemagne*, op. cit., p.289.

A tradução literal como arma crítica

Na década de 1760, os debates sobre a tradução das peças de Shakespeare não são dissociados dos julgamentos positivos ou negativos
que elas inspiram. Fiel ao seu *Appel* (1761), Voltaire transforma a
tradução literal na arma mais cortante de sua crítica, cada vez mais
dura com o passar dos anos e dos textos. Em 1764, ele aproveita
a edição do *Théâtre* de Corneille para fazer uma série de paralelos
entre as tragédias do dramaturgo francês e as de Shakespeare.[82] Por
exemplo, entre *Cinna* e *Julius Caesar*:

> Tendo ouvido muitas comparações entre *Corneille* e *Shakespear*,
> pareceu-me conveniente mostrar a forma diferente que ambos
> empregam em temas que podem ter alguma semelhança; escolhi os
> primeiros atos da morte de *César*, em que se vê uma conspiração,
> como em *Cinna*, & nos quais se trata apenas de uma conspiração, até
> o fim do terceiro ato. O leitor poderá comparar facilmente os pensa-
> mentos, o estilo & o julgamento de *Shakespear* com os pensamentos,
> o estilo & o julgamento de *Corneille*.

Essa comparação exige um cuidado prévio:

> Para instruir corretamente o processo, foi necessária uma tra-
> dução exata. Pusemos em prosa o que está em prosa na tragédia
> de *Shakespear*; traduzimos em versos brancos o que está em versos
> brancos, & quase sempre verso contra verso. O que é familiar &
> baixo é traduzido com familiaridade & baixeza. Tratamos de nos
> elevar quando o autor se eleva; & quando ele é afetado & empolado,

---

82 *Théâtre de Pierre Corneille* (avec des commentaires, &c. &c. &c.), [Gene-
bra: Cramer,] 1764, 12 v. Cf. François Bessire, "Voltaire éditeur de Corneille", *Dix-Septième Siècle*, n.125, 2004, p.595-603.

tivemos o cuidado de não ser nem mais nem menos afetados & empolados que ele.[83]

Ao contrário da tradução proposta por Pierre-Antoine de La Place no terceiro volume de seu *Théâtre anglais* ("não há seis linhas seguidas no *Júlio César* francês que estejam no *César* inglês"), a tradução de Voltaire (ele traduziu os três primeiros atos da tragédia) é, segundo ele, "a mais fiel, & quiçá a única fiel que jamais se fez de um poeta antigo, ou estrangeiro, em nossa língua".[84] Ao fim do exercício, o julgamento é inapelável: "Corneille era irregular como Shakespear, e genial como ele: mas a genialidade de Corneille está para a de Shakespear como um senhor está para um homem do povo que nasceu com o mesmo espírito que ele".[85] No entanto, nesse texto escrito trinta anos depois de sua estada em Londres, persiste a lembrança do "monstro brilhante" que o autor viu em cena:

Assisti à encenação do *César* de Shakespear, & confesso que, desde a primeira cena, quando ouvi o tribuno reprochar ao populacho de Roma a ingratidão com Pompeu, & a afeição ao César vencedor de Pompeu, comecei a me interessar, a me emocionar. Não vi nenhum conjurado na cena que não me despertasse a curiosidade; & apesar de tantos disparates ridículos, senti que a peça me prendia. [...] Rasgos sublimes brilham de tempos em tempos na peça como diamantes espalhados na imundície. Confesso que por tudo ainda prefiro esse monstruoso espetáculo a longas confidências de um amor frio, ou raciocínios de políticos ainda mais frios.[86]

---

83 *Théâtre de Pierre Corneille*, op. cit., t.II: *Cinna*, p.325-407. O texto e a tradução de Voltaire estão em Theodore Besterman (org.), *Voltaire on Shakespeare*, op. cit., p.93-156, citação da p.93.

84 Theodore Besterman (org.), *Voltaire on Shakespeare*, op. cit., p.95.

85 Ibid., p.155.

86 Id.

Traduzir literalmente é necessário para fundamentar o julgamento estético. A obra de um autor estrangeiro é "um quadro do qual se deve copiar exatamente a disposição, as atitudes, o colorido, os defeitos & as belezas, sem o que, dais vossa obra pela dele". Desrespeitando essas exigências, nem as traduções de La Place nem a peça de Ducis apresentaram o verdadeiro Shakespeare aos franceses: "Temos imitações, resumos, excertos de *Shakespear* em francês, mas nenhuma tradução. Aparentemente quiseram poupar nossa sensibilidade". A prova é a primeira cena de *Othello*, já citada em 1761, na qual La Place "faz *Iago* falar à francesa", sem "cavalo da Barbária" nem "animal de duas costas".[87]

Todavia, manipular a arma da tradução literal é arriscado. Em 1769, ela se voltou contra o próprio Voltaire.[88] Num capítulo do livro que Elizabeth Montagu dedica ao gênio Shakespeare, ela põe em dúvida a competência linguística de Voltaire como tradutor do bardo: "O encanto que emana dos tons do verso branco em inglês não pode ser percebido por um estrangeiro que tem tão pouca familiaridade com a pronúncia de nossa língua que muitas vezes se confunde com o significado das palavras mais corriqueiras".[89] A autora dá como prova a incapacidade de Voltaire de distinguir em *Julius Caesar* os diferentes sentidos da palavra "*course*", que pode designar uma corrida, um prato ou uma maneira de se conduzir. E acrescenta ironicamente:

---

87 Ibid., p.94.

88 *An Essay on the Writings and Genius of Shakespear, compared with the Greek and French Dramatic Poets. With some Remarks upon the Misrepresentations of Mons. de Voltaire* (By Mrs. Montagu), Londres: impresso para J. Dodsley, Baker e Leigh, J. Walter, T. Cadell e J. Wilkie, 1769.

89 Ibid., p.211-3: "The charm arising from the tones of English blank verse cannot be felt by a foreigner, who is far from being acquainted with the pronunciation of our language, that he often mistakes the signification of the most common words".

Lamento que o tradutor não tenha um dicionário melhor [...] Há tantos erros grosseiros nessa obra que seria enfadonho enumerá-los; entretanto, esperamos que impeçam outros pedantes de tentar ferir obras de gênio com a maquinaria dissimulada da tradução inexata.[90]

Dando o troco na mesma moeda, Elizabeth Montagu propõe, num capítulo dedicado a *Cinna*, uma tradução literal de uma cena da tragédia de Corneille: "Do mesmo modo que o senhor Voltaire apresentou sua tradução de *Júlio César*, vou apresentar ao leitor uma tradução literal da primeira cena do primeiro ato".[91] Em seguida, ela faz um comentário crítico, extensível aos excertos também traduzidos das cenas seguintes, para demonstrar a péssima composição e a debilidade dos sentimentos das personagens, presumíveis num romance de cavalaria, mas não numa tragédia política: "enquanto Shakespeare tenta mostrar que as razões de Brutus não são de maneira alguma inspiradas pela paixão, cada movimento no espírito de Cinna tem um traço de baixeza".[92] Diante de uma situação semelhante, a saber, uma conjuração contra o homem mais poderoso de seu tempo, Cinna e Brutus revelam caráter muito diferente: o primeiro é um miserável, o segundo é um nobre patriota.[93] A prova

---

90 Ibid., p.216-8: "I am sorry the translator had not a better English dictionary [.] There are so many gross blunders in this work it would be tedious to point them out; but it is to be hoped they will deter other beaux esprits from attempting to hurt works of genius by the masked battery of an unfair translation".

91 Ibid., p.221: "As Mr. Voltaire has given his translation of Julius Caesar, I will just present to the reader a literal translation of the first scene of the first act [of Cinna]".

92 Ibid., p.241: "As Shakespear laboured to shew that the motives of Brutus were untinctured by any bad passion; on the contrary every movement in the mind of Cinna has the character of baseness".

93 Ibid., p.242: "Brutus and Cinna are drawn in the same situation, conspiring against the foremost man of all this world: in the one we have the

da tradução literal só pode pender para o dramaturgo que escolheu o segundo: "As tragédias de *Cinna* e *Júlio César* são ambas a representação de uma conspiração; mas não se pode negar que nosso compatriota mostrou ter tido muito melhor julgamento na escolha da história".[94] A réplica de Montagu não desarmou Voltaire. No segundo tomo das *Questions sur l'Encyclopédie*, publicado em 1770, o verbete "Art dramatique" começa com uma insinuação polêmica a respeito de Samuel Johnson:

> Corri os olhos por uma edição de *Shakespear* apresentada pelo senhor *Samuel Johnson*. Vi que qualifica de *espíritos estreitos* os estrangeiros que se admiram que, nas peças desse grande Shakespear, um *senador romano se faça de bufão, e que um rei apareça no teatro como um beberrão*. Não quero de maneira alguma desconfiar que o senhor *Johnson* aprecie as piadas de mau gosto, & estime em demasia o vinho; mas parece-me um pouco extraordinário que inclua a bufonaria & a embriaguez entre as belezas do teatro trágico.[95]

---

features and complexion of a villain, in the other the high-finished form of a noble patriot".

94 Ibid., p.245: "The tragedies of Cinna and Julius Caesar, are each of them the representation of a conspiracy; but it cannot be denied that our countryman has been by far more judicious in his choice of the story".

95 *Questions sur l'Encyclopédie* (par des Amateurs, seconde partie), [Genebra,] 1770: "Art dramatique", "Du Théâtre Anglais", p.198-208 (citação da p.198). Voltaire se refere à edição de 1765 de Samuel Johnson, *The Plays of William Shakespeare* (In eight volumes. With the Corrections and Illustrations of Various Commentators. To which are added Notes by Sam. Johnson), Londres, J. e R. Tonson e outros dez, 1765, v.I, "Prefácio": "His adherence to general nature has exposed him to the censure of criticks, who for their judgments upon narrower principles. [...] He was inclined to show an usurper and a murderer not only odious but despicable, he therefore added drunkeness to his other qualities, knowing that kings love wine like

Em sua resposta, Voltaire amplia a estratégia da tradução literal, recordando ou apresentando vários exemplos de "bufonaria" em Shakespeare: quatro citações extraídas de sua tradução de *Julius Caesar*, o "animal de duas costas" e o "cavalo da Barbária" de *Othello*, uma "cena traduzida da Cleópatra de Shakespeare" (a do camponês que leva a serpente letal para a rainha e declara: "sei muito bem que o próprio diabo não comeria uma mulher; sei muito bem que uma mulher é um prato para se apresentar aos deuses, desde que não seja o diabo que faça o molho: mas, palavra de honra!, os diabos são uns filhos da puta que fazem muito mal ao céu quando se trata de mulher; se o céu faz dez, o diabo corrompe cinco")[96] e, atacando com uma nova tradução, "uma cena traduzida da *tragédia de Henrique V*" (a do diálogo malicioso entre o rei e a princesa Catarina, que não sabe inglês e pede ajuda a uma de suas damas de honra).[97] Voltaire comenta:

na mesma peça, há uma conversa entre a princesa *Catarina* da França & uma de suas damas de honra inglesas que é muito superior a tudo que acabamos de expor. Catarina está aprendendo o inglês; ela pergunta: como se diz pé e vestido? A dama de honra responde que pé é *foot* e vestido é *coun*: porque na época se pronunciava *coun*: & não *gown*. Catarina ouve essas palavras de uma maneira um pouco singular; ela as repete à moda francesa; e enrubesce. *Ah!*, diz em francês, *são palavras impudicas, & não para damas de honra usar. Não gostaria de repeti-las para todo mundo diante dos senhores da França.* E ela as repete de novo com sotaque mais forte.

---

other men, and that wine exerts its natural power upon kings. These are the petty cavils of petty minds".

96   Ibid., p.200-2.
97   Ibid., p.202-5.

Voltaire conclui: "Tudo isso foi encenado durante muito tempo nos teatros de Londres, na presença da corte".[98]

No entanto, "no mesmo homem encontramos fragmentos que enlevam a imaginação & penetram o coração. É a própria verdade, a própria natureza falando sua língua, sem nenhuma mistura de arte. É o sublime, & o autor não precisou procurá-lo".[99] Várias réplicas de Brutus ou César são ótimos exemplos e, sobretudo, "não se omita aqui o belo monólogo de Hamlet, que está na boca de todos, & foi imitado em francês com a circunspeção que exige a língua de uma nação escrupulosa ao extremo com o decoro". E Voltaire cita uma terceira vez a sua tradução de "to be, or not to be", que nenhuma outra conseguiu superar, mas precisa ser melhorada.

Para evitar a redundância entre "da vida à morte" e "do ser ao nada" das versões de 1733 e 1761, Voltaire reescreve os dois primeiros versos. A supressão de "da vida à morte", a nova oposição entre "sofrer" e "morrer" e a inclusão do eu modificam o início do monólogo: "Fica, é preciso escolher entre o ser e o nada./ Ou sofrer ou morrer; é o que me espera"*. No terceiro verso, os "deuses" ("cruéis" em 1733 e "justos" em 1761) foram substituídos por "céu": "Céu que vedes minha perturbação iluminai minha coragem",** mas no 16º verso os "padres mentirosos" de 1733, que haviam desaparecido em 1761, reaparecem.[100] Voltaire conclui sua avaliação do "mérito de Shakespeare" com uma pergunta cuja resposta tem a forma de um arrependimento: "Que se pode concluir desse contraste entre grandeza & baixeza, entre razão sublime & sandices grosseiras, enfim, entre todos esses contrastes que acabamos de ver em Shakespear?

---

98 Ibid., p.205-6.
99 Ibid., p.206.
*   "Demeure, il faut choisir de l'être & du néant./ Ou souffrir, ou périr; c'est là ce qui m'attend." (N. T.)
** "Ciel qui voyez mon trouble, éclairez mon courage". (N. T.)
100 *Questions sur l'Encyclopédie*, op. cit., p.207-8.

Que ele teria sido um poeta perfeito, se tivesse vivido nos tempos de
Adisson [*sic*]",[101] o autor que soube aliar a genialidade ao bom gosto,
o natural ao decoro, a imaginação às regras.
A posição de Voltaire na anglomania que tomou a França não era
compartilhada por todos.[102] A "bardolatria" já tinha seus devotos,
como o filósofo Louis-Sébastien Mercier e seu ferrenho adversário
Élie Fréron. O jornal *Mercure de France* confirma a nova mania
noticiando em dezembro de 1769 o jubileu shakespeariano, organizado por Garrick em Stratford-upon-Avon em 6, 7 e 8 de setembro
do mesmo ano.[103] Com o título "Fête de Shakespear", o artigo traz
em detalhes os três dias de homenagem. O primeiro dia terminou no
prédio da prefeitura, onde Garrick recebeu "o medalhão de Shakespear, esculpido em madeira tirada da amoreira plantada pelo próprio
poeta"; após o concerto na igreja, houve um jantar seguido de um
baile. No dia seguinte, "sr. Garrick subiu ao palco montado na porta
da prefeitura, & recitou uma ode composta por ele para a ocasião,
& da qual várias partes foram executadas em música. Em seguida ele
fez um elogio a Shakespear e terminou com um desafio aos inimigos
do poeta". O desafio foi aceito por um cúmplice, o senhor King,
"o que resultou numa cena muito viva e divertida". O mau tempo

101 Ibid., p.208.
102 Claude Nordmann, "Anglomanie et anglophobie en France au XVIIIᵉ
     siècle", *Revue du Nord*, n.261-2, 1984, p.787-803; e Joséphine Grieder,
     Anglomania in France, 1740-1789: Facts, Fiction, and Political Discourse,
     Genebra: Droz, 1985.
103 *Mercure de France* (dédié au Roi par une Société de Gens de Lettres), Paris:
     Lacombe, dez. 1769: "Fête de Shakespeare", p.180-6. Sobre o jubileu em
     Stratford-upon-Avon, cf. Michael Dobson, *The Making of the National
     Poet: Shakespeare, Adaptation, and Authorship, 1660-1769*, Oxford: Cla-
     rendon, 1992, p.134-84 e 214-22. Cf. também o verbete "The Jubilee",
     The Routledge Anthology of Restoration and Eighteenth-Century Drama,
     disponível em: <routledgetextbooks.com/textbooks/9781138915428/
     the-jubilee.php>; acesso em: jan. 2021.

impediu o divertimento seguinte, a saber, "uma mascarada com todas as personagens das peças de Shakespear, levando em procissão pela cidade a estátua do poeta sobre um carro alegórico; parando na praça principal, onde sr. Garrick seria responsável por coroar a efígie do poeta". A chuva estragou também a queima de fogos de artifício. No terceiro dia, "sr. Garrick repetiu a ode, dedicou o templo a Shakespear & coroou sua estátua". O jubileu seria comemorado a cada sete anos em Stratford. A notícia confirma a consagração do dramaturgo, venerado em relíquias, reverenciado com o coroamento de sua estátua e canonizado, sem que fosse necessário encenar ou declamar trechos de suas peças. O colaborador do *Mercure* conclui o artigo em tom anglófilo, muito diferente dos sarcasmos de Voltaire: "a homenagem prestada à memória desse grande homem é inaudita; é digna da nação que deu o exemplo; um país que honra os talentos há de vê-los nascer & crescer em seu seio".

1776. Le Tourneur: traduzir Shakespeare inteiro

Sete anos depois, os franceses prestam uma homenagem diferente a Shakespeare com a publicação dos dois primeiros tomos de uma nova tradução de suas peças por Pierre Le Tourneur.[104] O nome do tradutor não aparece na página de rosto, mas embaixo da carta ao rei que introduz o primeiro volume, ao lado do nome dos dois outros responsáveis pelo empreendimento: o conde de Catuélan, um shakespeariano ardoroso, e Jean Fontaine-Malherbe, secretário-geral do Bureau de la Librairie. Os três receberam em

---

104 *Shakespeare, traduit de l'anglois* (dédié au roi, tome premier), Paris: impresso para Veuve Duchesne, Musier fils, Nyon, La Combe, Ruault, Lejay e Clousier, 1776. Cf. André Genuist, *Le Théâtre de Shakespeare dans l'œuvre de Pierre Le Tourneur, 1776-1783*, Paris: Didier, 1971.

8 de fevereiro de 1775 um privilégio de seis anos. Nessa data, Le Tourneur, que fora censor real e secretário-geral do Bureau de la Librairie, já tinha uma reputação bem estabelecida como tradutor, graças à publicação de *Nuits*, de Edward Young, e das *Méditations sur les tombeaux*, de James Hervey. No transcorrer da publicação das peças de Shakespeare, concluída em 1782 com os tomos 19 e 20, ele traduziu os poemas de Ossian e uma obra de Soame Jenyns, e em 1785 terminou uma nova tradução em dez volumes de *Clarissa*, de Samuel Richardson.[105] Le Tourneur, que nunca passou temporadas na Inglaterra nem sequer visitou o país, introduziu obras inglesas na França que foram reunidas pelo interesse pela natureza, a religiosidade cristã e o conhecimento (ou, no caso de Ossian, a criação) da poesia medieval.

Os três primeiros textos preliminares: a "Épitre au roi", uma crítica a um prefácio de Marmontel e uma relação do jubileu de 1769, refutam os preconceitos injustificados contra Shakespeare e exortam os franceses a reconhecer o gênio e a glória do poeta. O "Jubilé de Shakespeare" acrescenta ao relato do *Mercure* numerosos detalhes tirados das relações inglesas e, em especial, da de Benjamin Victor.[106] O autor conclui a descrição dos três dias de festa com um apelo à nação francesa:

---

105 *Les nuits d'Young* (traduites de l'anglois par M. le Tourneur), Lyon/ Paris: Jean Deville-Lejay, 1769; [James] Hervey, *Méditations sur les tombeaux*, Paris: Lacombe, 1770; *Ossian, fils de Fingal* (barde du troisième siècle, poésies galliques, traduites sur l'Anglais de M. Macpherson par M. le Tourneur), Paris: Musier Fils, 1777; Soame Jenyns, *Vue de l'évidence de la religion chrétienne, considérée en elle-même*, Paris: Berton, 1779; e [Samuel Richardson,] *Clarisse Harlowe* (Traduction nouvelle et seule complète; par M. Le Tourneur), Genebra: Paul Barde-Moutard e Mérigot le Jeune, 1785.

106 Benjamin Victor, *The History of the Theatres of London, from the Year 1760 to the present Time*, Londres: impresso para T. Becket, 1771, v.3, p.200-32.

a recente homenagem que a Inglaterra prestou à memória desse grande homem é incomum; mas infeliz da nação que não se comove com semelhante espetáculo e encontra loucura ou excesso nas honras prestadas ao gênio, no entusiasmo do povo conhecedor pelo maior de seus poetas.[107]

A relação de Le Tourneur, mais do que a do *Mercure*, enfatiza a veneração pública ao poeta. A amoreira que Shakespeare plantou perto de sua casa foi derrubada por um novo proprietário, um sacerdote que "não tinha medo do próximo diante de seus olhos nem amor por Shakespeare em seu coração". A árvore foi salva pelos moradores "consternados por esse tipo de sacrilégio". Obrigaram o iconoclasta a se mudar da cidade e a amoreira foi comprada por um "operário" que "teve a ideia de fabricar com a madeira uma porção de utensílios, como xícaras de chá, estojos, caixas de rapé, & cetera, que se tornaram joias de valor, avidamente disputadas & compradas a peso de ouro".[108] O medalhão entregue a Garrick pelos magistrados da cidade foi gravado na mesma madeira dessa "famosa amoreira".[109] Após a cerimônia municipal, "todos foram à igreja, onde a orquestra de Drury Lane executou o oratório de Judith" (composto em 1761 por Thomas Arne para o Theatre Royal de Drury Lane).[110] No dia seguinte, Garrick "repetiu a ode, dedicou o templo a Shakespear & coroou sua estátua".[111]

O léxico religioso beatifica Shakespeare e transforma a amoreira em relíquias:

---

107 *Shakespeare, traduit de l'anglois*, op. cit., t.I, p.xxxiii-xxxiv.
108 Ibid., p.xviii-xix.
109 Ibid., p.xxv.
110 Ibid., p.xxv-xxvi.
111 Ibid., p.xxxii.

Vendo medrar o jovem caule, ele não podia prever que a árvore,
amada pela natureza & respeitada pelos tempos, um dia seria objeto
de uma espécie de culto religioso; que, depois de derrubada, ainda
serviria para espalhar sua glória, & que parcelas da madeira, mais
preciosas que diamantes, seriam dedicadas a levar a todos os cantos
o nome & as feições do poeta imortal que a plantou.[112]

O autor da relação tem consciência do atrevimento do vocabulário
utilizado e tenta diminuir sua intensidade numa nota: "A palavra
jubileu, que etimologicamente significa festa periódica de expiação ou
regozijo, & que nós, de nossa parte, reservamos unicamente à religião,
os ingleses estendem às festas profanas; do mesmo modo, abusamos
dos termos *culto, santo, adorar & cetera*, em benefício do gênio & da
beleza".[113] Não houve "abuso", porque transferências e hibridações
de sacralidades unem os fiéis de Shakespeare numa mesma devoção.

A relação do jubileu organizado por Garrick refuta nos textos preliminares do primeiro volume os argumentos dos refratários ao culto
shakespeariano. O alvo é um discurso de Jean-François Marmontel
que acusava Shakespeare de ser um simples imitador de Lope de Vega,
um dramaturgo obsceno e grosseirão cujas peças tinham de ser castiga-
das e agradavam apenas ao gosto do povo.[114] Contra esses "fatos alterados" e esses "equívocos", o editor do *Shakespeare* de 1776 recorda que
o bardo não tinha nenhum conhecimento do teatro espanhol, que suas
peças são abreviadas apenas porque são muito longas, que ele era admi-
rado por Milton, Addison, Pope, Dryden, Locke e Newton, e que os
"leitores poderão julgar no decorrer desta tradução se esse preconceito

---

112 Ibid., p.xv-xvi.
113 Ibid., p.xxi, nota 1.
114 [Jean-François] Marmontel, *Chefs-d'œuvre dramatiques, ou Recueil des
     meilleures pièces du théâtre françois, tragique, comique et lyrique*, Paris:
     Grangé, 1773: "Discours sur le système de la Poésie Dramatique, son ori-
     gine et ses progrès", p.xxxvi-xxxviii.

tem fundamento, se Shakespeare está sempre armado de um punhal ensanguentado, & se seus pincéis, em geral tão cheios de graça e frescor, souberam pintar também doces paixões e ternas emoções."[115]

Dedicada ao rei, a obra começa como uma "Épitre" a Luís XVI, que ocupava o trono havia dois anos. Seguindo a retórica estéril das dedicatórias, essa epístola propõe um novo motivo: um paralelo entre o poeta e o rei. Ambos têm uma alma generosa que os faz amar toda a humanidade, mesmo a mais miserável:

> [Shakespeare], descendo à cabana do pobre, viu a humanidade e não se negou a retratá-la nas classes vulgares. Captou a natureza em tudo onde a encontrou, & desdobrou todas as pregas do coração humano, sem fugir das cenas ordinárias da vida. Essas pinturas inocentes & verdadeiras não serão sem encanto aos olhos de Vossa Majestade, que se compraz em descer do trono para buscar sob o humilde teto do lavrador ou do artesão a verdade, a natureza, & objetos para sua caridade.[116]

O rei e o poeta têm como único guia a Natureza: o rei porque esta é o verdadeiro espelho de seu reino, e o poeta porque, "nascido em estado obscuro, & num século ainda bárbaro, tinha apenas a Natureza diante dele. Ele adivinhou que ela era o modelo que ele tinha de pintar".[117] É chegada a hora de suas obras, desfiguradas por "uma espécie de travestimento ridículo", aparecerem tal como são, graças àquela nova tradução: "Shakespeare em pessoa, com suas imperfeições, mas em sua grandeza natural".[118]

A proteção do rei, que era semelhante à que Isabel I concedeu a Shakespeare, recorda a dupla natureza do imponente empreendimento,

---

115 *Shakespeare, traduit de l'anglois*, op. cit., t.I, p.xi-xiv (citação da p.xiii-xiv).
116 Ibid., p.i-x: "Au Roi" (citação da p.vii).
117 Ibid., p.ii-iii.
118 Ibid., p.iv.

ROGER CHARTIER

que seria tanto uma assinatura (e os membros da família real francesa foram os primeiros a assinar) como uma edição por conta do autor. O "Prospectus" divulgado em 1775, após a obtenção do privilégio, enumera as razões e condições da futura publicação. Shakespeare, que "apareceu como o Deus Criador dessa arte sublime [o teatro], a qual recebeu de suas mãos existência & perfeição", é desconhecido na França: "Apesar do *Théâtre anglais* de M. de La Place, apesar dos fragmentos de algumas peças dispersas em nossa literatura, Shakespeare é verdadeiramente desconhecido na França, ou melhor, e o que é pior, apareceu desfigurado".[119] Portanto, a tradução proposta seria "uma tradução exata & realmente fiel", "uma cópia idêntica, na qual se verão a disposição, as atitudes, o colorido, as belezas & os defeitos do quadro". E seria uma tradução da obra inteira.[120]

O prospecto explica o mecanismo da assinatura e fornece o modelo do formulário que cada assinante deve preencher: "Comprometo-me a adquirir cada volume de *Shakespeare* à medida que for publicado, pagando a quantia de quatro libras. Assinado...".[121] A assinatura é feita na residência de Le Tourneur, na rue Notre-Dame-des-Victoires. Não é exigido adiantamento, apenas o compromisso por escrito de pagar pelos volumes quando forem retirados, ou na residência de Le Tourneur, ou nos seis livreiros indicados (Saillant et Nyon, Veuve Duchesne, Lacombe, Le Jay, Musier et Ruault), ou na tipografia de Clousier.[122] O nome deles

---

119 O texto do prospecto, bem como as peças preliminares do primeiro volume da edição de 1776 de Shakespeare, são reproduzidos com advertências e notas em Pierre Le Tourneur, *Préface du Shakespeare: traduit de l'anglois*, ed. Jacques Gury, Genebra: Droz, 1990, p.55-9: "Prospectus" (citação da p.55).

120 Ibid., p.57.

121 Ibid., p.59.

122 O prospecto informa: "A traduction das *Poésies d'Ossian*, 2 v. in-8°, estará a venda no próximo inverno na Musier, filho, rue du Foin-Saint-Jacques. *Les nuits* de Young continua à venda na Jay".

aparecem na página de rosto do Volume I. Todos os volumes in-oitavo teriam o mesmo formato, o mesmo papel e os mesmos caracteres que o prospecto. Esse dispositivo recupera um procedimento conhecido na edição parisiense da segunda metade do século XVIII, quando a edição por conta do autor era uma alternativa à iniciativa dos livreiros editores.[123] Como os assinantes não precisaram pagar adiantado, supomos que os custos da impressão ficaram por conta do rico conde Catuélan.

A lista dos assinantes publicada no Volume I compreende 815 nomes e começa, antes da relação em ordem alfabética, pela família real francesa, o rei da Inglaterra, o príncipe de Galles e a imperatriz de todas as Rússias. As assinaturas são majoritariamente de europeus, com um quarto de assinantes estrangeiros: 185 são ingleses (entre eles, o arcebispo de Canterbury, vários duques e duquesas, George Pitt, Robert Walpole, a Universidade de Cambridge, "três damas inglesas", "six english gentlemen, lovers of old Shakespeare", e Garrick); os demais são das elites da Europa mediterrânea e culta. Os assinantes franceses são de todas as condições e de todos os estratos. Há literatos, como Antoine Court de Gébelin, Ducis, Mercier ("dois exemplares"), Chamfort ("dois exemplares"), Palissot, Holbach e Diderot ("seis exemplares"), nobres, magistrados, militares e ministros (como Malesherbes, Maupeou, Necker, Vergennes, Sartine e Turgot), mas também muitos professores, advogados e médicos. Os livreiros de Paris, da província e do exterior são um caso à parte, porque assinam para receber exemplares que depois serão revendidos: Ruault assina para receber 104 exemplares, Musier 31, a Veuve Duchesne 28, Rey (de Amsterdã) 13, Rosset (de Lyon) 13, dois livreiros marselheses 17 e 13, respectivamente, e o impressor Clousier,

---

123 Marie-Claude Felton, *Maîtres de leurs ouvrages: l'édition à compte d'auteur à Paris au XVIIIe siècle*, Oxford: Voltaire Foundation, 2014. Sobre Pierre Le Tourneur, cf. p.123, 125, 135, 146, 153 e 277.

atuando como livreiro, 55. Duas novas listas foram publicadas no
Volume III (1778) e no Volume V (1779), somando 1.010 assinantes.
O *Shakespeare* de Le Tourneur se apoiou na erudição shakespeariana acumulada ao longo das sete primeiras décadas do século
XVIII. Enquanto Pierre-Antoine de La Place só pôde contar com
duas edições das obras de Shakespeare para o seu *Théâtre anglais*
(a de Rowe, de 1709,[124] e a de Pope, de 1725[125]), Le Tourneur tinha
a sua disposição cinco outras, que ele cita, traduz e parafraseia no
"Discours des Préfaces": "Damos aqui o excerto do que nos pareceu mais interessante nos prefácios que Rowe, Pope, Warburton,[126]
Theobald,[127] Hanmer,[128] Johnson,[129] Sewell,[130] & *cetera*, puseram no

124 *The Works of Mr. William Shakespear* (In six volumes. Adorn'd with Cuts.
  Revis'd and Corrected, with an Account of the Life and Writings of the
  Author. By N. Rowe), Londres: Jacob Tonson, 1709.
125 *The Works of Shakespear* (In six volumes. Collated and Corrected by the
  former Editions, by Mr. Pope), Londres: Jacob Tonson, 1725. Em 1728
  saiu uma segunda edição em oito volumes com as peças apócrifas.
126 *The Works of Shakespear* (In eight volumes. The Genuine Text (collated
  with all the former Editions, and then corrected and emended) is here
  settled: Being restored from the Blunders of the first Editors, and the
  Interpolations by the two Last: With a Comment and Notes, Critical and
  Explanatory. By Mr Pope and Mr Warburton), Londres, J. e P. Knapton e
  outros nove, 1747.
127 *The Works of Shakespeare* (In seven volumes. Collated with the Oldest
  Copies, and Corrected; with Notes, Explanatory, and Critical: By Mr.
  Theobald), Londres: A. Bettesworth e C. Hitch, J. Tonson, F. Clay, W.
  Feales, e R. Wellington, 1733.
128 *The Works of Mr. William Shakespear* (In six volumes. Carefully Revised
  and Corrected by the former Editions), Oxford: impresso no Teatro, 1743-
  1744, e Londres: J. e K. Knapton e outros dez, 1745.
129 *The Plays of William Shakespeare* (In eight volumes, with the Corrections
  and Illustrations of Various Commentators; To which are added Notes by
  Sam. Johnson), Londres: J. e R. Tonson e outros dez, 1765.
130 Le Tourneur faz referência ao volume com os poemas de Shakespeare,
  apresentado como o sétimo da edição de Pope de 1725: *The Works of
  Mr. William Shakespear* (The Seventh Volume, The Whole Revis'd and

preâmbulo das diferentes edições de Shakespeare".[131] Como mostrou Jacques Gury, a maior dívida de Le Tourneur é com o prefácio da edição de 1765 de Johnson (também citado por Voltaire) do qual ele tira cerca de vinte páginas.[132] Por outro lado, ele não indica a fonte de outra citação, tirada de um texto de William Richardson, professor da Universidade de Glasgow.[133]

Le Tourneur recupera a tese, aceita desde Pope, de que as manchas que maculam a genialidade shakespeariana não devem ser atribuídas à sua pena, porque são produto de interpolações despropositadas. Dos copistas, que "suprimiam as mais belas passagens, trocavam o nome dos personagens pelo dos atores, inseriam no texto informações dadas aos cenógrafos para o controle de suas máquinas, & aos atores para suas entradas e saídas". Dos editores do Fólio de 1623, que "introduziram uma divisão arbitrária nas peças". E sobretudo dos atores, que "acrescentavam cenas que faziam o povo rir, intercalando-as à sua maneira; enfiavam em outras tudo o que costumavam denominar extensões". Os arquivos dos teatros, que conservaram os manuscritos dos atores, bem como a passagem em que *Hamlet* manifesta do desejo de que os atores "se contentassem em interpretar [seus papéis] como eles os compusera" são a prova de que as obras de Shakespeare "foram mutiladas e desfiguradas". A decisão de Le Tourneur é a mesma de Pope: cortar do

Corrected, with a Preface by Dr. Sewell), Londres: impresso por J. Darby par A. Bettesworth e outros oito, 1728.

131 *Shakespeare, traduit de l'anglois*, op. cit., t.I, p.lxxxiii-cxxxviii: "Discours Extrait des différentes Préfaces, que les Éditeurs de Shakespeare ont mises à la tête de leurs Éditions" (citação da p.lxxxiii, nota 1). Sobre essas edições, cf. Andrew Murphy, *Shakespeare in Print: A History and Chronology of Shakespeare Publishing*, Cambridge: Cambridge University Press, 2003.

132 Pierre Le Tourneur, *Préface du Shakespeare*, op. cit., p.251-3.

133 William Richardson, *A Philosophical Analysis and Illustration of Some of Shakespeare's Remarkable Characters*, Londres: impresso para J. Murray e W. Creech, 1774.

texto os "trechos indignos de sua pena", transferidos para o fim da tradução.[134]

A universalidade de Shakespeare vem de sua capacidade de retratar as paixões que afligem todos os corações tais como elas são:

> Shakespeare agrada & agradará sempre, porque é superior a todos os escritores, como pintor da verdade & da natureza [...] Ele agrada, porque reuniu as duas faculdades mais raras da invenção & as duas fontes principais do fascínio dramático; a de formar os caracteres, & a de imitar ao natural as paixões & sua linguagem.[135]

Essa preocupação com a verdade e o natural é que dá embasamento tanto à desobediência das regras que produzem o inverossímil quanto à variedade do estilo:

> Nos grandes momentos, numa situação forte, numa descrição nobre & imponente, Shakespeare escreve em versos de dez sílabas, cheios de metáforas, imagens & ideias fortes. Numa cena em que a paixão é sossegada, são ainda os mesmos versos de dez sílabas, porém menos pomposos & brilhantes, geralmente entremeados de versos de natureza diferente. Se a cena é ocupada por personagens subalternas, elas falam em prosa simples & familiar.[136]

A exigência de verdade é obrigatória para o tradutor. Num "Avis sur cette traduction", na sequência do "Discours des Préfaces", Le Tourneur repete literalmente o texto do prospecto e afirma que a fidelidade de uma tradução pressupõe rejeitar a literalidade. Traduzir literalmente, longe de dizer com exatidão o que é a obra, é "ser

134 *Shakespeare, traduit de l'anglois*, op. cit., t.I, p.cxxiv-cxxviii.
135 Ibid., p.lxxxiv-lxxxv.
136 Ibid., p.cxv-cxvi.

infiel à verdade & trair a glória do poeta". O espírito das línguas é variado. O que é vulgar em uma não é vulgar em outra: "Há muitas metáforas & expressões que, traduzidas palavra por palavra em nossa língua, seriam grosseiras ou ridículas, mas são nobres no original". O dever de fidelidade exige deslocamentos e substituições, e não obediência cega aos dicionários.[137] O respeito pelo natural deve ser obrigatório para o leitor. Shakespeare imita a Natureza, portanto é na Natureza que devemos lê-lo, passando do campo aprazível à imensidão selvagem:

> Não é apenas na cidade, & no sofá da indolência, que devemos ler & meditar sobre Shakespeare. Aquele que o quiser conhecer deve vaguear pelo campo, à beira dos salgueiros próximos do povoado, enfiar-se nas densas florestas, trepar no cimo das montanhas & dos rochedos; que dali estenda a vista sobre o vasto mar, ou mire a paisagem celeste & *Romântica* das nuvens, então sentirá a genialidade de Shakespeare, a genialidade que retrata tudo, que dá vida a tudo.[138]

Esse texto de Le Tourneur seria o primeiro registro do adjetivo "romântico" (impresso em itálico e com maiúscula). Relacionado no próprio texto ao espetáculo do céu, o termo ganha uma nota de Le Tourneur para caracterizar "os efeitos físicos e morais" da contemplação da paisagem "romântica". Ao contrário do "romanesco", que designa quimeras que não existem na natureza, e do "pitoresco", que não desperta a atenção do coração, o "romântico" designa precisamente o despertar "de afeições ternas & ideias melancólicas na alma emocionada" e "a emoção doce & suave" que

---

137 Ibid., p.cxxxix-cxliv: "Avis sur cette traduction" (citação p.cxxxix).
138 Ibid., p.cxxii-cxxiii.

nasce da visão das belezas da Natureza.[139] É nessa paisagem que
Shakespeare deve nos servir de guia:

Tudo na natureza, desde a imensa abóbada do firmamento até a
flor sozinha no brejo, recebe dele a forma & a feição que o caracterizam; & o viajante, caminhando com Shakespeare na mão, no meio
de uma multidão de objetos novos para ele, há de reconhecer todos
pelas imagens que o poeta pintou deles.[140]

A recepção dos dois primeiros volumes de Le Tourneur não foi
nada "romântica". Em março de 1776, a revista *Correspondance Littéraire* observa: "Há muito tempo não vemos a publicação de uma obra
que merecesse mais críticas e mais elogios, sobre a qual as discussões
fossem mais ardentes e, afinal, sobre a qual a opinião pública fosse mais
dividida e mais dúbia". O texto enumera com certa graça a diversidade
contraditória das reações: os defensores dos clássicos franceses "viram
os tradutores de Shakespeare como sacrílegos que desejavam introduzir divindades monstruosas e bárbaras no seio da pátria", "os devotos
de Ferney viram com muito humor uma obra que pretendia instruir
a França na admirável habilidade com que o senhor de Voltaire soube
apropriar-se das belezas de Shakespeare, e da má-fé menos admirável
com que se permitiu traduzi-lo", e alguns culparam os tradutores: "os
ingleses mais ciumentos da glória de seu teatro queixaram-se que o
haviam traduzido muito literalmente; outros acharam que a tradução,
muito exata em certos aspectos, era muito infiel em outros; a maioria
teria desejado que fosse ao menos mais francesa".[141]

---

139 Ibid., p.cxxii-cxxiii, nota 1. Cf. a explicação de Jacques Gury em Pierre Le
     Tourneur, *Préface du Shakespeare*, op. cit., p.41-50: "Enfin *romantique* apparut".
140 *Shakespeare, traduit de l'anglois*, op. cit., t.I, p.cxxiii-cxxiv.
141 *Correspondance littéraire, philosophique et critique de Grimm et de Diderot,
     depuis 1753 jusqu'en 1790* [nouvelle édition], t.9: *1776-1778*, Paris: Furne e
     Ladrange, 1830, p.14-16: "Mars 1776".

Se os "devotos de Ferney" ficaram furiosos com os dois primeiros volumes de Le Tourneur, o patriarca ficou mais ainda. Voltaire,
que adquiriu os dois volumes sem fazer assinatura,[142] manifestou
sua ira em público e em privado. Numa carta ao conde D'Argental
datada de 16 de julho de 1776, ele se diz irritado:

> com um certo Tourneur, que dizem ser secretário da Livraria, mas
> não me parece ser secretário do bom gosto. Lestes por acaso os dois
> volumes desse miserável nos quais ele nos quer convencer que Sha-
> kespeare é o único modelo da verdadeira tragédia? Chama-o *o deus
> do teatro*. Sacrifica todos os franceses, sem exceção, ao seu ídolo,
> como outrora se sacrificavam porcos a Ceres. [...] Há já dois tomos
> impressos desse Shakespear que poderiam ser tomados por peças de
> feira criadas duzentos anos atrás.

O que irrita Voltaire é que ele próprio tornou "esse Shakespeare"
conhecido na França:

> O que é terrível é que o monstro tem partido na França; e, para o
> cúmulo da calamidade e do horror, fui o primeiro a falar desse Sha-
> kespear, fui o primeiro a mostrar aos franceses algumas pérolas que
> encontrei nesse enorme estrumeiro. Não imaginava que um dia eu
> mesmo serviria para espezinhar as coroas de Racine e Corneille para
> cingir com elas a fronte de um bárbaro histrião.[143]

Como ofensa se lava em público, Voltaire redigiu uma carta à
Academia Francesa e D'Alembert a leu na sessão ordinária de 3

---

142 Natalia Elaguina (org.), *Corpus des notes marginales de Voltaire*, op. cit.,
n.1510, p.332. Cf. *Bibliothèque de Voltaire. Catalogue de livres*, op. cit.,
p.795, n.3162.
143 A carta a D'Argental está em Theodore Besterman (org.), *Voltaire on
Shakespeare*, op. cit., p.174-5.

de agosto de 1776 e, de novo, após algumas correções necessárias, na sessão pública de 25 de agosto.[144] Voltaire repete procedimentos já experimentados. Primeiro, recordando a tradução fiel que havia feito de *Julius Caesar*, "única maneira de apresentar Shakespeare", ele aponta o que foi omitido e atenuado para esconder o verdadeiro Shakespeare. O repertório é conhecido: em *Othello* o "cavalo da Barbária" e "o animal de duas costas" (que Le Tourneur substituiu por um eufemismo: "nos braços um do outro/ vossa filha e o mouro são apenas um"),[145] o diálogo entre o rei e Catarina em *Henry V*, os gracejos dos coveiros em *Hamlet*, aos quais Voltaire acrescenta uma réplica de *Macbeth* sobre os efeitos da embriaguez: "ficar com o nariz vermelho, dormir & mijar".[146] Na edição impressa da *Lettre*, Voltaire aponta em nota: "Pedimos perdão aos leitores honrados & sobretudo às damas por traduzir fielmente. Somos obrigados a expor a infâmia com a qual há anos os vândalos querem cobrir a França".[147] Segundo procedimento: a comparação entre as peças de Corneille ou Racine e as de Shakespeare para mostrar a superioridade dos dois primeiros nas cenas de exposição das tragédias. *Bajazet* é superior a *Romeo and Juliet*, *La mort de Pompée* a *King Lear*, *Iphigénie* a *Hamlet*.[148]

Entre o bom e o mau gosto, a escolha cabe aos senhores da Academia:

---

144 *Lettre de M. de Voltaire à l'Académie Française* (Lue dans cette Académie à la solemnité de la Saint Louis, le 25 Auguste 1776), [s.l., s.d.]. O texto da carta, impressa como se fosse uma permissão tácita, está em Theodore Besterman (org.), *Voltaire on Shakespeare*, op. cit., p.186-209. Cf. Haydn Mason, "Voltaire versus Shakespeare: The *Lettre à l'Académie Française* (1776)", *British Journal for Eighteenth-Century Studies*, v.18, n.2, 1995, p.173-84.

145 *Shakespeare, traduit de l'anglois*, op. cit., t.I: *Othello*, p.10.

146 *Lettre de M. de Voltaire*, op. cit., p.6-15 (citação da p.10).

147 Ibid., p.10, nota 1.

148 Ibid., p.20-8.

Que julguem se a nação que produziu *Iphigénie* & *Athalie* deve
abandoná-las para assistir a homens & mulheres estrangulados,
carroceiros, feiticeiros, bufões & padres beberrões; se nossa corte
há tanto tempo renomada por sua civilidade & bom gosto deve ser
transformada num cabaré de cerveja & aguardente; & se o palácio de
uma virtuosa Soberana deve ser um lugar de prostituição.[149]

O apelo é para o apoio já esperado da rainha. No texto manuscrito da *Lettre*, Voltaire havia acrescentado um trecho da primeira
cena de *Troilus and Cressida* em que Térsites declara: "Quando um
filho da p... encontra outro filho da p... e luta por uma p... ambos se
arriscam muito".[150] O trecho não aparece no texto impresso: Voltaire
o encerra comparando a civilidade da corte francesa, instituída pelo
Grande Rei, com o entretenimento que agrada ao povo:

> Senhores, imaginai Luís XIV em Versalhes, rodeado de sua bri-
> lhante corte; um pateta em farrapos abre caminho em meio à multi-
> dão de heróis, grandes homens & belezas que compõe essa corte: ele
> lhes propõe trocar Corneille, Racine & Molière por um saltimbanco
> que apresenta tiradas bem-feitas & contorcionismos. Como credes
> que a proposta seria recebida?[151]

A carta de Voltaire não teve boa recepção no tenso contexto do
conflito com a Inglaterra. Segundo Elizabeth Montagu, que estava
presente na sessão pública, a maioria dos acadêmicos demonstrou
inúmeros sinais de reprovação:

---

149 Ibid., p.37-8.
150 Cf. Theodore Besterman (org.), *Voltaire on Shakespeare*, op. cit., p.207-9.
151 Ibid., p.38. Cf. Michèle Willems, "L'excès face au bon goût: la réception
     de Gilles-Shakespeare de Voltaire à Hugo", *Actes des Congrès de la Société
     Française Shakespeare*, n.25, 2007, p.224-37.

Devo fazer justiça à Academia e ao público, que de modo geral pareceram considerar desagradável o discurso que foi lido. [...] Muitos foram os acadêmicos que declararam não ter gostado do que fora feito, que não somente era injusto com Shakespear, como também pouco digno da Academia.[152]

D'Alembert, ao contrário, fez um relato triunfante a Voltaire:

Fizeram-me repetir vários trechos, e as pessoas de bom gosto escutaram sobretudo o fim com muito interesse. É escusado dizer que os ingleses que estavam lá saíram descontentes, e mesmo alguns franceses, que não satisfeitos em ser derrotados em terra e mar, queriam ainda que o fôssemos no teatro.[153]

D'Alembert partiu para o combate com espírito guerreiro, como atesta a carta que enviou a Voltaire em 20 de agosto, cinco dias antes da sessão solene: "Vejo esse dia como um dia de batalha. Trataremos de não ser vencidos como em Crécy e Poitiers. [...] Domingo gritarei, ao despejar os canhões: *Viva Saint-Denis-Voltaire, morte a Georges-Shakespeare*".[154]

Le Tourneur reage aos ataques voltairianos no nono tomo de *Shakespeare*, quando a subscrição foi renovada: "a mais honesta que

152 Reginald Blunt (org.), *Mrs. Montagu, "Queen of the Blues": Her Letters and Friendships from 1762 to 1800*, v.1: 1762-1776, Boston/ Nova York: Houghton Mifflin, 1906, p.330-1. Carta "To Mrs Vesey", setembro de 1776: "I must do that justice to the Academy and Audience, they seem'd in general displeased at the paper read [...] Many of the Academicians have declared their dislike of what was done; that it was not only unjust to Shakespear but unworthy of the Academy".

153 Jean le Rond d'Alembert, "Correspondance avec Voltaire", carta de 27 de agosto de 1776, in *Œuvres complètes de D'Alembert*, Paris: A. Belin-Dossange Père et Fils, 1822, p.238.

154 Ibid., p.237-8.

se pode propor, pois limita-se a uma promessa assinada de pegar &
pagar por cada volume à medida que são publicados, algo como um
compromisso que depende menos das leis do que da boa-fé & do respeito que deve todo homem à sua palavra escrita".[155] Ele constata o
sucesso da obra, cujos primeiros volumes se esgotaram rapidamente,
apesar dos tempos difíceis:

> Esta obra venceu, aparentemente por mérito real, os singulares
> obstáculos que enfrentou de início, essa espécie de guerra assaz
> bizarra que lhe declararam no nascimento, a ira extraordinária de
> um grande poeta, o primeiro panegirista de Shakespeare no tempo
> que ele era desconhecido, & um estranho inimigo quando foi tra-
> duzido. A tantos alarmes, ao rebate dos críticos que multiplicaram
> os clamores muito mais do que as razões, disseram que Shakespeare
> era um inimigo que ameaçava invadir a França, & que a tradução
> de um poeta inglês, à qual outrora davam um título literário, tor-
> nara-se uma espécie de atentado contra a Pátria. No fim tudo se
> apaziguou.[156]

Le Tourneur defende suas traduções, que receberam a aprovação de Samuel Johnson e George Stevens na edição de 1778.[157] Para
tranquilizar os assinantes, escarmentados pelos acontecimentos, ele
anuncia que "a tradução será concluída em dois anos. Não há motivo

---

155 *Shakespeare, traduit de l'anglois*, Paris: Chez l'Auteur e Mérigot, 1781, t.9,
"Souscription", quatro páginas não numeradas, terceira página.

156 Ibid., primeira e segunda páginas.

157 *The Plays of William Shakespeare* (In ten volumes. With the corrections
and illustrations of various commentators; to which are added notas by
Samuel Johnson and George Stevens. The second edition revised and
augmented), Londres, C. Bathurst e outros 32, 1778. No prefácio do primeiro volume, Johnson et Stevens reconhecem o mérito desse "ingenious
Frenchmen whose skill and fidelity in the execution of their very difficult
undertaking is only exceeded by such a display of candour" (ibid., p.210).

para temer que o sucesso desperte a tentação de prolongar a obra. O espaço é delimitado; abrange 36 peças reconhecidamente de Shakespeare, com as notas correspondentes".[158] Em 1782, a promessa é cumprida. Na última página do vigésimo tomo, o assinante lê: "Fim do Teatro de Shakespeare".[159]

Le Tourneur e Moratín

Le Tourneur publicou *Hamlet* no quinto tomo de seu *Shakespeare*, junto com *Le roi Lear*. Ele traduziu os primeiros versos do monólogo que inicia a cena III do ato III da seguinte maneira: "Ser ou não ser? Essa é a questão... Se é mais nobre à alma sofrer os dardos lancinantes da injusta fortuna, ou, revoltando-se contra essa multidão de males, opor-se à torrente, & dar-lhes fim".[160] Le Tourneur traduz "*mind*" por "alma". Junta "*slings and arrows*" em "dardos lancinantes". Substitui "*outrageous fortune*" por "multidão de males", transforma "*sea of troubles*" em uma "torrente" e escolhe o verbo pronominal "se revoltar" para traduzir "*to take arms*". Em sua edição, as cenas ganham comentários emprestados dos editores ingleses citados no "Discours des Préfaces": Pope, Theobald, Warburton, Stevens e, na maior parte das vezes, Johnson. Le Tourneur empresta deste último uma longa nota sobre a didascália que precede o solilóquio: "Hamlet, acreditando-se sozinho". O objetivo

---

158 *Shakespeare, traduit de l'anglois*, op. cit., "Souscription", quarta pápina.
159 *Shakespeare, traduit de l'anglois*, Paris: Chez l'Auteur e Mérigot, 1782, t.20.
160 *Shakespeare, traduit de l'anglois*, t.5: *Hamlet, Prince de Dannemarck*, Paris: Chez l'Auteur, Mérigot Jeune e Valade, 1779, p.119-22, ato III, cena III ["Être ou ne pas être? c'est là la question... S'il est plus noble à l'âme de souffrir les traits poignants de l'injuste fortune, ou se révoltant contre cette multitude de maux, de s'opposer au torrent, & les finir?"].

do comentário é fazer o encadeamento das ideias e dos sentimentos manifestados por Hamlet, pois "esse monólogo de um homem perturbado por desejos contrários, e aniquilado pela magnitude de seus projetos, é concatenado mais na alma do personagem que fala do que em suas palavras". Donde a paráfrase em discurso direto livre do solilóquio, sem qualquer referência explícita ao eu:

Hamlet, vendo-se ofendido da maneira mais atroz, & não encontrando outro modo de reparar o ultraje senão expondo-se ao último & mais extremo perigo, reflete e raciocina em sua alma. Antes que eu possa formar um plano de ação, tenho de decidir se após essa vida existimos ou não. Eis a questão cuja solução decidirá se é mais nobre & mais adequado à dignidade da razão sofrer pacientemente os ultrajes da fortuna, ou armar-se contra ela, & dar fim aos meus males de uma vez com a minha vida.

Johnson sugere que Hamlet teria feito ele próprio essa mutação das considerações filosóficas sobre o seu destino se Ofélia não o tivesse atrapalhado: "Hamlet ia aplicar essas observações gerais a si mesmo & à sua posição, se não tivesse avistado Ofélia, cuja presença interrompeu suas reflexões".[161]

Em 1798, quando Leandro Fernandez de Moratín publicou, sob o pseudônimo de Inarco Celenio, sua tradução em espanhol de *Hamlet*,[162] ele não deixou de fazer referência às traduções francesas que o antecederam, mas não mencionou a tradução de Ramón de

---

161 Ibid., p.119-20, nota 1.
162 *Hamlet, tragedia de Guillermo Shakespeare* (Traducida é ilustrada con la vida del autor y notas críticas. Por Inarco Celenio), Madri: Villalpando, 1798. Cf. Juan Carlos Rodríguez, *Moratín o el arte nuevo de hacer teatro. Con la edición facsímil de la* Vida de Guillermo Shakespeare *y la traducción de* Hamlet *de Leandro Fernández de Moratín*, Granada: Caja General de Ahorros, 1991; e Juan Jésus Zaro, "El *Hamlet* de Moratín", in *Shakespeare*

la Cruz, feita a partir da "imitação" de Ducis. Ele considerava que a tradução de Le Tourneur, que sabia perfeitamente o inglês, era muito superior à de La Place. Desgraçadamente, Le Tourneur não quis fazer a tradução fiel e perfeita que era capaz de fazer. O motivo era a guerra literária entre os "racinistas", liderados por Voltaire, e os literatos, que não tinham um mentor tão temível, mas preferiam o natural ao decoro, o maravilhoso ao verossímil, a força à beleza, os arrebatamentos da imaginação aos movimentos do coração, a engenhosidade à arte. Ignorados e desprezados, eles perderam a batalha, enquanto nos palcos franceses eram representadas as peças de Racine, *Phèdre* e *Iphigénie*, e de Voltaire, *Brutus* e *Mahomet*. Em tais circunstâncias, a tradução de Le Tourneur, que pretendia fazer de Shakespeare o único dramaturgo digno de admiração e demolir a soberba de Voltaire, tinha de apresentar ao público uma obra que não obedecesse às regras clássicas, mas também mascarasse seus defeitos.[163]

Há, portanto, um enorme contraste entre a fidelidade do tradutor nas passagens em que Shakespeare "exprime com agudeza as paixões e os defeitos dos homens, descreve e pinta os objetos da natureza ou reflete melancolicamente com sólida e profunda filosofia",[164] e as passagens em que ele dissimula as incoerências, as imperícias e as deformidades do texto shakespeariano. Nesse caso, o tradutor avalia, altera e substitui as ideias e as palavras do original pelas suas próprias. O resultado é uma tradução "*pérfida*", ou "melhor dizendo,

---

y sus traductores: analisis critico de siete traducciones españolas de obras de Shakespeare, Berna: Peter Lang, 2007, p.33-48.

163 *Hamlet, tragedia de Guillermo Shakespeare*, op. cit., p.7-12, "Prólogo": "prefiriendo lo natural a lo conveniente, lo maravilloso a lo posible, la fortaleza a la hermosura, los raptos de la fantasía a los movimientos del corazón, y el ingenio al arte".

164 Ibid., p.13: Shakespeare "expresa con acierto las pasiones y defectos humanos, describe y pinta los objetos de la naturaleza o reflexiona melancólico con profunda y solida filosofia".

uma obra composta com trechos próprios, estranhos ao texto, e que muito frequentemente não merece o nome de tradução".[165] Donde a opção de Moratín, que aprendeu inglês quando esteve em Londres entre 1792 e 1793 (mas não era necessariamente fluente), de ser fiel ao texto original. Sua tradução acompanha a dos tradutores franceses quando as considera fiéis, e afasta-se delas quando lhe parecem infiéis. O leitor poderá julgá-las, se se der ao trabalho de cotejá-las. Na verdade, o Shakespeare de Moratín é muito parecido com o de Voltaire. Em *Hamlet*, uma de suas melhores tragédias, "as belezas admiráveis que se encontram nela e os defeitos que estragam e ocultam suas perfeições formam um todo extraordinário e monstruoso". As "paixões terríveis, dignas do coturno de Sófocles", alternam-se com os "diálogos mais grosseiros, capazes apenas de suscitar o riso do populacho avinhado e vulgar". Às vezes a intriga se desenvolve "em ritmo vivo e acelerado", mas em outros momentos perde a força com "acidentes inoportunos e episódios mal tramados e inúteis" ou "circunstâncias inverossímeis que destroem a ilusão". O estilo, que pode ser "fluido e suave", "enérgico e sublime", mas também "inábil e desleixado", ou "obscuro, pomposo e redundante", "não parece saído de uma mesma pluma".[166] A obrigação do tradutor, portanto,

165 Ibid., p.14: "resultando de aquí una traducción pérfida, o por mejor decir, una obra compuesta de pedazos suyos y agenos, que en muchas partes no merece el nombre de traducción".
166 Ibid., fol. 1-3: "Las bellezas admirables que en ella se advierten y los defectos que manchan y obscurecen sus perfecciones, forman un todo extraordinario y monstruoso"; "haciendo que aquellas pasiones terribles, dignas del coturno de Sofocles, cesen y den lugar a los diálogos mas groseros: capaces solo de excitar la risa de un populacho vinoso y soez"; "unas veces procede la fábula con paso animado y rápido, y otras se debilita por medio de accidentes inoportunos y episodios mal preparados e inutiles" ou "circunstancias inverisimiles que destruyen toda ilusión"; un "estilo, unas veces fácil y suave, otras enérgico y sublime, otras desaliñado y torpe, otras obscuro, ampuloso y redundante, no parece producción de una misma pluma".

é "apresentar a obra tal como ela é, sem lhe acrescentar defeitos nem dissimular os que ela contém". O intuito é apresentar ao público espanhol uma das melhores peças do mais célebre dramaturgo inglês, "constatando que não temos a menor ideia dos espetáculos dramáticos dessa nação nem do mérito de seus autores". Compete aos que possuem o conhecimento necessário para julgar decidir se a peça merece ou não sua clemência.[167]

A ambivalência de Moratín em relação a Shakespeare é reflexo de sua crítica aos excessos dramáticos do repertório histórico e heroico da época, como ilustra a peça *El gran cerco de Viena*, supostamente escrita pelo jovem dramaturgo Eleuterio, do qual Moratín caçoa em sua *Comedia nueva*, encenada em 1792.[168] Nessa peça, Moratín opõe as extravagâncias barrocas, herdadas das *"comedias"* do Século de Ouro, a uma reforma do teatro que respeite tanto o decoro como o natural. Essa preocupação com o respeito ao decoro o leva a censurar as passagens licenciosas de *Hamlet*. Por exemplo, no diálogo entre Hamlet e Ofélia, no momento que o assassinato de Gonzaga está sendo representado pelos atores que foram a Elseneur. Moratín não traduz a réplica de Hamlet: *"That's a fair thought to lie between maid's legs"*. Ele a apresenta em nota: *"A passagem em*

---

167 Ibid., fol. 4-7: "la obligación de presentarle como es en sí, no añadiéndole defectos, ni disimulando los que halló en su obra"; "el deseo de presentar al Publico español una de las piezas del mas celebrado trágico inglés: viendo que entre nosotros no se tiene todavía la menor idea de los espectáculos dramáticos de aquella nación, ni del mérito de sus autores", "no desconfía de que sus defectos hallarán alguna indulgencia de parte de aquellos, en quienes se reúnan los conocimientos y el estudio necesarios para juzgarle".
168 Leandro Fernández de Moratín, *La comedia nueva, ó El Café* (Comedia en dos actos en prosa), Madri: Quiroga, ca. 1792. No "Prólogo", Moratín pergunta ao leitor: "si considera que la corrección del Teatro está en manos de quien, uniendo al poder la ilustración y el zelo, prepara a las letras nuevo explendor y prosperidad ¿como no despreciará los clamores vanos de la ignorancia?" (fol. A1 rº).

branco é uma daquelas cuja tradução poderia ofender a modéstia dos leitores".[169]

Moratín desloca o monólogo de Hamlet para a cena IV do ato III.[170] A didascália informa: "Hamlet dirá esse monólogo acreditando-se sozinho. Ofélia, no lado oposto do palco, lê".[171] O solilóquio começa da seguinte maneira: "*Existir ó no existir: esta es la qüestion. ¿Quál es mas digna acción del ánimo, sufrir los tiros penetrantes de la fortuna injusta, ú oponer los brazos á este torrente de calamidades, y darlas fin con atrevida resistencia?*". A tradução é similar à de Le Tourneur em vários pontos. Estão ali a questão, a alma, os dardos lancinantes (em espanhol *"penetrantes"*), a injusta fortuna, os males (*"calamidades"*) e a torrente à qual ele deve se opor (ou resistir bravamente). A única diferença, que não passou despercebida, é a escolha de *"oponer los brazos"* para traduzir *"to take arms"*. Trata-se de um extraordinário contrassenso? Ou de uma escolha ponderada pela imagem de um homem que ergue os braços para se proteger da rebentação das águas?

A nota correspondente ao monólogo traduz o comentário de Samuel Johnson traduzido por Le Tourneur.[172] No entanto, Moratín acrescenta que "o discurso de Hamlet não é adequado à situação

169 *Hamlet, tragedia de Guillermo Shakespeare*, op. cit., p.354-5, nota 7: "El pasage que se ha dexado en blanco, es uno de aquellos cuya traducción podría ofender la modestia de los lectores".
170 Ibid., p.131-3. Cf. Philip Deacon, *"Hamlet* de W. Shakespeare, en la traducción de Leandro Fernández de Moratín (1798)"*, in Angel Luis Pujante e Keith Gregor (org.), *Teatro clásico en traducción: texto, representación, recepción*, Múrcia: Universidad de Murcia, 1996, p.299-309. O autor indica que é impossível saber com certeza que edição inglesa de *Hamlet* foi utilizada por Moratín para a tradução. A mais provável parecer ser a de Johnson e Stevens, publicada em 1773.
171 Ibid., p.131, nota a: "Hamlet dirá este monólogo creyéndose solo, Ofelia a un extremo del teatro, lee".
172 Ibid., p.351-3, nota 2.

em que está inserido".[173] Por que ele ia querer se matar, se é o tirano quem deve morrer? Ele teme vingar o pai, pois seria um ato indigno de uma grande alma? Acha que a aparição do espectro é uma ilusão? Antecipando a constatação de que o monólogo é autônomo em relação ao desenvolvimento da trama, Moratín conclui que ele ficaria melhor no início do ato I. Apesar dessa incongruência:

o monólogo de Hamlet é uma das passagens mais aplaudidas dessa tragédia, e merece que o seja. As belezas que ele contém são daquelas que não se perdem na tradução, não são locais; não são características de um século; todos os homens podem percebê-las, porque elas se apoiam na verdade; são enunciadas com eloquente simplicidade; convencem o entendimento, e só quem carece dele não as admirará.[174]

Dentre as diferentes traduções do monólogo, a de um certo poeta francês merece toda a consideração. Moratín cita a tradução de Voltaire na versão de 1761, com os *"Dieux justes"* e sem os padres hipócritas.[175]

Talvez para se vingar das duas vezes que foi ridicularizado por Moratín (em 1790, numa resposta mordaz à crítica que fizera da

---

173 Ibid., p.351: "No obstante la opinión que se acaba de exponer podría notarse que el discurso de Hamlet es impropio de la situación en que se halla".

174 Ibid., p.352: "el monólogo de Hamlet es uno de los pasages mas aplaudidos de esta Tragedia, y merece serlo. Las bellezas que en él se contienen no son de aquellas que se pierden en la traducción, no son locales, no son proprias de tal o tal siglo: son perceptibles a todos los hombres, porque se apoyan en la verdad: están dichas con eloqüente sencillez: convencen el entendimiento, y solo el que carezca de él podrá no admirarlas".

175 Ibid., p.352-3: "Entre las varias traducciones que se han hecho de este pasage, merece estimación la de un célebre Poeta francés; que no siendo fácil hallarla en otra parte, ha parecido conveniente trasladarla aquí".

peça *El viejo y la niña*, e em 1792, sob a figura do pedante Hermó-genes em *La comedia nueva*), o jornalista Cristóbal Cladera critica furiosamente a tradução de *Hamlet*.[176] O ataque é implacável: ele acusa Moratín de ter plagiado a "Vida de Shakespeare" das edições de Rowe e de Johnson & Stevens e aponta erros factuais (como o número de peças de Shakespeare). Mas Cladera se concentra sobre-tudo nos erros de tradução cometidos por Moratín. Aponta nove erros no primeiro ato e cinco no segundo. Os "*brazos*" do quarto verso do solilóquio são o alvo principal:

> Aqui, ele traduz *to take arms* por *oponer los brazos*, sem com-preender o sentido do verbo *to take*, que não significa opor e sim tomar, e confundindo o substantivo *arms* (armas) com *arms* (bra-ços); juntando os dois erros, o resultado é um ainda pior, que é a incompreensão da frase em inglês *to take arms*, pegar em armas, armar-se.[177]

Sem suas armas, defendendo-se dos golpes com seus braços, o príncipe não é sublime, mas farsesco.

Para acabar de vez com Moratín, Cladera repete o procedimento usado por Voltaire em 1733: publicar o monólogo em inglês e tra-duzi-lo. No caso de Cladera, não se trata de provar que o tradutor é superior ao autor, mas, colocando lado a lado os dois textos, mostrar a que ponto o monólogo foi desfigurado e possibilitar que o leitor

---

176 *Examen de la tragedia intitulada Hamlet* (escrita en Inglés por Guillermo Shakespeare, y traducida al Castellano por Inarco Celenio, Poeta Arcade, Escribialo D.C.C.), Madri: Veuve Ibarra, 1800.

177 Ibid., p.li-lii: "Aquí traduce *to take arms*, *oponer los brazos*, sin haber entendido el sentido del verbo *to take*, que no significa *oponer* sino *tomar*; y habiendo confundido el substantivo *arms* armas con *arms* brazos, con lo que ha unido ambos errores, y ha resultado otro mayor, que es la ignorancia de la frase Inglesa *to take arms*, *tomar las armas*, *armarse*".

decida qual das duas traduções é "a mais exata, a mais patética, a mais sublime".[178] Voltando à verificação minuciosa, Cladera corrige mais oito erros no ato III e seis nos atos IV e V. A tragédia e a tradução têm o mesmo final sangrento:

> Acredito que o público instruído, vendo essa catástrofe tão atroz, esse sacrifício tão desumano de Shakespeare, do inglês ou do castelhano, poupar-me-á da penosa obrigação em que me encontro de ensanguentar ainda mais essa cena, que, apesar de tragicômica, já está por demais inundada de sangue.[179]

Moratín decide não responder ao ataque. Em 1825, na reedição de Hamlet para as Obras, ele suprime a "Vida de Shakespeare" (plagiada de Rowe), transforma o prólogo em advertência (na qual o "populacho avinhado e vulgar" é substituído por "vulgo") e revisa um grande número de notas.[180] Por exemplo, ele elimina da nota correspondente ao monólogo a tradução de Voltaire, porque a glória romântica de Shakespeare não exigia mais o respeito das convenções clássicas.[181]

---

178 Ibid., p.lvi-lix: "Compare el lector esta traducción con la de Inarco, y ambas con el monólogo original de Shakespeare, y decida qual de las dos es mas exacta, mas patética, mas sublime".

179 Ibid., p.lxxiv: "Creo que el Público ilustrado á vista de esta catástrofe tan atroz; de un sacrificio tan inhumano de Shakespeare, del Inglés y del Castellano; me dispensará de la dura obligación en que me veo de ensangrentar mas esta escena, que aunque Tragi-cómica, ya está demasiado inundada de sangre".

180 Leandro Fernández de Moratín, Obras dramáticas y líricas (Una edición reconocida por el Autor), Paris: Auguste Bobée, 1825, t.3, p.1-280: "Hamlet, Tragedia".

181 Ibid., p.262-3.

De Ducis a Shakespeare

Objeto de discórdia entre traduções e tradutores, o *Hamlet* de Shakespeare não foi encenado na França ou na Espanha antes do século XIX. Nos dois países foi a imitação de Ducis que subiu aos palcos.[182] Em setembro de 1827, atores ingleses dirigidos por Charles Kemble tiveram uma acolhida calorosa por suas apresentações no teatro do Odéon. Eles interpretaram em inglês *Hamlet, Romeo and Juliet* e *Othello*. O sucesso apagou a dolorosa recordação do fracasso de cinco anos antes, quando a peça foi representada por outra trupe inglesa.[183] Em 1827, pela primeira vez num palco francês, *Hamlet* de Shakespeare não era a imitação de Ducis.

---

182 O primeiro *Hamlet* encenado em Madri, em 1825, foi o da tradução de Ducis por José Maria Carnerero. Cf. Juan Jésus Zaro, *Shakespeare y sus traductores*, op. cit., p.33.

183 Manon Montier, "Aux origines de l'illustration shakespearienne en France: des Œuvres de Jean-François Ducis aux Souvenirs du théâtre anglais à Paris (1813-1827)", *Actes des Congrès de la Société Française Shakespeare*, n.35, 2017. Disponível em: <journals.openedition.org/shakespeare/3955>. Acesso em: jan. 2021.

Capítulo 8

Deus trasladador

Em 1624, em *Devotions upon Emergent Occasions,*[1] John Donne apresenta a vida após a morte como uma tradução cujo excelso autor é Deus:

a humanidade tem um só *Autor* e um só *volume*; quando um homem morre, um *capítulo* não é arrancado do *livro*, mas *traduzido* numa *língua* melhor, e todo *capítulo* deve ser *traduzido* dessa maneira; *Deus* emprega vários *tradutores*; certos capítulos são traduzidos pela *idade*, outros pela *doença*, outros pela *guerra*, outros pela *justiça*, mas a mão de *Deus* está presente em cada *tradução.*[2]

---

1 *Devotions upon Emergent Occasions, and Severall Steps in my Sickness* (Digested into 1. Meditations upon our Humane Condition. 2. Expostulations, and Debatements with God. 3. Prayers, upon the severall occasions, to him, by John Donne), Londres: impresso por A. M. para Thomas Jones, 1624. Para uma edição moderna, cf. John Donne, *Devotions upon Emergent Occasions and Death's Duels, with The Life of Dr. John Donne* by Izaak Walton, prefácio de Andrew Motion, Nova York: Random House, 1999.

2 John Donne, *Devotions upon Emergent Occasions,* op. cit., p.411: "All *mankinde* is of one *Author*, and is one *volume*; when one Man dies, one *Chapter* is not *torne* out of the *booke*, but *translated* into a better *language*; and every

As palavras usadas por Donne são *"translator"*, *"translation"* e
"translated", com o duplo sentido de "trasladar" e "traduzir", isto
é, transferir de um lugar para outro e traduzir de uma língua para
outra.[3] Elas inspiraram este último capítulo, que dedicamos a uma
metáfora menosprezada por Curtius:[4] a que retrata a vida humana
como uma série de edições das quais a última, após a morte, torna-se
perfeita pela "tradução" do Autor.

Encadernar para a eternidade

John Donne publicou *Devotions* três anos depois de se tornar
decano da catedral de Saint-Paul. Essas devoções, distribuídas em
23 *"stationes"*, ou "meditações, questões e orações", foram inspiradas por uma doença. Na carta dedicatória ao príncipe Carlos, ele
recorda seus três nascimentos, operando uma distinção bastante
aristotélica: "uma *natural*, quando vim ao *mundo*; uma *sobrenatural*,
quando abracei o *ministério*; e agora um *nascimento* preternatu-
ral, quando retornei à *vida* após a minha *doença*".[5] Nesse último

---

Chapter must be so *translated*; God employes severall *translators*; some pee-
ces are translated by *Age*, some by *sicknesse*, some by *warre*, some by *justice*,
but *Gods* hand is in every *translation*".

3 O *Thrésor de la langue françoyse, tant ancienne que moderne*, de Jean Nicot
(Paris, David Douceur, 1606) informa na p.640: "Traduire, translater, ou
tourner en Latin, ou autre langage, aucuns autheurs Grecs", e na p.638:
"Translaté. Estre translaté d'une cité en une autre, et perdre le droict de la
première".

4 Ernst Robert Curtius, *La littérature européenne et le Moyen Âge latin*
[1948], trad. Jean Bréjoux, Paris: Presses Universitaires de France, 1956,
p.471-542, cap. 16: "Le symbolisme du livre".

5 John Donne, *Devotions upon Emergent Occasions*, op. cit., fol. A3 r°: "I have
had three *Births*; One, *Naturall*, when I came into the *World*; One *Superna-
tural*, when I entred into the *Ministery*; and now a preter-naturall *Birth*, in
returning to *Life*, from this *Sicknes*".

nascimento ele se tornou pai: pai de um livro que ele apresenta como um filho a outro filho, o príncipe. Um grande exemplo foi seu guia: "Poderia parecer suficiente que *Deus* tivesse visto minhas *Devoções*: mas os *exemplos dos bons reis* são *mandamentos*, e *Ezequias* escreveu as *Meditações* da sua *doença* após a sua doença".[6]

Na 17ª *"statio"*, ou período da doença, Donne recorda que cada ação relativa a um indivíduo em particular no seio da Igreja universal (como o batismo ou o funeral) diz respeito a todos os outros. Donde a célebre imagem, inserida no corpo do texto: *"No Man is an Iland, intire of itselfe"*,[7] ou seja, nenhum homem é uma ilha, um todo, completo em si mesmo. Donde também a epígrafe da meditação: *"Nunc lento sonitu dicunt, Morieris.* O sino que dobra lentamente por outro me diz: deves morrer".[8] Os homens formam um só livro, do qual são capítulos ou folhas. Deus é o Autor, o trasladador e o encadernador. No momento do Juízo, "sua mão juntará de novo todas as nossas folhas dispersas para essa biblioteca onde cada livro deve ser aberto a todos os outros".[9] Donne repete as palavras do *Dies iræ*: *"Liber scriptus proferetur, / In quo totem continetur"* ("Um livro será escrito/ no qual tudo estará contido") e recria os versos 86 e 87 do Canto 33 do *Paraíso* de Dante: *"Legato con amore in un volume/ Cio che per*

---

6 Ibid., fol. A4 r°: "It might bee enough, that *God* hath seene my *Devotions*: But *Examples* of *Good Kings* are *Commandements*; And *Ezechiah* writt the *Meditations* of his *Sicknesse*, after his *Sicknesse"*. A referência bíblica é Isaías 38,9-20. Cf. Jonathan Goldberg, "The Understanding of Sickness in Donne's *Devotions", Renaissance Quarterly*, v.24, n.4, 1971, p.507-17.

7 John Donne, *Devotions upon Emergent Occasions*, op. cit., p.415.

8 Ibid., p.411: "Now, this Bell tolling softly for another, saies to me, Thou must die". Cf. Richard Strier, "Donne and the Politics of Devotion", in Donna Hamilton e Richard Strier (orgs.), *Religion, Literature, and Politics in Post-Reformation England, 1540-1688*, Cambridge: Cambridge University Press, 1996, p.93-114.

9 Ibid., p.413: "His hand shall binde up all our scattered leaves againe, for that Librarie where every booke shall lie open to one another".

l'universo si squaderna", traduzidos por Grangier em 1597 por: *"En un volume joinct, avec l'amour parfaict/ Ce qui par l'univers se void et manifeste".*[10]

Esse livro do Juízo Final é o Apocalipse de João: "Eu vi em seguida os mortos, grandes e pequenos, que compareceram diante do trono; e livros foram abertos; depois abriu-se ainda um outro, que era o livro da vida, e os mortos foram julgados pelo que estava escrito nesses livros, segundo as suas obras".[11] No comentário desse versículo, santo Agostinho sublinha a unicidade do livro da vida: "Esses primeiros livros são o Antigo & o Novo Testamento, para mostrar as coisas que Deus ordenou que fizéssemos; & esse outro livro da vida de cada um é para mostrar o que cada um fez ou não fez". "Se tomarmos o Livro materialmente", como diz Agostinho, a dificuldade é enorme: "quão grande & grosso ele teria de ser? Ou quanto tempo levaria para ler um Livro que contém a vida de cada homem? Será que haverá tantos anjos quanto homens, & cada um ouvirá sua vida da boca do anjo que lhe será designado?" Como não há ambiguidade no texto das Escrituras, e ele afirma que haverá apenas um livro para todos, esse livro só pode ter um significado metafórico. Trata-se de:

uma virtude divina, pela qual cada um de nós se recordará de todas as suas obras, tanto boas como más, & elas se nos farão presentes num instante, para que nossa consciência nos condene ou justifique, & assim todos os homens serão julgados num instante. E essa

---

* "Em um volume reunido, com amor perfeito/ O que pelo universo se vê e manifesta." (N. T.)

10 *La comedie de Dante, de l'Enfer, du Purgatoire & Paradis* (Mise en ryme Françoise et commentée par M. B. Grangier), Paris: Jehan Geffelin, 1597, p.659.

11 Apocalipse de São João 20,12. O texto é citado na tradução de Louis-Isaac Lemaître de Sacy, *La Bible*, Paris: Robert Laffont, 1990, p.1617.

virtude divina é denominada Livro, porque de certo modo lemos nele tudo o que recordamos termos feito.[12]

É essa mesma metáfora do livro reunido na vida pós-morte que Francis Quarles utiliza em *Divine Fancies*, publicado em 1632.[13] Quarles dedica seu livro a outro príncipe Carlos, o filho de Carlos I, nascido dois anos antes. O título, que emprega o termo *"digested"*, e a nota aos leitores introduzem a obra à maneira das coletâneas de verdades universais. Fiel a uma metáfora clássica do gênero, os epigramas, o autor apresenta meditações e observações como favos de uma colmeia: alguns repletos de cera, outros de mel.[14] Quando publicou *Divine Fancies*, Francis Quarles estava de volta a Londres, após ter cumprido a função de secretário do arcebispo de Armagh na Irlanda. Em 1620, publicou uma paráfrase da história de Jonas intitulada *A Feast for Wormes* e, em 1629, um romance pastoral em versos, *Argalus and Parthenia*.[15]

---

12 *La Cité de Dieu de S. Augustin* (traduite en François et revue sur plusieurs anciens manuscrits), Paris: Jacques Rollin, 1736, t.IV, livro 20, cap. 14, p.217-8 (outra edição: Amsterdã: Pierre Mortier, 1736). Essa tradução é a que foi publicada por Pierre Lombert em 1675.

13 *Divine Fancies* (Digested into Epigrammes, Meditations, and Observations, by Fran. Quarles), Londres: impresso por M. F. para John Marriot, 1632; edição moderna: William T. Liston (org.), *Francis Quarles' Divine Fancies: A Critical Edition*, Nova York/ Londres: Garland, 1992; reed.: Nova York: Routledge, 2018.

14 Ibid., fol. A3 rº, "To the Readers": "I heere present thee with a *Hive of Bees*; laden, some with *Wax*, and some with *Honey*".

15 *A Feast for Wormes* (set forth in a poeme of the history of Jonah, by Fra. Quarles), Londres: impresso por Felix Kyngston para Richard Moore, 1620; e *Argalus and Parthenia* (The Argument of ye History, written by Fra. Quarles), Londres: John Marriot, 1629. Sobre Quarles, cf. Karl Josef Höltgen, "Quarles, Francis (1592-1644)", *Oxford Dictionary of National Biography*, 2004; disponível em: <www.oxforddnb.com>; acesso em: jan. 2021.

No poema "On a Printing-House", publicado no Livro 4 da coletânea, o mundo forma um único livro, como para John Donne, mas os cadernos desse livro são impressos e, depois de revisados, são encadernados na vida eterna:

> O *mundo* é uma *tipografia*: nossas *palavras*, nossos *pensamentos*
> Nossos *atos* são *fontes* de vários tamanhos:
> Cada *alma* é um *tipógrafo-compositor*; de seus erros
> Os levitas são os *corretores*: o Céu revisa;
> A *Morte* é a *prensa comum*, donde somos conduzidos
> para sermos reunidos *folha* por *folha*, e encadernados para o *Paraíso*.[16]

As tarefas são distribuídas como numa oficina tipográfica. Os homens são os tipógrafos: eles compõem as linhas e as páginas com as fontes móveis que são seus pensamentos e ações. Os corretores são os levitas do Antigo Testamento: querem corrigir todos os erros. E quando chegar a hora, o mestre tipógrafo revisará, juntará e encadernará as folhas impressas.

Em outro poema do mesmo Livro 4, intitulado "On the World", Francis Quarles usa um tropo mais clássico:

> O mundo é um *Livro* escrito pela eterna *Arte*
> Do grande Criador, *impresso* no coração do Homem;
> Ele é *impresso* com erros, se bem que divinamente *escrito*,
> E todas as *errata* estarão no *fim*.[17]

---

16 Francis Quarles, *Divine Fancies*, op. cit., t.IV, livro 4, p.164, "*On a Printing--House*": "The *world's* a *Printing-house*: our *words*, our *thoughts*/ Our *deeds*, are *Characters* of sev'rall sizes:/ Each *Soule* is a *Compos'ter*, of whose faults/ The Levits are *Correctors*: Heaven revises;/ *Death* is the *common Press*, from whence, being driven,/ W'are gathered *Sheet* by *Sheet*, & bound for *Heaven*".

17 Ibid., p.175, "*On the World*": "The World's a *Booke*, writ by th'eternall *Art*,/ Of the great Maker, *printed* in Mans heart;/ 'Tis falsly *printed*, though divinely *pend*,/ And all th' *Erratas* will appear at th' *end*".

Os versos usam o léxico da tipografia para formular metáforas já antigas: a do mundo como um livro escrito por Deus ou a do livro de Deus impresso no coração do homem.[18] Os erros dos compositores e impressores são uma traição ao Autor, mas as *errata* recuperam o texto tal como deve ser. Ao final, o exemplar impresso é perfeitamente fiel ao "*ideal copy text*", ao manuscrito genuíno reproduzido na prensa.

A edição definitiva

Encontramos um uso mais elaborado do léxico da revisão num texto escrito por Nathaniel Culverwell. Durante toda a sua vida, Culverwell foi membro (*fellow*) do Emmanuel College, em Cambridge. Morreu em 1651.[19] Um ano depois, seu irmão e um membro do mesmo *college*, William Dillingham, publicaram sua obra mais importante, o *Discourse of the Light of Nature*, na qual ele pretendia demonstrar que fé e razão são perfeitamente compatíveis. Os dois editores acrescentaram ao *Discourse* oito tratados e exercícios teológicos compostos por Culverwell.[20] O segundo tratado, intitulado "The Act of Oblivion", é dedicado a um comentário do versículo de Isaías (43,25): "Sou eu, pois, sou eu próprio que apago vossas iniquidades por amor a mim, e não me lembrarei

---

18 Ernst Robert Curtius, *La littérature européenne et le Moyen Âge latin*, op. cit., p.497-507 (o poema de Francis Quarles é citado na p.504); e Eric Jager, *The Book of the Heart*, Chicago/ Londres: Chicago University Press, 2000.

19 Sarah Hutton, "Culverwell, Nathaniel [Nathanael Culverwel] (bap. 1619, d. 1651)", *Oxford Dictionary of National Biography*, 2004; disponível em: <www.oxforddnb. com>.

20 *An Elegant and Learned Discourse of the Light of Nature, With Several Other Treatises* (by Nathaniel Culverwel, Imprimatur Edm. Calamy), Londres: impresso por T. R. e E. M. para John Rothwell, 1652.

mais de vossos pecados".²¹ No início do tratado, Culverwell cita o
texto bíblico na versão da Bíblia do rei Jaime (King James Bible),
que usa a palavra "transgressions",²² mas no texto emprega na
maior parte das vezes a palavra "iniquities", que vemos na tradução da Bíblia de Genebra: "Quando Deus faz que uma alma possa
ver seus próprios pecados, ele está pronto a apagá-los; sou eu, eu,
que apago tuas iniquidades; que te puni por elas e mostrei minha ira
contra elas. [...] Apagar as iniquidades significa que todas foram
escritas e entendidas".²³

Todos os pecados estão escritos em dois livros, o livro de Deus e
o livro escrito no coração do homem:

Tens um livro em teu coração, e tua consciência, a pluma de
um hábil escritor: ela pode escrever tão rápido quanto dita a alma.
Calamum in corde tingit, e com um lápis preciso, ela pode fazer um
retrato fiel das tuas condutas mais secretas, das tuas ações mais privadas, das tuas emoções mais dissimuladas; e mesmo que estejam

21 O texto bíblico está aqui na tradução de Lemaître de Sacy, La Bible, op.
   cit., p.931. O mesmo versículo é traduzido como: "Sou eu que apaga teus
   crimes por consideração a mim, e não me lembrarei mais das tuas faltas",
   na Bible de Jérusalem, Paris: Cerf-Desclée de Brouwer, 1979, p.1169.
22 Ibid., p.25: "Isaiah 43,25: I, even I am he that blot out thy transgressions
   for my own sake, and will not remember thy sinnes". O texto é de The Holy
   Bible, Conteyning the Old Testament and the New, Londres: impresso por
   Robert Barker, 1611.
23 Ibid., p.32: "When God hath made a soul to see his sins, hee's ready then
   to blot them out; 'Tis I, even I am he that blot out thine iniquities; even I
   that have punish't thee for them, and shewne mine anger against them. [...]
   Blotting out of iniquities, implies that they were all written, and took notice
   of". O texto da Bíblia de Genebra diz: "I, even I am he putteth away thine
   iniquities for my own sake, & will not remember thy sinnes" (The Bible
   and Holy Scriptures Conteyned in the Olde and Newe Testament, Genebra:
   Rowland Hall, 1560).

escondidas por trás de uma cortina puxada diante delas, ainda assim elas se tornaram bem visíveis.[24]

Como o pecador de Santo Agostinho, o de Culverwell é o leitor do livro da sua própria vida.

No livro escrito no coração do homem, nada pode ser esquecido e todos os seus pecados, por menores que sejam, serão impressos e se tornarão legíveis no momento do Juízo Final:

> Deus dará à consciência um *imprimatur*, e todos os atos que quiseste apagar serão publicados sob os olhos dos homens e dos anjos; e os censores, os *logos criticos* [em grego no original], darão sua aprovação; os pecados da menor das impressões, na fonte mais difícil de decifrar, ficarão limpidamente visíveis e se tornarão como átomos na presença de um raio de Sol.[25]

Culverwell atribui a Deus a competência dos censores, que deviam examinar e autorizar obras que tratassem de questões religiosas, filosóficas ou políticas. O decreto de 11 de julho de 1637 da *Star Chamber* (instituída no século XV como uma suprema corte de justiça para impor as prerrogativas do rei) submetia à censura

---

24 Francis Quarles, *Divine Fancies*, op. cit., p.32: "Thou hast a book within thine own breast, and Conscience hath the pen of a readie writer; it can write as fast as the soul can dictate. *Calamum in corde tingit*, and with an accurate pencill, it can give thee a full pourtraicture of thy most closetted behaviour, of thy most reserved actions, of thy most retired motions; and though there be a curtaine dawn over them here, yet then they shall be made very apparent".

25 Ibid., p.33: "God shall give conscience and *Imprimatur*, and such works as thou would'st have supprest, shall be publish't to the eyes of men and Angels, and the *logos criticos* shall passe censure upon them; Sinnes of the smallest print, of the most indiscernable character, shall be made clearly legible, and become as Atomes in the presence of a Sun beam".

do arcebispo de Canterbury e do bispo de Londres todas as obras de *"Divinity, Phisicke, Philosophie"*. O decreto indicava que "a autorização e a aprovação serão impressas no início do livro, com o nome ou os nomes daquele ou daqueles que o autorizaram e permitiram".[26] O livro de Culverwell obedece à ordem, porque na página de rosto estão impressos a palavra *Imprimatur* e o nome do censor que o autorizou, o teólogo e pregador Edmund Calamy.

No entanto, o livro em que estarão registradas para sempre as transgressões do pecador pode ser corrigido, mas somente o corretor tem esse poder:

> Quando a vida de um cristão for impressa numa nova edição, *Multo auctior & emendatior*; todas as *errata* serão corrigidas, e com um ditoso *Index expurgatorius*. Cada iniquidade será marcada por um *deleatur*, todas as *desiderata* serão respeitadas; o Livro será perfeito, e assim será visto por toda a eternidade.[27]

Culverwell emprega ao extremo o vocabulário latino da "cultura da revisão", como diz Anthony Grafton.[28] *"Deleatur"* e *"desiderata"* fazem referência às marcas que os revisores faziam nas margens das provas; *"Multo auctior & emendatior"* repete a fórmula que indicava

---

26 *A Decree of Starre-Chamber, concerning Printing* (made the eleventh day of July last past. 1637), Londres: impresso por Robert Barker e John Bill, 1637; reimpresso por Grolier Club, 1884.

27 Nathaniel Culverwell, *An Elegant and Learned Discourse on the Light of Nature*, op. cit., p.33: "When as a Christian life shall be set out in a new Edition, *Multo auctior & emendatior*; for all *Errata* shall be corrected, and with an happy *Index expurgatorius*. Every iniquity shall have a *Deleatur*, and all *Desiderata* shall be suppli'd; the Book shall become perfect, and be look't on as a faire object to all eternity".

28 Anthony Grafton, *The Culture of Correction in Renaissance Europe*, Londres/ New Haven: The British Library/ Yale University Press, 2011. Anthony Grafton menciona o texto de Culverwell (ibid., p.209).

na página de rosto que a edição fora "muitíssimo aumentada e corrigida", e a referência ao "ditoso *Index expurgatorius*" recorda implicitamente quão nefastos foram os índex publicados pela Igreja católica.[29] Corrigida por Deus, a nova edição da vida de cada cristão será uma edição sem erros nem defeitos, sem transgressões nem iniquidades, todos apagados para sempre.

Elegias e epitáfios

Foi na Inglaterra do século XVII que a vida após a morte foi designada como uma edição definitiva, estabelecida por Deus, seu tradutor, revisor e encadernador. Na Nova Inglaterra, essa metáfora aparece em dois gêneros: a elegia e o epitáfio.[30] Em 1681, Joseph Capen, um ex-aluno de Harvard que foi o ser pastor em Topsfield, em Massachusetts, compôs uma elegia fúnebre para John Foster.[31] Foster foi o primeiro impressor a se estabelecer em Boston, em 1674.[32] A última

---

29 Culverwell se refere provavelmente à edição do *Index expurgatorius* publicada em Antuérpia em 1571 por Christophe Plantin (*Index expurgatorius librorum qui hoc seculo prodierunt, vel doctrinae non sanae erroribus inspersis, vel inutilis et offensivae maledicentiae fellibus permixtis*) ou à publicada em Roma, em 1607 (*Indicis librorum expurgandorum in studosiorum confecti*).

30 Matthew P. Brown, "'BOSTON/ SOB NOT': Elegiac Performance in Early New England and Material Studies of the Book", *American Quarterly*, v.50, n.2, 1998, p.306-39.

31 Joseph Capen, *A Funeral Elegy Upon the Much to Be Lamented Death and Most Deplorable Expiration of the Pious, Learned, Ingenious and Eminently Usefull Servant of God, Mr. John Foster*, 1681. O texto dessa elegia foi republicado em Samuel Abbott Green, *John Foster: The Earliest American Engraver and the First Boston Printer*, Boston: The Massachusetts Historical Society, 1909, p.36-7.

32 Hugh Amory, "Printing and Bookselling in New England, 1638-1713", in Hugh Amory e David D. Hall (orgs.), *A History of the Book in America*, v.1: *The Colonial Book in the Atlantic World*, Cambridge: Cambridge

estrofe desse poema de 52 versos recupera a imagem da vida eterna
como uma *"fair edition"*:

> Embora teu corpo esteja sujo de poeira,
> Na Ressurreição veremos
> Uma edição perfeita, e de incomparável valor,
> Sem Errata, recentemente publicada no Céu:
> Com uma só palavra de Deus, o grande Criador
> Ela se realizará quando ele disser IMPRIMATUR.[33]

A elegia, que não tem nenhuma edição impressa conhecida,
com toda a certeza circulou em manuscrito. Ela homenageava John
Foster com o léxico da arte que ele havia exercido: seu nome merecia
ser impresso em letras douradas; seu corpo, então abandonado como
um "velho almanaque ultrapassado", teria em breve uma nova vida;
e a Ressurreição, no dia do Juízo Final, seria proclamada por Deus,
sumo censor.[34]

Outro poema funerário, dessa vez em forma de epitáfio, usa a
metáfora da edição definitiva sem nenhum *erratum*. Foi composta
por Benjamin Woodbridge (primeiro bacharel em Artes da Universidade de Harvard) em memória de John Cotton, pastor puritano
falecido em Boston, em 1652. Os 66 versos foram incluídos na
obra monumental de Cotton Mather, *Magnalia Christi Americana*,

---

University Press, 2000, p.90-3. Foster estampou o primeiro retrato (o de
Richard Matter) e imprimiu o primeiro mapa na Nova Inglaterra.

33 Joseph Capen, *A Funeral Elegy*, op. cit., versos 47-52: "Yea, though with
dust thy body Soiled be,/ Yet at the Resurrection we Shall See/ A fair Edition & of matchless worth,/ Free from Errata, new in Heave'n Set forth:/
Tis but a word from God the great Creatour,/ It Shall be Done when he
Saith IMPRIMATUR".

34 Ibid., vers 43-6: "Thy Body which no activeness did lack/ Now's laid aside
like an old Almanack/ But for the present only's out of date;/ Twil have at
length a far more active State".

publicada em Londres, em 1702.[35] O livro reúne a biografia espiritual dos primeiros pastores da Nova Inglaterra e estabelece uma equivalência entre a palavra inspirada dos pregadores e a palavra das Escrituras. Essa comparação serve de inspiração a Benjamin Woodbridge. John Cotton era:

Uma *Bíblia* viva; as tábuas nas quais
As duas *Alianças* foram gravadas por inteiro;
Evangelho e *Lei* tinham cada qual uma coluna em seu coração;
Sua cabeça era o índex do Livro Sagrado;
Seu próprio nome uma *página de rosto*, e
Sua vida um *comentário* do texto.[36]

Aqui, a metáfora usual – que compara a criatura humana a um livro, porque ambos têm corpo e alma – serve à certeza, na Nova Inglaterra do século XVII, de que as palavras dos sermões têm a força do texto santo.[37] Na elegia, o ministro de Deus e o Livro sagrado são a única e mesma coisa. Dessa forma Woodbridge constrói uma base para a segunda metáfora, mais adequada à espiritualidade puritana: a da edição perfeita, corrigida e encadernada:

---

35 Benjamin Woodbridge, *Upon the Tomb of the Most Revered Mr. John Cotton, late Teacher of the Church of Boston in New England, Magnalia Christi Americana: or, The Ecclesiastical History of New England, from Its First Planting in the Year 1620, unto the Year of our Lord, 1689* (By the Reverend and Learned, Cotton Mather, M. A. And Pastor of the North Church in Boston), Londres: Thomas Parkhurst, 1702.

36 Ibid., p.30-1, versos 29-34: "A Living Breathing *Bible*; Tables where/ Both *Covenants*, at Large, engraven were;/ *Gospel* and *Law*, in' s Heart, had Each its Column;/ His Head an Index to the Sacred Volume;/ His very Name a *Title-Page*; and next,/ His Life a *Commentary* on the Text".

37 David D. Hall, *Worlds of Wonder, Days of Judgment: Popular Religious Belief in Early New England*, Nova York: Alfred A. Knopf, 1989, p.27-9 (o poema de Woodbridge é citado na p.28).

Ó, que monumento ao glorioso mérito;
Quando numa *nova edição* ele aparecer,
sem *Errata*, podemos imaginar que ele será
Folhas e encadernação para a Eternidade.[38]

Emenda e retiração

O mais célebre dos elogios fúnebres é o de Benjamin Franklin,[39] publicado em 1770 no *Almanach pour 1771* de Nathaniel Ames.[40] Escrito em 1728, quando Franklin tinha apenas 22 anos, o epitáfio circulou em várias cópias manuscritas e todas lhe deram forma de inscrição tumular, mas também introduziram variantes no texto, inclusive nas três cópias feitas pelo próprio Franklin.[41] Houve variação sobretudo nos últimos três versos do epitáfio. Em nenhum

---

38 Benjamin Woodbridge, *Upon the Tomb of the Most Revered Mr. John Cotton*, op. cit., versos 35-8: "O, What a Monument of Glorious Worth,/ When, in a *New Edition*, he comes forth,/ Without *Errata's*, may we think he'l be/ In *Leaves* and *Covers* of Eternity!".

39 James N. Green e Peter Stallybrass, *Benjamin Franklin: Writer and Printer*, New Castle/ Filadélfia/ Londres: Oak Knoll/ Library Company/ The British Library, 2006, p.17-21. Sobre o impressor e editor Franklin, cf. James N. Green, "English Books and Printing in the Age of Franklin", in Hugh Amory e David D. Hall (orgs.), *A History of the Book in America*, op. cit., p.248-71.

40 *An Astronomical Diary; or Almanack, for the Year of our Lord Christ 1771* (By Nathaniel Ames), Boston, 1770: Mr. Franklin's *Epitaph on himself curious for conveying such solemn Ideas in the Stile of his Occupation*: "The Body of BENJAMIN FRANKLIN,/ Printer,/ Like the Covering of an old Book/ Its content torn out/ And stript of its Lettering and Gilding,/ Lies here, Food for Worms;/ But the Book shall not be lost,/ It will (as he believ'd) appear once more/ In a new and more beautiful Edition/ Corrected and amended/ By the Author".

41 Lyman H. Butterfield, "B. Franklin's Epitaph", *New Colophon*, n.3, 1950, p.9-30.

dos manuscritos autógrafos aparece a indicação *"a more beautiful edition"*, como no texto impresso, mas em dois deles há a informação: *"a more elegant edition"*, e no terceiro: *"a more perfect edition"*, ou seja, *"elegant"* e *"perfect"* faziam parte do léxico de impressor de Franklin, ao contrário de *"beautiful"*. Além disso, a edição definitiva é apontada pelo vocabulário da revisão tipográfica, que já existia na Inglaterra, mas sua formulação apresenta variantes: *"corrected and improved"* no manuscrito de Gimbel; *"revised and corrrected"* no manuscrito de Upcott; *"corrected and amended"* no manuscrito de Mason-Yale (essa última fórmula é repetida no *Almanach*). A única constante em todas as versões, quer manuscritas, quer impressas, é a letra maiúscula da última palavra: *"Author"*. O corpo é um livro, mas um livro que será desmembrado, abandonado, destruído e, numa reminiscência shakespeariana, não é mais do que "alimento para os vermes" (*"food for worms"*).[42] O texto, no entanto, será salvo quando o Autor, depois de revisá-lo, corrigi-lo e emendá-lo, imprimir uma nova edição, cujos exemplares serão todos perfeitos e elegantes.

O epitáfio foi traduzido em francês em *Mémoires de la vie privée de Franklin*. Publicada em Paris, em 1791, essa obra é a primeira edição da "autobiografia" de Franklin, feita a partir da tradução de uma cópia imperfeita do original.[43] O texto em inglês foi publicado em Londres, em 1818, a partir de outra cópia do manuscrito autógrafo, que só foi editado em 1868.[44] Em 1791, o epitáfio foi traduzido para o francês da seguinte forma:

---

42 W. Gordon Zeeveld, "'Food for Powder' – 'Food for Worms'", *Shakespeare Quarterly*, v.3, n.3, 1952, p.249-53.

43 *Mémoires de la vie privée de Benjamin Franklin* (écrits par lui-même, et adressés à son fils; Suivis d'un Précis historique de sa Vie politique, et de plusieurs Pièces, relatives à ce Père de la Liberté), Paris: Buisson, 1791.

44 Sobre a complicadíssima história editorial da "autobiografia" de Benjamin Franklin, cf. *The Autobiography of Benjamin Franklin*, ed. Max Farrand, Berkeley/ Los Angeles: University of California Press, 1949; *Benjamin*

O CORPO
DE
BENJAMIN FRANKLIN, impressor,
como a capa de um livro velho
cujo conteúdo se gastou,
sem suas letras e seus dourados,
aqui repousa para ser alimento dos vermes;
mas cuja obra não será perdida,
pois sairá (como ele espera) uma segunda vez
numa nova
e mais bonita edição,
revista e corrigida
pelo autor.[45]

A palavra *"auteur"*, que aqui aparece em itálico, perdeu a majestade da letra capital das cópias manuscritas e do almanaque americano. Franklin emprega esse mesmo léxico da tipografia e da edição nas primeiras páginas do relato de sua vida, dedicado ao seu filho em 1771 e retomado em 1784 e, mais tarde, entre 1788 e 1790. Logo de

---

Franklin's Memoirs: Parallel Text Edition, ed. Max Farrand, Berkeley/ Los Angeles, University of California Press, 1949; James N. Green e Peter Stallybrass, *Benjamin Franklin*, op. cit., "Making and Remaking Benjamin Franklin. The 'Autobiography'", p.145-71; e Christopher Hunter, "From Print to Print. The First Complete Edition of Benjamin Franklin's 'Autobiography'", *The Papers of the Bibliographical Society of America*, v.101, n.4, 2007, p.481-505.

45 *Mémoires de la vie privée de Benjamin Franklin*, op. cit., p.110: "L'épitaphe qu'on va lire a été écrite par lui-même, longtemps avant sa mort" ["LE CORPS/ DE/ BENJAMIN FRANKLIN, imprimeur,/ comme la couverture d'un vieux livre,/ dont le contenu est usé/ et dépouillé de ses lettres et de sa dorure,/ repose ici, pour être la pâture des vers;/ mais l'ouvrage ne sera pas perdu,/ car il paraîtra (comme il l'espère) une seconde fois/ dans une nouvelle/ et plus belle édition,/ revue et corrigée/ *par l'auteur"*].

início, ele fala da felicidade que desfrutou ao longo de sua vida: "essa felicidade, quando penso nela, o que me ocorre com frequência, me fez dizer algumas vezes que, se me dessem a oportunidade, percorreria de novo o mesmo caminho do princípio ao fim". Apenas com uma condição: "Pediria a faculdade dos autores de corrigir numa segunda edição os erros da primeira".[46] A referência à "segunda edição" apresenta duas diferenças em relação ao epitáfio escrito 43 anos antes. Primeiro, a segunda edição não é mais aquela que, depois de perfeitamente corrigida, perdurará na vida eterna: ela seria uma repetição melhorada da vida que foi vivida. Segundo, o autor que corrige os erros do livro não é mais o "*Author*", com letra maiúscula no texto em inglês, mas os homens, que se emendariam, se tivessem essa possibilidade.

Antes de cair em *Mémoires de la vie privée*, de 1791, a maiúscula do Autor da vida corrigida se manteve na primeira tradução em francês. Essa tradução foi impressa num suplemento do *Mercure de France* em 1786 e apresentada numa carta enviada por um leitor (que acha que Franklin compôs o epitáfio para seu pai, mas este não era impressor):

O anúncio à glória de Benjamin Franklin que se encontra em vosso *Mercure*, n.12, de 25 de março deste ano, trouxe-me à memória o epitáfio a seu pai, livreiro & impressor de Boston, composto por ele. Ei-lo, tal qual um inglês o traduziu. Aqui jaz, como um livro usado, sem título & sem dourado, o corpo de Benjamin Franklin, impressor. Os vermes o comerão; contudo, o livro será

---

46 Ibid., p.2-3. Texto inglês publicado a partir do manuscrito autógrafo em Benjamin Franklin, *The Autobiography and Other Writings*, ed. Kenneth Silverman, Londres/ Nova York: Penguin, 1986, p.1: "That Felicity, when I reflected on it, has induc'd me sometimes to say, that were it offer'd to my Choice, I should have no Objections to a Repetition of the same Life from its Beginning, only asking the Advantages Authors have in a second Edition to correct some Faults of the first".

conservado. Uma nova & magnífica edição, revista & corrigida pelo Autor, vai fazê-lo sair ainda uma vez.[47]

Benjamin Franklin não foi o único impressor que utilizou o léxico da tipografia para designar a vida eterna. Em 1713, James Watson, impressor de Edimburgo, publicou *The History of the Art of Printing*.[48] O livro era a tradução em inglês do primeiro volume de *Histoire de l'imprimerie et de la librairie*, escrito pelo livreiro e impressor parisiense Jean de la Caille e publicado em 1689.[49] Watson acrescentou ao texto traduzido do francês um prefácio dedicado aos tipógrafos escoceses, um catálogo das fontes utilizadas em sua oficina e, no fim do livro, um longo poema de 112 versos cuja intenção é claramente explicitada no título: "Uma contemplação sobre o mistério da regeneração do homem, fazendo eco ao mistério da impressão". Com uma metáfora insistentemente repetida, Watson leva a Trindade para dentro da tipografia. Deus é ao mesmo tempo mestre impressor e compositor:

Grande e bem-aventurado *mestre impressor*, vem
À *sala de composição*:
Apaga nossas infames ofensas;
Faze de nossas almas e sentidos
Os caracteres de *caixa alta* e *baixa*
E de teu *alfabeto* de graças
A *letra* que sempre convém,
Ó, apressa-te a distribuí-la:

---

47 *Journal Politique de Bruxelles*, suplemento do *Mercure de France*, 1786, p.185-6: "Extrait d'une lettre qui nous a été adressée de Lille, le 20 Mars dernier".

48 *The History of the Art of Printing, Containing an Account of It's Invention and Progress in Europe*, Edimburgo: impresso por James Watson, 1713.

49 *Histoire de l'imprimerie et de la librairie, Où l'on voit son origine & son progrés, jusqu'en 1689*, Paris: Jean de la Caille, 1689.

Pois (noto) não há

Nenhuma *imperfeição* nas *fontes*.[50]

Nessa tipografia que não necessita de corretor, porque não há erros na composição, o Espírito Santo é o impressor que maneja a prensa, cujas peças, mesmo as mais pequeninas, têm um significado evangélico, e cujo mármore sobre o qual os homens recebem a impressão divina é Cristo.[51]

Nos dois últimos versos, Watson evita a metáfora da edição revista e corrigida, talvez já muito banalizada. Ele a substitui por uma referência mais técnica:

Ó Deus, apressa-te na tarefa,

É uma tarefa demorada:

E quando a *folha de impressão* estiver pronta

Imprime a *retiração*.[52]

No trabalho de impressão, a retiração é a impressão do segundo lado de uma folha, depois de impresso o primeiro. Assim, a vida

---

50 *The History of the Art of Printing*, op. cit.; *A Contemplation upon the Mystery of Man's Regeneration, in Allusion to the Mystery of Printing*, p.62-64, versos 1-11: "*Great Blest* MASTER-PRINTER, *Come/ Into thy* Composing-Room:/ *Wipe away our foul Offences;/ Make, O make our Souls and Senses,/ The* Upper *and the* Lower Cases;/ *And thy large* Alphabet of *Graces/ The* Letter, *which being ever fit,/ O haste thou to* Distribute *it:/ For there is (I make Account)/ No* Imperfection *in the* Fount".

51 Ibid., p.63, versos 59-62: "*Thy Holy Spirit the* PRESS-MAN *make,/ From whom we may Perfection take;/And let Him no Time defer,/To* Print *on us Thy* Character", et p.64, vers 85-86: "*CHRIST JESUS is the* Level Stone/ *That our Hearts must be* Wrought *upon*".

52 Ibid., p.64, vers 109-112: "*O LORD, unto this Work make hast,/ 'Tis a Work that long will last:/ And when this* White-Paper's *done,/ Work a* Reiteration".

terrena e a vida eterna são designadas como as duas faces de uma
mesma folha de impressão, que somente é completa e perfeita depois
da impressão da segunda.

Edição definitiva ou edição *princeps*?

De John Donne a Benjamin Franklin, os textos que designam
a vida eterna como uma edição definitiva, sem *errata*, têm uma
característica em comum: todos foram escritos por autores protestantes na Inglaterra e nos Estados Unidos. Embora o mundo católico
empregue com frequência as metáforas do livro, tanto a do grande
livro da natureza como a do corpo humano comparado a um livro,
ele não parece mobilizar o vocabulário da tipografia e da edição
para descrever a translação deste mundo para a eternidade celestial.
Como podemos entender essa particularidade, sem cair nas ingênuas
oposições entre catolicismo e protestantismo?

Hipoteticamente, podemos relacionar o emprego da metáfora
editorial a duas crenças fundamentais do protestantismo.[53] Primeiro, *"sola fide"*, na qual o cristão deposita toda a sua confiança no
julgamento de Deus, que separa os eleitos dos condenados. O protestantismo, que não tem purgatório, não tem intercessão dos vivos
em favor dos mortos, não tem obras de justificação, atribui um poder
absoluto a Deus, que corrige as falhas da alma pecadora e a acolhe no
Livro da salvação eterna. Mas o uso minucioso e às vezes até excessivo do léxico dos objetos e das práticas da edição e da impressão tem
outro motivo. Ele remete à relação – contrastante, aliás – do protestantismo com o livro. Ou melhor, com o Livro e os livros. No caso
do puritanismo e do calvinismo, a Bíblia é um alimento espiritual

53 Pierre Chaunu, *L'aventure de la Réforme: le monde de Jean Calvin*, Bruxelas: Complexes, 1991, p.93.

quotidiano, tanto na intimidade doméstica como no momento do culto. No luteranismo, pelo menos até a segunda Reforma (fim do século XVII), os livros, os catecismos, ou histórias bíblicas, e os sermões dos pastores são o acesso dos fiéis aos ensinamentos das Escrituras. Nos dois casos, embora em modalidades diferentes, a afirmação da *"Sola Scriptura"* é a base de um simbolismo que, para ser compreendido, exige certa familiaridade com a materialidade dos escritos e a prática das oficinas tipográficas.

A contraprova está na maneira como a metáfora do livro é utilizada na Espanha do Século de Ouro. Quevedo a emprega no "Sueño del Infierno", que é uma das visões de seus *Sueños y discursos de verdades.* A obra foi publicada em 1627 com dois títulos diferentes e, depois de ser profundamente revista e radicalmente expurgada pelo autor, saiu em 1631 com um título novo (e enganador).[54] Salvo algumas variações, o texto do "Sueño del Infierno" é o mesmo das edições de 1627. Foi esse texto que "Sieur de La Geneste" – que também traduziu *Buscón* em 1633[55] e foi identificado pelos críticos (mas não todos) como sendo Paul Scarron[56] – traduziu para o francês em 1632.[57]

54 *Sueños y discursos de verdades descubridoras de abusos, vicios, y engaños, en todos los oficios y estados del mundo* (Por Don Francisco de Quevedo Villegas), Barcelona: Estebán Libreros, 1627; *Desvelos soñolientos y verdades soñadas* (Por Don Francisco de Quevedo Villegas), Saragoça: Pedro Vergés, 1627; e *Juguetes de la niñez y travessuras del ingenio* (Hasta aora impressas por la codicia de los Libreros. Aora corregidas de los descuidos de los tras-ladadores, e Impressores, enteras y añadidas lo que faltava, y conformes a su original), Madri: Viúva de Alonso Martín, 1631.

55 *L'aventurier Buscon: histoire facétieuse composée en espagnol par Don Francisco de Quevedo, cavalier espagnol,* Paris: Pierre Billaine, 1633.

56 Colette Phélouzat Salinas, *Le Sieur de La Geneste, traducteur de Don Francisco de Quevedo. Les Visions et l'Aventurier Buscon, histoire facétieuse. Des traces très éclairantes de Scarron,* Bordeaux: Presses Universitaires de Bordeaux, 2017.

57 *Les visions de Don Francisco de Quevedo Villegas* (traduites de l'Espagnol, Par le Sieur de La Geneste), Paris: Pierre Billaine, 1632. Para uma edição

Na "Vision de l'Enfer", um livreiro, que estava entre os condenados, puxa conversa com o narrador:

> Ei, senhor, não me reconheceis? Sou fulano de tal, o livreiro. Será
> possível? – disse eu. Ai de mim! Sim – respondeu ele –, sou eu: quem
> jamais teria imaginado? Ele acreditava que deveria causar grande
> surpresa esse incidente; mas quando o fitei, pus-me a admirar quão
> grande & verdadeira é a justiça de Deus, pois sua loja era um verda-
> deiro bordel de livros: era ele que imprimia e vendia todos os mais
> perversos & escandalosos livros que circulam hoje entre as mãos dos
> devassos e dos libertinos.[58]

Quevedo joga aqui com os dois sentidos da palavra "cuerpo" no
espanhol do Século de Ouro. Como explica o *Tesoro* de Covarrubias,
"cuerpo" é o corpo do homem, mas também os diferentes volumes de
uma obra ou exemplares de uma edição.[59] Donde a qualificação da

---

moderna, cf. *Les visions de Quevedo, traduites par le Sieur de La Geneste*,
edição, introdução e notas de Marie Roig Miranda, Paris: Honoré Champion, 2004; para uma tradução moderna, cf. Quevedo, *Songes et discours,
traitant de vérités dénicheuses d'abus, vices et tromperies, dans tous les états
et offices du monde*, trad. Annick Louis e Bernard Tissier, Paris: José
Corti, 2003.

58 *Les visions de Don Francisco de Quevedo Villegas*, op. cit., p.295-6: "Vision
VI. De l'Enfer" ["Hé Monsieur, ne me reconnaissez-vous point? je suis
un tel, Libraire: Est-il possible, dis-je, hélas! oui, répond-il, c'est moi: qui
l'eût jamais pensé: Il croyait qu'on se dut fort étonner de cet accident; mais
quand je l'eus envisagé, je me mis à admirer combien la justice de Dieu est
grande & véritable, parce que sa boutique était un vrai bordel de livres:
c'est lui qui imprimait et vendait tous les plus méchants & scandaleux
livres qui courent aujourd'hui entre les mains de libertins et des débordés"
(a grafia foi atualizada pelo autor)].

59 Sébastian de Covarrubias Orozco, *Tesoro de la lengua castellana o española*
[1611], ed. Felipe Maldonado, rev. Manuel Camarero, Madri: Castalia,
1995, p.380: "*Cuerpo*. Un libro en tantos cuerpos, vale en tantos tomos".

livraria como um bordel onde os "*cuerpos*" são os corpos licenciosos da "*gente de la vida*", das prostitutas insolentes e escandalosas.[60] Sieur de La Geneste, não sendo capaz de traduzir a ambivalência da palavra, apaga as mulheres de má vida de sua tradução e acrescenta comentários que não existem no texto de Quevedo, tanto para louvar a justiça de Deus como para atacar os devassos e os libertinos.

Essa mesma passagem tira partido do duplo sentido de outra palavra: "*obras*", que designa os livros compostos pelos escritores, mas também os atos que condenam ou justificam o cristão no momento do Juízo Final.[61] Nas *Visiones* de Quevedo, os livreiros são condenados ao Inferno pelas más obras dos outros.[62] O tradutor francês não se atrapalhou para traduzir essa ambivalência: "Que quereis, disse-me ele, é a desgraça daqueles de nossa condição: não somos condenados somente pelas nossas próprias obras, como todos os homens; nós, livreiros, sofremos e penamos ainda pelas más obras

---

60 Citamos o texto na edição de Francisco de Quevedo, *Los sueños. Versiones impresas: Sueños y discursos. Juguete de la niñez. Desvelos soñolientos*, ed. Ignacio Arellano, Madri: Cátedra, 2017, p.185: "¿No me conoce? – me dijo. – El librero. Pues yo soy. ¿Quién tal pensara? Y es verdad Dios que yo siempre lo sospeché, porque era su tienda el burdel de los libros, pues todo los cuerpos que tema eran de gente de la vida, escandalosos y burlones".

61 "Obrar bien, que Dios es Dios" é o título escolhido pelo Autor (Deus) para a peça que os atores (os mortais) representam no *auto sacramental* alegórico de Calderón de la Barca, *El gran yeatro del mundo* [entre 1633 e 1635], ed. bilingue, apresentação e tradução de François Bonfils, Paris: GF Flammarion, 2003, p.92-3.

62 Francisco de Quevedo, *Los sueños*, op. cit., p.186: "¿Qué quiere?, pues es tanta mi desgracia que todos se condenan por las malas obras que han hecho, y yo y todos los libreros nos condenamos por las obras malas que hacen los otros, y por lo que hicimos barato de los libros en romance y traducidos de latín, sabiendo ya con ellos los tontos lo que encarecían en otros tiempos los sabios, que ya hasta el lacayo latiniza, y hallarán a Horacio en castellano en la caballeriza. [...] Si hay quien se condena por obras malas ajenas é qué harán los que las hicieron propias?".

dos outros". A reflexão final do narrador reforça o ensinamento cristão: "Ai! Se há condenados pelas más obras dos outros, que farão os que as praticam & produzem?".[63]

Mas antes de chegar a essa conclusão moral, sendo fiel à sua prática infiel, Sieur de La Geneste não se contenta em traduzir as razões dadas pelo livreiro para explicar sua triste sina. Ele começa respeitando o texto original: "& particularmente porque fazemos tão baratos os livros traduzidos do grego & do latim em língua vulgar, pelos quais os ignorantes sabem hoje as coisas que outrora faziam a estima dos homens sábios". Mas depois de traduzir o lugar-comum da época, que atribui a corrupção dos textos à circulação impressa e à leitura por leitores para os quais eles não estavam destinados, ele se afasta do texto de Quevedo e mais o glosa do que traduz: "pois hoje um biltre de um lacaio ou um fedorento de um palafreneiro que saiba ler terá a petulância de manusear um Virgílio, um Homero, um Ovídio, e carregá-los para as cozinhas, ou para as estrebarias, como se fossem Quatre fils Aymon, Robert le Diable ou Espiègles". A "caballeriza" de Quevedo foi ocupada pelo palafreneiro malcheiroso e pelo tolo criado, e Horácio foi substituído por Homero, Virgílio e Ovídio. As obras dos antigos, "trasladadas", traduzidas e transportadas para as cozinhas e estrebarias, são reduzidas a livros de camelôs. Os três títulos citados pelo tradutor pertencem ao repertório da "bibliothèque bleue" e estão entre as obras mais reeditadas na França: *Histoire des quatre fils Aymon*, *La vie de Robert le Diable* e *La vie de Till*

---

63 *Les visions de Don Francisco de Quevedo Villegas*, op. cit., p.296-7: "Vision VI. De l'Enfer" ["Que voulez vous, me dit il, c'est le malheur de ceux de notre condition: nous ne sommes pas seulement condamnés pour nos propres œuvres, comme tous les hommes, mais nous autres Libraires, nous endurons et pâtissons encore pour les mauvaises œuvres d'autrui [...] Hélas! s'il y en a de condamnés pour les mauvaises œuvres d'autrui, que feront ceux qui les exercent & qui les produisent"].

l'Espiègle.[64] Quando a edição francesa foi traduzida para o inglês, Roger L'Estrange deu um colorido mais local ao repertório achincalhado: *Robert the Devil* fazia par com outro *"chapbook"* (ou livro de cordel) ainda mais famoso: *Seven Champions of Christendom*, e com uma sátira popular de George Wither, inimigo cromwelliano do fidelíssimo monarquista L'Estrange.[65] Quando as metáforas espanholas entraram nas oficinas tipográficas, o Deus impressor não era mais o da última edição, corrigida por toda a eternidade, mas o da edição *princeps*. É esse Deus compositor e impressor que o advogado Melchor de Cabrera Núñez de Guzmán cita num memorial publicado em 1675 em defesa dos privilégios e isenções fiscais dos impressores madrilenhos.[66] Segundo ele, a origem da impressão é a Providência, que criou essa Arte das Artes. De fato, Deus é autor de seis livros, e um dos quais foi impresso. Apoiado em abundantes referências bíblicas e patrísticas, Melchor de Cabrera cataloga as edições divinas. O primeiro livro escrito por Deus é o *"Céu estrelado"*, que ele compara a um pergaminho: os astros e as estrelas são as letras que anunciam o poder absoluto do Criador, sua imensa bondade e infinita sabedoria.

64 Esses três títulos estão em Alfred Morin, *Catalogue descriptif de la Bibliothèque bleue de Troyes (Almanachs exclus)*, Genebra: Droz, 1974: *Histoire des quatre fils Aymon, très nobles et très vaillants chevaliers*, n.591-603; *La terrible et merveilleuse vie de Robert le Diable, lequel après fut homme de bien*, n.1061-70; e *La vie joyeuse et récréative de Tiel-Ulespiegle. De ses faits merveilleux et fortunes qu'il a eues: lequel par aucune ruse ne se laissa tromper*, n.1186-91.

65 *The Visions of Dom Francisco de Quevedo Villegas* (Made English by R. L. [Lestrange]), Londres: impresso para H. Herrigman, 1667, p.188.

66 Melchor Cabrera Núñez de Guzmán, *Discurso legal, historico, y politico, en prueba del origen, progressos, utilidad, nobleza, y excelencias del arte de la imprenta, y de que se le deben (y a sus Artifices), todas las honras, exempciones, inmunidades, franquezas, y privilegios de arte liberal, por ser, como es, arte de las artes*, Madri: Lucas Antonio de Bedmar, 1675.

O segundo é "o mundo", mapa e síntese de toda a Criação: ele ensina aos homens o poder, a majestade e a glória de Deus, se souberem decifrá-los. Adão não soube lê-los, por isso Deus foi obrigado a estabelecer a Lei e o Evangelho. O quarto livro é "a vida", que contém os nomes de todos os eleitos ("*los Predestinados*"), e o quinto é Jesus Cristo, que foi o primeiro predestinado. A vida de Cristo é ao mesmo tempo um "*ejemplar verdadero*", no sentido codicológico de um exemplar que deve ser reproduzido por todos os que conhecem seu mistério e estão no Livro da Vida do Cordeiro crucificado ("*el Libro de la Vida del Cordero muerto*"), e um "*ejemplo*", no sentido moral do livro que aponta o caminho correto. A Virgem, que é o último livro de Deus mencionado por Cabrera, foi o primeiro de todos, porque sua criação no Espírito de Deus ("*la Mente Divina*") precedeu a criação do mundo e dos séculos.[67]

No catálogo de Cabrera, a Natureza humana é o terceiro dos seis livros criados por Deus e aquele que ele imprimiu: "Deus pôs sobre a prensa sua Marca e Imagem, para que a cópia saísse idêntica à forma que ela deveria ter, a criação racional servindo de primeira prova, e ele quis alegrar-se com tão numerosas e variadas cópias de seu misterioso original".[68] Com a prensa, o texto do Gênesis (1,26) pode ser fielmente respeitado: "Façamos o Homem à nossa imagem e semelhança".[69] Entretanto, a reprodução não exclui as diferenças. Na prática das oficinas tipográficas, as correções durante a tiragem introduzem variantes entre os diferentes exemplares de uma mesma edição. Acontece o mesmo com o livro das criaturas humanas. Para Melchor de Cabrera, a metáfora do Deus impressor não vale apenas

---

67 Ibid., p.3 v°-5 v°.
68 Ibid., p.4 v°: "Dios puso en la prensa su Imagen, y Sello, para que la copia saliesse conforme a la que avia de tomar, sirviendo de ensayo la fabrica racional, y quiso justamente alegrarse con tantas, y varias copias de su mysterioso Original".
69 *La Bible*, trad. L.-I. Lemaître de Sacy [1673], op. cit., p.7.

para o livro do homem. Todas as composições de Deus passaram pela prensa divina após a sua criação: "Deus, depois de escrever e compor todos esses Livros, perpetuou-os na Prensa de sua Onipotência, para a instrução do Universo".[70]

A teoria das edições humanas

A criatura humana descrita como um livro, a vida e a morte concebidas como edições sucessivas... Essas duas metáforas não eram necessariamente associadas na Inglaterra puritana ou na Espanha da Reforma, mas Machado de Assis as juntou no romance *Memórias póstumas de Brás Cubas*, publicado em 1880.[71]

A obra foi supostamente escrita por um morto, não um escritor morto, mas um morto que se fez escritor. Brás Cubas esclarece esse ponto no primeiro capítulo do livro, intitulado "Óbito do autor": "eu não sou propriamente um autor defunto, mas um defunto autor, para quem a campa foi outro berço".[72] Moisés foi o seu único predecessor: ele contou sua própria morte no Pentateuco. Mas há uma diferença entre os dois relatos. Moisés relatou seu falecimento na conclusão de sua narrativa, enquanto Brás Cubas começa a sua por seu funeral. Na nota ao leitor, Brás Cubas menciona outra inspiração: o estilo livre de Laurence Sterne. De fato, a exemplo de *Tristram Shandy*, o narrador mantém um diálogo permanente com os leitores:

---

70 Melchor Cabrera Núñez de Guzmán, *Discurso legal, historico, y politico*, op. cit., p.6 rº: "Aviendo Dios escrito, y formado estos Libros, y perpetuandolos mediante la Prensa de su Omnipotencia, para enseñança del Universo".

71 Joaquim Maria Machado de Assis, *Memórias póstumas de Brás Cubas*, Belo Horizonte: Garnier, 2019. Edição em francês: *Mémoires posthumes de Bras Cubas*, trad. René Chadebec de Lavalade, Paris: Métailié, 2015.

72 Machado de Assis, *Mémorias postumas de Brás Cubas*, op. cit., p.21.

ele rejeita ou frustra suas expectativas,[73] faz inúmeras citações e referências literárias e recorre ironicamente aos efeitos visuais. Por exemplo, no Capítulo 55, "O velho diálogo de Adão e Eva", não há nem uma palavra, apenas pontilhados, dois pontos de exclamação e dois pontos de interrogação. E no Capítulo 139, "De como não fui ministro de Estado", há apenas cinco linhas pontilhadas. O jogo com a impaciência dos leitores é reforçado pela primeira modalidade de edição do romance, publicado em dezessete partes na bimensal *Revista Brasileira*. A publicação começou em 15 de março de 1880, com os nove primeiros capítulos, e terminou em 15 de dezembro, com os dez últimos. Com esse recorte em grupos, os capítulos que iniciavam ou concluíam cada grupo tinham um papel decisivo para entusiasmar ou decepcionar os leitores.[74]

A metáfora do corpo humano aparece no Capítulo 7, durante o delírio que Brás Cubas sofre pouco antes de morrer. Depois de tomar a figura de um barbeiro chinês, ele se transforma num livro:

> Logo depois, senti-me transformado na *Suma Teológica*, de S. Tomas, impressa num volume, e encadernada em marroquim, com fechos de prata e estampas; ideia esta que me deu ao corpo a mais completa imobilidade; e ainda agora me lembro que, sendo as minhas mãos os fechos do livro, e cruzando-as eu sobre o ventre, alguém as descruzava (Virgília decerto), porque a atitude lhe dava a imagem de um defunto.[75]

---

73 Hélio de Seixas Guimarães, *Os leitores de Machado de Assis*, São Paulo: Edusp, 2012, cap. 6, p.158-75: "Brás Cubas e a textualização do leitor".

74 Lúcia Granja, *Machado de Assis: antes do livro, o jornal*, São Paulo: Unesp, 2018, p.90-100.

75 Machado de Assis, *Memórias póstumas de Brás Cubas*, op. cit., p.27: "VII. O delírio".

A metamorfose é mais do que uma metáfora. Em seu delírio, Brás Cubas se torna um fólio impresso, encadernado em couro e fechado com fechos de prata. Esse livro, por sua vez, se torna uma estátua de papel representando um corpo morto. No capítulo precedente, Brás Cubas faz a primeira alusão à sua teoria das edições humanas. Esse capítulo, cujo título é uma citação em francês de Corneille, trata da visita de Virgília, a mulher que Brás Cubas amou. O presente não é mais o passado e a paixão se apagou. É com essa constatação melancólica que Brás Cubas diz: "Talvez eu exponha ao leitor, em algum canto deste livro, a minha teoria das edições humanas",[76] deixando os leitores na expectativa. Sua paciência é recompensada no Capítulo 27, quando o defunto autor se recorda de Virgília como ela era na época em que eles se conheceram. Ela tinha 16 anos e era bonita, fresca e faceira. Ele imagina que, se ela ler suas memórias, ela se perguntará como a recordação pode ser tão verídica. A resposta está na teoria das edições humanas. É essa capacidade de memória que:

nos faz senhores da terra, é esse poder de restaurar o passado, para tocar a instabilidade das nossas impressões e a vaidade dos nossos afetos. Deixa lá dizer Pascal que o homem é um caniço pensante. Não; é uma errata pensante, isso sim. Cada estação da vida é uma edição; que corrige a anterior, e que será corrigida também, até a edição definitiva, que o editor dá de graça aos vermes.[77]

Para desafiar Pascal, Machado de Assis, que foi tipógrafo na Tipografia Nacional e revisor no jornal *Correio Mercantil*, emprega o léxico da tipografia e da edição. Ele recupera, por exemplo, a metáfora protestante das *errata* da vida que são corrigidas pelo editor.

---

76 Ibid., p.26: "VI. Chimène qui l'eût dit? Rodrigue, qui l'eût cru?".
77 Ibid., p.58, "XXVII. Virgília?".

Mas dá uma nova forma a ela. Diz que a vida humana é como uma sucessão de edições cuja *princeps* é apenas uma delas, e essa edição definitiva não está reservada à felicidade eterna, mas aos vermes que a roem. Brás Cubas aplica sua teoria a si mesmo. O Capítulo 38 de suas memórias se intitula "A quarta edição". Como sempre, ele interpela o leitor:

> Lembra-vos ainda a minha teoria das edições humanas? Pois sabei que, naquele tempo, estava eu na quarta edição, revista e emendada, mas ainda inçada de descuidos e barbarismos; defeito que, aliás, achava alguma compensação no tipo, que era elegante, e na encadernação, que era luxuosa.[78]

O vocabulário do universo do livro e da edição se torna mais denso, faz referência aos caracteres de impressão ("tipo"), à encadernação luxuosa, ao texto revisto e corrigido, às negligências da edição ("descuidos") e da redação ("barbarismos"). Após essa quarta edição, outras vieram, até a última e triste sina.

Se a teoria das edições humanas se aplica à vida de Brás Cubas, ela também explica a publicação do livro no qual ele a expõe.[79] Um ano depois do folhetim da *Revista Brasileira*, o romance aparece em forma de livro pela Tipografia Nacional. A diferença de uma edição para a outra não é radical. Por um lado, a revista tinha paginação muito semelhante à dos livros; por outro, o livro não altera nem a ordem nem o conteúdo dos capítulos, mas dois deles foram suprimidos. A intervenção mais radical de Machado de Assis, na passagem

---

78 Ibid., p.67, "XXXVIII. A quarta edição".

79 Regina Zilberman, *Brás Cubas autor, Machado de Assis leitor*, Ponta Grossa: UEPG, 2012, cap. 2, p.51-85: "'Minha teoria das edições humanas': *Memórias póstumas de Brás Cubas* e a poética de Machado de Assis".

do folhetim para o livro, são os textos preliminares da primeira edição.[80] Uma nota ao leitor e uma dedicatória em forma de epitáfio tomaram o lugar da epígrafe autocrítica e shakespeariana, tirada de *Como gostais*.[81] A nota, supostamente escrita por Brás Cubas, declara que o livro foi escrito à maneira livre de Sterne e não agradará nem ao "*discreto*" nem ao "*vulgo*", repetindo uma distinção clássica do Século de Ouro: "a gente grave achara no livro umas aparências de puro romance, ao passo que a gente frívola não achara nele o seu romance usual; ei-lo aí fica privado da estima dos graves e do amor dos frívolos, que são as duas colunas máximas da opinião".[82] Quanto à dedicatória, ela prenuncia o Capítulo 27, porque é endereçada ao verme que receberá a última edição do livro, a saber, o cadáver do autor:

Ao verme
Que
Primeiro roeu as frias carnes
Do meu cadáver
Dedico
Com saudosa lembrança
Estas
Memórias póstumas.[83]

---

80 Ana Cláudia Suriani da Silva, *Machado de Assis: do folhetim ao livro*, São Paulo: Versos, 2015, em especial p.60-4.

81 Shakespeare, *As You Like It*, ato III, cena II: Orlando: "I will chide, no breather in the world but myself, against whom I know most faults". Edição em francês: *Comédies*, dir. Jean-Michel Déprats e Gisèle Venet, Paris: Gallimard, "Bibliothèque de la Pléiade", 2016, v.II, p.596-7: "Je ne veux fustiger personne au monde que moi, chez qui je trouve le plus de défauts à reprendre" ["Não censuro ninguém no mundo a não ser a mim mesmo, de quem conheço a maioria dos defeitos"].

82 Machado de Assis, *Memórias póstumas de Brás Cubas*, op. cit., p.19: "Ao leitor".

83 Ibid., p.15. Essa dedicatória não foi traduzida na edição francesa.

O livro foi reeditado em 1896 e 1899 pela Garnier, que publicava obras em português para o mercado brasileiro. Na edição de 1896, Machado de Assis acrescentou um prólogo assinado com o seu nome, e não com o de Brás Cubas. Ele relaciona intimamente as transformações editoriais e as correções textuais:

A primeira edição destas *Memórias póstumas de Brás Cubas* foi feita aos pedaços na *Revista Brasileira*, pelos anos de 1880. Postas mais tarde em livro, corrigi o texto em vários lugares. Agora que tive que o rever para a terceira edição, emendei ainda alguma coisa e suprimi duas ou três dúzias de linhas. Assim composta, sai novamente à luz esta obra que alguma benevolência parece ter encontrado no público.[84]

Aqui Machado de Assis utiliza o verbo da filologia e da edição: "*emendar*". Com o sentido de corrigir, modificar, reparar, o verbo é um termo-chave da estética machadiana da emulação, cuja modalidade literária é a relação com os autores clássicos, abundantemente citados, e a forma material, isto é, a translação das obras da revista ou do jornal para o livro.[85]

A dedicatória ao verme que roerá o corpo morto, introduzida na edição de 1881, lembra imediatamente o "*food for worms*", o "alimento para os vermes" do epitáfio de Benjamin Franklin. Machado de Assis o conhecia? Duas coisas nos levam a pensar que sim. A primeira é a inclinação de Brás Cubas para os epitáfios. No Capítulo 151, intitulado "Filosofia dos epitáfios", e dedicado ao enterro de Lobo Neves, marido de Virgília, ele diz o porquê:

---

84 O prólogo de 1896 está em Machado de Assis, *Memórias póstumas de Brás Cubas*, São Paulo: Martin Claret, 1999, p.17. Esse prólogo não foi traduzido na edição francesa.

85 João Cezar de Castro Rocha, *Machado de Assis: por uma poética da emulação*, Rio de Janeiro: Civilização Brasileira, 2013.

Saí, afastando-me dos grupos, e fingindo ler os epitáfios. E, aliás, gosto dos epitáfios; eles são, entre a gente civilizada, uma expressão daquele pio e secreto egoísmo que induz o homem a arrancar à morte um farrapo ao menos da sombra que passou. Daí vem, talvez, a tristeza inconsolável dos que sabem os seus mortos na vala comum; parece-lhes que a podridão anônima os alcança a eles mesmos.[86]

Um capítulo anterior, o 125°, é a simples transcrição de um epitáfio: "Aqui jaz/ D. Eulália Damascena de Brito/ Morta/ Aos dezenove anos de idade/ Orai por ela!".[87] O túmulo é o da moça prometida a Brás Cubas, apelidada pelos íntimos de Nhã-loló, que foi levada por uma epidemia de febre amarela. Comentando a lápide no capítulo seguinte, ele diz: "O epitáfio diz tudo. Vale mais do que se lhe narrasse a moléstia de Nhã-loló, a morte, o desespero da família, o enterro".[88]

O epitáfio escrito por Franklin circulou no Brasil no fim do século XIX. Para os adeptos do espiritismo (doutrina formulada em 1857 por Allan Kardec no *Livro dos espíritos* e amplamente difundida no Brasil) tornou-se a prova de que o grande homem acreditava na migração da alma, melhorada ao longo das reencarnações. Essa interpretação "espiritual" do texto levou um assinante a enviá-la à *Revue Spirite* em 1865:

Um de nossos assinantes de Joinville (Haute-Marne) nos escreveu o seguinte: "Sabendo da boa acolhida que recebem os documentos que possuem alguma relação com a doutrina espírita, apresso-me a vos fazer conhecer uma passagem da biografia de

---

86 Machado de Assis, *Memórias póstumas de Brás Cubas*, op. cit., p.152: "CLI. Filosofia dos epitafios".
87 Ibid., p.136: "CXXV. Epitáfio".
88 Id., "CXXVI. Desconsolação".

Benjamin Franklin, tirada de *La Mosaïque* de 1839, página 287 [*sic*].
A crença desse grande homem na reencarnação e na evolução da
alma revela-se por inteiro nas poucas linhas que formam o epitáfio
que ele compôs para si mesmo; o epitáfio é assim concebido: "Aqui
jaz, entregue aos vermes, o corpo de Benjamin Franklin, impressor,
como a capa de um velho livro cujas folhas foram arrancadas e cujo
título e o dourado foram apagados; mas a obra não se perderá, pois
sairá novamente, como ele assim acreditava, numa nova e melhor
edição, revista e corrigida pelo autor".[89]

O assinante de Joinville conclui: "Um dos principais cidadãos
dentre os que os Estados Unidos mais honram era um reincarna-
cionista; não somente acreditava no renascimento na terra, mas
acreditava retornar a ela melhorado por seu trabalho pessoal; é exatamente o que diz o espiritismo". Machado de Assis não era espírita
e não perdia ocasião de caçoar dos seguidores de Kardec.[90] Mas é
verossímil que tenha encontrado o epitáfio de Franklin numa das
publicações do movimento, em francês ou em português. Ou quiçá a
ideia do morto que fala aos vivos.

A edição definitiva

Em 1624, sob a pluma de John Donne, a translação realizada
por Deus reúne para todo o sempre as páginas dispersas que são as

---

89 *Revue Spirite: Journal d'Études Psychologiques*, ago. 1865: "Variétés. *Épita-
    phe de Benjamin Franklin*", p.145. O texto do epitáfio é o que foi publicado
    na revista *La Mosaïque: Livre de Tout le Monde et de Tous les Pays*, v.1,
    n.1833-4, p.288.
90 Elaine Cristina Maldonado, *Machado de Assis e o espiritismo*, Jundiaí:
    Paco, 2015.

criaturas humanas. Em 1880, Machado de Assis emprega o mesmo termo, "translação", no título do Capítulo 150 das *Memórias póstumas de Brás Cubas*.[91] Mas, num mundo sem vida no além, a translação é efêmera. A última edição é para os vermes.

---

91 Machado de Assis, *Memórias póstumas de Brás Cubas*, op. cit., p.151-2: "CL. Rotação e translação".

Referências bibliográficas

A Decree of Starre-Chamber, concerning Printing (made the eleventh day of July last past. 1637). Londres: impresso por Robert Barker e John Bill, 1637; reimpresso por Grolier Club, 1884.

A Dictionarie in Spanish and English (first published into the English tongue by Ric. Percivale. Now enlarged and amplified. All done by John Minsheu). Londres: impresso por Edm. Bollifant, 1599.

A Dictionary in Spanish and English (first published into the English tongue by Ric. Percivale Gent. All done by John Minsheu, professor of languages in London). Londres: impresso por John Haviland para Edward Blount, 1623.

A Grammar Spanish and English: Or a Brief and Compendious Method, Teaching to Reade, Write, Speake, and Pronounce the Spanish Tongue (Composed in French by Caesar Oudin. Englished, and of many wants supplied by I. W.). Londres: impresso por John Haviland para Edward Blount, 1622.

A Spanish grammar (first collected and published by Richard Percivale. Now augmented and increased. Done by John Minsheu). Londres: Edm. Bollifant, 1599.

A Worlde of Wordes (or Most copious, and exact Dictionarie in Italian and English, collected by John Florio). Londres: impresso por Arnold Hatfield para Edward Blount, 1598.

AARNE, A. A. *The Types of the Folktale*: A Classification and Bibliography. Traduzido e aumentado por Stith Thompson. Helsinki: Academia Scientiarum Fennica, 1961.

AGUALUSA, J. E. *Nação crioula*. Alfragide: Dom Quixote, 1997. Edição em inglês: *Creole*, trad. Daniel Hahn. Londres: Arcadia, 2002.

ALEMAN, M. *The Rogue*: Or the Life of Guzman de Alfarache (Written in Spanish by Matheo Aleman). Londres: Edward Blount, 1622.

ALLAN, D. *Commonplace Books and Reading in Georgian England*. Cambridge: Cambridge University Press, 2010.

AMORY, H. Printing and Bookselling in New England, 1638-1713. In: Hugh Amory e David D. Hall (orgs.), *A History of the Book in America*, v.1: *The Colonial Book in the Atlantic World*. Cambridge: Cambridge University Press, 2000.

ARISTÓTELES. *Art of Rhetoric*. Trad. J. H. Freese. Cambridge: Harvard University Press, 1926, Loeb Classic Library 193, v.22.

_____. *Obras completas:* Retórica. Tradução e notas de Manuel Alexandre Júnior, Paulo Farmhouse Alberto e Abel do Nascimento Pena. Lisboa: Centro de Filosofia da Universidade de Lisboa/ Imprensa Nacional/ Casa da Moeda, 2005.

_____. *On Rhetoric:* A Theory of Civic Discourse. Ed. George A. Kennedy. Oxford/Nova York: Oxford University Press, 1991.

_____. *Opera*. Bari: G. Giannantoni, 1973.

_____. *Poetics and Rhetoric*. Ed. Eugene Garver. Nova York: Barnes and Noble, 2005.

_____. *Retorica*. Introdução, tradução e notas de Silvia Gastaldi. Roma: Carocci, 2014.

_____. *Retórica*. Tradução e notas de Edson Bini. São Paulo: Edipro, 2013.

_____. *Rhetoric*. Traduzido e editado por C. D. C. Reeve. Indianápolis: Hackett, 2018.

_____. *Rhétorique I et II*. Texto estabelecido e traduzido por Médéric Dufour. Paris: Gallimard, 2004 [1991]

_____. *Aristotle's Rhetoric*. Or the True Grounds and Principles of Oratory: Shewing the Right Art of Pleading and Speaking in Full Assemblies and Courts of Judicature. Londres: Randal Taylor, 1686.

AUB, M. *Jusep Torres Campalans* [1958]. Barcelona: Destino, 1999.

_____. *Jusep Torres Campalans*. Trad. Herbert Weinstock. Garden City: Doubleday, 1962.

BACHELARD, G. *Le matérialisme rationnel*. Paris: PUF, 1953.

BALZAC, H. *Études de mœurs au XIXe siècle, scènes de la vie de province*: Illusions perdues. Paris: Werdet, 1837.

BANCROFT, T. *Two Bookes of Epigrammes, and Epitaphs*. Londres: impresso por Okes para Matthew Walbancke, 1639.

BAROJA, J. C. *Las falsificaciones de la historia (en relación con la de España)*. Barcelona: Seix Barral, 1992.

BARTHES, R. L'effet de réel [1968]. In: *Le bruissement de la langue*. Essais critiques IV. Paris: Seuil, 1984.

BÉNICHOU, P. *Le sacre de l'écrivain (1750-1830)*: essai sur l'avènement d'un pouvoir spirituel laïque dans la France moderne. Paris: Gallimard, 1996 [1973].

BENNASSAR, B.; BENNASSAR, L. *Les chrétiens d'Allah*: l'histoire extraordinaire des renégats, XVIᵉ et XVIIᵉ siècles. Paris: Perrin, 1989.

BERMAN, A. *L'épreuve de l'étranger*: culture et traduction dans l'Allemagne romantique. Paris: Gallimard, 1984.

BERTOLI, F. M. Nuovi documenti sull'edizione principe del Cortegiano, *Schifanoia*, n.13-4, 1992

BERTRAM, P.; KLIMAN B. W. (orgs.). *The Three-Text Hamlet*: Parallel Texts of the First and Second Quartos and First Folio. Nova York: AMS, 1991.

BERTRAND, R. *Le long remords de la conquête. Manille-Mexico-Madrid: l'affaire Diego de Avila (1577-1580)*. Paris: Seuil, 2015.

_____. *Qui a fait le tour de quoi?* L'affaire Magellan. Lagrasse: Verdier, 2020.

BESTERMAN, T. (org.), *Voltaire on Shakespeare* [Studies on Voltaire and the Eighteenth-Century, v.54]. Genebra: Voltaire Foundation/ Oxford University, 1967.

BÉVOTTE, G. G. *Le festin de pierre avant Molière*: Dorimon, De Villiers, scénario des Italiens. Paris: Société Française des Textes Modernes, 1988.

Bibliotheca Hispanica (Containing a Grammar, with a Dictionarie in Spanish, English, and Latine, By Richard Percyvall). Londres: impresso por John Jackson para Richard Watkins, 1591.

Bibliothèque de Voltaire: catalogue de livres. Moscou/Leningrado, Éditions de l'Académie des Sciences de l'URSS, 1961.

BILLETER, J.-F. *Trois essais sur la traduction*. Paris: Allia, 2014.

BLAIR, A. Humanist Methods in Natural Philosophy: The Commonplace Book, *Journal of the History of Ideas*, v.53, n.4, 1992.

_____. *Tant de choses à savoir: comment maîtriser l'information à l'époque moderne* [2010]. Trad. Bernard Krespine. Paris: Seuil, 2020.

BLAYNEY, P. W. M. *The First Folio of Shakespeare*. Washington: The Folger Library, 1991.

_____. The Publication of Playbooks. In: John D. Cox e David Scott Kastan (orgs.). *A New History of Early English Drama*. Nova York: Columbia University Press, 1997.

BLEICHMAR, D. Painting the Aztec Past in Early Colonial Mexico. Translation and Knowledge Production in the Codex Mendoza, *Renaissance Quarterly*, v.72, n.4, 2019.

BLUNT, R. (org.). *Mrs. Montagu, Queen of the Blues*: Her Letters and Friendships from 1762 to 1800, v.1: *1762-1776*. Boston/ Nova York: Houghton Mifflin, 1906.

BOISSON, C.; KIRTCHUK, P. BÉJOINT, H. Aux origines de la lexicographie: les premiers dictionnaires monolingues et bilingues. *International Journal of Lexicography*, v.4, n.4, 1991, p.261-315.

BORGES, J. L. *Biblioteca personal (prólogos)*. Madri: Alianza Editorial, 1988 [1985].

_____. El libro. In: *Borges oral* [1979]. Madri: Alianza Editorial, 1998.

_____. Le livre. In: *Conférences*. Trad. Françoise Rosset. Paris: Gallimard, 1985.

_____. Museo. In: *El hacedor* [1960]. Madri: Alianza Editorial, 1997 [trad. fr.: Musée. In: *Œuvres complètes:* L'auteur [1960]. Ed. Jean-Pierre Bernès. Paris: Gallimard, 1999.

BOUDOU, B.; NADIA, C. Montaigne et la curiosité nonchalante, *Camenae*, n.15, 2013.

BOURQUI, C. *La commedia dell'arte*: introduction au théâtre professionnel italien entre le XVIᵉ et le XVIIIᵉ siècle. Paris: Armand Colin, 2011.

BOURUS, T.; TAYLOR, G. (orgs.). *The Creation and Re-Creation of Cardenio*: Performing Shakespeare, Transforming Cervantes. Nova York: Palgrave Macmillan, 2013.

BOUZA, F. Aun en lo material del papel y impresión. Sobre la cultura escrita en el siglo de Gracián. In: *Libros libres de Baltasar Gracián*: exposición bibliográfica. Saragoça: Governo de Aragão, 2001.

_____. *Comunicación, conocimiento y memoria en la España de los siglos XVI y XVII*. Salamanca: Publicaciones del Semyr, 1999.

_____. *Palabra e imagen en la corte*: cultura oral y visual de la nobleza en el Siglo de Oro. Madri: Abada, 2003.

BRAIDA, L. L'antologia epistolare curata da Lodovico Dolce: plagio e sopravvivenze eterodosse. In: Grado Giovanni Merlo (org.). *Libri, e altro*: nel passato e nel presente. Milão: Università degli Studi di Milano/ Fondazione Arnoldo e Alberto Mondadori, 2006.

_____. *L'autore assente*: l'anonimato nell'editoria italiana del Settecento. Bari-Roma: Laterza, 2019.

Breve relacion de la destruccion de las Indias Occidentales (Presentada a Felipe II siendo Príncipe de Asturias Por Don Fray Bartolomé de Las Casas, del

Orden de Predicadores, Obispo de Chiapa), impresso em Sevilha, reimpresso em Londres, Filadélfia e México, Guadalajara: D. Urbano Sanroman, 1822.

Brevissima relación de la destruyción de las Indias: colegida por el Obispo don fray Bartolomé de las Casas/o Casaus de la orden de Sancto Domingo, 1552.

BRIATTE, F. Entretien avec David Bloor, *Tracés*, n.12, 2007, p.215-28.

BROOKS, D. A. *From Playhouse to Printing House*: Drama and Authorship in Early Modern England. Cambridge: Cambridge University Press, 2000.

BROWN, M. P. 'BOSTON/ SOB NOT': Elegiac Performance in Early New England and Material Studies of the Book, *American Quarterly*, v.50, n.2, 1998.

BURKE, P. *The Art of Conversation*. Cambridge: Polity Press, 1993. [Ed. bras.: *A arte da conversação*. São Paulo: Editora Unesp, 1995].

_____. *The Fortunes of the Courtier*: The European Reception of Castiglione's Cortegiano. Cambridge: Polity Press, 1995. [Ed. bras.: *As fortunas d'O Cortesão*: A recepção europeia ao cortesão de Castiglion. São Paulo: Editora Unesp, 1997].

_____. Translations into Latin in Early Modern Europe. In: Peter Burke e R. Po-chia Hsia (orgs.). *Cultural Translation in Early Modern Europe*. Cambridge: Cambridge University Press, 2007).

BURKE, P.; PO-CHIA HSIA, R. (orgs.). *Cultural Translation in Early Modern Europe*. Cambridge/Nova York: Cambridge University Press, 2007.

BUTTERFIELD, L. H. B. Franklin's Epitaph, *New Colophon*, n.3, 1950.

CALDARA, A. *The Cervantes Operas*. Arias and Instrumental Pieces, La Ritirata e Josetxu Obregón, GCD 923104, 2016.

CALDERÓN DE LA BARCA, P. *El gran yeatro del mundo* [entre 1633 e 1635]. Ed. bilingue, apresentação e tradução de François Bonfils. Paris: GF Flammarion, 2003.

_____. *La cisma de Inglaterra*. Edição, introdução e comentários de Francisco Ruiz Ramón. Madri: Castalia, 1981.

CALDIRON, A. E. B. Form[e]s of Transnationhood: The Case of John Wolfe's Trilingual *Courtier*, *Renaissance Studies*, v.29, n.1, 2015.

CANCEDDA, F.; CASTELLI, S. *Per una bibliogafia di Giacinto Andrea Cicognini*: successo teatrale e fortuna editoriale di un drammaturgo del Seicento. Florença: Alinea Editrice, 2001.

CANGUILHEM, G. *Idéologie et rationalité dans l'histoire des sciences de la vie* [1977], 2.ed. rev.. Paris: Vrin, 2009.

352   ROGER CHARTIER

CARNEGIE, D.; TAYLOR, G. (orgs.). *The Quest for Cardenio*: Shakespeare, Fletcher, Cervantes, and the Lost Play. Oxford: Oxford University Press, 2012.

CASSIN, B. (org.). *Vocabulaire européen des philosophies*: dictionnaire des intraduisibles. Paris: Seuil, 2004.

CASTIGLIONE, B. *Comitis de curiali sive aulico libri quatuor* (Ex Italico sermone in Latinum conversi, Bartholomaeo Clerke Anglo Cantabrigiensi Interprete). Londres: John Day, 1571.

_____. *De aulico* (Ioanne Ricuio Annoberensi Interprete, Liber Primus). Estrasburgo: Bernhard Jobinus, 1577.

_____. *El cortesano*, pref. Angel Crespo Pérez, trad. Juan Boscán. Madri: Alianza, 2008.

_____. *Il cortegiano del Conte Baldasssare Castiglione* (Nuovamente stampato e con somma diligentia revisto con la sua tavola di nuovo aggiunta). Veneza: Gabriel Giolito de Ferrari, 1546.

_____. *Il cortegiano del Conte Baldessar Castiglione*. Veneza: Comin da Trino, 1573.

_____. *Il libro del cortegiano del Conte Baldasar Castiglione*. Veneza: Casa delli Heredi d'Aldo Romano e d'Andrea d'Asola suo suocero, 1533.

_____. *Il libro del cortegiano del Conte Baldasssare Casiglione* (Riveduto, & corretto da Antonio Ciccarelli da Fuligni). Veneza: Bernardo Basa, 1584.

_____. *Il libro del cortegiano del Conte Baldesar Castiglione* (Nuovamente stampato, et con somma diligenza revisto). Veneza: Aldus, 1541.

_____. *Il libro del cortegiano del Conte Baldesar Castiglione* (Di nuovo rincontrato con l'originale scritto di mano de l'auttore: con la tavola di tutte le cose degne di notitia: et di piu, con una brieve raccolta de le conditioni, che se ricercano à perfetto Cortegiano, & à donna di Palazzo). Veneza: Aldii Filii, 1547.

_____. *Il libro del Cortegiano del Conte Baldessar Castiglione* (Nuovamente con diligenza revisto per M. Lodovico Dolce, secondo l'esemplare del proprio auttore, e nel margine apostillato: con la Tavola). Veneza: Gabriel Giolito de' Ferrari, 1556.

_____. *Il libro del cortegiano*. Introd. Amedeo Quondam. Milão: Garzanti, 1981.

_____. *Il libro del cortegiano*. Roma: Bulzoni, 2016, 3 v.

_____. *Le courtisan de Messire Baltazar de Castillon*. Nouvellement reveue et corrigé. [Lyon:] François Juste, 1538.

_____. *Le livre du courtisan*. Apresentado e traduzido do italiano por Alain Pons a partir da versão de Gabriel Chappuys [1582]. Paris: GF Flammarion, 1991 (1. ed. Paris: Gérard Lebovici, 1987).

_____. *Le parfait courtisan du comte Baltasar Castillonois* (Es deux Langues, respondans par deux colonnes, l'une à l'autre, pour ceux qui veulent avoir l'intelligence de l'une d'icelles, de la traduction de Gabriel Chapuis Tourangeau). Paris: Nicolas Bonfons, 1585.

_____. *Les quatre livres du Courtisan du Conte Baltazar de Castillon*. Reduyct de langue Ytalicque en Francoys. [Lyon,] 1537.

_____. *The Courtier of Count Baldesar Castilio* (Divided into four Bookes. Verie necessarie and profitable for young Gentlemen and Gentlewomen abiding in Court, Pallace, or Place, done into English by Thomas Hobby). Londres: John Wolfe, 1588.

_____. *The Courtyer of Count Baldessar Castilio* (Divided into foure bookes. Very necessary and profitable for yonge Gentlemen and Gentlewomen abiding in Court, Palaice, or Place, done into Englyshe by Thomas Hoby). Londres: William Seres, 1561.

CÁTEDRA, P. M. *El sueño caballeresco*: de la caballena de papel al sueño de Don Quijote. Madri: Abada, 2007.

CERTEAU, M. *L'écriture de l'histoire*. Paris: Gallimard, 1984 [1975].

CERVANTES SAAVEDRA, M. *Don Quichotte de la Manche* (Traduit de l'Espagnol de Michel de Cervantes Par Florian, Ouvrage Posthume, 6 volumes). Paris: P. Didot l'Aîné, ano VII [1799].

_____. *Continuation de l'admirable Don Quichotte de la Manche*. Redigido por Robert Challes. Paris: Michel-Étienne David, e Lyon: Thomas Amaulry, 1713.

_____. *Don Quijote de la Mancha* (Puesto en castellano actual íntegra y fielmente, par Andrés Trapiello). Barcelona: Destino, 2015.

_____. *Histoire de l'admirable Don Quixote de la Manche*. Paris: Claude Barbin, 1677-1695.

_____. *Les épreuves et travaux de Persilès et Sigismunda: histoire septentrionale*. In: *Nouvelles exemplaires, suivies de Persilès, Œuvres romanesques complètes*. Dir. Jean Canavaggio, colab. Claude Allaigre e Jean-Marc Pelorson. Paris: Gallimard, 2001, Bibliothèque de la Pléiade.

_____. *Nouvelle de l'espagnole anglaise*. In: *Nouvelles exemplaires suivies de Persilès, Œuvres romanesques complètes*. Dir. Jean Canavaggio, col. Claude Allaigre e Jean-Marc Pelorson. Paris: Gallimard, 2001, Bibliothèque de la Pléiade.

_____. *Novelas ejemplares de Cervantes Saavedra* (Dirigido a Don Pedro Fernández de Castro, Conde de Lemos). Madri: Juan de la Cuesta, 1613.

_____. *Œuvres romanesques complètes*: Don Quichotte précédé de La Galatée. Ed. Jean Canavaggio. Paris: Gallimard, 2001. [Edição em espanhol: Miguel de Cervantes, *Don Quijote de la Mancha*. Ed. Francisco Rico. Barcelona: Instituto Cervantes, 1998].

_____. *The History and Adventures of the Renowned Don Quixote* (Translated from the Spanish of Miguel de Cervantes Saavedra, By T. Smollett, M. D.. In: Two Volumes). Londres: A. Millar e outros cinco, 1755.

_____. *The History of the Most Renowned Don Quixote of Mancha and his Trusty Squire Sancho Pancha* (Made English according to the Humour of our Modern Language, by J. P.). Londres: Thomas Hodgkin para William Whitwood, 1687.

_____. *The History of the Renown'd Don Quixote de la Mancha* (Written in Spanish by Miguel de Cervantes Saavedra. Translated from the Original by Several Hands: And publish'd by Peter Motteux Servant to His Majesty). Londres: Samuel Buckley, 1700.

_____. *The History of the Renowned Don Quixote de la Mancha* (In Four Volumes. Written in Spanish by Miguel de Cervantes Saavedra. Translated by Several Hands: And Publish'd by Peter Motteux. Carefully Revised, and Compared with the Best Edition of the Original. Printed in Madrid, by J. Ozell). Londres: R. Knaplock e outros cinco, 1719.

_____. *The History of the Valorous and Wittie Knight-Errant, Don Quixote of the Mancha*. Londres: Edward Blount e W. Barrett, 1612.

_____. *The History of the Valorous and Wittie Knight-Errant, Don Quixote of the Mancha* (Translated out of Spanish). Londres: impresso por William Stansby para Edward Blount e William Barret, 1612.

_____. *The Life and Exploits of the Ingenious Gentleman Don Quixote de la Mancha* (Translated from the Original Spanish of Miguel Cervantes de Saavedra. By Charles Jarvis, Esq.. In: Two Volumes). Londres: J. e R. Tonson e R. Dodsley, 1742.

_____. *The Second Part of the History of the Valorous and Witty Knight-Errant Don Quixote of the Mancha*. Londres: Edward Blount, 1620.

_____. *The Second Part of the History of the Valorous and witty Knight-Errant, Don Quixote of the Mançha* (Written in Spanish by Michael Cervantes: and now Translated into English). Londres: impresso para Edward Blount, 1620.

CHAMBERS, E. K. *William Shakespeare*: A Study of Facts and Problems. Oxford: Clarendon, 1930, 2 v.

CHARTIER, R. *Cardenio entre Cervantès et Shakespeare*: histoire d'une pièce perdue. Paris: Gallimard, 2011.

_____. *Du livre à la scène*. In: *La main de l'auteur et l'esprit de l'imprimeur*. Paris: Gallimard, 2015.

_____. El nacimiento del lector moderno. Lectura, curiosidad, ociosidad, raridad. In: Francisco Jarauta (org.). *Historia y formas de la curiosidade*. Santander: Cuadernos de la Fundación Botín, 2012.

_____. George Dandin, ou le social en représentation. In: Bernard Lahire (org.). *Ce qu'ils vivent, ce qu'ils écrivent*. Mises en scène littéraires du social et expériences socialisatrices des écrivains. Paris: Éditions des Archives Contemporaines, 2011.

_____. Jack Cade, the Skin of a Dead Lamb, and the Hatred for Writing, *Shakespeare Studies*, v.34, 2006, p.77-89.

_____. *La main de l'auteur et l'esprit de l'imprimeur*. Paris: Gallimard, 2015 [Ed. bras.: *A mão do autor e a mente do editor*. São Paulo: Editora Unesp, 2014].

_____. Le temps des œuvres. In: *La main de l'auteur et l'esprit de l'imprimeur*. Paris: Gallimard, 2015.

CHARTIER, R.; STALLYBRASS, P. Reading and Authorship: The Circulation of Shakespeare 1590-1619. In: Andrew Murphy (org.). *A Concise Companion to Shakespeare and the Text*. Oxford: Blackwell, 2007.

CHAUNU, P. *L'aventure de la Réforme*: le monde de Jean Calvin. Bruxelas: Complexes, 1991.

CHEVALLEY, S. Ducis, Shakespeare et les Comédiens Français, *Revue de la Société d'Histoire du Théâtre*, n.64, 1964; n.65, 1965.

CHEVREL, Y.; MASSON, J.-Y. (orgs.). *Histoire des traductions en langue française*. Lagrasse: Verdier, 2012-2019, 4 v.

Clélie, histoire romaine (dédiée à Mademoiselle de Longueville, par Mr de Scudéry, Gouverneur de Nostre Dame de la Garde). Paris: Augustin Courbé, 1654.

Comedies and Tragedies, Written by Francis Beaumont and John Fletcher (Never printed before and now published by the Authours Originall Copies). Londres: impresso para Humphrey Robinson e Humphrey Moseley, 1647.

COMPAGNON, A. Rajeunir Montaigne, *Comptes rendus des séances de l'Académie des Inscriptions et Belles-Lettres*, v.153, n.2, 2009.

CONDORCET. *Esquisse d'un tableau historique des progrès de l'esprit humain* [1795]. Paris: Garnier Flammarion, 1988.

CORNEILLE, T. *Le festin de pierre*. Ed. Alain Niderst. Paris: Honoré Champion, 2000.

COTTEGNIES, L. The Saint-Omer Folio in its Library, *Cahiers Élisabéthains*, v.93, n.1, 2017.

COURTIN, A. *Nouveau traité de la civilité qui se pratique en France parmi les honnêtes gens* [1671]. Paris: 1712.

356   ROGER CHARTIER

COVARRUBIAS OROZCO, S. *Tesoro de la lengua castellana o española* [1611], ed. Felipe Maldonado, rev. Manuel Camarero. Madri: Castalia, 1995.

CRAWFORD, C. Appendix D: J. Bodenham's Belvedere. In: *The Shakespeare Allusion Book*: A Collection of Allusions to Shakespeare from 1591 to 1700 [1909]. Ed. Clement Mansfield Ingleby, Lucy Toulmin Smith e Frederick James Furnivall, rev. John James Munro. Oxford/ Londres: Humphrey Milford, 1932.

_____. Belvedere, or The Garden of the Muses, *Englische Studien*, v.43, 1910-1911.

CRUICKSHANK, D. W. Some Notes on the Printing of Plays in Seventeenth--Century Seville, *The Library*, v.11, n.3, 1989.

_____. The First Edition of *El Burlador de Sevilla*, *Hispanic Review*, n.49, 1981.

CUMMINGS, B. Shakespeare and the Inquisition, *Shakespeare Survey*, v.65, 2012.

CURTIUS, E. R. *La littérature européenne et le Moyen Âge latin* [1948]. Trad. Jean Bréjoux. Paris: Presses Universitaires de France, 1956.

D'ALEMBERT, J. R. Correspondance avec Voltaire, carta de 27 de agosto de 1776. In: *Œuvres complètes de D'Alembert*. Paris: A. Belin-Dossange Père et Fils, 1822.

DAKHLIA, J. *Lingua franca*: histoire d'une langue en Méditerranée. Arles: Actes Sud, 2008.

DAVIDSON, A. *Shakespeare in Shorthand*: The Textual Mystery of King Lear. Newark: University of Delaware Press, 2009.

DAVIS, N. Z. *Léon l'Africain*. Trad. Dominique Peters. Paris: Payot, 2006.

DECHAUD, J.-M. *Bibliographie critique des ouvrages et traductions de Gabriel Chappuys*. Genebra: Droz, 2014.

Descrittione dell'Africa, & delle cose notabili che ivi sono, per Giovan Lione Africano. In: Giovanni Battista Ramusio. *Primo volume delle navigationi et viaggi*. Veneza: Herdeiros de Lucantonio Giunti, 1550.

DETIENNE, M. *Les maîtres de vérité dans la Grèce archaïque*. Paris: François Maspero, 1967. Reedição: Paris: Le Livre de Poche, 2006.

Diccionario de la lengua castellana (Compuesto por la Real Academia Española). Madri: 1732.

Dictionnaire de l'Académie Française, 4. ed. Paris: Veuve de Bernard Brunet, 1762.

DOBSON, M. *The Making of the National Poet*: Shakespeare, Adaptation, and Authorship, 1660-1769. Oxford: Clarendon, 1992.

DODD, W. (org.). *The Beauties of Shakespear* (Regularly selected from each play. With a general index, Digesting them under Proper Heads). Londres: T. Waller, 1752.

DONNE, J. *Devotions upon Emergent Occasions and Death's Duels*, with *The Life of Dr. John Donne* by Izaak Walton. Prefácio de Andrew Motion. Nova York: Random House, 1999.

Doze comedias nuevas de Lope de Vega Carpio y otros autores. Barcelona: Gerónimo Margarit, 1630.

ELAGUINA, N. (org.). *Corpus des notes marginales de Voltaire.* Oxford: Bibliothèque Nationale de Russie/Voltaire Foundation, 2012.

ELIAS, N. *La dynamique de l'Occident.* Paris: Flammarion, 1976.

_____. *Über den Prozess der Zivilisation*: Soziogenetische und psychogenetische Untersuchungen. Basileia: Haus zum Falken, 1939. Reedição: Frankfurt-am-Main: Suhrkamp, 1997.

ENGEL, P. Le mythe de l'intraduisible, *En Attendant Nadeau: Journal de la Littérature, des Idées et des Arts*, número especial Traduction, n.1, 2017, p.3-7.

Englands Parnassus: or The Choysest Flowers of Our Moderne Poets, with Their Poeticall Comparisons (Descriptions of Bewties, Personages, Castles, Pallaces, Mountaines, Groves, Seas, Springs, Rivers, &c. Whereunto are annexed other various discourses, both pleasant and profitable). Londres: para N. L. C. B. e T. H., 1600.

ERNE, L. *Shakespeare and the Book Trade.* Cambridge: Cambridge University Press, 2013.

_____. *Shakespeare as Literary Dramatist.* Cambridge: Cambridge University Press, 2003.

EVANS, G. B. The Douai Manuscript – Six Shakespearean Transcripts (1694-95), *Philological Quarterly*, v.41, n.1, 1962.

FARGE, A. *Vies oubliées:* au cœur du XVIIIᵉ siècle. Paris: La Découverte, 2019.

FARRAND, M. (ed.). *Benjamin Franklin's Memoirs*: Parallel Text Edition. Berkeley/Los Angeles, University of California Press, 1949.

_____ (ed.). *The Autobiography of Benjamin Franklin.* Berkeley/Los Angeles: University of California Press, 1949

FAZIO, M. *Voltaire contro Shakespeare.* Bari/Roma: Laterza, 2020.

FELTON, M.-C. *Maîtres de leurs ouvrages*: l'édition à compte d'auteur à Paris au XVIIIᵉ siècle. Oxford: Voltaire Foundation, 2014.

FERNANDEZ, J. M. P.; WILSON-LEE, E. (orgs.). *Translation and the Book Trade in Early Modern Europe.* Cambridge/Nova York: New York University Press, 2014.

FOUCAULT, M. *L'ordre du discours* [aula inaugural no Collège de France em 2 de dezembro de 1970]. Paris: Gallimard, 1971.

_____. La vie des hommes infâmes [1977]. In: *Dits et écrits* [1976-1979]. Ed. Daniel Defert e François Ewald. Paris: Gallimard, 1994.

FURETIÈRE, A. *Dictionnaire universel*. La Haye/ Rotterdam: Arnout et Reinier Leers, 1690.

_____. Littérature. In: *Dictionnaire universel contenant généralement tous les mots françois, tant vieux que modernes*. Haia/ Roterdã: Arnout et Reinier Leers, 1690.

FURNESS, H. H. (org.). *A New Variorum Edition of William Shakespeare* [1877], v.1: *Hamlet*. Nova York: American Scholar Publications, 1965.

GAMBELLI, D. *Arlecchino a Parigi:* lo scenario di Domenico Biancolelli. Roma: Bulzoni, 1997.

GRACILASO DE LA VEGA. *Las obras de Boscán y algunas de Garcilasso de la Vega* (repartidas en quatro libros). Barcelona: Carles Amorós, 1543.

GARRICK, D. *Journey to France and Italy, begun at Paris: September 21, 1763* (Folger Library, Manuscript 1763-64).

_____. *The Journal of David Garrick, describing his Visit to France and Italy in 1763*. Nova York: Modern Language Association of America, 1939.

GARZONI, T. *The Hospitall of Incurable Fooles* (erected in English, as neer the first Italian modell and platforme, as the unskilfull hand of an ignorant architect could devise). Londres: Edward Blount, 1600.

GAYTON, E. *Pleasant Notes upon Don Quixot* (By Edmund Gayton). Londres: impresso por William Hunt, 1654.

GENUIST, A. *Le Théâtre de Shakespeare dans l'œuvre de Pierre Le Tourneur, 1776-1783*. Paris: Didier, 1971.

GHINASSI, G. Fasi dell'elaborazione del *Cortegiano*, *Studi di Filologia Italiana*, n.25, 1967.

_____. *La seconda redazione del Cortegia di Baldassar Castiglione*. Florença: G. C. Sansoni, 1968.

GINZBURG, C. *Le fil et les traces*: vrai faux fictif. Lagrasse: Verdier, 2010 [2007].

_____. Le haut et le bas. Le thème de la connaissance interdite aux XVIᵉ et XVIIᵉ siècles. In: *Mythes, emblèmes, traces: morphologie et histoire* [1986]. Trad. Monique Aymard. Paris: Flammarion, 1989. [Ed. bras.: *Mitos, emblemas, sinais*. São Paulo: Cia. das letras, 1989].

_____. *Les batailles nocturnes: sorcellerie et rituels agraires en Frioul, XVIᵉ-XVIIᵉ siècles*, Lagrasse: Verdier, 1980 [1966].

_____. Préface. In: Lorenzo Valla. *La donation de Constantin*. Tradução e comentários de Jean-Baptiste Giard. Paris: Les Belles Lettres, 1993.

_____ *Rapporti di forza*: Storia, retorica, prova. Milão: Feltrinelli, 2000.

_____. *Rapports de force*: histoire, rhétorique, preuve. Paris: Gallimard/Seuil/ Éditions de l'EHESS, 2003 [1999].

GIOVIO, P. *Elogia veris clarorum virorum*. Veneza: Michele Tramezzino, 1546.

_____. *Le iscrittioni poste sotto le vere imagini degli huomini famosi*. Florença: Torrentino, 1552.

GOLDER, J. *Shakespeare for the Age of Reason*: The Earliest Stage Adaptations of Jean-François Ducis, 1769-1792. Oxford: Voltaire Foundation/ University of Oxford, 1992.

GONDERIS, J. "All This Farrago": The Eighteenth-Century Shakespeare Variorum Page as a Critical Structure. In: Joanna Gonderis (org.). *Reading Readings*: Essays on Shakespeare Editing in the Eighteenth-Century. Madison: Fairleigh Dickinson University Press, 1998.

GONZÁLEZ SÁNCHEZ, C. A. *Trigo y aceite para la Armada. El comisario Miguel de Cervantes en el Reino de Sevilla, 1587-1593*. Sevilha: Diputación de Sevilla, 2015.

GOUDEMARE, S. *Marcel Schwob ou les vies imaginaires*: biographie. Paris: Le Cherche Midi, 2000.

GOY-BLANQUET, D.; LAROQUE, F. (orgs.). *Shakespeare*: combien de prétendants?. Paris: Thierry Marchaisse, 2016.

GRACIANI, B. *L'homme de cour*. Trad. Amelot de la Houssaie, precedido de ensaio de Marc Fumaroli. Org. Sylvia Roubaud. Paris: Gallimard, 2011.

_____. *Hispani Aulicus Sive De Prudentia Civili et Maxime Aulica Liber Singularis* (Olim Hispanice Conscriptus Postea Et Gallice, Germanice Editus. Nunc Ex Ameloti Versione Latine Redditus. Et Regulis Meliore Et Naturali Ordine Dispositis in Formam Artis Redactus). Frankfurt-am-Main: Johann Gottlieb, 1731.

GRAFFIUS, J. 'Bullworks against the Furie of Heresie'. Identity, Education, and Mission in the English Jesuit College of St Omers. In: Liam Chambers e Thomas O'Connor (orgs.). *Forming Catholic Communities*: Irish, Scots and English College Networks in Europe, 1568-1918. Leyde/ Boston: Brill, 2018.

GRAFTON, A. *Faussaires et critiques*: curiosité et duplicité chez les érudits occidentaux [1990]. Paris: Les Belles Lettres, 1993.

_____. *The Culture of Correction in Renaissance Europe*. Londres/ New Haven: The British Library/ Yale University Press, 2011.

GRANJA, L. *Machado de Assis*: antes do livro, o jornal. São Paulo: Editora Unesp, 2018.

GRATCHEV, S. N. Don Quixote in Russia in the Eighteenth and Nineteenth Centuries: The Problem of Perception and Representation, *South Atlantic Review*, v.81, n.4, 2016, p.107-26.

_____. *The Polyphonic World of Cervantes and Dostoevsky*. Lanham: Lexington, 2018.

GRAVIER, M. G. *Historia de la tipografía colonial para lenguas indígenas*. México: Centro de Investigaciones Superiores en Antropología Social/ Universidad Veracruzana, 2014.

GRAZIA, M. Shakespeare in Quotation Marks. In: Jean I. Marsden (org.). *The Appropriation of Shakespeare*. Post-Renaissance Reconstructions of the Works and the Myth. Nova York: St Martin's Press, 1991.

_____. *Shakespeare Verbatim*: The Reproduction of Authenticity and the 1790 Apparatus. Oxford: Clarendon, 1991.

_____. Shakespeare's Timeline, *Shakespeare Quarterly*, v.65, n.4, 2014.

GRAZIA, M.; STALLYBRASS, P. The Materiality of the Shakespearean Text, *Shakespeare Quarterly*, v.44, n.3, 1993, p.255-83; trad. parcial para o francês de Delphine Lemonnier e François Laroque: La matérialité du texte shakespearien, *Genesis*, n.7, 1995, p.9-27.

GREEN, J. N. English Books and Printing in the Age of Franklin. In: Hugh Amory e David D. Hall (orgs.). *A History of the Book in America*. Cambridge: Cambridge University Press, 2000.

GREEN, J. N.; STALLYBRASS, P. *Benjamin Franklin*: Writer and Printer. New Castle/ Filadélfia/ Londres: Oak Knoll/ Library Company/ The British Library, 2006,

GREEN, S. A. *John Foster*: The Earliest American Engraver and the First Boston Printer. Boston: The Massachusetts Historical Society, 1909.

GREENBLATT, S. *Shakespearean Negotiations*: The Circulation of Social Energy in Renaissance England. Berkeley: University of California Press, 1988.

GREER, M. E. Early Modern Spanish Theatrical Transmission, Memory, and a Claramonte Play. In: Chad M. Gasta e Julia Domínguez (orgs.). *Hispanic Studies in Honor of Robert L. Fiore*. Newark: Juan de la Cuesta, 2009.

GREGG, W. W. *A Bibliography of English Printed Drama to the Restoration*, v.3: *Collections, Appendix, Reference Lists*. Londres: Oxford University Press/ The Bibliographical Society, 1957.

_____. *Collected Papers*. Ed. J. C. Maxwell. Oxford: Clarendon, 1966.

_____. The Bakings of Betsy, *The Library*, n.7, v.2, 1911.

GRIEDER, J. *Anglomania in France, 1740-1789*: Facts, Fiction, and Political Discourse. Genebra: Droz, 1985.

GUEULLETTE, T.-S. *Traduction du scenario ou du recueil des scenes que Joseph Dominique Bianciolelli jouait en habit d'Arlequin dans les pièces italiennes de son temps* (rédigé et écrit de sa main), Bibliothèque de l'Opéra de Paris: Ms. Rés. 625, 1-2, p.192-210.

GUIMARÃES, H. S. *Os leitores de Machado de Assis*. São Paulo: Edusp, 2012.

HALL, D. D. *Worlds of Wonder, Days of Judgment*: Popular Religious Belief in Early New England. Nova York: Alfred A. Knopf, 1989.

HANSEN, J. A. *Agudezas seiscentistas e outros ensaios*. São Paulo: Edusp, 2019.

_____. Barroco, neobarroco e outras ruínas, *Teresa: Revista de Literatura Brasileira*, n.2, 2001, p.10-66.

_____. Notas sobre el 'Barroco', *Revista de Filología de la Universidad de La Laguna*, n.22, 2004, p.111-32.

HART, J. A. Pope as Scholar-Editor, *Studies in Bibliography*, v.23, 1970.

HARTOG, F. *Croire en l'histoire*. Paris: Flammarion, 2013.

HAVENS, G. R. The Abbé Prévost and Shakespeare, *Modern Philology*, v.17, n.4, 1919.

HEDBACK, A.-M. The Douai Manuscript Reexamined, *The Papers of the Bibliographical Society of America*, v.73, n.1, 1979.

HEDGCOCK, F. A. *Un acteur cosmopolite*: David Garrick et ses amis français (tese de doutorado, Faculdade de Letras da Universidade de Paris). Paris: Hachette, 1911.

HEMINGE, J.; CONDELL, H. To the Great Variety of Readers. In: Mr. William Shakespeares, *Comedies, Histories, and Tragedies*. Londres: 1623.

HINMAN, C. *The Printing and Proof-Reading of the First Folio of Shakespeare*. Oxford: Clarendon, 1963.

HOBY, T. *The Travels and Life of Sir Thomas Hoby, Kt.* of Bisham Abbey, Written by Himself. Editado por Edgar Powell para Royal Historical Society. Londres: 1902.

HOLANDA, S. B. *Visão do paraíso*: os motivos edênicos no descobrimento e colonização do Brasil. São Paulo: José Olympio, 1958.

HOLLAND, P. David Garrick: Saints, Temples, and Jubilees. In: Clara Calvo e Coppélia Kahn (orgs.). *Celebrating Shakespeare*: Commemoration and Cultural Memory. Cambridge: Cambridge University Press, 2015.

HOWARD, K. D. *Translatio Studii* in Joan Boscán's *Cortesano* and Charles V's Performance of *Sprezzatura*, *Comitatus: A Journal of Medieval and Renaissance Studies*, v.40, 2009.

HUNTER, C. From Print to Print. The First Complete Edition of Benjamin Franklin's 'Autobiography', *The Papers of the Bibliographical Society of America*, v.101, n.4, 2007.

JAGER, E. *The Book of the Heart*. Chicago/ Londres: Chicago University Press, 2000.

JURGENS, M.; MAXFIELD-MILLER, E. *Cent ans de recherches sur Molière, sur sa famille et sur les comédiens de sa troupe*. Paris: Sevpen, 1963.

Jusep Torres Campalans: ingenio de la vanguardia española. Madri: Museo Nacional Centro de Arte de la Reina Sofia, 13 jun.-23 ago. 2003 [catálogo de exposição]

KANT, I. Réponse à la question: Qu'est-ce que les Lumières? [1784]. In: *La philosophie de l'histoire (opuscules)*. Paris: Denoël-Gonthier, 1983.

KASTAN, D. S. *Shakespeare and the Book*. Cambridge: Cambridge University Press, 2001.

KNIGHT, J. T. *Bound to Read*: Compilations, Collections, and the Making of Renaissance Literature. Filadélfia: University of Philadelphia Press, 2013.

KNOWLES, E. B. Thomas Shelton, Translator of *Don Quixote, Studies in the Renaissance*, v.5, 1958.

L'Homme de Cour, oder Balthasar Gracians Vollkommener Staats – und Welt Weiser. Leipzig: Kromeyer, 1686.

L'Homme de Cour, of De Konst der Wijsheit (getrokken uit de Spaansche Scjriften van Gracian. Dusdanig in't Frans gebragt door den Heer Amelot de la Houssaie, en nu vertaeld door Mattheus Smallegange). Haia: Pieter Van Thol, 1696.

L'huomo di corte (di Baldassar Graziano. Tradotto dallo Spagnuolo nel Francese Idioma, e comentato dal Signor Amelot De La Houssaie, Già Segretario dell'Ambasciata di Francia alla Republica di Venezia, Nuovamente tradotto dal Francese nell'Italiano, e comentato dall'Abate Francesco Tosques). Roma: Luca Antonio Charcas, 1698.

La Rhétorique d'Aristote (Les deux premiers livres traduits du Grec en François par le Sieur Robert Estienne). Paris: Robert Estienne, 1530.

La Rhétorique d'Aristote en Français [trad. François Cassandre]. Paris: Louis Chamhoudry, 1654.

La Rhétorique royale d'Aristote. Trad. Baudouin de la Neufville. Paris: Boutonne, 1669.

LAMERAIN, C. L. El III concilio de Lima y la conformación de una normativa evangelizadora para la Provincia eclesiástica del Perú, *tus-Legere Historia*, v.5, n.2, 2011, p.51-68.

LAS CASAS, B. (Frei). *Brevísima relación de la destruición de las Indias*. Edição, prefácio e notas de José Miguel Martínez Torrejón. Madri: Real Academia Española, 2013.

_____. *La destruction des Indes* [1552]. Tradução de Jacques de Miggrode [1579]. Introdução histórica de Alain Milhou, estabelecimento do texto e análise iconográfica de Jean-Paul Duviols. Paris: Chandeigne, 1995.

_____. *La destruction des Indes* [1552]. Tradução de Jacques de Miggrode [1579], gravuras de Théodore de Bry [1598]. Introdução, estabelecimento do texto, notas e análise iconográfica de Jean-Paul Duviols. Paris: Chandeigne, 2013.

_____. *La destruction des Indes* [1552]. Paris: Chandeigne, 1995.

_____. *O paraíso destruído*: a sangrenta história da Conquista da América espanhola. Trad. Heraldo Barbuy, apresentação e comentários de Eduardo Bueno. Porto Alegre: L&PM, 1984; reedição, L&PM Pocket, 2011.

LAS CASAS, C. *Vocabulario de las dos lenguas toscana y castellana*. Sevilha: Francisco de Aguilar, 1570.

Las obras del Obispo D. Fray Batolome de Las Casas, o Casaus (Obispo que fue de la Ciudad Real de Chiapa en las Indias, de la Orden de Santo Domingo). Sevilha: Sebastian de Trugillo, 1552.

Le Dictionnaire de l'Académie Françoise (Dédié au Roy). Paris: Coignard, 1694.

Le gouvernement de Sanche Pansa (Comédie). Paris: Antoine de Sommaville e Augustin Courbé, 1642.

Le parfait courtisan du comte Baltasar Castillonois (Es deux langues, respondans par deux colonnes, l'une à l'autre, pour ceux qui veulent avoir l'intelligence de l'une d'icelles, de la traduction de Gabriel Chapuis Tourangeau). Paris: Nicolas Bonfons, 1585.

LE TOURNEUR, P. *Préface du Shakespeare*: traduit de l'anglois. Ed. Jacques Gury. Genebra: Droz, 1990.

Le voyage de Magellan (1519-1522): la relation d'Antonio Pigafetta et d'autres témoignages. Ed. Xavier de Castro, colab. Jocelyne Hamon e Luís Filipe Thomaz. Paris: Chandeigne, 2007.

LÉRY, J. *Histoire d'un voyage faict en la terre du Bresil 1578*, 2. ed., 1580, texto estabelecido, apresentado e comentado por Frank Lestringant. Paris: Le Livre de Poche, 2016.

Les folies de Cardenio (Tragi-Comédie). Paris: François Targa, 1630.

Les quatre livres du Courtisan du Conte Baltazar de Castillon (reduyct de langue ytalicque en françois), [Lyon,] 1537.

LESSER, Z. *Ghosts, Holes, Rips, and Scrapes*: Shakespeare in 1619, Bibliography in the Longue Durée. Filadélfia: University of Pennsylvania Press, 2021.

_____. Playbooks. In: Joad Raymond (org.). *The Oxford History of Popular Print Culture*, v.1: *Cheap Print in Britain and Ireland to 1660*. Oxford: Oxford University Press, 2011.

_____. Typographic Nostalgia. Playreading, Popularity, and the Meaning of Black Letter. In: Marta Straznicky (org.). *The Book of the Play*: Playwrights, Stationers, and Readers in Early Modern England. Amherst: University of Massachusetts Press, 2006.

LESSER, Z.; STALLYBRASS, P. Shakespeare from Pamphlet to Book. In: Margaret Jane Kidnie e Sonia Massai (orgs.). *Shakespeare and Textual Studies*. Cambridge: Cambridge University Press, 2015.

LESSER, Z.; STALLYBRASS, P. The First Literary *Hamlet* and the Commonplacing of Professional Plays, *Shakespeare Quarterly*, v.59, n.4, 2008.

LILTI, A. *Figures publiques*: l'invention de la célébrité (1750-1850). Paris: Fayard, 2014.

_____. *Figures publiques*: l'invention de la célébrité (1750-1850). Paris: Fayard, 2014. [Ed. bras. *A invenção da celebridade*. Rio de Janeiro: Civilização brasileira, 2018].

LÓPEZ-VÁZQUEZ, A. R. El estado de la cuestión y el problema de la autoría; La evolución del texto: de la escritura a la escena. In: [Atribuída a] Tirso de Molina, *El burlador de Sevilla*, edição crítica de W. F. Hunter, Valladolid: Centro para la Edición de los Clásicos Españoles, 2010.

MACHADO DE ASSIS, J. M. *Memórias póstumas de Brás Cubas*. Belo Horizonte: Garnier, 2019. Edição em francês: *Mémoires posthumes de Bras Cubas*. Trad. René Chadebec de Lavalade. Paris: Métailié, 2015.

_____. *Memórias póstumas de Brás Cubas*. São Paulo: Martin Claret, 1999.

MACKAY D. E. *The Double Invitation in the Legend of Don Juan*. Stanford: Stanford University Press, 1943.

MAGUIRE, L. E. *Shakespearean Suspected Texts*: The Bad Quartos and Their Contexts. Cambridge: Cambridge University Press, 1996.

MALDONADO, E. C. *Machado de Assis e o espiritismo*. Jundiaí: Paco, 2015.

MALGAT, G. *Jusep Torres Campalans* de Max Aub: sur les traces d'un peintre disparu, *Exils et Migrations Ibériques au XXe siècle*, n.6, 1999, p.299-319.

MANZONI, A. *Del romanzo storico e, in genere, de' componimenti misti di storia e d'invenzione* [1845]. Ed. Silvia De Laude. Milão: Centro Nazionale Studi Manzoniani, Edizione Nazionale ed Europea delle Opere di Alessandro Manzoni, v.14, 2000.

MARCHAL, S. 'Je suis un tailleur qui a révélé la taille'. La relation écrivain-'non écrivain' dans la correspondance Ducis-Talma, *Revue d'Histoire Littéraire de la France*, v.103, n.2, 2003.

MARMONTEL, J.-F. *Chefs-d'œuvre dramatiques, ou Recueil des meilleures pièces du théâtre françois, tragique, comique et lyrique.* Paris: Grangé, 1773.

MARTIN, H.-J., Culture écrite et culture orale, culture savante et culture populaire dans la France d'Ancien Régime, *Journal des Savants*, n.3-4, 1975, p.225-82, reproduzido em Henri-Jean Martin, *Le livre français sous l'Ancien Régime.* Paris: Promodis, 1987, p.149-86.

MASTEN, J. Pressing Subjects, or the Secret Lives of Shakespeare's Compositors. In: Jeffrey Masten, Peter Stallybrass e Nancy Vickers (orgs.). *Language Machines*: Technologies of Literary and Cultural Production. Londres/ Nova York: Routledge, 1997.

MAYER, J.-C. *Shakespeare's Early Readers*: A Cultural History from 1590 to 1800. Cambridge: Cambridge University Press, 2018.

_____. The Saint-Omer First Folio: Perspectives on a New Shakespearean Discovery, *Cahiers Élisabéthains*, v.87, n.1, 2015.

MCKENZIE, D. F. *La bibliographie et la sociologie des textes.* Trad. Marc Amfreville. Paris: Le Cercle de la Librairie, 1991. Edição em inglês: *Bibliography and the Sociology of Texts.* Londres: The British Library, 1986.

_____. Typography and Meaning. The Case of William Congreve [1981]. In: MCDONALD, P.; SUAREZ, M. F. (orgs.). *Making Meaning*: Printers of the Mind and Other Essays. Amherst/Boston: University of Massachusetts Press, 2002, p.198-236.

MEGÍAS, J. M. L. *Leer el Quijote en imágenes:* hacia una teoría de los modelos iconográficos. Madri: Calembur, 2006.

MENÉNDEZ PIDAL, R. Sobre los orígenes de *El convidado de piedra* [1906]. In: *Estudios literarios*, Madri: Espasa-Calpe, 1957.

MERCURI, R. Sprezzatura e affettazione nel *Cortegiano*. In: Walter Binni et al. (orgs.). *Letteratura e critica*: studi in onore di Natalino Sapegno. Roma: Bulzoni, 1975.

MICHON, P. *Vies minuscules*. Paris: Gallimard, 1984.

MOLIÈRE. *Don Juan* (Comédie en cinq actes avec une notice et des notes par Georges Monval). Paris: Librairie des Bibliophiles, E. Flammarion Successeur, 1891.

_____. *Le festin de pierre* (Comedie. Par J. B. P. de Molière). Amsterdã: Henri Wetstein, 1693.

_____. *Le festin de pierre* (Comedie. Par J. B. P. de Moliere. Edition nouvelle & toute differente de celle qui a paru jusqu'à present). Amsterdã: [Wetstein,] 1683.

_____. *Le festin de pierre (Don Juan)*. Édition critique du texte d'Amsterdam [1683], ed. Joan DeJean. Genebra: Droz, 1999.

_____. *Le festin de pierre ou L'athée foudroyé* (Par J. B. P. Moliere, suivant la copie imprimée à Paris). Amsterdã: Daniel Elzevier, 1674.

_____. *Le festin de pierre ou L'athée foudroyé*. Paris: Étienne Loyson, 1665.

_____. *Le festin de pierre ou Le fils criminel* (Tragi-comédie. Par Dorimon, Comédien de Mademoiselle). Lyon: Antoine Offray, 1659.

_____. *Le festin de pierre, ou Le fils criminel* (Tragicomedie. Traduite de l'italien en françois par le Sieur de Villiers). Paris: Charles de Sercy, 1660.

_____. *Le festin de pierre. Comédie*. In: *Œuvres complètes*, org. Georges Forestier e Claude Bourqui. Paris: Gallimard, 2010, Bibliothèque de la Pléiade, t.II.

_____. *Le nouveau festin de pierre ou L'athée foudroyé* (Tragi-Comedie. Du Sieur Rosimond, Comédien du Roy. Représenté sur le Theatre Royal du Marais). Paris: Pierre Bienfait, 1670.

_____. *Œuvres complètes de Molière* (édition variorum). Paris: Charpentier, 1875.

_____. *Œuvres complètes*, textos estabelecidos, apresentados e comentados por Georges Couton. Paris: Gallimard, 1971, Bibliothèque de la Pléiade.

_____. *Œuvres de Molière* (avec des notes de tous les commentateurs). Paris: Librairie de Firmin Didot Frères, 1851.

_____. *Œuvres de Molière* (nouvelle édition par Eugène Despois et Paul Mesnard). Paris: Librairie Hachette, 1880.

_____. *Théâtre complet de J.-B. Poquelin de Molière* (publié par D. Jouaust, annoté par G. Monval). Paris: Librairie des Bibliophiles, E. Flammarion Successeur, 1892-1893.

_____. *Théâtre complet de Molière*, texto estabelecido por Robert Jouanny. Paris: Garnier Frères, 1960.

MOLL, J. Diez años sin licencias para imprimir comedias y novelas en los reinos de Castilla: 1625-1634, *Boletín de la Real Academia Española*, v.54, n.201, 1974.

MONTAIGNE, M. *Essais* (Traduction en français moderne par André Lanly). Paris: Honoré Champion, 1989, 3 v.

_____. *Les essais* (Mis en français moderne et présentés par Claude Pinganaud). Paris: Arléa, 2002.

_____. *Les essais* (Traduction intégrale en français moderne). Paris: Gallimard, Quarto, 2009.

MORATÍN, L. F. *La comedia nueva, ó El Café* (Comedia en dos actos en prosa). Madri: Quiroga, ca. 1792.

_____. *Obras dramáticas y líricas* (Una edición reconocida por el Autor). Paris: Auguste Bobée, 1825.

MORETTI, F. *Atlas du roman européen (1800-1900)*. Paris: Seuil, 2000 [1997].

MORIN, M. *Catalogue descriptif de la Bibliothèque bleue de Troyes (Almanachs exclus)*. Genebra: Droz, 1974.

MOSS, A. *Printed Commonplaces-Books and the Structuring of Renaissance Thought*. Oxford: Clarendon, 1996.

MURPHY, A. *Shakespeare in: A* History and Chronology of Shakespeare Publishing. Cambridge: Cambridge University Press, 2003.

NELSON, A. H. Shakespeare and the Bibliophiles: From the Earliest Years to 1616. In: Robin Myers, Michael Harris e Giles Mandelbrote (orgs.). *Owners, Annotators, and the Signs of Reading*. Newcastle/ Londres: Oak Knoll/ British Library, 2005.

NEVOUX, P. *Le roman espagnol et l'Europe au XVIIᵉ siècle*: regards sur le réel et projets fictionnels, tese de doutorado em Estudos Românicos, Universidade Paris-Sorbonne, 2012.

NEWMAN, K.; TYLUS J. (orgs.). *Early Modern Cultures of Translation*. Filadélfia: University of Pennsylvania Press, 2007.

NICOT, J. *Thresor de la langue francoyse, tant ancienne que moderne*. Paris: David Douceur, 1606.

NIETZSCHE, F. Vérité et mensonge au sens extra-moral [trad. Michel Haar e Marc de Launay]. In: *Écrits posthumes 1870-1873*: œuvres philosophiques completes. Paris: Gallimard, 1975, t.I, v.2, p.277-90.

NORDMANN, C. Anglomanie et anglophobie en France au XVIIIᵉ siècle, *Revue du Nord*, n.261-2, 1984.

NÚÑEZ DE GUZMÁN, M. C. *Discurso legal, historico, y politico, en prueba del origen, progressos, utilidad, nobleza, y excelencias del arte de la imprenta, y de que se le deben (y a sus Artifices), todas las honras, exempciones*. Inmunidades, franquezas, y privilegios de arte liberal, por ser, como es, arte de las artes. Madri: Lucas Antonio de Bedmar, 1675.

OLIVEIRA, B. J. Uma conversa com Steven Shapin, *Revista da SBHC*, v.2, n.2, 2004, p.158-62.

Oracolo manuale e arte di prudenza (Cavata degl'Aforismi, che si discorrono nell'Opere di Lorenzo Gratiano. Mandalo in Luce D. Vincenzo Giovanni de Lastanosa. In Lisboa nell'officina di Enrico Valente de' Oliviera l'Anno 1657. Tradotta dalla Lingua Spagnuola nell'Itagliana). Parma: Mario Vigna, 1670.

Oráculo manual y arte de prudencia (Sacada de los aforismos que se discurren en las obras de Lorenço Gracián. Publicala D. Vincencio Juan de Lastanosa, I la dedica al Excelentissimo Señor D. Luis Mendez de Haro, Conde Duque). Huesca: Juan Nogues, 1647.

Oráculo manual y arte de prudencia: sacada de los aforismos que se discurren en las obras de Lorenço Gracián. Huesca: Juan Nogues, 1647.

ORGEL, S. *The Authentic Shakespeare and Other Problems of the Early Modern Stage.* Nova York: Routledge, 2002.

_____. The Authentic Shakespeare, *Representations*, n.21, 1988.

OROZCO, S. C. *Tesoro de la lengua castellana o española* [1611]. Ed. Felipe C. R. Maldonado, rev. Manuel Camarero. Madri: Castalia, 1995.

_____. *Tesoro de la lengua castellana o española* [1611]. Ed. Felipe C. R. Maldonado, rev. Manuel Camarero. Madri: Castalia, 1995.

OSSOLA, C. *Dal Cortegiano all'Uomo di mundo.* Turim: Giulio Einaudi, 1987. Edição em francês: *Miroirs sans visage: du courtisan à l'homme de la rue.* Trad. Nicole Sels. Paris: Seuil, 1997.

OSSOLA, C.; PROSPERI, A. (orgs.). *La corte e il cortegiano*, v.1: *La scena del texto.* Roma: Bulzoni, 1980.

Oxford English Dictionary. Oxford: Oxford University Press, 2002.

Palladis Tamia: Wits Treasury, Being the Second Part of Wits Common Wealth (by Francis Meres Maister of Artes of both Universities). Londres: impresso por P. Short para Cuthbert Burbie, 1598.

PAREDES, A. V. *Institución y origen del arte de la imprenta y réglas generales para los componedores.* Edição e prefácio de Jaime Moll, novos comentários de Victor Infantes. Madri: Calambur, 2002.

PARENT, A. *Les métiers du livre à Paris au XVIᵉ siècle (1535-1560).* Genebra: Droz, 1974.

PATRIZZI, G. Il libro del cortegiano e la trattatistica sul comportamento. In: Alberto Asor Rosa (org.). *Letteratura italiana*, v.3: *Le forme del testo, 2. La prosa.* Turim: Giulio Einaudi, 1984.

PESTRE, D. Shapin (Steve) et Schaffer (Simon), *Leviathan and the Air-Pump: Hobbes, Boyle, and the Experimental Life* [resenha], *Revue d'Histoire des Sciences*, v.48, n.1, 1990, p.109-16.

PIRAS, P. R. Las epístolas dedicatorias de Boscán y Garcilaso en el *Cortesano*: parámetros del reconocimiento de una identidad. In: Christoph Strosetzki (org.). *Actas del V Congreso de la Asociación International Siglo de Oro (Münster, 1999).* Madri/ Frankfurt-sur-le-Main, Iberoamericana/ Vervuert, 2001.

PLATÃO. *Protagoras, Gorgias, Ménon*. Texto estabelecido e traduzido por Alfred Croiset. Paris: Gallimard, 1984.

PONS, A. *Sprezzatura*. In: Barbara Cassin (org.). *Vocabulaire européen des philosophies*: dictionnaire des intraduisibles. Paris: Seuil, 2004.

PRATT, A. T. Stab-Stitching and the Status of Early English Playbook as Literature, *The Library: The Transactions of the Bibliographical Society*, v.16, n.3, 2015.

QUEVEDO, F. *Desvelos soñolientos y verdades soñadas* (Por Don Francisco de Quevedo Villegas). Saragoça: Pedro Vergés, 1627.

_____. *Juguetes de la niñez y travessuras del ingenio* (Hasta aora impressas por la codicia de los Libreros. Aora corregidas de los descuidos de los trasladadores, e Impressores, enteras y añadidas lo que faltava, y conformes a su original). Madri: Viúva de Alonso Martín, 1631.

_____. *L'aventurier Buscon*: histoire facétieuse composée en espagnol par Don Francisco de Quevedo, cavalier espagnol. Paris: Pierre Billaine, 1633.

_____. *Los sueños*. Versiones impresas: Sueños y discursos. Juguete de la niñez. Desvelos soñolientos. Ed. Ignacio Arellano. Madri: Cátedra, 2017.

_____. *Songes et discours, traitant de vérités dénicheuses d'abus, vices et tromperies, dans tous les états et offices du monde*. Trad. Annick Louis e Bernard Tissier. Paris: José Corti, 2003.

_____. *Sueños y discursos de verdades descubridoras de abusos, vicios, y engaños, en todos los oficios y estados del mundo* (Por Don Francisco de Quevedo Villegas). Barcelona: Esteban Libreros, 1627.

QUIGNARD, P. *La vie n'est pas une biographie*. Paris: Galilée, 2019.

_____. *Les tablettes de buis d'Apronenia Avitia*. Paris: Gallimard, 1984.

QUINTILIANO. *Institution oratoire Libri IV et V*. Texto estabelecido e traduzido por Jean Cousin. Paris: Les Belles Lettres, 1976.

_____. *Institutiorum oratorium Libri XII*. Veneza: Alde Manuce, 1522.

QUONDAM, A. *La conversazione*: un modello italiano. Roma: Donzelli, 2007.

_____. *Questo povero Cortegiano*: Castiglione, il libro, la storia. Roma: Bulzoni/ Centro Studi Europa Corti, 2000.

RABELAIS, *Les cinq livres des faits et dits de Gargantua et Pantagruel* (Adapté de l'ancien français et édité par Marie-Madeleine Fragonard). Paris: Gallimard, Quarto, 2017.

_____. *Œuvres complètes* (Édition établie, annotée et préfacée par Guy Demerson avec une translation en français moderne). Paris: Seuil, 1973.

RANDALL, D. B. J.; Boswell, J. *Cervantes in Seventeenth-Century England*: The Tapestry Turned. Oxford: Oxford University Press, 2009.

RASMUSSEN, E. *The Shakespeare Thefts*: In Search of the First Folios. Nova York: Palgrave Macmillan, 2011.

RAYMOND, J. (org.). *The Oxford History of Popular Print Culture*, t.1: *Cheap Print in Britain and Ireland to 1660*. Oxford: Oxford University Press, 2011.

_____. *Pamphlets and Pamphleteering in Early Modern Britain*. Cambridge: Cambridge University Press, 2003.

Relación de lo sucedido en la ciudad de Valladolid (desde el punto del felicísimo nacimiento del príncipe don Felipe Dominico Víctor nuestro señor, hasta quese acabaron las demostraciones de alegría que por él se hicieron). Valladolid: Juan Godínez de Millis, 1605. Ed. Patricia Marín Cepeda. In: *Cervantes: Bulletin of the Cervantes Society of America*, v.25, n.2, 2005.

RHODES, N. Shakespeare's Popularity and the Origins of the Canon. In: Andy Kesson e Emma Smith (orgs.), *The Elizabethan Top-Ten*: Defining Print Popularity in Early Modern England. Londres/ Nova York: Routledge, 2016.

RICCI, M. T. La grâce et la *sprezzatura* chez Baldassare Castiglione, *Bibliothèque d'Humanisme et Renaissance*, v.65, n.2, 2003.

RICCOBONI, A. *Aristoteles Artis Rhetoricæ*. Frankfurt: André Wechel, 1588.

RICHARDS, J. Assumed Simplicity and the Critique of Nobility. Or, How Castiglione Read Cicero, *Renaissance Quarterly*, v.54, n.2, 2001.

RICHARDSON, B. *Print Culture in Renaissance Italy*: The Editor and the Vernacular Text, 1470-1600. Cambridge: Cambridge University Press, 1994.

_____. *Printers, Writers, and Readers in Renaissance Italy*. Cambridge: Cambridge University Press, 1999

RICHARDSON, W. *A Philosophical Analysis and Illustration of Some of Shakespeare's Remarkable Characters*. Londres: impresso para J. Murray e W. Creech, 1774.

RICHELET, P. *Dictionnaire françois, contenant les mots et les choses*. Genebra: Jean Herman Widerhold, 1680.

RICO, F. *Don Quijote*, Madri, 1604, en prensa. In: *El Quijote*: biografia de un libro, 1605-2005. Madri: Biblioteca Nacional, 2005.

_____. Nota previa. In: Tirso de Molina. *El burlador de Sevilla y convidado de piedra*. Edição crítica de W. F. Hunter. Valladolid: Centro para la Edición de los Clásicos Españoles, 2010.

RICŒUR, P. *La mémoire, l'histoire, l'oubli*. Paris: Seuil, 2000. [Ed. bras.: *A memória, a história, o esquecimento*. Campinas: Editora da Unicamp, 2007].

_____. Mémoire, histoire, oubli, *Esprit*, n.3, 2006, p.20-9.

_____. *Sur la traduction*. Paris: Les Belles Lettres, 2016.

ROCHA, J. C. C. *Machado de Assis*: por uma poética da emulação. Rio de Janeiro: Civilização Brasileira, 2013.

RODRÍGUEZ, J. C. *Moratín o el arte nuevo de hacer teatro*. Con la edición facsímil de la Vida de Guillermo Shakespeare y la traducción de Hamlet de Leandro Fernández de Moratín. Granada: Caja General de Ahorros, 1991.

SACCONE, E. Grazia, sprezzatura, affettazione in the *Courtier*. In: Robert W. Hanning e David Rosand (orgs.). *Castiglione*: The Ideal and the Real in Renaissance Culture. New Haven/ Londres: Yale University Press, 1983.

SAINT-LU, A. Les premières traductions françaises de la *Brevisima relatión* de Las Casas. *Hommage à Marcel Bataillon: Revue de Littérature Comparée*, v.52, n.2-4, 1978.

SALINAS, C. P. *Le Sieur de La Geneste, traducteur de Don Francisco de Quevedo. Les Visions et l'Aventurier Buscon, histoire facétieuse*. Des traces très éclairantes de Scarron. Bordeaux: Presses Universitaires de Bordeaux, 2017.

SAMOYAULT, T. *Traduction et violence*. Paris: Seuil, 2020.

SAMSON, A. 'Last Thought upon a Windmill'? Cervantes and Fletcher. In: Juan Antonio Garrido Ardila. *The Cervantean Heritage*: Reception and Influence of Cervantes in Britain. Londres: Legenda, 2009.

Sancho Pança gouverneur (Comédie en vers, mise au Théâtre par M. Dancourt). Paris: Ribou, 1713.

SAPIRO, G. (org.). *Translatio*: le marché de la traduction en France à l'heure de la mondialisation. Paris: CNRS Éditions, 2008.

SAPIRO, G. *Traduire la littérature et les sciences humaines*: conditions et obstacles. Paris: Ministère de la Culture et de la Communication, 2012.

SCHWOB, M. *Vies imaginaires*. Paris: Bibliothèque Charpentier, 1896 [ed. atualiz.: *Vies imaginaires*. Apresentação, notas, cronologia e bibliografia de Jean-Pierre Bertrand e Gérald Prunelle. Paris: GF Flammarion, 2004].

SEARY, P. *Lewis Theobald and the Editing of Shakespeare*. Oxford: Oxford University Press, 1990.

Secrets publichs, pedra de toch, de les intencions del enemich, y llum de la veritat, [Barcelona, 1641,] fol. A8 r°-B4 v

SHAKESPEARE, W. *The Morality of Shakespeare's Drama Illustrated* (By Mrs Griffith). Londres: T. Cadell, 1775.

_____. *The Works of Shakespear* (In which the Beauties observed by Pope, Warburton, and Dodd, are pointed out. In Eight Volumes). Edimburgo: W. Sands e outros seis, 1753.

_____. *A Concordance to Shakespeare: Suited to All the Editions* (In Which the Distinguished and Parallel Passages in the Plays of that Justly Admired Writer are Methodically Arranged). Londres: Robinson, 1787.

_____. *A Pleasant Conceited Comedie Called Loves Labors Lost* (As it was presented before her Highnes this last Christmas. Newly corrected and augmented By W. Shakespere). Londres: impresso por W. W. para Cutbert Burby, 1598.

_____. *Double Falshood; or, The Distrest Lovers* (A Play, As it is Acted at the Theatre-Royal in Drury Lane. Written Originally by W. Shakespeare; And now Revised and Adapted to the Stage By Mr. Theobald, the Author of *Shakespeare Restor'd*). Londres: J. Watts, 1728.

_____. *Hamlet* (tragédie, imitée de l'anglois par M. Ducis. Représentée, pour la première fois par les Comédiens François Ordinaires du Roi, le 30 Septembre 1769). Paris: Gogué, 1770.

_____. *Hamlet, tragedia de Guillermo Shakespeare* (Traducida é ilustrada con la vida del autor y notas críticas. Por Inarco Celenio). Madri: Villalpando, 1798.

_____. *Histoires*: la célèbre histoire de la vie du roi Henry VIII – The Famous History of the Life of King Henry the Eighth. Ed. Jean-Michel Déprats e Gisèle Venet. Paris: Gallimard, 2008, Bibliothèque de la Pléiade.

_____. *Histoires: la deuxième partie d'Henry VI, avec la mort du bon duc Humphrey* – The Second Part of Henry the Sixth, with The Death of the Good Duke Humphrey. Ed. Jean-Michel Déprats e Gisèle Venet. Paris: Gallimard, 2008, Bibliothèque de la Pléiade

_____. *Histoires*: la tragédie du roi Richard II – The Tragedy of King Richard the Second. Ed. Jean-Michel Déprats e Gisèle Venet. Paris: Gallimard, 2008, Bibliothèque de la Pléiade.

_____. Le viol de Lucrèce. In: *Œuvres complètes, tragicomédies II et poésies*. Org. Michel Grivelet e Gilles Monsarrat. Paris: Robert Laffont, Bouquins, 2003.

_____. *Mr William Shakespeare his Comedies, Histories, And Tragedies* (Set out by himself in quarto, or by the Players his Fellows in folio, and now faithfully republish'd from those Editions in ten Volumes in-oitavo; with an Introduction). Londres: J. e R. Tonson, 1767-1768.

_____. *Mr. William Shakespear's Comedies, Histories, And Tragedies* (Published according to the true Original Copies. The third Impression. And unto this Impression is added seven Playes, never before Printed in Folio). Londres: impresso por P. C., 1664.

_____. Mr. William Shakespeares Comedies, Histories, & Tragedies (Published according to the True Originall Copies). Londres: impresso por Isaac Iaggard e E. Blount, 1623.

_____. Œuvres complètes: Tragédies I, org. Michel Grivelet e Gilles Monsarrat. Paris: Robert Laffont, 1995.

_____. Shakespeare restored (Or, a Specimen of the Many Errors As Well, Committed as Unamended, by Mr. Pope in his Late Edition of this Poet; Designed Not only to correct the said Edition, but to restore the True Reading of Shakespeare in all the Editions ever yet publish'd. By Mr Theobald). Londres: R. Francklin, J. Woodman e D. Lyon, C. Davis, 1726.

_____. Shakespeare, traduit de l'anglois (dédié au roi, tome premier). Paris: impresso para Veuve Duchesne, Musier fils, Nyon, La Combe, Ruault, Lejay e Clousier, 1776.

_____. The Beauties of Shakespear (Regularly selected from each Play. With a General Index, Digesting them under proper Heads. By William Dodd. In: Two Volumes). Londres: T. Waller, 1752.

_____. The Most Excellent and Lamentable Tragedie, of Romeo and Juliet (Newly corrected, augmented, and amended: As it hath bene sundry times publiquely acted, by the right Honourable the Lord Chamberlaine his Servants). Londres: impresso por Thomas Creede para Cuthbert Burby, 1599.

_____. The Passionate Pilgrime. Londres: impresso por W. Jaggard, 1599.

_____. The Plays and Poems of William Shakespeare (In ten volumes. Collated verbatim with the most authentick copies, and revised: with the corrections and illustrations of various commentators; to which are added, an essay on the chronological order of his plays, an essay relative to Shakespeare and Jonson; a dissertation on the three parts of King Henry VI; an historical account of the English stage; and notas by Edmond Malone). Londres: J. Rivington and Sons e outros trinta, 1790.

_____. The Plays of William Shakespeare (In eight volumes. With the Corrections and Illustrations of Various Commentators, To which are added Notes by Sam. Johnson). Londres: J. e R. Tonson e outros dez, 1765.

_____. The Plays of William Shakespeare (In eight volumes, with the Corrections and Illustrations of Various Commentators; To which are added Notes by Sam. Johnson). Londres: J. e R. Tonson e outros dez, 1765.

_____. The Rape of Lucrece. In: The Norton Shakespeare: Based on the Oxford Edition. Ed. Stephen Greenblatt. Nova York/ Londres: W. W. Norton, 1997.

_____. *The Tragedy of Hamlet Prince of Denmark* (As it is now Acted at his Highness the Duke of York's Theatre. By William Shakespeare). Londres: impresso por Andr. Clark para J. Martyn e H. Herringman, 1676.

_____. *The Tragicall Historie of Hamlet, Prince of Denmark* (By William Shake-speare. As it hath beene diverse times acted by his Highnesse servants in the Cittie of London: as also in the two Universities of Cambridge and Oxford, and else-where). Londres: impresso para N. L. e John Trundell, 1603.

_____. *The True Chronicle History of King Leir, and his Three Daughters, Gonorill, Ragan, and Cordella* (As it hath bene divers and sundry times lately acted). Londres: impresso por Simon Staffors para John Wright, 1605.

_____. *The Works of Mr William Shakespear* (In six volumes. Carefully Revised and Corrected by the former Editions). Oxford: impresso no Teatro, 1743-1744; Londres: J. e K. Knapton e outros dez, 1745.

_____. *The Works of Mr. William Shakespear* (in eight volumes, Adorn'd with Cuts. Revis'd and Corrected, with an Account of the Life and Writings of the Author. By N. Rowe). Londres: Jacob Tonson, 1714.

_____. *The Works of Mr. William Shakespear* (In six volumes. Adorn'd with Cuts. Revis'd and Corrected, with an Account of the Life and Writings of the Author. By N. Rowe, Esq.). Londres: Jacob Tonson, 1709.

_____. *The Works of Mr. William Shakespear* (In six volumes. Adorn'd with Cuts. Revis'd and Corrected, with an Account of the Life and Writings of the Author. By N. Rowe). Londres: Jacob Tonson, 1709.

_____. *The Works of Mr. William Shakespear* (In six volumes. Carefully Revised and Corrected by the former Editions). Oxford: impresso no Teatro, 1743-1744.

_____. *The Works of Mr. William Shakespear* (The Seventh Volume, The Whole Revis'd and Corrected, with a Preface by Dr. Sewell). Londres: impresso por J. Darby par A. Bettesworth e outros oito, 1728.

_____. *The Works of Shakespear* (In eight volumes. The Genuine Text (collated with all the former Editions, and then corrected and emended) is here settled: Being restored from the Blunders of the first Editors, and the Interpolations by the two Last: With a Comment and Notes, Critical and Explanatory. By Mr Pope and Mr Warburton). Londres: J. e P. Knapton e outros nove, 1747.

_____. *The Works of Shakespear* (In eight volumes. The Genuine Text (collated with all the former Editions, and then corrected and emended) is here settled: Being restored from the Blunders of the first Editors, and the

Interpolations by the two Last: With a Comment and Notes, Critical and Explanatory. By Mr Pope and Mr Warburton). Londres: J. e P. Knapton e outros nove, 1747.

_____. *The Works of Shakespear* (In six volumes. Collated and Corrected by the former Editions, by Mr. Pope). Londres: Jacob Tonson, 1725.

_____. *The Works of Shakespear* (In six volumes. Collated and Corrected by the former Editions, by Mr. Pope). Londres: Jacob Tonson, 1725.

_____. *The Works of Shakespear* (In which the Beauties observed by Pope, Warburton, and Dodd, are pointed out. In eight volumes). Edimburgo: W. Sands e outros seis, 1753.

_____. *The Works of Shakespeare* (In seven volumes. Collated with the Oldest Copies, and Corrected; with Notes, Explanatory, and Critical: By Mr. Theobald). Londres: A. Bettesworth, C. Hitch, J. Tonson, F. Clay, W. Feales e R. Wellington, 1733.

_____. *The Works of Shakespeare* (In seven volumes. Collated with the Oldest Copies, and Corrected; with Notes, Explanatory, and Critical: By Mr. Theobald). Londres: A. Bettesworth e C. Hitch, J. Tonson, F. Clay, W. Feales, e R. Wellington, 1733.

SHAPIRO, J. *Contested Will*: Who Wrote Shakespeare?. Nova York: Simon and Schuster, 2010.

SIEBER, H. Introducción. In: M. de Cervantes Saavedra. *Novelas ejemplares*, t.1. Madri: Cátedra, 1980.

SILVA, A. C. S. *Machado de Assis*: do folhetim ao livro. São Paulo: Versos, 2015.

SILVA, A. J. Vida do grande D. Quixote de la Mancha e do gordo Sancho Pança. In: *As comédias de António José, o Judeu*. Organização, introdução e comentários de Paulo Roberto Perreira. São Paulo: Martins Fontes, 2007. [Tradução francesa de Marie-Hélène Piwnik, Vie du grand Don Quichotte de la Manche et du gros Sancho Pança. In: Pierre Léglise-Costa (org.). *Antonio José da Silva, o Judeu (dit Le Juif)*. Montpellier: Les Cahiers de la Maison Antoine Vitez, 2000.

SINGER, A. E. *The Don Juan Theme*: An Annotated Bibliography of Versions, Analogues, Uses, and Adaptations. Morgantown: West Virginia University, 1993.

SMITH, E. *Shakespeare's First Folio*: Four Centuries of an Iconic Book. Oxford: Oxford University Press, 2016.

SPENCE, J. D. *La mort de la femme Wang* [1979]. Paris: Robert Laffont, 1992.

STOOPS, R. M. Elizabeth I of England as Mercurian Monarch in Miguel de Cervantes' *La española inglesa, Bulletin of Spanish Studies*, v.88, n.2, 2011.

STRIER, R. Donne and the Politics of Devotion. In: Donna Hamilton e Richard Strier (orgs.). *Religion, Literature, and Politics in Post-Reformation England, 1540-1688*. Cambridge: Cambridge University Press, 1996.

The Bible and Holy Scriptures Conteyned in the Olde and Newe Testament. Genebra: Rowland Hall, 1560.

The Complete Works of William Shakespeare in Plain and Simple English, org. BookCaps Study Guides, 2013.

The Courtier's Manual Oracle, or, The Art of Prudence (Written Originally in Spanish, by Baltazar Gracián. And now done into English). Londres: Abel Swalle, 1685.

The Holy Bible, Conteyning the Old Testament and the New. Londres: impresso por Robert Barker, 1611.

The Key of the Spanish Tongue (or a plaine and easie Introduction whereby a man may in very short time attaine to the knowledge and perfection of that Language, By Lewis Owen). Londres: impresso por T. C. para W. Welby, 1605.

The Oxford History of Literary Translation in English. Oxford: Oxford University Press, 2005-2010, 5 v.

The Sinners Guide (A worke contayning the whole regiment of a christian life. Compiled in the Spanish tongue by F. Lewes of Granada. And now perused and digested by Francis Meres). Londres: Edward Blount, 1614.

The Spanish Colonie, Or Briefe Chronicle of the Acts and Gestes of the Spaniardes in the West Indies, Called the Newe World, for the Space of xl. Yeeres (Written in the Castilian tongue by the reverend Bishop Bartholomew de las Casas or Casaus, a Friar of the order of S. Dominicke. And nowe first translated into english, by M. M. S.). Londres: William Brome, 1583.

The Spanish Grammer (Made in Spanish by M. Anthonie de Corro. With a dictionarie adioyned unto it by Jon Thorius). Londres: John Wolfe, 1590.

The Spanish schoole-maister (Containing seven dialogues. Newly collected and set forth by W. Stepney). Londres: impresso por R. Field para John Harison, 1591.

The Tears of the Indians Being An Historical and Tue Account of the Druel Massacres and Slaughters of above Twenty Millions of Innocent People (Committed by the Spaniards. In: The Islands of Hispaniola, Cuba, Jamaica, &c. And also in the Continent of Mexico, Peru, & other places of the West-Indies, To the total destruction of those Countries. Written in Spanish by Casaus, an Eye-witness of those things; and made English by J. P.). Londres: Nath. Brook, 1656.

The Two Noble Kinsmen (Presented at the Blackfriers by the King Maiesties servants, with great applause. Written by the memorable Worthies of their time, Mr. John Fletcher and Mr. William Shakspeare). Londres: Tho. Cotes para John Waterson, 1634.

THIESSE, A.-M. *La fabrique de l'écrivain national*: entre littérature et politique. Paris: Gallimard, 2019.

_____. *La fabrique de l'écrivain national*: entre littérature et politique. Paris: Gallimard, 2019.

TIRSO DE MOLINA. *Le trompeur de Séville et l'invité de pierre*. Trad. Henri Larose. In: Robert Marrast (org.). *Théâtre espagnol du XVIIᵉ siècle*. Paris: Gallimard, 1999, Bibliothèque de la Pléiade, t.II.

TISSOT, P.-F. *Souvenirs historiques sur la vie et la mort de F. Talma*. Paris: Baudoin Frères, 1826.

TOMÁS DE AQUINO (Santo). *Somme théologique*. La prudence, 2a-2ae, Questions 47-56. Tradução, notas e apêndices de Thomas Deman. 3. ed. rev. por Jean-Pierre Torrell. Paris: Éditions du Cerf, 2006.

Translation and Print Culture in Early Modern Europe [número especial], *Renaissance Studies*, v.29, n.1, 2015.

TROVATO, P. *Con ogni diligenza corretto*: la stampa e le revisioni editoriali dei testi letterari italiani (1470-1570). Bologna: Il Mulino, 1991.

TURKEVICH, L. B. *Cervantes in Russia*. Princeton: Princeton University Press, 1950.

TURLER, H. *De perfecto aulico Balthasaris Castilionii, deque eius in latinam linguam versione narrratio*. Wittenberg: Johannes Crato, 1561.

Tyrannies et cruautez des espagnols, perpetrees es Indes Occidentales, qu'on dit Le Nouveau Monde (Brievement descrites en Langue Castillane par l'Evesque Don Frere Bartelemy de Las Casas ou Casaus, Espagnol, de l'ordre de S. Dominique, fidelement traduites par Jacques de Miggrode: Pour servir d'exemple & advertissement aux XVII Province du païs bas, Heureux celui qui devient sage/ En voyant d'autruy le dommage). Antuérpia: François de Ravelenghien, 1579.

VEGA, G. *Las obras de Garcilaso de la Vega*. Antuérpia: Martín Nucio, 1544.

VEIGA, T. P. *Fastigínia*. Ed. Ernesto Rodrigues. Lisboa: Clepul, 2011.

VERNANT, J.-P. Detienne (Marcel), *Les maîtres de vérité dans la Grèce archaïque* [resenha], *Archives de Sociologie des Religions*, n.28, 1969, p.194-6.

VICTOR, B. *The History of the Theatres of London, from the Year 1760 to the present Time*. Londres: impresso para T. Becket, 1771, 3 v.

VIDAL-NAQUET, P. *Les assassins de la mémoire*: un Eichmann de papier et autres études sur le révisionnisme. Paris: La Découverte, 1987.

WELLS, S. et al. (orgs.). *William Shakespeare*: A Textual Companion. Oxford: Oxford University Press/ Clarendon, 1987.

WEST, A. J. *The Shakespeare First Folio*: The History of the Book. Oxford: Oxford University Press, 2001.

WHITEHEAD, M. *English Jesuit Education*: Expulsion, Suppression, Survival, and Restoration, 1762-1803. Londres: Routledge, 2016.

WILLEMS, M. L'excès face au bon goût: la réception de Gilles-Shakespeare de Voltaire à Hugo, *Actes des Congrès de la Société Française Shakespeare*, n.25, 2007.

WOODBRIDGE, B. *Upon the Tomb of the Most Revered Mr. John Cotton, late Teacher of the Church of Boston in New England, Magnalia Christi Americana*: or, The Ecclesiastical History of New England, from Its First Planting in the Year 1620, unto the Year of our Lord, 1689 (By the Reverend and Learned, Cotton Mather, M. A. And Pastor of the North Church in Boston). Londres: Thomas Parkhurst, 1702.

YERUSHALMI, Y. *Zakhor*: histoire juive et mémoire juive. Paris: La Découverte, 1984 [1982].

ZARO, J. J. El *Hamlet* de Moratín. In: *Shakespeare y sus traductores*: analisis critico de siete traducciones españolas de obras de Shakespeare. Berna: Peter Lang, 2007.

ZEEVELD, W. G. 'Food for Powder' – 'Food for Worms', *Shakespeare Quarterly*, v.3, n.3, 1952.

ZENETTI, M.-J. Lambeaux d'archives: pour une histoire des reliquats, *Critique*, n.879-80, 2020, p.683-94.

ZILBERMAN, R. *Brás Cubas autor, Machado de Assis leitor*. Ponta Grossa: UEPG, 2012.

Sites da internet

AGUALUSA, J. E. Sobre o intraduzível, *O Globo*, 15 jun. 2015; disponível em: <https://oglobo.globo.com/cultura/sobre-intraduzivel-16445527>; acesso em: jan. 2021.

Atas da Conferência Geral, 28a sessão. Paris: 25 out.-16 nov. 1995, v.1, p.52, Résolutions. Disponível na biblioteca digital da Unesco: <https://unesdoc.unesco.org>.

CANAVAGGIO, J. De la dédicace au prologue du *Persiles*: le fin mot de Cervantès, *e-Spania*, 18 jun. 2014; disponível em: <e-spania.revues.org/23513>; acesso em: jan. 2021.

CASTIGLIONE, B. Los quatro libros del cortesano (Compuestos en ytaliano por el conde Baltasar Castellon agora nuevamente traduzidos en lengua Castellana por Boscán). Barcelona: Pedro Mompezat, 1534. Disponível no site da Biblioteca Digital Hispánica: <bdh-rd.bne.es>.

COTTEGNIES, L. Shakespeare anthologized. Taking a Fresh Look at Douai Manuscript MS787, *Actes des Congrès de la Société Française Shakespeare*, v.37, 2019; disponível em: <journals.openedition.org/shakespeare/4289>; acesso em: jan. 2021.

FRAGONARD, M.-M. Translation de Rabelais, *La République des Livres*, 29 jan. 2017; disponível em: <larepubliquedeslivres.com/translation-de-rabelais>; acesso em: jan. 2021.

HUTTON, S. Culverwell, Nathaniel [Nathanael Culverwel] (bap. 1619, d. 1651), *Oxford Dictionary of National Biography*, 2004; disponível em: <www.oxforddnb. com>.

Le Théâtre de la Foire à Paris Texte et documents. Hipertexto de Barry Russell disponível em: <www.theatrales.uqam.ca/foires>; acesso em: jan. 2021.

Lettre sur les Observations d'une comédie du sieur de Molière intitulée Le festin de pierre. Paris: Gabriel Quinet, 1665, p.15; disponível em: <moliere. huma-num.fr>.

Montaigne à l'œuvre, *Les Bibliothèques Virtuelles Humanistes*, 2 maio 2019; disponível em: <bvh.hypotheses.org/4844>; acesso em: nov. 2020. Cf. também o site do projeto Monloe (Montaigne à l'Œuvre): <montaigne.univ-tours.fr>.

MONTAIGNE, M. *Les essais* (Traduction en français moderne du texte de l'édition de 1595 par Guy de Pernon). Paris: Glyphes, 2017. Disponível em: <guydepernon.com/site_4/essais.html>; acesso em: jan. 2021.

MONTIER, M. Aux origines de l'illustration shakespearienne en France: des Œuvres de Jean-François Ducis aux *Souvenirs du théâtre anglais à Paris* (1813-1827), *Actes des Congrès de la Société Française Shakespeare*, n.35, 2017. Disponível em: <journals.openedition.org/shakespeare/3955>. Acesso em: jan. 2021.

NEVOUX, P. *L'espagnole anglaise* (1613) et le *Persiles* (1617) de Cervantes ou la déconstruction d'une propagande espagnole contre le Septentrion protestant, *Histoire Culturelle de l'Europe*, n.1, 2016; disponível em: <unicaen.fr/ mrsh/hce/index.php?id=208>; acesso em: jan. 2021.

Réponse aux Observations touchant Le festin de pierre de M. de Molière. Paris: Gabriel Quinet, 1665, p.21-2, citado do site Molière 21 (Université Paris 4-Sorbonne). Disponível em: <moliere.huma-num.fr>. Acesso em: jan. 2021.

Shakespeare Documented: A Multi-Institutional Resource Documenting Shakespeare in His Own Time, Washington: Folger Shakespeare Library, 2016; disponível em: <shakespearedocumented.folger.edu>; acesso em: jan. 2021.

SHAKESPEARE, W. Mr. William Shakespeare, *Comedies, Histories, and Tragedies* (Published according to the true Originall Copies, The Second Impression). Londres: impresso por Th. Cotes para Robert Allot, 1632; disponível no site da Folger Library: <luna.folger.edu> (STC22274 Fol. 2 n. 07).

The Jubilee, *The Routledge Anthology of Restoration and Eighteenth--Century Drama,* disponível em: <routledgetextbooks.com/textbooks/9781138915428/the-jubilee.php>; acesso em: jan. 2021.

The Montaigne Project. Disponível em: <www.lib.uchicago.edu/efts/ARTFL/projects/montaigne>; acesso em: jan. 2021.

Vocabolario degli Accademici della Crusca, Veneza, 1612; disponível em: <vocabolario.sns.it>.

Warren, J. S. Diary of Richard Stonley, 1593-1594, *Shakespeare Documented: An Online Exhibition Documenting Shakespeare in his Own Time,* Folger Library, 2016; disponível em: <shakespearedocumented. folger.edu>; acesso em: jan. 2021.

Índice onomástico

Índice de assuntos

SOBRE O LIVRO

Formato: 13,7 x 21 cm
Mancha: 23,7 x 39,5 paicas
Tipologia: Horley Old Style 10,5/15
Papel: Off-White 80 g/m² (miolo)
Cartão Supremo 250 g/m² (capa)

1ª edição Editora Unesp: 2022

EQUIPE DE REALIZAÇÃO

Edição de texto
Rita Ferreira (Copidesque)
Thomaz Kawauche (Revisão)

Editoração eletrônica
Sergio Gzeschnik

Capa
Marcelo Girard

Assistência editorial
Alberto Bononi
Gabriel Joppert

Impressão e Acabamento

assahi
gráfica e editora ltda.